LLOYD LLEWELLYN-JONES

OS PERSAS

Tradução
Renato Marques

Revisão técnica
Leandro Penna Ranieri

CRÍTICA

Copyright © Lloyd Llewellyn-Jones, 2022
Copyright © Editora Planeta do Brasil, 2023
Copyright da tradução © Adriana Novaes, 2023
Todos os direitos reservados.
Título original: *Persians: The Age of the Great Kings*

Coordenação: Sandra Espilotro
Preparação: Tiago Ferro
Revisão: Ana Maria Fiorini e Carmen T. S. Costa
Diagramação: Negrito Produção Editorial
Capa: Anderson Junqueira
Imagem de capa: Old Book Images / Alamy Stock Photo
Caligrafia da epígrafe: Farnaz Moshenpour
Mapa e árvore genealógica: Tim Peters
Ilustrações: Kateryna Kylitska

Dados Internacionais de Catalogação na Publicação (CIP)
Angélica Ilacqua CRB-8/7057

Llwellyn-Jones, Lloyd
  Os persas: a era dos grandes reis / Lloyd Llewellyn-Jones; tradução de Renato Marques. – São Paulo: Planeta do Brasil, 2023.
  480 p., [16] p.: il.

Bibliografia
ISBN 978-85-422-2384-2
Título original: Persians: The Age of the Great Kings

1. Irã – História. 2. História antiga. I. Título. II. Marques, Renato.

23-5207   CDD 955

Índice para catálogo sistemático:
1. Irã – História

Ao escolher este livro, você está apoiando o manejo responsável das florestas do mundo

2023
Todos os direitos desta edição reservados à
EDITORA PLANETA DO BRASIL LTDA.
Rua Bela Cintra 986, 4º andar – Consolação
São Paulo – SP CEP 01415-002
www.planetadelivros.com.br
faleconosco@editoraplaneta.com.br

*Aos meus alunos, do passado e do presente,
por se juntarem a mim na viagem de volta à Pérsia.*

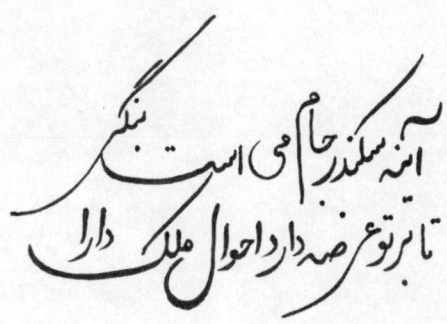

Uma taça de vinho é o espelho de Alexandre –
Olha, ela nos mostra o estado do reino do rei Dario.

HAFEZ

SUMÁRIO

Lista de ilustrações   9
Árvore genealógica   13

Prólogo: Persépolis, 488 a.e.c.   15
Introdução   19

Parte 1: O estabelecimento do império   45
  1. Os medos e os persas   49
  2. Vede! Eis que vem o herói conquistador   65
  3. As muitas mortes – e nascimentos – de Ciro, o Grande   93
  4. O cetro do Egito   107
  5. A Verdade e a Mentira   119

Parte 2: Ser persa   143
  6. Quando os burocratas mandavam no mundo   147
  7. Uma corte em tendas   169
  8. A construção da majestade   177
  9. Escravidão com outro nome   189
  10. Coroas e concubinas   197
  11. A política da etiqueta   219
  12. Assim falou Zaratustra   229

Parte 3: Alto Império   249
13. Dario sai de cena   253
14. Governar heróis   261
15. Desamarrai os cães de guerra!   273
16. As relações perigosas   293
17. Os tempos estão mudando   305
18. Famílias (in)felizes   321
19. Irmãos de sangue   331
20. Mulheres, cuidado com as mulheres   351
21. Violentos prazeres têm fins violentos   367
22. Alguns falam de Alexandre   385

Epílogo: Passado persa, presente iraniano   407

Dramatis Personae: *os personagens principais dos acontecimentos*   431
Leituras complementares   443
Notas sobre as abreviações   451
Agradecimentos   453
Sobre o autor   457
Índice remissivo   459
Mapa   477

LISTA DE ILUSTRAÇÕES

Desenhos

1. Um hoplita grego se prepara para violar um soldado persa. "O vaso de Eurimedonte", enócoa (*oinoche*) ático de figuras avermelhadas, jarro de servir vinho, atribuído ao círculo do pintor Triptoólemos, por volta de 460 a.e.c. (Museum für Kunst und Gewerbe, Hamburgo.)
2. Ciro I de Anshan derrota seus inimigos. Impressão de selo. (PFS 93*)
3. *Apkallu* (guardião) alado e coroado do portão de acesso ao palácio-jardim de Ciro, o Grande, em Pasárgada.
4. O relevo de Behistun, uma imaginação pictórica da vitória de Dario, o Grande.
5. O Grande Rei, disfarçado de "herói" persa, mata um monstro mítico (parte leão, parte águia, parte escorpião) representando o caos da "*Drauga*" (a Mentira). De um batente de porta do "Salão das cem colunas", Persépolis.
6. Impressão do selo de Parnakka. (PFS 9)
7. Impressão do selo de Zishshawish. (PFS 83*)
8. Segunda impressão do selo de Parnakka. (PFS 16*)
9. Segunda impressão do selo de Zishshawish. (PFS 11)
10. Dárico de ouro mostrando uma imagem de um Grande Rei armado com arco, flechas e uma lança, 460 a.e.c. (Museu Metropolitano de Arte, Nova York. Domínio público.)

11. Impressão de um selo cilíndrico representando uma cena de audiência apenas com mulheres. Possivelmente de Susa, por volta de 490 a.e.c. (Museu do Louvre, Paris.)
12. Impressão de um selo pertencente a Rashda, o principal funcionário da casa de Irdabama, mãe de Dario, o Grande. (PFS 535)
13. Impressão de um selo pertencente a Artistone. (PFS 38)
14. Impressão de um selo pertencente a Shalamana, o camareiro-chefe de Artistone. (PFS 535)
15. Detalhe retirado do chamado "Relevo do Tesouro" em Persépolis; em destaque, o Grande Rei e o príncipe herdeiro em uma audiência real.
16. Dois magos, com a boca coberta, realizam rituais de sacrifício em um altar. Empunham varinhas de madeira de bálsamo. De Dascílio, por volta de 450 a.e.c. (Museu de Arqueologia, Istambul.)
17. Uma impressão de selo representando Xerxes ao decorar uma árvore com oferendas de joias. (Musée des Armures, Bruxelas.) (SXe)
18. Impressão de selo de um Grande Rei persa matando um hoplita grego. Provavelmente o selo foi produzido na Ásia Menor e é esculpido em estilo "grego".
19. Impressão de selo que representa um soldado persa matando guerreiros nômades. Aúra-Masda paira sobre a cena. (Museu Britânico.)
20. Impressão do selo de Artaxerxes I retratado como o senhor do Egito. (Hermitage, São Petersburgo.)

Fotos do caderno de imagens

1. Dario, o Grande, adora Aúra-Masda em frente a um altar de fogo. Ele é erguido em um *takht* (trono móvel), sustentado por representantes do império. Túmulo de Dario I em Naqsh-i Rustam. (Fotografia de Lloyd Llewellyn-Jones.)
2. Enormes tumbas reais em formato de cruz esculpidas na face da rocha em Naqsh-i Rustam. (Fotografia de Lloyd Llewellyn-Jones.)
3. As modestas ruínas do magnífico palácio-jardim de Ciro em Pasárgada. (Fotografia de Lloyd Llewellyn-Jones.)

4. Flores e plantas esculpidas em pedra retratadas nas paredes de Persépolis, um lembrete da obsessão persa por jardins e jardinagem. (Fotografia de Laurent Galbrun.)
5. O Cilindro de Ciro: o mais magnífico exercício de relações públicas da Antiguidade. (Fotografia de Laurent Galbrun.)
6. Tijolos vitrificados adornam o Portão de Ishtar da Babilônia, construído por Nabucodonosor II. Dragões e touros se exibem, bufam e protegem a cidade sagrada. (Fotografia de Laurent Galbrun.)
7. O vasto espetáculo que é Persépolis facilmente figura entre as mais magníficas ruínas da Antiguidade. (Fotografia de Laurent Galbrun.)
8. Esculpidos no alto da face da rocha na montanha de Behistun estão a inscrição e o relevo que registram a versão de Dario I de sua ascensão ao trono. Seu relato é uma obra-prima de fatos alternativos. (Fotografia de Keivan Mahmoudi.)
9. Enormes touros alados com cabeça humana montam guarda no magnífico "Portão de todas as nações" de Xerxes, em Persépolis. (Fotografia de Lloyd Llewellyn-Jones.)
10. A escadaria leste do *Apadana* em Persépolis é suntuosamente esculpida com figuras humanas, de animais e plantas. Outrora foi pintada em cores vivas. (Fotografia de Laurent Galbrun.)
11. Uma estátua de Dario, o Grande, em tamanho maior que o natural, hoje sem cabeça, e que outrora fazia parte de um par. Esculpida no Egito, mas transferida para Susa por Xerxes, a estátua foi desenterrada no portão real do palácio de Susa em 1972. (Fotografia de Lloyd Llewellyn-Jones.)
12. Uma pequena cabeça de turquesa encontrada em Persépolis retrata uma mulher da realeza, ou talvez um rapaz, ou talvez um eunuco. É impossível saber ao certo. (Fotografia de Lloyd Llewellyn-Jones.)
13. Esculpida em um batente de porta no palácio de Dario em Persépolis há esta elegante figura de um jovem eunuco. Ele carrega um frasco de perfume e uma toalha. (Fotografia de Lloyd Llewellyn-Jones.)
14. Esfinge de cabeça humana com belo acabamento, de Persépolis. (Fotografia de Pejman Akbarzadeh.)
15. Uma delegação de lídios oferece presentes ao Grande Rei: louças e utensílios de mesa, joias e cavalos. Persépolis, escadaria leste do *Apadana*. (Fotografia de Lloyd Llewellyn-Jones.)

16. Sírios oferecem presentes: tecidos e carneiros de lã desgrenhada. Persépolis, escadaria leste do *Apadana*. (Fotografia de Laurent Galbrun.)

17. Um cortesão persa conduz pela mão um diplomata armênio. O presente que ele traz para o rei é um robusto cavalo de Nisa. Persépolis, escadaria leste do *Apadana*. (Fotografia de Laurent Galbrun.)

18. Um bactriano conduz por uma corda um camelo mal-humorado. Persépolis, escadaria leste do *Apadana*. (Fotografia de Laurent Galbrun.)

19. Bandeja de prata de Artaxerxes I. Na inscrição cuneiforme em persa antigo que percorre o interior da borda lê-se: "Artaxerxes, o Grande Rei, Rei dos Reis, Rei das Terras, filho de Xerxes, o rei, Xerxes, filho de Dario, o rei, o Aquemênida: em sua casa foi feita esta bandeja de prata". (Museu Metropolitano de Arte, Nova York, Fundo Rogers, 1947. Acesso Aberto – CCo.)

20. Um *rhyton* (recipiente para beber com um bico embaixo) no formato de um íbex ajoelhado. (Museu Metropolitano de Arte, Nova York, presente do Norbert Schimmel Trust, 1989. Acesso Aberto – CCo.)

21. Um colorido painel de parede de tijolos vitrificados de Susa representando a guarda imperial da realeza, ou "Imortais". (Fotografia de Laurent Galbrun.)

22. Os monarcas sassânidas associaram-se aos Aquemênidas esculpindo enormes relevos junto aos túmulos de seus ilustres antecessores em Naqsh-i Rustam. (Fotografia de Laurent Galbrun.)

DINASTIA AQUEMÊNIDA

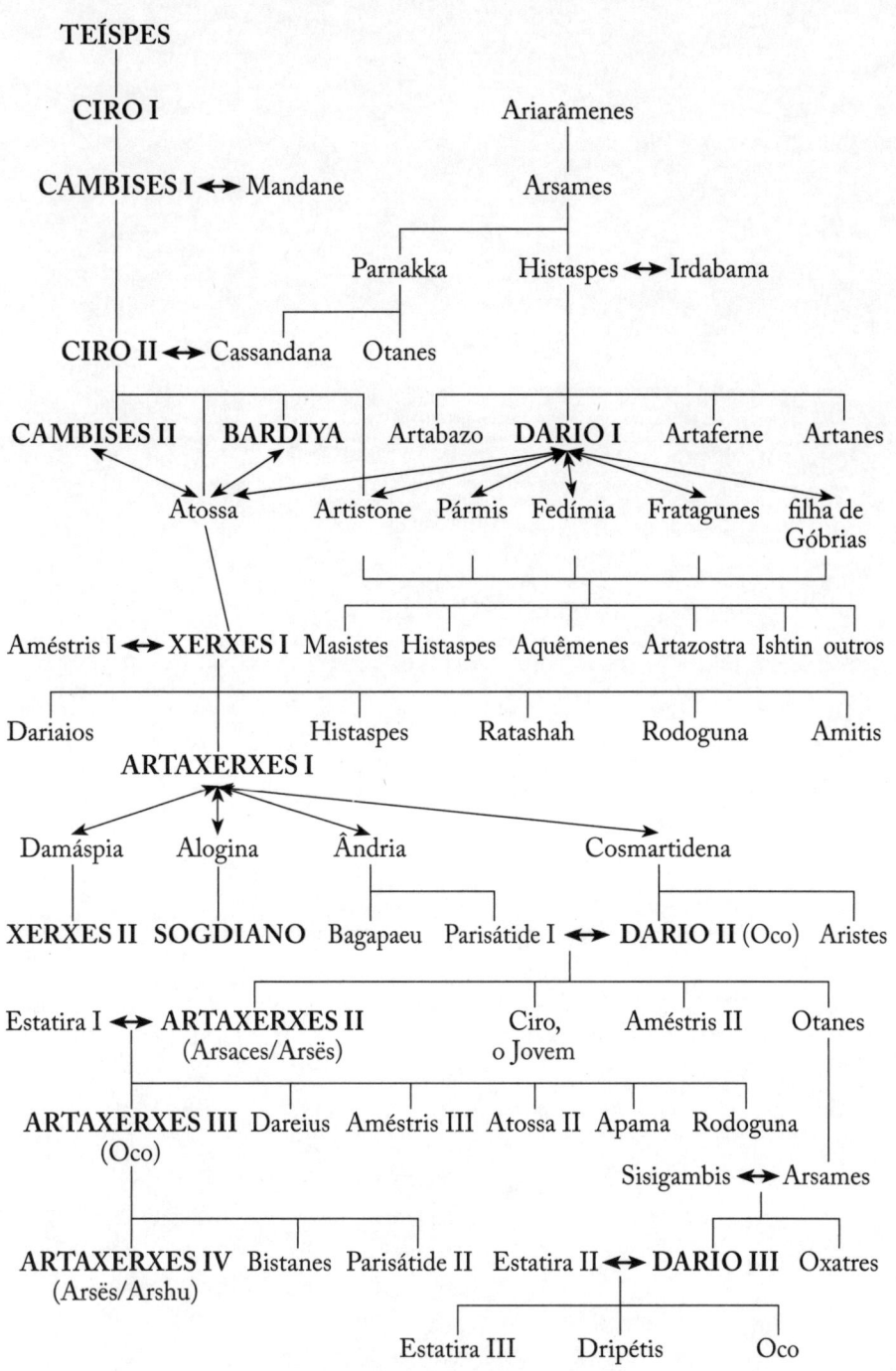

PRÓLOGO
Persépolis, 488 a.e.c.[1]

> *Se vós agora pensardes: "Quantos são os países que o rei Dario mantinha sob seu jugo?", olhai para as esculturas daqueles que carregam o trono, e então sabereis, e então ficará claro para vós: a lança do homem persa voou longe; então vos será dado saber: o homem persa travou batalhas bem longe da Pérsia.*
> Inscrição da fachada do túmulo de Dario, o Grande

Na primavera de 488 a.e.c., no Festival Noruz,[2] ocasião em que os persas celebravam seu Ano-Novo com banquetes, festanças e troca de presentes, Dario, o Grande Rei, o Rei dos Reis, o Rei de Todas as Terras, o Aquemênida, sentou-se em seu trono no coração da cidade-palácio de Persépolis e recebeu, magnânimo, a homenagem de seu império. Enormes trombetas de bronze rasgaram o ar com o toque de fanfarras triunfantes, e uma orquestra de tambores, címbalos e sistros, acompanhada por harpas e liras, criou uma marcha rítmica para anunciar o início das esplendorosas cerimônias, essenciais para o alegre festival. Diplomatas

---

1 O autor utiliza a forma a.e.c. (antes da era comum) em vez de a.C. (antes de Cristo). No lugar de d.C. (depois de Cristo), usa a forma e.c. (era comum), alternativa "laica" para *Anno Domini* (AD) – "no ano do (Nosso) Senhor" em latim, também traduzido como "Era Cristã". [N.T.]

2 Dentre outras grafias, Noruz ou Nowruz refere-se ao festival de Ano-Novo e primavera celebrado ainda hoje nos seguintes países: Afeganistão, Azerbaijão, Cazaquistão, Índia, Irã, Iraque, Paquistão, Quirguistão, Tajiquistão, Turcomenistão, Turquia e Uzbequistão. Em 2009, o festival foi inscrito na lista de Patrimônio Cultural Imaterial da Humanidade da Unesco; desde 2010, 21 de março é o Dia Internacional do Noruz. [N.R.]

estrangeiros viajaram dos quatro cantos do mundo para Persépolis, a fim de levar a Dario seus tributos: vinham da Líbia, do Paquistão, do sul da estepe eurasiana, do Egito, da Ásia Menor, da Mesopotâmia, da Síria e da Índia; chegavam com ouro, turquesa, lápis-lazúli, tapeçarias de lã, casacos de seda, túnicas de algodão e especiarias, e entravam na imponente sala do trono conduzindo cavalos, camelos, ovelhas e até leões. Eles se prostravam no chão em abjeta humildade diante do Grande Rei, agarravam a bainha de seu manto e lealmente beijavam seus pés.

Dario, o Grande, sentia enorme satisfação em avaliar seu império dessa maneira, enquanto diante dele desfilavam fileiras de embaixadores e diplomatas, uma delegação após a outra em rígida formação, exibindo as generosas oferendas de tantas terras longínquas. Ele devia sorrir diante de seu sucesso, pois era de fato um rei poderoso, o governante incomparável das Sete Zonas (Sete Climas). A evidência de suas façanhas estava bem ali, marchando perante seus olhos. Pouco importava que a pequenina Grécia houvesse rechaçado a conquista e permanecido inalcançável. Haveria outras oportunidades para subjugar aquele desgraçado posto avançado da civilização. Ademais, a prova do êxito da construção de seu império desfilava diante dele, e se fossem necessárias evidências da boa ordem e eficiência do vasto território sob sua autoridade, bastaria a Dario observar a espetacular – e extremamente disciplinada – cerimônia de apresentação da qual seus povos súditos tão prontamente participavam. Pois não eram escravos humilhados e oprimidos que se lançavam ao chão em postura de súplica, tremendo de terror diante de seu senhor, mas parceiros solícitos e dispostos, em um glorioso empreendimento imperial. Com entusiasmo, ofereciam a Dario lealdade, serviços, homenagens e tributos. Ou assim Dario escolhia acreditar.

A cerimônia diplomática de entrega de presentes era tão intrínseca à compreensão que Dario tinha do império que o monarca mandou representá-la em relevos de pedra pintada nas escadarias que levavam ao enorme salão do trono em Persépolis, chamado *Apadana*. Nos arredores ficava a necrópole de Naqsh-i Rustam,[3] onde Dario encomendou a construção de uma tumba na face do paredão rochoso, em preparação para o dia em que o cemitério fosse inevitavelmente necessário, e fez

---

3 Também chamado de Naqš-i Rustam ou Naqš-e Rustam. [N.T.]

seus artistas esculpirem uma variação do mesmo tema da dádiva. Ele foi retratado no ato de adorar seu protetor divino, o deus Aúra-Masda,[4] de pé sobre uma plataforma ou trono móvel (um *takht*, como era conhecido em persa), erguido acima da cabeça dos representantes dos diferentes povos do império, em um jubiloso gesto de colaboração recíproca. Tratava-se de uma celebração visual da diversidade do império de Dario. Uma inscrição entalhada na rocha na forma de sinais cuneiformes em persa antigo convidava o observador a contar as figuras que representavam as várias regiões geográficas que compunham o império (cada uma vestida com "traje típico nacional" para salientar a intenção). A fim de assegurar que nenhum povo havia sido esquecido, o artista cuidadosamente nomeou cada um deles:

> Este é o persa; este é o medo; este é o elamita; este é o parto; este é o areiano; este é o bactriano; este é o sogdiano; este é o corásmio; este é o drangiano; este é o aracósio; este é o satagídio; este é o gindareno; este é o indiano; este é o saca que ingere entorpecentes; este é o saca de chapéu pontudo; este é o babilônio; este é o assírio; este é o árabe; este é o egípcio; este é o armênio; este é o capadócio; este é o sardo; este é o jônio; este é o cita que vem do outro lado do mar; este é o trácio; este é o jônio de chapéu de sol; este é o líbio; este é o núbio. Este é o mácrio. Este é o cário. (DNe)

A retórica real sugerida no túmulo de Dario enfatizava a noção de que todas as nações conquistadas estavam unidas a seu serviço, o Grande Rei, um rei guerreiro cuja "lança voou longe", cujas leis eram obedecidas e a majestade, defendida. Assim, Dario, o Grande, era louvado não apenas como o "Grande Rei" e "Rei dos Reis", mas também como "Rei de países que contêm todos os tipos de homens", "Rei de muitos países", bem como "Rei das quatro partes deste grande mundo". Todos os povos súditos foram colocados sob o jugo de Dario, que deixava claro que não toleraria nem problemas, nem resistência: "O que eu lhes digo", o monarca afirmava com seriedade, "é que façam segundo meu desejo".

---

4 Também conhecido como Ahuramazda, Ormasde, Ahura Mazda, Ormuz, Harzoo, Hormazd, Hourmazd, Hurmuz, Ohrmazd. [N.T.]

Todavia, ao projetar uma imagem de cooperação harmoniosa, Dario dava a entender que seu império funcionava melhor quando unido e unificado em torno de um propósito comum. O império tinha bom desempenho quando todos os povos que o soberano governava encampavam sua noção de "família". Quando cooperavam, inequivocamente se beneficiavam da segurança de uma *Pax Persica* – uma "Paz Persa".

Nas celebrações do Noruz de 488 a.e.c., quando Dario, então com 62 anos, acomodou-se em seu trono e recebeu a homenagem de embaixadores e aceitou seus valiosos presentes, estava acompanhado por seu filho e sucessor escolhido, Xerxes. Esse jovem bonito, devoto e de espírito independente já havia servido na administração do império como sátrapa, ou governador regional, na Pártia, onde aprimorara suas habilidades como burocrata (não havia nada que Dario admirasse mais que um bom arquivista) e como juiz. Aos trinta anos, Xerxes estava de volta à corte ao lado do pai e fazia as vezes do herdeiro eleito Aquemênida. No entanto, não era o primogênito de Dario, nem sequer o segundo filho. Não, pois Dario tinha outros filhos mais velhos que Xerxes, varões nascidos das numerosas mulheres de seu harém, mas Xerxes foi o primeiro filho homem que Dario teve depois de ascender ao trono da Pérsia e, portanto, era apropriado que o Império Aquemênida passasse para ele, o primeiro bebê real nascido no berço de ouro da realeza. Além disso, por meio de sua estimada e inteligente mãe, Atossa, Xerxes carregava nas veias o sangue de Ciro, o Grande; bastava isso para qualificá-lo, mais do que a qualquer um de seus irmãos, para ocupar o trono real. Dario estava confiante de que a linhagem Aquemênida floresceria sob Xerxes, cuja principal consorte, Améstris, já havia dado à luz uma ninhada de meninos saudáveis e provaria ser uma vingativa e controversa matriarca dinástica. Na primavera de 488 a.e.c., o futuro da família Aquemênida estava garantido.

INTRODUÇÃO

Esta é uma história da Pérsia antiga. É diferente dos outros poucos livros de história sobre a Pérsia. Foram utilizadas fontes persas nativas, ancestrais e genuínas para contar uma história muito diferente daquela com a qual talvez estejamos familiarizados, moldada em torno de relatos gregos antigos. Esta história é contada pelos próprios persas. É a história interna da Pérsia. É a versão persa da história da Pérsia.

O que surge destas páginas é novo. Longe de serem os bárbaros da imaginação grega, os persas vêm à tona como um povo sofisticado do ponto de vista cultural e social, de economia sólida, uma potência militar e intelectual. A "versão persa" (expressão que tomo emprestada do título de um "poema de conflito" de Robert Graves publicado em 1945) nos posiciona em uma nova realidade e nos propicia uma compreensão original, por vezes surpreendente, do lugar ocupado pela Pérsia na Antiguidade, destacando a contribuição do Irã para a civilização mundial.

Neste livro, viajaremos através do tempo e do espaço, traçando a ascensão, disseminação e consolidação do Império Persa desde seu modesto início como uma sociedade tribal no sudoeste do Irã até o momento em que dominou o mundo como a primeira grande superpotência da história. Examinaremos a vida de seus monarcas, os Grandes Reis da Pérsia, os soberanos autocráticos da poderosa família Aquemênida, e investigaremos com minúcia a maneira como a política dinástica afetou a administração do império em geral. Conheceremos uma variada gama de personagens memoráveis – reis, rainhas, eunucos, soldados, prisioneiros, cobradores de impostos e concubinas –, bem como o mundo que habitavam: suas ideias religiosas, seus pensamentos políticos, suas aspirações territoriais. Descobriremos como e onde viviam, o que comiam, como se vestiam, o que pensavam e de que maneira morreram. Este livro é, a um só tempo, uma história política do primeiro grande império do antigo Irã e uma investigação sociocultural do mundo dos persas.

A criação do Império Persa possibilitou o primeiro contato significativo e contínuo entre Oriente e Ocidente e preparou o terreno para os impérios posteriores da Antiguidade. É impossível exagerar sua importância na concepção do que um império mundial próspero deveria ser. Pela primeira vez na história, o Império Persa iniciou um diálogo internacional, pois, de maneira geral, os persas eram déspotas esclarecidos. Empregaram uma atitude de surpreendente *laissez-faire* em relação à sua autoridade imperial. Diferentemente dos romanos ou dos britânicos que os sucederam como entusiásticos imperialistas, os persas não tinham o menor desejo de impor sua língua aos povos conquistados. Colonos, soldados, mercadores e administradores britânicos levaram o inglês da rainha a todos os continentes e sujeitaram as nações cativas a ele. Da Britânia à Síria, os romanos empregavam o latim como língua oficial de negócios, finanças, lei e ordem; no Império Romano, quem quisesse ser alguém tinha obrigatoriamente que dominar o latim. Os persas jamais obrigaram os povos subjugados a adotar sua língua. Prefeririam utilizar idiomas locais para seus decretos e empregaram o aramaico como uma forma de língua franca de uma ponta à outra dos territórios imperiais, de modo a promover uma comunicação eficaz – e imparcial. Também no domínio da religião, os reis persas demonstraram ser ativos defensores dos cultos locais, ainda que apenas para garantir o controle de abastados santuários e a adesão de sacerdotes poderosos. Mesmo em pequenas regiões administrativas, os persas concederam privilégios aos templos e reconheceram o apoio que os deuses locais lhes davam. Tampouco impuseram um "olhar" persa à arquitetura do império à maneira como romanos e britânicos imprimiram uma marca visual distinta em seus respectivos reinos. Essa mentalidade extraordinariamente moderna e esclarecida pode ser resumida em uma única palavra do persa antigo que Dario, o Grande, usava para descrever seu império: *vispazanānām* – "multicultural".

Inscrições imperiais persas ancestrais deleitam-se ao enfatizar a diversidade do império (embora sempre privilegiem a Pérsia). De acordo com uma inscrição de Dario, "este é o Reino que eu possuo, desde os sacas que vivem além de Sogdiana, de lá até a Etiópia, da Índia, de lá até Sparda"[1] (DPh). Outro texto, encontrado em Persépolis, demarca a Pérsia como o centro do mundo, e afirma que o império foi concedido a Dario como um presente de Aúra-Masda, o "Senhor da Sabedoria", a principal divindade do panteão persa, que confiou ao rei esse precioso presente:

> Aúra-Masda é um deus generoso. Fez Dario rei e deu, ao rei Dario, a realeza deste vasto mundo com muitas terras nele – a Pérsia, a Média e as outras terras de outras línguas, das montanhas e das planícies, deste lado do oceano e do outro lado do oceano, e deste lado do deserto e do outro lado do deserto. (DPg)

Dario e seus sucessores controlavam um império que se estendia da Pérsia até o mar Mediterrâneo, a oeste, e até a Índia, a leste. Esparramava-se para o sul até o golfo de Omã e ao norte até o sul da Rússia. O império abrangia a Etiópia e a Líbia, o norte da Grécia e a Ásia Menor, o Afeganistão e o Punjab até o rio Indo. Era abundante em inúmeras áreas agrícolas. Cultivavam-se cevada, tâmaras, lentilhas e trigo, e as terras do império tilintavam de materiais preciosos – cobre, chumbo, ouro, prata e lápis-lazúli. Não havia reino no mundo que rivalizasse com sua pujança.

Os persas governaram o maior de todos os impérios do mundo antigo. Ainda mais extraordinária é sua ascensão à grandeza, a partir de um minúsculo território tribal, no que hoje corresponde à província de Fārs, no sudoeste do Irã. Na língua persa antiga, a área era conhecida como *Pārs* ou *Pārsa*. Mais tarde, isso foi entendido pelos gregos antigos como *Persis*, e é esse nome que chegou até nós como Pérsia. A família governante do Império Persa, o foco deste livro, eram os Aquemênidas, que receberam o nome de um fundador epônimo, Aquêmenes, um suposto ancestral tanto de Ciro, o Grande, quanto de Dario, o

---

1 Nome em persa antigo da satrapia (província administrativa) da Lídia, região na porção ocidental da antiga Ásia Menor (Anatólia), com capital em Sárdis. [N.T.]

Grande. Aquêmenes também era a tradução grega de um nome persa, *Haxāmanish*, que, por sua vez, derivava das palavras do persa antigo *haxā-*, "amigo", e *manah*, "capacidade de pensar". Formada por um patronímico, a dinastia era conhecida pelos falantes do persa antigo como *Haxāmanishiya* – os "Aquemênidas".

Ao longo deste estudo, nomes de pessoas serão encontrados em suas formas latinizadas (a exceção é para indivíduos conhecidos apenas por meio de fontes persas; no final do livro há um apêndice de nomes). É uma solução conveniente, ainda que não necessariamente feliz, para a questão de encontrar uma forma de se referir aos principais protagonistas da nossa história. Após séculos de familiarização, estamos mais à vontade com Dario (a versão latinizada do helênico *Dareîos*) do que com o genuíno *Dārayavaush* do persa antigo. É uma pena, pois os nomes persas eram ricos em significado e atuavam como declarações poderosas, destinadas a revelar a natureza e o status de seus portadores. Além disso, importantes costumes e valores persas também transpareciam em nomes pessoais, o que nos proporciona uma boa visão acerca da mentalidade persa. Dārayavaush, por exemplo, significa "aquele que preserva o Bem com firmeza", certamente uma evocação de seu papel real. Xerxes é uma transliteração do nome persa *Xshayarashā*, que significa "aquele que governa heróis", ao passo que os quatro reis conhecidos por gregos e romanos como Artaxerxes tinham o nome persa *Artaxshaça* – "aquele cujo reinado é ordenado pela Verdade". Ciro sempre foi *Kūrush* – "aquele que humilha o inimigo", apelido interessante para um rei cuja reputação foi construída com base na justiça, tolerância e bondade.

O processo de latinização dos nomes persas é bastante sugestivo do modo como a história da Pérsia foi apropriada e escrita a partir de uma perspectiva totalmente ocidental. O fato de falarmos de um Dario e não de um Dārayavaush é uma triste denúncia do processo corruptor da historiografia ocidental e do esmagamento de uma distinção cultural persa genuína.

Os nomes e a atribuição de nomes são importantes quando se trata da história persa. Vejamos o caso do nome Pérsia. Seu uso pode ser extremamente controverso. O que antes era conhecido no Ocidente como Pérsia é agora o Irã (ou a República Islâmica do Irã, para dar o título correto ao país). No Ocidente de hoje, e em partes do Oriente Médio, o Irã é frequentemente visto como um Estado pária, um encrenqueiro belicoso na região mais instável do mundo. É concebido como inimigo declarado do Ocidente, sobretudo do imperialismo dos Estados Unidos. Para os ocidentais, o Irã é o arauto do terrorismo no Oriente Médio e sinônimo de opressão social. Irã tornou-se um palavrão. Por causa de sua associação com o regime islâmico que governa o Estado-nação moderno, a cultura iraniana também é menosprezada e condenada. Os iranianos têm plena consciência de como sua imagem tem sido retratada para o mundo por meio de manchetes, documentários de TV, artigos de revistas e das onipresentes plataformas de mídia social. Muitos iranianos orgulham-se do nome de seu país, mas ficam constrangidos com as conotações que o nome acumulou desde a Revolução Islâmica de 1979. Os sentimentos em relação aos termos Irã e Pérsia vivem em constante estado de fluxo e refluxo, e, no discurso cotidiano, as duas palavras geralmente se sobrepõem e podem ser usadas como sinônimos. Entre os emigrantes pós-1979 que se estabeleceram nos Estados Unidos ou na Europa, tornou-se comum usar Pérsia para denotar um lugar e tempo "melhores" e uma identidade cultural mais sofisticada do que a que está sendo oferecida no momento pelo governo da República Islâmica. Alguém poderia pensar que uma fórmula simples – Pérsia para o período pré-islâmico, Irã para a era islâmica – seria uma solução pragmática para o problema da terminologia. No entanto, tal rotulação simplistas não é suficiente.

Em 28 de dezembro de 1934, um ministro britânico em Teerã, sir Hughe Montgomery Knatchbull-Hugessen, escreveu a George Rendel, chefe do Departamento Oriental do Ministério das Relações Exteriores da Grã-Bretanha, para informar que "Acabamos de receber uma nota absurda do governo persa". E explicou: "Estão nos pedindo para falar de 'Irã' e 'iraniano' em vez de 'Pérsia' e 'persas'". Depois de ponderar sobre a solicitação, Rendel foi obrigado a responder: "A meu juízo, a pessoa originalmente responsável por isso é Heródoto, que, não tendo sido capaz de prever as sensibilidades dos persas modernos, foi insuficientemente polido em suas referências a esse país".

Durante as celebrações do Noruz em março de 1935, Reza Xá, o primeiro governante da dinastia Pahlavi (ou Pahlevi), que teve curta duração (1922-1979), declarou que a antiquada palavra "Pérsia" deveria deixar de ser usada em referência ao país que regia. Em vez disso, optou por "Irã". Ele sabia que, no imaginário ocidental, "Pérsia" permanecia – desde os tempos de Heródoto – como sinônimo de decadência, luxo e certo atraso de pensamento. Viajantes ocidentais que aportaram na Pérsia expandiram essa velha imagem e criaram, em seus relatos e memórias, uma terra fantástica de mistério, locais de intriga e sombras, governantes despóticos, mulheres escravizadas e riqueza além da imaginação. Reza Xá conhecia bem os clichês. Escreveu que "a palavra 'Pérsia', toda vez que é falada ou escrita, imediatamente faz os estrangeiros evocarem fraqueza, ignorância, miséria, falta de independência, condição de desordem e incapacidade que marcaram o último século da história persa".

Em 1935, o xá não tinha uma palavra para descrever a apropriação ocidental da imagem de seu país, pois foi somente em 1978 que o estudioso palestino Edward Said apresentou um conceito que Reza Xá poderia ter utilizado: "orientalismo". A ideia descreve um método pelo qual o discurso imperialista ocidental tem representado as "colônias" e culturas do mundo do Oriente Médio de uma forma que justificaria e sustentaria o empreendimento colonial do Ocidente. Em termos mais sucintos, orientalismo é um meio idiossincrático de representar a "alteridade". O "Oriente" foi quase uma invenção europeia e tem sido, desde a Antiguidade, um lugar de romance, seres exóticos, memórias e paisagens assombradas, experiências marcantes. Reza Xá reconheceu que as conotações da palavra "Pérsia", derivada de um termo grego, minavam o potencial do Irã no âmbito do mundo moderno. "Irã" deriva do persa médio *ērān*, que era usado para se referir aos povos iranianos e, por extensão, ao próprio império. Povos e lugares de fora do Irã, a exemplo dos gregos e dos romanos, eram chamados *anērān* ("não Irã"). Reza Xá considerava "Irã" um título adequado ao seu país, um nome enraizado na terra, na história e no povo.

Então, qual palavra devemos usar, "Pérsia" ou "Irã"? "Pérsia" pode ser utilizada para descrever os reinos governados por vários monarcas, começando com Ciro II no século VI a.e.c. Uma vez que esse nome se refere a uma área específica no sudoeste do planalto iraniano, a terra natal da tribo Aquemênida, descreve também, em um sentido muito restrito, o próprio Império Aquemênida. Mas e quanto a "Irã"? Também é um termo aceitável. Do ponto de vista da etnicidade, geografia e história, existe, desde tempos imemoriais, um "Grande Irã", que se estende do sul da Rússia, da Ucrânia e da bacia do Danúbio, atravessando as montanhas do Cáucaso e o Cáspio para se espraiar em direção às vastas planícies da Ásia Central e a acidentada região do noroeste da Índia. Nesse discurso, o Império Aquemênida (a "Pérsia", no sentido mais estrito) é, para todos os efeitos, um representante desse "Grande Irã". Ao longo deste livro serão empregadas tanto as formas "Irã" quanto "Pérsia". Não há juízo de valor em seus usos.

*

Se o Império Persa era uma entidade tão dominante no mundo e tão definidora de eras, então por que os persas antigos não receberam o lugar que merecem na história? Em parte, essa bizarrice pode ser explicada pelo fato de que, até o início do século XIX, ninguém tinha acesso a fontes textuais genuínas do Período Aquemênida. Foi Henry Rawlinson, da Companhia das Índias Orientais, quem, em 1832, deduziu que a linguagem cuneiforme persa antiga era uma escrita fonética e a decifrou com êxito. Em 1837, ele terminou sua cópia da Inscrição de Behistun, um longo texto encomendado por Dario, o Grande, e enviou uma tradução de seus parágrafos iniciais para a Real Sociedade Asiática da Grã-Bretanha. Mas a segunda parte só veio à luz em 1849, e a aceitação do persa antigo entre os estudiosos foi lenta. É verdade que a decifração do idioma era a chave necessária para a compreensão dos códigos elamita, babilônico e, por fim, acádio ou acadiano (a língua dos assírios), e os estudiosos rapidamente voltaram suas atenções para a rica herança literária e epigráfica da Mesopotâmia, lamentavelmente abandonando os estudos persas. Enquanto isso, a disciplina acadêmica da assiriologia floresceu e vicejou.

Como consequência, o Império Persa entrou na consciência histórica ocidental somente por meio de duas diferentes fontes externas: a Bíblia hebraica ("Antigo Testamento") e as obras de autores clássicos gregos e romanos. De modo geral, os textos bíblicos defendiam os persas. Foram os Grandes Reis da Pérsia que libertaram os judeus de seu exílio na Babilônia e permitiram que voltassem para casa a fim de construir um novo (segundo) templo em Jerusalém no local de culto original do rei Salomão. Na Bíblia, os persas são servos de Deus, uma superpotência cooperativa e solidária que defende o direito dos judeus a uma pátria. Os autores clássicos, no entanto, retratam a Pérsia sob uma luz quase totalmente negativa. Os Grandes Reis são descritos como tiranos lascivos, caprichosos e insanos, e o império é considerado uma opressiva afronta aos ideais gregos de "liberdade" (seja lá o que significasse essa palavra). Os gregos representam os persas como covardes, conspiradores, afeminados, vingativos e desonrosos. O epítome da barbárie.

Os persas e seu vasto império exerceram um domínio fabuloso sobre a imaginação grega. Os gregos eram obcecados por seus poderosos vizinhos orientais. A arte grega contém um interminável catálogo de imagens dos persas, retratando-os como déspotas mimados e soldados derrotados, e a literatura grega transborda de detalhes sobre todos os tipos de exotismos persas. Há referências a nomes que soam persas (mas não são), alusões a tributos, leis, ouro, bebedeira pesada e ao hábito de dizer a verdade. Os gregos falam de frutas cítricas, camelos, cavalos, pavões, galos, caçadas a leões, jardins e sistemas de estradas medidas em *parasangas*. Falam de imensa riqueza, orgulho, arrogância, insolência e um estilo de vida faustoso, exemplificado por roupas e tecidos caros, fartura de boa comida e bebida, utensílios de mesa luxuosos, leques e enxota-moscas, móveis de marfim. Há rainhas, concubinas, haréns e eunucos, empalamento, crucificação e muitas formas terríveis de tortura prolongada. Esse infinito catálogo de "persianismos" ajudou a moldar a autoidentidade grega, embora dissesse muito pouco a respeito da realidade da vida persa. A sociedade ateniense durante a Era Clássica foi autoengendrada para ser uma imagem espelhada da civilização persa. Os atenienses, ao que parece, eram mais conscientes da "atenicidade" deles quando imaginavam olhar para si mesmos através dos olhos persas. No quinto livro de sua *História*, Heródoto descreve a reação do rei Dario ao incêndio da cidade de Sárdis, dominada pelos persas, durante a Revolta Jônica estimulada pelos atenienses.[2] Segundo Heródoto, o rei persa não deu importância alguma aos jônios (ou iônios) e concentrou suas atenções, desde o início, nos atenienses:

---

2   A Revolta Jônica e outras conturbações em Eólia, na Hexápole Dórica, no Chipre e na Cária são rebeliões militares que ocorreram em regiões gregas da Ásia Menor contra o domínio persa, entre 499 e 493 a.e.c. [N.T.]

Dario procurou saber quem eram os atenienses e, depois de obter a resposta e anotar as informações que lhe deram a respeito, pediu em seguida seu arco. Depois de pegá-lo e pôr nele uma flecha, lançou-a para o alto e, enquanto ela disparava rumo ao céu, exclamou: "Ó, Zeus, possa eu vingar-me dos atenienses!". Proferindo essas palavras, ordenou a um de seus oficiais assistentes que lhe repetisse três vezes, sempre que lhe servisse uma refeição: "Senhor, lembrai-vos dos atenienses".

Apenas um grego – e ainda por cima pró-ateniense – poderia ter escrito essa cena. É bastante improvável que Dario pensasse *muito* nos distantes atenienses; tinha coisas bem mais importantes em mente, a exemplo da Cítia e da Índia. Mas a história nos informa com todas as letras acerca do sentimento de orgulho inflado e da altivez dos atenienses. Enxergar a si mesmos como o irritante nêmesis do Grande Rei dava a eles um senso de valor.

Heródoto levou essa ideia adiante. Segundo ele, foi a lembrança do apoio de Atenas à Revolta Jônica que motivou as campanhas persas contra a Grécia em 490 e 480 a.e.c. A última expedição é especialmente digna de nota, porque, embora Xerxes já tivesse sucedido o pai como monarca, Heródoto continuou a enfatizar a profundidade com que Atenas penetrara na memória de Dario. A última invasão foi o foco do grande drama trágico *Os persas*, de Ésquilo, encenado pela primeira vez em 472 a.e.c., no qual Xerxes é caracterizado como um monstruoso tirano que tenta esmagar as liberdades de que desfrutavam Atenas e as cidades-Estados gregas. A subsequente e fortuita repulsa às avassaladoras forças dos déspotas aquemênidas tornou-se algo a ser celebrado na poesia, no drama, na arte e em novas narrativas, a exemplo da elaborada por Heródoto.

Em um exame mais detido, o Xerxes de Heródoto é um personagem de intensa complexidade. Sua brutalidade turbulenta se alterna com amuo infantil e inesperadas, lamurientas e sentimentais explosões de choro. Um dos incidentes mais significativos e inesperados da *História*, que tem a sutileza da escrita de ficção verdadeiramente primorosa, ocorre quando Xerxes, ao inspecionar a vasta armada de navios que reuniu para invadir a Grécia, se desfaz em lágrimas. Heródoto explica que ele "é tomado pelo intenso sentimento de piedade, porque ponderou sobre a brevidade da existência humana", e concluiu que tudo é muito perturbador. Para um déspota, cuja indiferença pela humanidade é realçada ao longo do livro, manifestar essa empatia acerca da certeza da morte é uma excepcional invenção psicológica do autor. O pesadelo de um líder psicopata (num minuto, intensa euforia; no outro, intenso desânimo) à frente de um Estado autoritário brutalmente centralizado tornou-se uma imagem que inquieta liberais democratas desde que Heródoto a criou. Mas ela tem muito pouco a ver com o *verdadeiro* Xerxes da "versão persa".

Isso não quer dizer que a visão de Heródoto acerca da história persa deva ser completamente descartada como um punhado de narrativas moralizantes inventadas. Não, afinal, Heródoto nasceu súdito dos persas – sua cidade natal, Halicarnasso,[3] fazia parte do Império Persa – e ele provavelmente tinha algum entendimento sobre como o império (ou partes dele) funcionava. Certamente registrou histórias persas que circulavam durante sua vida, e é possível extrair da *História* materiais persas genuínos, informativos e esclarecedores. Contudo, para lidar com esse processo é preciso cautela. A pauta prioritária de Heródoto era virar o espelho aos persas. A imagem refletida mostrava que eram o oposto – a própria antítese – dos gregos. Os persas eram o "Outro" por excelência.

Mais ou menos na mesma época de Heródoto, outros autores gregos tiveram suas obras enriquecidas por um envolvimento mais direto com os persas. Xenofonte, por exemplo, marchou da Grécia para a Babilônia integrando um exército mercenário financiado pelo príncipe Ciro, o Jovem, em 401 a.e.c. Suas obras, *Anábase* e *Ciropédia*, são úteis relatos em primeira mão mostrando a visão de um soldado sobre os persas, embora Xenofonte também não tenha sido capaz de evitar uma leitura um tanto pejorativa de seu tema. De uso mais direto são os escritos de Ctésias de Cnido, médico e historiador grego que serviu como médico real no coração da corte persa durante o reinado de Artaxerxes II. Por dezessete anos, Ctésias viveu na corte da família real e aprendeu a falar a língua persa. Conviveu de perto e conversou com a nobreza aquemênida, reunindo relatos em primeira mão de suas histórias familiares e

---

3 Atual Bodrum, costa sudoeste da Turquia, na região da Anatólia. [N.T.]

tradições dinásticas. Seu gigantesco best-seller, a *Persika* ("Coisas persas" ou "História da Pérsia", que infelizmente sobreviveu apenas em fragmentos), apresenta uma história singular da Pérsia do ponto de vista de alguém que, por circular livremente na corte, dispunha de informações privilegiadas sobre a família real. Ctésias registrou relatos, fábulas e lendas contadas, recitadas e encenadas nos salões da elite local. Outrora tido pelos estudiosos como pouco mais que um inventor de histórias, hoje é reconhecido pela importante contribuição para a compreensão de como os persas lidavam com a "história".

De cerca de 550 a.e.c. até a era de Alexandre, o Grande, na década de 330 a.e.c., cada geração de gregos teve sua própria maneira de reconfirmar, conforme necessário, a identidade helênica contra a ameaça persa em constante mudança, mas sempre presente. A obsessão grega pelos persas se concentrava em minimizar sua credibilidade enquanto superpotência. O aviltamento dos persas – por meio de difamação ou sátira – tinha como objetivo cauterizar as feridas de angústia e medo provocadas pelas ameaças e realidades de ser vizinhos de um império cujas ambições territoriais eram muito concretas e não davam sinais de jamais arrefecer. A fim de incrementar o moral grego, uma série do que poderíamos chamar de imagens "catárticas" foi criada nos palcos, na escultura e em outras artes, obras que menosprezavam, degradavam e depreciavam os persas no intuito de reiterar a superioridade grega (sobretudo ateniense). Um desses objetos é um jarro de vinho com figuras vermelhas datado de meados da década de 460 a.e.c. Conhecido como "Vaso de Eurimedonte", retrata um humilhado e afeminado soldado persa curvando-se para a frente na linha da cintura e oferecendo o traseiro a um sujo soldado ateniense que segura com a mão o pênis ereto e corre para penetrar a retaguarda do persa. A pintura de uma cena de estupro (pois é disso que se trata) foi criada como "edição comemorativa" de uma vitória ateniense sobre as forças persas na Batalha do Eurimedonte na Ásia Menor em 467 a.e.c. O vaso foi usado em algum tipo de festança com muita bebida, provavelmente uma reunião de soldados. Enquanto o jarro era passado de mão em mão por um grupo de hoplitas – o equivalente grego de um soldado do exército –, o vinho jorrava e as piadas sujas começavam a correr de boca em boca. Também o persa retratado na pintura do vaso ia sendo passado pelas mãos dos soldados. À medida que cada

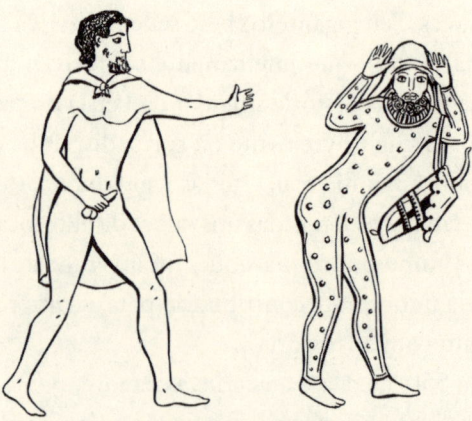

Figura 1. Um hoplita grego se prepara para violar um soldado persa. O "Vaso de Eurimedonte", enócoa (*oinochóe*) ático de figuras avermelhadas, jarro de servir vinho, atribuído ao círculo do pintor Triptólemo, *c.* 460 a.e.c.

hoplita agarrava o objeto, repetia o drama retratado na cena: "Agora eu sou Eurimedonte", gabava-se. "Olhem só pra mim, fodendo esse persa!" A imagem do vaso é uma visualização perspicaz do humor dos soldados, embora seja muito provável que a cena refletisse uma realidade vivida. Afinal, o estupro pós-batalha de soldados derrotados nunca foi apenas uma fantasia ocasionada por jogos de consumo de bebida. O vaso de Eurimedonte é uma expressão do *zeitgeist* ateniense da década de 460 a.e.c., uma piada apontada para alvos precisos: recentes acontecimentos políticos e militares inesperados, mas fortuitos, demonstravam a superioridade natural dos gregos sobre os persas bárbaros.

Para onde nos leva essa imagem de uma Pérsia humilhada, derrotada e extinta? Diretamente ao Iluminismo europeu, quando intelectuais começaram a teorizar sobre a razão do Ocidente ter-se tornado tão dominante na ordem mundial e tido tanto sucesso na disseminação da civilização branca. Eles formularam uma teoria radical: a superioridade europeia não decorreu do cristianismo, como se pensara anteriormente ao longo da Idade Média e do Renascimento, mas de uma tradição cultural que teve início na Grécia Antiga. Os gregos, segundo esses pensadores, teriam sido os inventores da liberdade e da racionalidade. Em seguida, Roma espalhou esses preciosos presentes por toda a Europa, em uma série de conquistas imperiais civilizatórias. Outras culturas à margem da Grécia e de Roma eram bárbaras, e os piores e mais ameaçadores entre todos eles eram os persas, ávidos pela dominação mundial. Isso contrariava a ordem natural da supremacia branca. O conceito foi expresso por Charles-Louis de Montesquieu em suas *Cartas persas*, de 1721: "A liberdade", ele escreveu, "destinava-se ao gênio das raças europeias; e a escravidão, ao gênio dos asiáticos". O historiador escocês John Gillies ampliou com mais detalhes esse pensamento em 1787, argumentando que os persas "escravizaram os gregos da Ásia Menor e, pela primeira vez, ameaçaram a Europa com os terrores do despotismo asiático". Ao longo das décadas e nos novos séculos, tornou-se o "fardo do homem branco" (na definição de Rudyard Kipling) espalhar por todo o mundo os benefícios da libertadora cultura helênica, para o melhoramento de todas as raças e para manter o bárbaro distante.

Em setembro de 1889, George Nathaniel Curzon, um jovem parlamentar britânico destinado a coisas grandiosas, iniciou uma viagem de três meses pela Pérsia (sua única visita ao país). Enquanto passeava por Persépolis, se comoveu com o que encontrou, considerando as ruínas como uma "solene lição sobre as eras". A "lição", estava claro, girava em torno da húbris (orgulho arrogante, autoconfiança excessiva); os persas, atestou, eram incapazes de entender que "não tinham as qualidades necessárias para manter um império", tampouco para governá-lo com eficácia. O longo declínio e queda da Pérsia eram inevitáveis, Curzon opinou, mas fora necessário aparecer um grego da estatura de Alexandre para o seu fim predestinado. Em sua majestosa obra em dois volumes, *Persia and the Persian Question* [Os persas e a questão persa] – muitas vezes considerado o pedido de emprego mais longo da história; o cargo era o cobiçado posto de vice-rei da Índia –, Curzon observou que julgava desconcertante a resistência persa e indiana à colonização ocidental: "O asiático normal preferiria mil vezes ser mal governado por asiáticos a ser bem governado por europeus", escreveu, um tanto perplexo.

Curzon foi um produto bem-sucedido do *locus classicus* de uma forma distintamente *britânica* de filelenismo: o sistema escolar público da elite inglesa. Essas instituições exclusivamente masculinas, fábricas de privilégios, em que juízes de instâncias superiores, altos funcionários públicos e diplomatas do Ministério das Relações Exteriores eram produzidos em série como numa linha de montagem, tradicionalmente inseriam os estudos clássicos no núcleo de seus currículos escolares. A língua e a literatura gregas antigas eram consideradas pedras angulares da educação, e o grego era utilizado para inculcar influência na geração seguinte de administradores imperiais da Grã-Bretanha. De forma significativa, o conhecimento da língua e da história gregas circulava apenas entre os mais privilegiados da elite britânica (sobretudo masculina). Em uma declaração famosa, Winston Churchill afirmou que permitiria que nessas escolas os rapazes "aprendessem latim como uma honra e grego como um deleite". No entanto, por trás dessa conhecida tirada estava o empenho de Churchill com relação ao uso dos clássicos como meio de distanciamento social. Era um dispositivo poderoso e eficiente para manter as classes separadas e, por extensão, corroborar os processos de construção de impérios, ao iniciar apenas os mais altos escalões da sociedade em seus mistérios. O erudito clássico britânico H. D. F. Kitto, ele próprio um produto do sistema de educação da elite britânica e autor de uma introdução à história grega publicada em 1951[4] (e best-seller ainda hoje), convidou seus leitores "a aceitar [...] como fato razoável" que os gregos "tinham uma concepção totalmente nova acerca de qual era o propósito da vida humana e foram os primeiros a mostrar para que servia a mente humana".

O resultado desse longo legado do filelenismo imperializado é uma série de premissas danosas e uma conclusão nociva – a de que a Grécia clássica foi um momento excepcional na história do mundo e que o Ocidente se beneficiou inquestionavelmente por ser o herdeiro da cultura grega. Esse legado moldou as histórias nacionais. Escrevendo em 1867, o filósofo e economista político britânico John Stuart Mill afirmou que, "mesmo como um evento na história britânica", a Batalha de Maratona, travada entre gregos e persas em 490 a.e.c., "é mais importante do que a Batalha de Hastings".[5] Ele declarou que "os verdadeiros ancestrais

---

4 *The Greeks: A Study of the Character and History of An Ancient Civilization, and of the People Who Created It* [Os gregos: um estudo do caráter e da história de uma civilização antiga e dos povos que a criaram], Penguin Books, 1951. [N.T.]
5 Ocorrida no dia 14 de outubro de 1066, nas imediações de Hastings, na Inglaterra, a batalha colocou frente a frente tropas inglesas do rei Haroldo II Godwinson e o exército invasor de Guilherme II, o Bastardo, comandado pelo duque da Normandia. O resultado foi a vitória dos normandos. Decisivo para a história do país, esse evento

das nações europeias não são aqueles de cujo sangue elas provêm, mas aqueles de quem extraíram a parte mais rica de sua herança". Os ocidentais se enxergavam como herdeiros diretos do milagre da civilização grega. Assim, era lógico afirmar que a cultura ocidental também deveria ser excepcional. Por dedução, as culturas desprovidas do legado do helenismo clássico representariam civilizações inferiores em termos de pensamento racional e governança, unidade de propósito, inteligência e ambição. A velha imagem grega de uma Pérsia decadente e despótica foi reformulada e reaproveitada para representar as inadequações e incapacidades de todos os não europeus.

Ainda hoje essa compreensão perversa de uma hierarquia de competência cultural está viva. Por exemplo: um destacado estudioso alemão do mundo greco-romano, Hermann Bengston, alicerçou sua carreira acadêmica na promoção desse banal mito da superioridade ocidental. Recentemente sentiu-se instado a escrever que:

> As ramificações do triunfo grego sobre os persas são quase incalculáveis. Ao repelir o ataque do Oriente, os helenos delinearam o desenvolvimento político e cultural do Ocidente. Com a triunfante luta pela liberdade dos gregos nasceu a Europa, tanto como conceito quanto como realidade. A liberdade que permitiu à cultura grega elevar-se aos modelos clássicos na arte, no teatro, na filosofia e na historiografia, a Europa deve aos que lutaram em Salamina e Plateias. Se hoje nos consideramos pessoas de pensamento livre, foram os gregos que criaram as condições para isso.

Podemos acrescentar a voz de Andrew Bayliss, historiador da Universidade de Birmingham, que, em 2020, no aniversário da Batalha de Termópilas, travada em 480 a.e.c. entre os persas de Xerxes e as forças combinadas das cidades-Estados gregas, defendeu que:

> O maior legado de Termópilas foi a assim chamada "Idade de Ouro" [...] Tivessem os persas conseguido destruir de maneira

---

concretizou a normandização à força da Inglaterra e o fim da dinastia de reis anglo-saxões. [N.T.]

permanente Atenas, teriam exterminado a incipiente democracia ateniense, e hoje não nos maravilharíamos diante do esplendor do Partenon na Acrópole ateniense, ou com a possibilidade de ler as formidáveis obras da literatura de autores como [...] Tucídides [...] Ésquilo, Sófocles, Eurípides, Aristófanes [...] e Platão. Nada disso teria sido possível sem a inspiração que [o rei espartano] Leônidas e seus homens nos proporcionaram ao lutar pela liberdade.

Esses sentimentos são tão defeituosos quanto espúrios. Os persas jamais quiseram destruir a "democracia" (o que quer que "democracia" significasse em seu contexto ancestral). De fato, muitas cidades-Estados gregas jônicas continuaram a praticar a "democracia" sob o domínio persa – afinal, os persas reconheceram a aversão dos gregos jônicos por tiranias autocráticas e alegremente as substituíram por democracias. Tivessem os aquemênidas levado os gregos do continente para seu império, sem dúvida teriam tolerado a democracia lá também. Talvez até a tivessem incentivado. Uma vitória dos persas contra Esparta – o mais opressivo e totalitário Estado escravocrata da Antiguidade – teria sido uma vitória da liberdade, pondo fim ao jugo quase terrorista dos espartanos sobre o restante da Grécia. A ideia de que os persas inibiram e travaram o desenvolvimento cultural da Europa é absurda.

Desde a era das Guerras Greco-Persas (ou Guerras Médicas), os persas têm sido alvo de uma campanha de difamação historiográfica na qual são apresentados como os opressores tirânicos do mundo livre. O empenho intelectual ocidental com a promoção de sua própria suposta singularidade e superioridade tem sido muito prejudicial para o estudo da história da Pérsia. É hora de corrigir a longeva, ofensiva e ultrajante distorção que os persas sempre sofreram, para ouvirmos uma genuína voz da Pérsia antiga.

*

Como, então, podemos acessar a versão persa quando parece que as fontes de pesquisa funcionam contra nós? Afinal, os persas nunca escreveram a história narrativa da maneira que os gregos fizeram. Não existiu uma versão persa de Heródoto, Tucídides ou Xenofonte. Isso significa que os persas não tinham noção de seu próprio passado? Não examinavam em profundidade seu lugar no progresso da história? A ausência de uma narrativa histórica não equivale à ideia de que os persas não entenderam sua história ou não responderam a ela. Os persas conheciam sua história, mas escolheram lembrar-se dela de forma diferente. O passado persa foi transmitido por meio de canções, poemas, fábulas e lendas. Era uma história performática.

Uma característica notável da rica cultura oral do Antigo Oriente Próximo em geral era uma *aversão* positiva a fatos exatos ou datas específicas. Persas, babilônios e assírios compreendiam seu passado em termos de mitos, em especial as histórias da criação e os grandes contos de deuses, heróis e reis. No centro do conceito de progressão histórica do Oriente Próximo estava a realeza como uma manifestação da vontade divina, e os detalhes concretos dos acontecimentos históricos interessavam menos que o *padrão* pelo qual o passado era explicado em relação aos eventos míticos. A "história" era o resultado das atividades dos deuses que punham os eventos em movimento. Para os antigos, a busca de um padrão coerente na compreensão da história significava que uma noção sobre "o que realmente aconteceu" na "história" era adquirida apenas à luz do resultado dos eventos. A percepção retrospectiva foi o fator determinante na compreensão do processo histórico no Oriente Próximo. Para os persas, os deuses é que faziam a história de seu império andar. A busca por aquisição de territórios foi bem-sucedida porque Aúra-Masda havia ordenado que assim fosse. Então, é possível encontrarmos um registro persa *fidedigno* do passado persa? A resposta para essa pergunta é um simples "sim".

A versão persa está em toda parte. Não podemos ser muito seletivos com as nossas fontes, portanto, embora os materiais não estejam em um formato narrativo contínuo, a história interna da Pérsia pode ser reunida e composta a partir de fontes diversas e dispersas. Historiadores do mundo antigo levaram bastante tempo para assumir que é possível conhecer os persas a partir de seus próprios materiais nativos. Agora que reconhecemos isso, podemos desvencilhar os persas das amarras da tradição clássica.

A história persa é um enorme quebra-cabeça, cuja montagem requer um trabalho paciente e muita colaboração lúcida e inteligente. Faltam algumas peças e há lacunas nas bordas, mas, no geral, a imagem que vem surgindo a partir das evidências concretas persas é esclarecedora. É também um campo de investigação tremendamente empolgante, no qual uma variedade estonteante de fontes pode ser – e será – encontrada.

Comecemos com a língua da pérsia antiga. Os persas aquemênidas falavam uma forma primitiva do farsi moderno[6] (ou "novo persa") chamado "persa antigo". Utilizava-se a escrita cuneiforme, a antiquíssima e consagrada forma mesopotâmica de escrita feita com caracteres em formato de cunha. Em termos de materialidade da escrita, era possível ou prensar tabuletas de argila úmida ou entalhar superfícies duras, como pedra, lápis-lazúli, alabastro e até prata e ouro. Era uma língua utilizada para a composição de declarações públicas, oficiais e reais, e praticamente todos os textos persas antigos sobreviventes foram encontrados na forma de inscrições em edifícios e outros monumentos reais. São invariavelmente acompanhados por uma tradução do mesmo texto para outro idioma – acádio, egípcio ou elamita. As inscrições em persa antigo tendem a ser de caráter repetitivo, apresentando a ideologia real e promovendo o poder imperial. Uma exceção, a chamada "Inscrição de Behistun" de Dario I, está cravada em uma rocha com vista para a estrada principal entre a planície da Mesopotâmia e Ecbátana (a atual Hamadá ou Hamadan), na Média. Ela fornece mais uma história narrativa da ascensão de Dario ao trono, o que investigaremos em breve. As inscrições repetitivas reiteram afirmações ideológicas e são importantes fontes para nossa compreensão da autoimagem dos reis Aquemênidas. Os textos em persa antigo proclamam as qualidades heroicas e militaristas dos monarcas e colocam seus feitos e êxitos à sombra de Aúra-Masda, o grande deus dos aquemênidas. Outros textos cuneiformes em elamita e acádio fortalecem nosso conhecimento da história persa, e o Egito também disponibilizou informações sobre o domínio persa em textos hieroglíficos e demóticos localizados. Inscrições em grego, lídio e frígio atestam a expansão geográfica do império e a diversidade de línguas faladas dentro de suas fronteiras.

A mais difundida de todas as línguas do Império Persa, porém, não era o persa antigo, mas o aramaico. Essa antiga língua semítica era amplamente usada em todo o Oriente Próximo no século VIII a.e.c. e

---

6   Idioma também conhecido como parse, farse, farsi ou pársi. [N.T.]

havia sido empregada pelos assírios como um eficaz método de comunicação internacional. Os persas usavam o aramaico como língua de diplomacia e administração, de modo que servia ao mesmo propósito que o latim teria na Idade Média, tornando-se a língua franca do Império Persa. Todos os homens instruídos, diplomatas e escribas eram bem versados em aramaico, cuja eficácia como ferramenta burocrática pode ser comprovada pelo fato de que a língua se manteve em vigor no Oriente Próximo até o período helenístico e além (o aramaico foi a língua que Jesus de Nazaré falou na Judeia ocupada pelos romanos do século I a.e.c.). O aramaico era fácil de ler e escrever (era uma escrita cursiva fluida) e podia ser rabiscado com tinta em papiros, madeira, cacos de potes, ossos ou outras superfícies portáteis. Por essa razão, documentos em aramaico do Período Aquemênida foram descobertos em lugares tão distantes entre si quanto o sul do Egito e o leste da Báctria (ou Bactriana, correspondente aos atuais Tajiquistão e Uzbequistão). Era uma língua verdadeiramente universal.

Nossa compreensão das línguas cuneiformes do Oriente Próximo permite acesso a materiais exclusivos da Pérsia. Durante trabalhos de escavação em Persépolis na década de 1930, arqueólogos descobriram um conjunto de documentos escritos armazenados no centro da burocracia aquemênida. Desenterraram-se cerca de 30 mil tabuletas de argila cozida em fornos, datadas do período entre 492 a.e.c. e 458 a.e.c. – isto é, desde o final do reinado de Dario I até os primeiros anos do rei Artaxerxes I. Esse material ficou conhecido como os "textos do Tesouro de Persépolis" e as "tabuletas da Fortificação de Persépolis" (em referência a seus locais de descoberta). Em sua maior parte, os registros estão em escrita cuneiforme elamita, a língua da chancelaria persa, e tratam de cálculos e transações comerciais (sobretudo porções de alimento), embora alguns estejam em aramaico, frígio, persa antigo e até grego. Tanto as tabuletas em elamita quanto as em aramaico carregam as impressões de selos cilíndricos (geralmente de um ou dois selos, às vezes mais) estampados na argila úmida. As tabuletas e os selos permitem um extraordinário vislumbre da vida e do trabalho em Persépolis e seus arredores imediatos durante o século V a.e.c., fornecendo um "quem é quem" daqueles que viviam e trabalhavam dentro e ao redor do palácio, e evidências do funcionamento do sistema administrativo. Registram todos os tipos de rações de alimento para os trabalhadores (homens, mulheres e crianças), sacerdotes e autoridades religiosas (parte das rações destinava-se a sacrifícios), para a nobreza persa e a família real. A coleção de tabuletas funciona como um banco de dados incrivelmente rico para se entender a complexa burocracia da administração aquemênida, com destaque para métodos de contabilidade e tributação, sistemas de armazenamento, propriedades, dieta, organização de assentamentos e rotas de viagem – materiais íntimos da vida persa, que as fontes gregas desconheciam por completo.

A arqueologia é um campo importante nos estudos contemporâneos do antigo Irã. O trabalho de campo realizado em território iraniano desde a década de 1930 lançou uma luz muito necessária sobre a cultura material do Período Aquemênida, e as escavações em Persépolis, Pasárgada, Susa e Ecbátana – os grandes centros imperiais – receberam a maior parte dos holofotes. A exploração arqueológica dos territórios imperiais tem sido menos sistemática, ainda que agora venham ganhando atenção os níveis arqueológicos do Período Aquemênida em lugares como Sárdis e Dascílio, na Turquia, bem como sítios no Levante[7] e na Ásia Central. Escavações recentes na Geórgia desenterraram evidências de contato próximo entre as regiões mais importantes da Pérsia e essa área periférica do império, e, nos últimos anos, egiptólogos se voltaram com crescente entusiasmo para os vestígios da dinastia persa do Egito, descobrindo locais anteriormente desconhecidos no Delta do Nilo e no oásis de Kharga. À medida que arqueólogos encontram e avaliam mais evidências da diversidade da vida nas províncias imperiais, nossa imagem da natureza do Império Persa ganha novos contornos.

---

7   Levante (Mediterrâneo) é um termo geográfico tradicionalmente utilizado por historiadores e arqueólogos dos períodos pré-histórico, antigo e medieval para descrever um vasto território da Ásia ocidental formado pelas regiões a leste do mar Mediterrâneo que se estendem, ao norte, até os montes Tauro e, ao sul, até o deserto da Arábia. De forma geral, a região abrange Síria, Jordânia, Israel, Palestina, Líbano e Chipre. Outras referências definem o Levante de maneira mais ampla, incluindo porções da Turquia, do Iraque, da Arábia Saudita e do Egito. Não confundir com o Levante peninsular ou Levante Espanhol, zona geográfica da península Ibérica da costa mediterrânica que corresponde a Catalunha, ilhas Baleares, Comunidade Valenciana, região da Múrcia e zona mais oriental de Castilla-La Mancha e Aragão. [N.T.]

O exame da arte aquemênida que surge como fruto do trabalho da arqueologia confirma que se tratava de uma eclética mistura de estilos e motivos extraídos de diferentes partes do império, fundidos para produzir uma aparência "persa" peculiar e harmoniosa. Motivos egípcios e assírios (por exemplo, círculos alados e gênios alados,[8] desenhos de frontões e até mesmo métodos para representar a figura humana) eram frequentemente amalgamados, de modo que se pode dizer que a arte aquemênida reflete na forma material tanto a diversidade quanto a unidade do império. A arte do Império Aquemênida servia a um propósito primordial: confirmar a ideologia real da unidade imperial e promover a imagem do monarca. De certa forma, toda a arte aquemênida era arte régia, pois os motivos criados para a glorificação do rei são encontrados repetidas vezes em praticamente todos os artefatos materiais persas, que variam de vastas esculturas em pedra – a exemplo daquelas localizadas em Behistun ou os túmulos dos reis em Naqsh-i Rustam e Persépolis – a minúsculas gravuras encontradas em pedras preciosas e selos.

*

Usar a rica variedade de fontes de pesquisa para entender a versão persa do passado antigo do Irã nos parece um ótimo caminho. Mas é preciso reconhecer que essa abordagem também tem seus problemas e armadilhas. As fontes criadas dentro do Irã, pelos persas e para os persas e seus povos súditos, não estão isentas de hipérboles, preconceitos, vieses ou falsificações. Por debaixo de cada fonte persa original – texto, imagem ou artefato –, há um plano político imperial. A versão persa da história projeta sua própria variedade de manipulação e distorção histórica.

Assim, na superfície, as inscrições reais de Dario enfatizam que tudo vai bem em toda a extensão do império:

> Eu sou Dario, o Grande Rei, o Rei dos Reis, o Rei de Todas as Nações, o Rei desta Terra, o filho de Histaspes, um Aquemênida. Diz Dario, o rei: quando Aúra-Masda me fez rei desta terra, pela graça de Aúra-Masda, eu instaurei a ordem a tudo. (DSz)

---

8   Geralmente figuras antropozoomórficas, como, por exemplo, figuras masculinas barbadas com asas de pássaros. [N.T.]

Mas tudo era mesmo "ordeiro" como ele insiste em afirmar? O império era de fato uma terra de harmonia? De abundância? Os territórios imperiais eram uma massa de terra contígua, é verdade, e, aparentemente, sem dúvida o império se beneficiava da unidade do sistema persa (as estradas eram excelentes, e a infraestrutura de comunicação, muito avançada, servia bem ao vasto território, como veremos em detalhes). No entanto, o Império Persa era irritantemente vulnerável em suas fronteiras, muito distantes em termos geográficos do coração imperial no Irã. As terras fronteiriças e os rincões remotos eram muitas vezes locais de rebelião contra o monarca ou seus governadores. Além disso, a enorme população do império compunha-se, sobretudo, por camponeses miseráveis, analfabetos e sem qualificação, que ganhavam a vida a duras penas com a agricultura de subsistência. Em sua maioria, as pessoas viviam em extrema pobreza, e seus parcos terrenos pouco contribuíam para a riqueza do império. Tampouco as vastas extensões de terra compostas por desertos inóspitos e áridos, lagos salgados, tundra fustigada pelo vento ou montanhas rochosas contribuíam para o benefício do império. Inóspitos, inadequados para o transporte e certamente sem potencial lucrativo, esses territórios eram um indiscutível fardo para o Império Persa.

É crucial reconhecermos desde o início que Dario, assim como todos os Grandes Reis da Pérsia, atuava no ramo da manipulação de imagem. Ele encabeçava uma bem azeitada e eficiente campanha de propaganda e encomendava inscrições e imagens menos para informar do que para persuadir. Dario, o Grande, era um hábil propagandista. Nas paredes de seus palácios em Persépolis, Susa e Babilônia, teve a astúcia de encomendar uma imagem do mundo que nunca existiu na realidade. A exemplo de todos os impérios, o Império Persa foi criado por meio de conquistas militares. A realidade de construir e manter um império, ainda que fosse tolerante (pelo menos na superfície) como o Império Persa, significava promover alguns atos horríveis. Derramamento de sangue e violência são as características marcantes de qualquer ocupação forçada, de qualquer tipo de empreendimento imperial, e, nesse aspecto, os persas não estavam isentos de cometer atrocidades como parte do processo. De bom grado, soldados treinados para matar cometiam atos de violência extrema em nome do imperialismo persa. Quando contrariados ou desafiados, os persas podiam dar mostras de impiedade, e súditos e Estados rebeldes eram tratados com repressão implacável. De uma ponta à outra do império, populações inteiras foram arrancadas de suas terras e deportadas para diferentes locais. Suas cidades, vilarejos e santuários sagrados foram reduzidos a cinzas. A pilhagem e a destruição gratuita de gado eram práticas comuns, assim como a captura de reféns, incluindo crianças e mulheres, muitas vezes estupradas e vendidas como escravas. Havia tortura e mutilação: prisioneiros escalpados, barbas arrancadas da pele, olhos vazados ou arrancados das órbitas, narizes decepados, orelhas cortadas, espancamentos, sodomia, incontáveis violações. Populações inteiras foram passadas à espada.

No entanto, enquanto as notícias dessa brutal expansão militar persa causavam terror nos corações dos povos em todo o Oriente Próximo e no Mediterrâneo, em Persépolis e outros locais palacianos, artistas de todo o império criavam fantasias em calcário, ouro e mármore sob os auspícios de Dario. As peças de propaganda esculpidas e pintadas com esmero e elegância promoviam sua visão de harmonia imperial. Não se pode ignorar o paradoxo entre a realidade da construção do império e a arte e a retórica da *Pax Persica*. Porém, para sermos justos com os persas e lhes dar o devido crédito, até mesmo a hipótese de *terem concebido* um império que operasse sob a égide desse ideal harmonioso era algo sem paralelo no mundo antigo. Assírios e romanos nunca atingiram esse nível de autoconsciência. Tampouco os britânicos. O sonho de uma "Paz Persa" permanece como um cambaleante tributo à mentalidade dos persas antigos.

Os Aquemênidas reinaram supremos sobre seu império. Não conheciam pares contemporâneos, e não havia competidores para suas ambições territoriais. Apesar das revoltas internas (conforme analisaremos), problemas de fronteiras, disputas de sucessão, assassinatos e até mesmo regicídios, o Império Aquemênida manteve por mais de dois séculos seus enormes territórios e diversas populações súditas. O Império Persa nunca passou por um lento processo de declínio e eventual colapso, tampouco seguiu qualquer cenário familiar de "ascensão e queda" que pudesse ser aplicado para explicar a derrocada de outros impérios. Quando seu fim chegou, na esteira das conquistas de Alexandre da Macedônia, no final da década de 330 a.e.c., foi rápido e totalmente inesperado. Dario III, o último Grande Rei Aquemênida, governou um império que era tão funcional, rico e seguro quanto havia sido durante os 150 anos anteriores.

A questão que inevitavelmente decorre desses fatos, portanto, não é por que o Império Persa chegou ao fim, mas como permaneceu bem-sucedido por tanto tempo. Há uma resposta fundamental para essa pergunta: a família Aquemênida nunca perdeu o controle exclusivo sobre a realeza. O Império Persa jamais teve que lidar com dinastias rivais que colocassem em perigo a unidade do Estado. Os Aquemênidas conduziam seu império como uma empresa familiar que, sob cuidadosa administração, amadureceu, se estabilizou e, ao longo do tempo, rendeu dividendos. Cada rei transmitia a seu sucessor escolhido – sempre do sexo masculino – as habilidades necessárias para um bom governo. As mulheres da dinastia guardavam zelosamente a pureza da linhagem e mantinham a eficácia de um programa de procriação real, gerando filhos para servir como sátrapas e oficiais do exército e filhas para se casarem com famílias da elite persa ou cumprirem o papel de noivas de príncipes estrangeiros. Portanto, a vitalidade do período de fundação do império sob Ciro, o Grande, e Cambises II nunca deu lugar à estagnação ou declínio definitivo, mas se manteve à tona por meio de reiterada consolidação imperial. De fato houve rebeliões no seio da casa imperial, mas elas ficaram restritas à decisão de quem deveria se sentar no trono como chefe da "firma" da família Aquemênida, não em estabelecer Estados separatistas.

Os Aquemênidas eram uma família de reis. O rei era uma versão glorificada de um pai de família. Eles se referiam a si mesmos como *vith*, palavra do persa antigo que significa "dinastia", "casa" e "família". Como todas as dinastias reais, eles muitas vezes amplificavam os problemas cotidianos da vida familiar. Apresentavam todos os tipos de desejos humanos, falhas, fraquezas e pontos fortes, embora de forma exagerada. Entre parentes dinásticos, a rivalidade era muito mais comum do que a afeição, e a hostilidade era mais habitual que o amor. Essas experiências acarretaram consequências para a manutenção do Império Persa, como veremos. No centro de nosso estudo está o poderoso e monolítico conceito de "dinastia". Examinaremos a história da Pérsia antiga pelo prisma da família Aquemênida, pois eram os traços de caráter dos reis, junto com as formas como interagiam com seus familiares – pais, mães, esposas e concubinas, filhos, filhas, irmãos e irmãs – e com o círculo mais amplo da elite persa, que definiam a maneira como o império funcionava.

As minúcias da dinâmica familiar podem ter um impacto profundo, às vezes grave, na manutenção e no sucesso do império. O que acontecia no âmbito da família e a maneira como os eventos se desenrolavam nos aposentos privados dos palácios reais repercutiam em toda a esfera imperial.

*

Este livro conta a história dos persas desde a época de sua chegada ao planalto iraniano, por volta de 1000 a.e.c., até o momento em que seu formidável império foi capturado, dominado e estrangulado pela mão forte de Alexandre da Macedônia, em 330 a.e.c. Aqui se contará uma história de construção de impérios e ambição imperial. É também a história de uma das grandes famílias disfuncionais da história. Os Aquemênidas superaram facilmente as sagas familiares dos York contra os Lancaster[9] da imaginação de Shakespeare, dos Bórgia do Vaticano ou dos Románov da Rússia. A história dos Aquemênidas é uma épica telenovela de ambição desenfreada, traição, vingança e assassinato – para todos os efeitos, sua história é *Eu, Claudius, Imperador*, de Robert Graves, em um cenário do Oriente Médio. Hoje, o estudo da Dinastia Aquemênida e seu império está se expandindo e florescendo como nunca. Estudos textuais de fontes persas nativas continuam a aparecer, e a arqueologia do império ainda produz descobertas inesperadas que constantemente forçam os estudiosos a repensar e remodelar nossas definições de império. É um bom momento para mergulharmos a fundo no mundo dos persas.

---

9   Referência à Guerra das Rosas, conflito que se desenrolou na Inglaterra entre 1455 e 1485 entre duas famílias nobres do país, os York e os Lancaster, ambos descendentes da dinastia Plantageneta, na disputa pelo trono inglês. A rixa se estendeu pelos reinados de Henrique VI, Eduardo VI, Eduardo V e Ricardo III. Ao final do conflito, Henrique Tudor surgiu como alternativa conciliadora e foi coroado como Henrique VII, iniciando a dinastia Tudor. [N.T.]

PARTE 1
O ESTABELECIMENTO DO IMPÉRIO

Quem eram os persas? De que maneira começaram a criar um império e por que fizeram isso? Nesta primeira parte de nossa investigação sobre o mundo dos persas antigos, nossa atenção se voltará para a história narrativa. Cobriremos cerca de novecentos anos, começando com as origens dos persas na Ásia Central e sua posterior migração planalto iraniano adentro. Movendo-se em ritmo constante para o oeste e por fim se estabelecendo no sudoeste do Irã, os persas nômades, divididos em tribos governadas pelo que poderíamos chamar de cãs (título tradicional dado aos chefes e oficiais comandantes de clãs na Ásia Central), esbarraram em alguns povos nativos ancestrais, incluindo os elamitas, que eram culturalmente sofisticados, sedentários e citadinos. Elam foi uma das sociedades mesopotâmicas mais relevantes e tinha fortes ligações culturais com os grandes atores do mundo do Oriente Próximo – os babilônios e os assírios. Fontes comprovam que, ao longo dos anos, persas e elamitas consolidaram uma relação e que Elam se tornou um importante aliado dos primeiros persas, em especial na área de Anshan, fértil região das montanhas mais baixas da cordilheira de Zagros, governada por uma poderosa tribo sob a liderança de um homem chamado Teíspes. Tão forte era esse vínculo cultural que os persas começaram a olhar para Elam como um modelo de potência bem-sucedida.

Outros povos eurasianos se deslocaram para o Irã no mesmo momento que os persas, incluindo os medos (ou medas), primos em primeiro grau dos persas, porém mais beligerantes e ambiciosos em termos territoriais (pelo menos nos primeiros tempos) do que eles. Os canatos (ou canados, isto é, as tribos) dos medos ocuparam o noroeste do Irã, tocando a fronteira com os poderosos assírios do norte do Iraque. Um período de hostilidades entre medos e assírios chegou ao auge em 614 a.e.c., quando as tribos medas, unidas sob a batuta do rei Ciaxares (ou Ciáxares), se aliaram ao inimigo do sul da Assíria, a Babilônia, e saquearam a capital assíria de Nínive. Com a queda da Assíria, a hegemonia meda cresceu. Logo Ciaxares anexou antigos territórios assírios e expandiu o controle medo sobre povos que viviam a oeste, até a fronteira natural do rio Hális, na Anatólia. Em seguida, Ciaxares olhou para o sul, para Anshan e os persas, e viu um território rico, pronto para a conquista.

Na Parte 1 deste livro, investigaremos o que aconteceu quando esses dois povos tribais entraram em confronto e estudaremos evidências para mostrar de que maneira os persas começaram a revidar, consolidar seu poder e, por fim, virar de cabeça para baixo a supremacia dos medos. Examinaremos a extraordinária ascensão ao poder de Ciro, o Grande, cujos métodos de conquista e colonização serão objeto de nosso escrutínio, e terminaremos nossa narrativa no ponto em que o Egito – o rico, ancestral e sofisticado Egito – foi incluído no Império Persa em expansão pelo filho de Ciro, o muito difamado Cambises II. A Parte 1 é a história da fundação da identidade persa e o nascimento do seu imperialismo. Descreve os eventos que levaram a Pérsia a se tornar a primeira superpotência do mundo.

1
OS MEDOS E OS PERSAS

Cerca de 5 mil anos atrás, povos tribais nômades da Eurásia Central se fixaram no planalto iraniano. Migrantes pastoris cuja principal ocupação era a criação de gado, tinham a pecuária como o centro de seu mundo; as cabeças de gado eram suas posses mais valiosas e, como sustentáculo essencial da vida, proteger e cuidar delas era um dever quase religioso. Os nômades que pastoreavam o gado em cercados, currais ou estábulos comuns pertenciam ao mesmo *gotra*, termo muito antigo que significa "descendente de um mesmo ancestral". Em outras palavras, os nômades se identificavam primordialmente em tribos ou clãs ancestrais, e era a ordem tribal que fornecia uma sensação de harmonia à sua frágil existência. Os ladrões de gado eram desprezados. Por serem forças do mal que perturbavam a ordem da vida e destruíam a confiança tribal, eram perseguidos, punidos e mortos. Quando instigados, migrantes eurasianos podiam ser bastante belicosos.

Os nômades migrantes se identificavam como *arya*, "arianos", rótulo linguístico étnico para grupos de povos que circulavam pela região geográfica conhecida como *Āryāvarta* – "morada dos arianos" –, vasta área topográfica que se estendia por milhares de quilômetros ao longo de toda a Ásia Central. Muitos filólogos concordam que *arya* originalmente significava "hospitaleiro", "nobre", "família" ou "senhor", palavras que enfatizam a vida comunal e as estruturas hierárquicas das comunidades nômades. A palavra (e o conceito) "ariano" nada tem a ver com raça. Hoje tendemos a marginalizar o termo por causa de sua sinistra conexão com a extremista ideologia fascista. Os nazistas sequestraram a palavra "ariano" no final da década de 1920 e, numa grosseira perversão, usaram-na como um conceito étnico temível que expressava a superioridade racial caucasiana, especificamente germânica. "Ariano" tem significado *apenas* como uma expressão linguística. "Ariana" (Aryānā, "terra dos arianos") forma a fonte etimológica do nome "Irã".

Esses arianos – ou protoiranianos, como hoje são mais conhecidos – falavam o avéstico antigo, a mais ancestral língua preservada do sub-ramo iraniano da família indo-europeia e língua irmã do sânscrito. Foi o ancestral direto do persa antigo. Semelhanças semânticas especialmente próximas podem ser encontradas entre o avéstico antigo e o sânscrito, o que demonstra origens comuns dos arianos do Irã e da Índia. Veja a lista de palavras e observe os valores sonoros comuns:

INGLÊS	AVÉSTICO	SÂNSCRITO
cavalo	*aspa*	*asva*
gado	*pasu*	*pasu*
vaca	*gav*	*go*
terra	*bumi*	*bhumi*
homem	*nar*	*nar*
mulher	*jani*	*jani*
irmão	*brater*	*bhrata*
filho	*puthra*	*putra*
filha	*dugedar*	*dubitar*
exército	*haena*	*sena*

As primeiras evidências datáveis de um ramo de protoiranianos que falavam o avéstico antigo datam de cerca de 1300 a.e.c., época em que esses povos arianos começaram a se deslocar para o sul, longe de suas terras tradicionais na Ásia Central. Conforme o faziam, a migração em massa se dividiu, e alguns povos se estabeleceram na Índia e outros no Irã. A Índia desempenha um papel crucial na história ariana e está intrinsecamente ligada ao nosso conhecimento cada vez maior acerca das migrações nômades, sobretudo com relação às ideologias religiosas que deram sustentação às culturas iranianas e indianas posteriores. As orações sagradas, os hinos e os rituais contidos no *Avesta*, os ensinamentos sagrados dos primeiros arianos iranianos, encontram pronta reflexão no *Rig-Veda*, o mais importante compêndio de ensinamentos religiosos no mundo indiano primitivo. O *Avesta* e o *Rig-Veda* surgiram de um ancestral comum.

Com base na análise linguística, sabemos que esses primeiros colonos faziam parte da família dos falantes indo-europeus. O avéstico e o sânscrito falado pelos primeiros arianos encontram eco em muitas outras línguas, incluindo grego, latim, inglês, francês, galês e outras 440, o que é impressionante. Qualquer falante de uma língua europeia contemporânea que pretenda aprender o persa moderno deve se animar ao saber que o idioma é bastante direto. O aprendiz logo encontrará vocabulário com o qual está familiarizado, e descobrirá que palavras e sons são compartilhados no tempo e no espaço por essa família linguística amigável com os iniciantes:

> *pedar* (pai; *father* em inglês; *pater* em latim); *mader* (mãe; *mother* em inglês; *madre* em espanhol); *dokhtar* (filha; *daughter* em inglês; *tochter* em alemão); *bardar* (irmão; *brother* em inglês; *brawd* em galês); *mordan* (morrer; *to die* em inglês; *mourir* em francês); *bordan* (portar; *to carry* em inglês; *portar* em espanhol); *nārange* (laranja; *orange* em inglês; *naranja* em espanhol); *div* (diabo; *devil* em inglês; *diavolo* em italiano)

Ao todo, existem cerca de 265 palavras cognatas persas com esse mesmo funcionamento.

Como todos os outros grandes movimentos populacionais, passados e presentes, o ímpeto para a migração ariana foi uma questão de sobrevivência. Mudanças climáticas, superpopulação e escassez de recursos nas terras ancestrais, somadas às ambições militares de reis e senhores da guerra, criaram uma combinação de circunstâncias de descontentamento cuja consequência foi forçar as pessoas a migrar. O deslocamento dos protoiranianos aconteceu em pelo menos três etapas, cada movimento assumindo caráter próprio. O primeiro tipo de migração foi representado pela lenta infiltração Irã adentro de famílias de criadores de gado que voluntariamente se desenraizaram de suas terras ancestrais e fizeram a penosa jornada rumo ao planalto iraniano. Elas não tinham um plano, mas se contentavam em vagar até encontrar um espaço onde pudessem residir e que oferecesse segurança e boas pastagens para os animais. Em geral, mantinham relações amistosas com as populações locais e não representavam nenhuma ameaça às sociedades sedentárias em cujos territórios passavam a viver.

O segundo tipo foi um êxodo em massa de tribos lideradas por um bem organizado exército de guerreiros. Durante essa segunda onda migratória, milhares de pessoas se deslocavam simultaneamente em vastas colunas humanas e avançavam lentamente Irã adentro. Batedores e guerreiros "limpavam" os caminhos, eliminando qualquer resistência. A maioria das pessoas ia a pé, carregando trouxas nas costas; conduziam mulas e burros vergados sob o peso de tudo o que era necessário para estabelecer residência. Camelos transportavam as tendas e os tapetes que serviriam de acomodações, e havia também enormes carroças, puxadas por poderosos, pesados e vagarosos bois de chifres compridos, em cujo lombo empilhavam-se precárias pilhas de víveres e provisões, caldeirões de bronze e baús de madeira. No topo empoleiravam-se crianças pequenas, novas demais para caminhar, e felizes pela oportunidade de pegar carona e tirar uma soneca. As crianças mais velhas eram encarregadas de pastorear os animais – cabras, ovelhas e bois, bem como potros e mulas jovens – e mantê-los a uma distância segura dos inúmeros perigos da viagem: ravinas, avalanches e rios, além de leões, leopardos, raposas e lobos, presença comum de uma ponta à outra da Eurásia e do Irã. Por toda parte ouvia-se o estrépito dos sinos de bronze amarrados ao pescoço dos animais, tinindo, tilintando e repicando, o que criava uma sinfonia pastoril ambulante. Para cumprir suas tarefas de pastoreio, as crianças contavam com o auxílio de cães – altos e musculosos mastins cujos nomes – "Expulsa-males"; "Agarra-inimigos", "Não pense, morda!", "Inimigo rancoroso!" ou "Latido estridente!" – desmentiam o fato de que com os mais jovens eles eram afáveis, brincalhões e sentimentais.

Por fim, a última fase da migração foi caracterizada pelos movimentos massivos de nômades equestres. Deve ter sido um tremendo espetáculo contemplar os milhares de cavaleiros e seus corcéis trovejando ao longo da paisagem. Esses povos viviam montados na sela. Não tinham e não precisavam de edificações onde residir, pois passavam a vida em cima de um cavalo. Decerto os protoiranianos podiam ser um grupo belicoso, e devemos resistir à tentação de pensar que eram pacifistas pastorais amantes da natureza. Os cavaleiros da estepe que entraram no Irã eram ferozes. Suas tribos e clãs se confrontavam em combates frequentes e cruentos, sobretudo quando a seca ou a neve arruinavam os pastos e matavam seu rebanho, de modo que o ataque a animais de outras tribos se tornava uma necessidade. O *Avesta* nos fornece um rico vocabulário das técnicas de combate e armamento de que eles dispunham, incluindo: exército (*spāda*), linha de batalha (*rasman*), arqueiros (*thanwani*), cordas de arco feitas de tripa de gazela (*jiyā*), aljavas com espaço para guardar e transportar trinta flechas (*akana*), fundas (*fradakhshanā*) e pedras de funda (*asan fradakhshanā*), bem como capacetes (*sārawāra*), cintos (*kamara*), selas de cavalo (*upari-spāta*), chicotes de cavalo (*ashtra*) e cavalos de batalha velozes (*arwant*). O domínio dos cavalos e, graças ao uso de freios de bronze, sua capacidade de formar unidades de cavalaria livres dos desajeitados carros de guerra permitiram aos primeiros protoiranianos se deslocar rapidamente para ocupar novos territórios.

Os nômades cavaleiros da Eurásia e seus descendentes persas eram mestres em manusear o arco e flecha montados em cavalos em movimento. A principal técnica dos peritos em arquearia montada era lançar uma saraivada de setas enquanto galopavam num ritmo alucinante em direção ao inimigo e, no último momento, fazer um giro de pivô para, fingindo recuar, se voltarem contra seus inimigos e continuarem a desferir flechadas, equilibrando-se sobre a garupa do cavalo que desembestava em disparada para longe. Apenas um cavaleiro com muito equilíbrio e boa dose de experiência e conhecimento de montaria seria capaz de executar essa estratégia, sobretudo quando a extraordinária façanha era feita em lombos sem sela ou estribos. Valendo-se apenas de rédeas e do aperto das coxas, um bom cavaleiro conseguia controlar o movimento do cavalo e até mesmo atirar ao mesmo tempo várias flechas certeiras, todas em linha reta e apontadas com precisão milimétrica contra o inimigo. O chamado "disparo parta" (alcunha que recebeu mais tarde) era possível graças ao uso de um pequeno e versátil arco composto. Um *tour de force* tecnológico, o arco era uma diminuta e compacta máquina de matar, que revolucionou a guerra de cavalaria e desempenhou um importante papel na conquista eurasiana do Irã e na subsequente construção do Império Persa.

Os aristocratas guerreiros distinguiam-se pela posse de cavalos. Símbolos óbvios de status e riqueza, estavam intimamente ligados à ideologia tribal e à imagem do guerreiro modelar. A importância dos cavalos entre a nobreza é especialmente evidenciada pelo fato de muitos nobres terem nomes próprios formados com a palavra em persa antigo para "cavalo", *aspa* – por exemplo, Vištāspa (ou Vishtāspa, "tem cavalos de corrida"), Satāspa ("tem centenas de cavalos"), e Aspabāra ("transportado por um cavalo").

Rumando para leste seguindo o rio Oxus, alguns desses emigrantes cavaleiros se estabeleceram nos oásis da região montanhosa – tornaram-se o que em persa antigo eram chamados de *Baḫtriš* (bactrianos) e *Suguda* (sogdianos). Outros perambularam mais ao sul, percorrendo as bordas das montanhas e colinas da área que hoje é a fronteira entre Irã e Afeganistão – eram os *Harahuvatiš* (aracosianos), os *Haraiva* (areianos) e os *Zranka* (drangianos). O derradeiro grupo de povos entrou no planalto iraniano propriamente dito, estabelecendo bases no nordeste – os *Parthava* (partas ou partos); na área centro-norte nas imediações da cordilheira Elburz – os *Māda* (medos); e dentro das montanhas ocidentais de Zagros – os *Pārsa* (persas).

É claro que humanos se estabeleceram no planalto iraniano muito antes de as tribos eurasianas chegarem lá. As pessoas já viviam no Irã em 10000 a.e.c. Por volta de 6000 a.e.c., já haviam criado prósperas comunidades agrícolas e pequenos povoados que se desenvolveram para dar lugar a cidades muradas bem defendidas, típicas dos assentamentos do Oriente Próximo na Mesopotâmia. Havia os cassitas, que se estabeleceram nos verdejantes vales ribeirinhos das montanhas de Zagros; os uxianos, que controlavam as planícies de Zagros nos arredores de Susa; os lulubianos, no sudeste do Curdistão; os gútios, que habitavam a alta cordilheira de Zagros coberta de neve; os maneus (maneanos ou manais), no nordeste do Curdistão; e os hurritas (ou hurrianos) no escarpado norte da cordilheira de Zagros, perto do lago Urmia.

Dos povos sedentários do planalto iraniano, os mais importantes e mais influentes em termos culturais eram os elamitas, que viviam nas vastas planícies do sudoeste do Irã. Notáveis e respeitáveis, ocupavam as terras baixas das montanhas de Zagros desde 3000 a.e.c., o que fazia deles um dos povos mais longevos e culturalmente significativos da Mesopotâmia. Tinham suas próprias língua e escrita cuneiforme, embora, curiosamente, a língua elamita não tivesse parentes linguísticos na região mesopotâmica. Nosso conhecimento do vocabulário e gramática elamitas não é muito aprofundado e, em muitos aspectos, Elam é a civilização mesopotâmica que ainda aguarda ser descoberta.

Os elamitas eram mestres da construção. Sua maior maravilha arquitetônica está situada perto da grande capital murada de Elam, Susa (a atual Sush, na fronteira Irã-Iraque): o magnífico zigurate de Chogha Zanbil (Dur-Untash, ou "Cidade de Untash", em elamita), imponente monumento de 53 metros de altura, um complexo de templos em formato de pirâmide escalonada datado de 1250 a.e.c. Era aqui que os deuses do panteão elamita eram adorados em diferentes santuários. Situado entre bosques sagrados de árvores divinas, o local incluía um quarteirão régio, onde três palácios monumentais foram desenterrados. O zigurate em si era considerado a morada terrena de Inshushinak, o deus-touro de Susa, divindade muito amada pelo rei elamita Untaš Napiriša (ou Untash-Napirisha), que começou a construir essa verdadeira obra-prima. Hoje é o zigurate mais bem preservado que existe, um monumento à engenhosidade e ao poder político elamitas.

Ao longo de sua história, os elamitas lutaram com ferocidade por autonomia. Testemunharam muitas incursões agressivas de babilônios e assírios, mas, em alguns momentos, governaram grande parte do Crescente Fértil, assolando a Babilônia com investidas e ataques de guerrilha. Elam recusou-se a se curvar à autoridade do último grande governante assírio, Assurbanipal, e, como consequência, a cidade de Susa foi reduzida a escombros. No entanto, com a queda da Assíria em 612 a.e.c., a cultura elamita testemunhou um admirável renascimento, e Susa foi amorosamente reconstruída, tijolo vitrificado sobre tijolo vitrificado. Elam teve papel importante na história e cultura da Mesopotâmia. Era um centro de pensamento e identidade da Mesopotâmia, embora cultivasse suas próprias ambições de autoidentidade e independência.

Os povos nativos sedentários do Irã acolheram os primeiros nômades eurasianos com extraordinária equanimidade e, de maneira geral, os dois grupos trabalharam juntos em harmonia. Não demorou a ficar claro que o estilo de vida nômade tinha vantagens sobre o dos fazendeiros e citadinos. Diante de ataques ou ameaças de violência, sua riqueza portátil – os preciosos rebanhos de bovinos e ovelhas mantidos com tanto cuidado – poderia ser rapidamente reunida e transferida. Em tempos de guerra, no entanto, os agricultores simplesmente suportavam a destruição de suas colheitas, ao passo que os colonos urbanos enfrentavam cercos militares brutais, a inevitável demolição de muralhas, pilhagem de bens e matança. Em tempos de paz, os nômades trocavam lã e carne por grãos, legumes, frutas e hortaliças dos agricultores, mas quando as colheitas não vingavam, os nômades podiam viver de forma autossuficiente com sua carne e laticínios e, em troca de alimentos, forçavam agricultores e metropolitas a lhes fornecer outras mercadorias desejáveis como ouro, ferro, incenso, especiarias, lápis-lazúli, turquesa e até mulheres. A partir dessa posição vantajosa, os nômades operavam um lucrativo esquema de proteção que logo se transformou em uma espécie de sistema de tributo-taxação.

Dos povos eurasianos que se estabeleceram no planalto iraniano, os mais prósperos foram os medos e os persas. Na imaginação popular, são muitas vezes amalgamados em um só, como se compusessem, em todos os sentidos, uma única unidade. Não era o caso. Embora compartilhassem um DNA comum e um bocado de normas e valores culturais, medos e persas tinham identidades idiossincráticas nitidamente distintas e operavam em contextos geopolíticos drasticamente separados, o que resultou na formação de duas mentalidades bastante diferentes. Para entender a maneira como os medos e os persas desenvolveram suas respectivas identidades, é preciso examinar as histórias formativas desses atores-chave no início da civilização iraniana e descobrir de que modo seus mundos se entrelaçavam.

*

As muitas tribos que compunham os medos se estabeleceram numa imensa faixa de terra no norte do Irã, cerca de 36 mil quilômetros quadrados de montanhas e vales encravados entre o sul do mar Negro e o mar Cáspio. Eles perambulavam por esses árduos espaços, governando a região enquanto conduziam incessantemente seus rebanhos de ovelhas e cabras e manadas de bovinos e cavalos para boas pastagens, sempre tentando evitar o mau tempo, que poderia ser apocalíptico. Os medos eram experientes criadores de cavalos. Os cavalos pequenos, troncudos e robustos, vicejavam bem nos pastos ricos em alfafa da Média. Os cavalos de qualidade superior eram criados na área da planície de Niseia (ou Nisa), e esses pequenos e magníficos corcéis, universalmente considerados os animais mais ágeis de todos, tornaram-se célebres por sua bravura e tenacidade. Uma autoridade, escrevendo da distante China, se mostrou impressionada o bastante para comentar que os cavalos chineses jamais seriam capazes de rivalizar com os de Niseia. Afirmou que eram excelentes em subir e descer montanhas e atravessar ravinas e enchentes. Eram, confirmou, os animais perfeitos para a vida nas montanhas.

Os medos tinham pouco conhecimento do mundo além das preocupações imediatas da vida nômade. Além da criação de cavalos, cuidavam de rebanhos de ovelhas, cabras e gado bovino, dos quais obtinham carne, leite e o esterco que era seco e usado como combustível para queimar. Os animais lhes forneciam a lã e o couro para fazer roupas, tendas, rédeas de cavalos e outros apetrechos, bem como tapetes. Eles simplesmente conduziam os animais pelos amplos vales e ravinas íngremes. Cada vale da montanha tinha sua própria tribo, governada por um cã que, quando não estava pastoreando rebanhos, parava numa pequena residência fortificada de pedra, cercada por tendas domésticas e currais. Um desses cãs era Ciaxares, cujas terras se localizavam ao redor de Ecbátana, hoje a cidade de Hamadã, cerca de quatro horas de carro a oeste de Teerã. Era onde ele e sua tribo moravam, em tendas coloridas, ou *gers*, estruturas portáteis semelhantes a iurtas e absolutamente essenciais para a vida nômade. Os medos nunca construíram cidades e não tinham interesse em viver de forma sedentária; em vez disso, quando Ciaxares residiu em Ecbátana, sua tribo o acompanhou e se estabeleceu ao longo da planície em tendas e pavilhões feitos de tecidos. As tendas se espalhavam infinitamente pela paisagem.

Os medos gostavam de se reunir. Gostavam de festas, banquetes, música, jogos de dados, corridas de cavalos, caçadas, cantoria e contação de histórias. Sem dúvida, Ciaxares sabia algo sobre seus ancestrais por meio da narrativa dos bardos, os cantores-historiadores que guardavam a memória do passado, transformando viagens, escaramuças e casamentos em épicos contos de expedições aventureiras, guerra e romance. Se Ciaxares sabia de algo sobre sua herança e ascendência eurasianas, esse conhecimento deve ter chegado a ele na forma de versos épicos declamados ao redor de uma fogueira.

Ciaxares era um líder temível. Guerreiro nato, tomava providências para se certificar de que a tribo estivesse bem preparada para a ação. O exército sob seu comando rechaçou com sucesso a incursão das forças citas no território medo, embora Ciaxares tenha lançado mão de alguns estratagemas ardilosos para assegurar a vitória: convidou os chefes citas para um banquete, no qual os embebedou, e depois os assassinou um a um. Em 625 a.e.c., Ciaxares já havia expulsado os citas das terras medas, depois de ter aprendido com eles novas técnicas de combate. Ao reorganizar seu exército tribal com base nos contingentes citas, o transformou em uma força de ataque letal.

Ciaxares morreu em 584 a.e.c., tendo tornado a Média um reino rico e poderoso. Pelos padrões da época, os medos não eram construtores de impérios, e nunca chegaram à realeza. Mas operaram com êxito um sistema de liderança e chefia de territórios que estimulou uma tradição de alianças tribais e autoridade congregacional. Astíages, filho de Ciaxares, sucedeu ao pai como "rei da Média" e, sem contestação, tomou as rédeas do poder, determinado a manter e expandir os limites do território medo. Em iraniano, Astíages era apropriadamente conhecido como Rishti Vaiga – "atirador de lanças".

*

Os persas são mencionados pela primeira vez na história nos registros de Salmanasar III, o poderoso rei da Assíria (correspondente ao norte do atual Iraque; 859 a.e.c.-824 a.e.c.), que afirmou ter recebido tributo de 27 cãs do *Parsuwash* – "homens da terra de *Pārsa*". A palavra "Pārsa" deriva da antiga palavra indo-iraniana *Pārćwa*, que significa "costela", de modo que, etimologicamente, os persas eram o "povo da terra da costela", o que provavelmente é uma referência à grande caixa torácica de montanhas que formava a imensa cordilheira de Zagros, em cuja sombra os persas se estabeleceram. No Irã de hoje, a mesma área é conhecida como Província de Fārs – originalmente conhecida como "Pārs" –, embora a antiga terra do povo Pārsa fosse provavelmente muito menor do que a grande e próspera província dos tempos modernos.

No norte do Irã, os medos expandiram seus territórios com sucesso por meio de proezas militares, mas, no sul, os persas enfrentaram uma situação muito diferente. Quando se estabeleceram na área de Pārs, entre 1200 e 1000 a.e.c., os persas se depararam com os elamitas, que eles chamavam de *Uja* ou *Huja*. Na época da chegada dos persas, grande parte da região era habitada por uma população elamita. Isso poderia ter resultado em hostilidades, mas a guerra não estava nos planos. Entre os dois povos se desenvolveu um longo período de coabitação pacífica e cooperativa. Cada vez mais, investigações arqueológicas têm fornecido evidências que comprovam essa ideia, em especial nas valiosas descobertas de um túmulo da elite neoelamita tardia em Arjan (*c.* 650 a.e.c.-630 a.e.c.), situado nas proximidades da atual Behbahan, na fronteira leste da província do Cuzistão. O túmulo foi encontrado em 1982, e, no seu interior, arqueólogos desenterraram uma série de inigualáveis obras-primas artísticas. Havia tigelas e taças de ouro e prata, pulseiras, um punhal fino, um anel cerimonial, um candelabro e até mesmo tecidos de algodão (os primeiros a serem encontrados no Oriente Próximo), cravejados com refinados apliques de ouro. Do ponto de vista estilístico, os objetos revelaram influências artísticas assírias e fenícias, mas está claro que todos os produtos foram criados por uma única oficina local e confirmam a existência de uma "escola de Arjan" de artesãos, que traziam os resquícios da antiga civilização elamita para se misturar com a população persa recém-estabelecida.

Um vínculo cultural especialmente forte entre as tribos persas e os elamitas surgiu em uma área da planície de Elam chamada Anshan (*Yanzhan*, em persa antigo). Centrada no local onde hoje fica a área de Tal-e Malyan, quarenta quilômetros ao norte de Shiraz e quarenta quilômetros a oeste de Persépolis, na planície de Ramjerd, Anshan se estendia até as áreas tribais da Pérsia. De fato, essas duas terras eram tão integradas que, nas fontes, "Anshan" e "Pārsa" podem ser tomados como sinônimos. Evidências sugerem que colonos persas estabeleceram um importante centro de poder em Anshan sob o governo de um cã chamado Teíspes, de quem não sabemos nada além do fato de que ele tinha um nome iraniano (Tishpish) e era considerado o rei de Anshan e, portanto, mais tarde foi considerado como o pai ancestral da dinastia Anshanita ou Teíspida. Como cãs de Anshan, os primeiros governantes persas foram facilmente atraídos para a órbita culturalmente dominante dos sofisticados elamitas, e é certo que durante o século VII e início do VI a.e.c. uma interdependência geopolítica emergiu entre Elam e o sul do Irã. Resta pouca dúvida de que os elamitas formam o "elo perdido" na cadeia do desenvolvimento ideológico persa, ou seja, a maneira pela qual os persas se desenvolveram como uma cultura distinta. Os persas foram os verdadeiros herdeiros dos elamitas.

Uma inscrição assíria datada do final da década de 640 a.e.c., que relata a destruição de Susa pelo assírio Assurbanipal, menciona um rei da Pérsia chamado Kurash. Por comparação cronológica, ele pode ser reconhecido como Ciro I de Anshan – avô de Ciro, o Grande, o famoso fundador do Império Persa. O rei assírio afirmou que "Ciro [I], o rei da Pérsia, ouviu falar da minha força. Ele tomou ciência do meu poderio [...] Ele implorou para se submeter ao meu domínio". A fim de bajular Assurbanipal, Ciro enviou seu filho Arukku a Nínive como prova de obediência à Assíria. Arukku passou vários anos como refém real – um "convidado do rei" –, longe de casa na Assíria. Em todo o antigo Oriente Próximo essa era uma forma comum de "troca real", um sistema de tributo que pretendia tornar os Estados vassalos mais leais à autoridade central. Esperava-se que, depois de ser educado nos modos e costumes da Assíria, o príncipe Arukku pudesse retornar em segurança à Pérsia completamente "assirianizado", para governar como um leal suplicante de seu mestre assírio. Nos registros históricos nada mais se ouve falar a respeito de Arukku, e, se ele recebeu uma educação ao estilo assírio, isso não teve serventia alguma para a Pérsia. O príncipe provavelmente morreu em Nínive.

No período por volta de 650 a.e.c.-610 a.e.c., Ciro I era, ao mesmo tempo, rei de Anshan e o senhor tribal, ou cã, do povo pasárgada. Havia vários chefes tribais ao lado de Ciro que ostentavam o título *Khshayathia Parsaiy*, "Rei na Pérsia", mas, a julgar pela inscrição de Assurbanipal, que parece reconhecer Ciro como o *único* rei, os assírios interpretaram mal o título e lhe deram a conotação de soberania sobre todo o território persa. Heródoto se aproximou mais da realidade porque, mesmo de fora, entendeu que o povo nômade do Irã fazia parte de uma enorme e complexa rede de tribos. Observou que dentro da Pérsia havia três tribos (*genea*, em grego) principais e mais influentes: os *pasargadae* (pasárgadas ou pasagárdios; em persa antigo, *Pāthra-gadā* – "aqueles que empunham clavas pesadas"), os *maspianos* (em persa antigo, *Ma-aspa* – "com cavalos"), e os *maráfios* (em persa antigo, *Ma-arafa* – "com carros de guerra"). Heródoto observou que, "De todas as tribos, os pasárgadas são os mais notáveis, pois contêm o clã [*phratria*] [...] do qual descendem os [...] reis". Embora Heródoto tenha utilizado o vocabulário grego para designar os grupos e hierarquias das tribos, é possível reconhecer em sua terminologia uma genuína estrutura social iraniana. Todas as tribos iranianas se baseavam na norma da família patrilinear (em persa antigo, *taumā*). Um grupo de famílias constituía um clã (em persa antigo, *vith* – que também pode ser traduzido como "família" ou "dinastia"); os clãs se agrupavam em uma tribo (em iraniano antigo, *zantu*), que era definida tanto em termos genealógicos (por meio de parentes de sangue) quanto espaciais (via aquisição de terras). Cada tribo e cada clã tinham seu próprio território sob a liderança de um cã tribal (em iraniano antigo, *zantupati*), como Ciro I.

Um pequeno e fascinante selo cilíndrico, cuja impressão pode ser vista numa tabuleta de argila encontrada em Persépolis, coloca Ciro I diretamente em seu contexto histórico. Há nela uma única inscrição em cuneiforme elamita: "Kurush de Anshan, filho de Tishpish". No centro da cena está Ciro I, o guerreiro a cavalo, erguendo sua lança e cavalgando sobre os cadáveres de dois inimigos que jazem de braços abertos no chão. Um terceiro oponente, diante de Ciro, é esfaqueado e morto. Ciro I se considerava principalmente um vigoroso cavaleiro-guerreiro.

Infelizmente, não sabemos quase nada sobre Cambises I, filho de Ciro I, embora ele também fosse rei de Anshan e cã dos pasárgadas (*c.* 600 a.e.c.-559 a.e.c.). Não existem referências a ele escritas durante sua vida, e ele só aparece em inscrições posteriores que datam do reinado de seu filho Ciro, o Grande. Em uma dessas inscrições descobertas em Ur,[1] no sul da Mesopotâmia, Ciro, o Grande, afirmou que ele era o "filho de Cambises, rei da terra de Anshan", e nos tijolos de Uruk está impressa a afirmação de que Ciro era o "filho de Cambises, rei poderoso". Seu governo viu a intensificação das tensões entre a Pérsia e a

---

1 As ruínas da cidade-Estado suméria de Ur ficam no atual monte Tall al-Muqayyar, na província de Dhi Qar, no Iraque. [N.R.]

Figura 2. Ciro I de Anshan derrota seus inimigos. Impressão de selo.

Média à medida que o medo Astíages iniciou uma agressiva política de tomada de terras visando à aquisição de territórios persas e babilônicos.

Sob o comando de Ciaxares, os medos entraram na Pérsia na década de 620 a.e.c., enquanto ele tentava forjar alianças tribais para sua campanha contra a Assíria. Uma vez na Pérsia, os medos nunca mais foram embora. A cada vitória militar, se sentiam poderosos o suficiente para cobrar tributos de seus vizinhos persas, bem como dos hicarnianos, dos sacas e dos partos. A partir de então, os persas foram obrigados a reconhecer a supremacia meda. Sob o comando de Astíages da Média, campanhas de tomada de terras resultaram na invasão do norte da Síria (em torno da atual fronteira sírio-turca), que fazia parte do império da Babilônia, e assumiram o controle dos grandes centros religiosos de Arbela e Harã. Os medos destruíram santuários e deportaram centenas de prisioneiros. Uma estela descoberta na Babilônia relata detalhes da devastação que eles provocaram:

> Sem temor, o rei dos medos destruiu os templos de todos os deuses [...] e as cidades com santuários no território de Acádia [...]; ele destruiu cada um de seus santuários de adoração, devastando seus centros de culto como uma inundação. O rei da Babilônia, para quem o sacrilégio é uma abominação, não levantou a mão contra

os cultos de nenhum dos deuses, mas ficou de cabelos despenteados e dormiu no chão.

O rei da Babilônia, Nabucodonosor, decretou luto real pela destruição dos santuários. Em resposta à aniquilação e para impedir que os medos avançassem ainda mais Mesopotâmia adentro, os babilônios ergueram uma muralha – de cerca de trinta metros de altura em certos trechos – entre os rios Tigre e Eufrates. Era uma expressão tangível da mentalidade da guerra fria que existia entre os dois Estados.

Em Jerusalém, sentindo a ameaça da invasão babilônica, o profeta Jeremias visualizou com certa alegria a inevitável queda da Babilônia nas mãos dos impiedosos medos. E lançou um alerta à Mesopotâmia:

> Eis que um povo vem do norte! [...] Eles armam-se de arco e lança; são cruéis, e não têm piedade; o ruído de seu tropel é como o bramido do mar. Chegam montados em cavalos, em formação de batalha para destruí-la, ó, Babilônia. Ao ouvir os relatos sobre eles, o rei da Babilônia foi tomado de angústia. Ao estrondo da tomada da Babilônia estremecerá a terra; e o grito se ouvirá entre as nações. Assim diz o Senhor: "Levantarei um vento destruidor contra a Babilônia. Enviarei estrangeiros para a Babilônia a fim de peneirá-la como trigo e devastar a sua terra".

Tudo levava a crer que uma guerra entre Astíages da Média e Nabucodonosor era inevitável. Ambos reconheciam que a guerra era um negócio dispendioso, mas os cofres da Babilônia estavam abarrotados com os despojos da Assíria, e os recursos da Média acabavam de ser reabastecidos com os espólios de Hará e Arbela. Astíages pressionou ainda mais os seus subordinados para que o municiassem de homens e recursos financeiros. Sobretudo a Pérsia foi coagida a fornecer apoio, embora Astíages rapidamente reconhecesse que, por seu vínculo com Elam – em si uma base segura na baixa Mesopotâmia –, o rei de Anshan precisava ser tratado de maneira diferente, sem dúvida com mais deferência. Para esse fim, por volta de 598 a.e.c., Astíages cedeu a Cambises I de Anshan, o chefe tribal, uma de suas filhas, a princesa Mandane, como esposa. Por meio do casamento, Astíages e Cambises firmaram um contrato de fidelidade mútua. Cambises foi o maior beneficiado: seu vínculo familiar com o rei dos medos lhe granjeou certa autoridade sobre os outros chefes de clãs persas e, para todos os efeitos, o casamento com Mandane elevou Cambises, entre os poderosos cãs, à indiscutível posição de *primus inter pares*.[2]

---

2 Expressão latina: *primeiro entre os iguais*, a pessoa que tem maior dignidade ou experiência entre outras do mesmo nível ou ofício. [N.T.]

2
VEDE! EIS QUE VEM O HERÓI CONQUISTADOR

O príncipe Ciro, destinado a se tornar Ciro II, Ciro, o Grande, filho de Cambises I de Anshan e da rainha consorte Mandane da Média, nasceu entre 600 a.e.c. e 590 a.e.c. Não há certeza quanto à data ou mesmo ao local de seu nascimento. Não existem registros históricos de sua infância, juventude ou ascensão ao poder, embora, certamente, nos anos, décadas e séculos que se seguiram à sua morte, lendas em torno de seu nascimento e infância tenham sido celebradas em histórias e canções. Escritores clássicos diziam que a toda criança persa se ensinava a história do nascimento de Ciro e de como ele lutou contra os medos. Porém, em termos de fatos históricos concretos, não existem fontes disponíveis sobre a juventude de Ciro. O que se pode afirmar com alguma segurança, no entanto, é que, ao nascer, o infante Ciro era o herdeiro do trono de Anshan e governante dos territórios dos pasárgadas, a mais poderosa das tribos persas. Pelo lado materno, era herdeiro do reino sempre em expansão dos medos de Astíages.

O jovem príncipe Ciro era a menina dos olhos de sua mãe. Foi Mandane quem o criou dentro das tendas e carroças destinadas às mulheres e crianças da tribo. Ciro passou os primeiros cinco anos de vida ao lado de Mandane, que cuidava de cada uma de suas necessidades, pois, como todas as mulheres da tribo, fiava lã, tecia panos, batia leite e assava pão (nesse estágio inicial da história da Pérsia, as rainhas não estavam isentas do trabalho físico, embora com o tempo tudo isso tenha mudado). Até completarem seis anos, os meninos persas eram criados entre mulheres e meninas. Raramente viam o pai e tampouco conviviam com qualquer outra companhia masculina adulta, por isso, a forte empatia criada entre mães e filhos homens tornava-se uma característica definidora da posterior vida adulta. Nas sociedades que valorizavam a segregação de gênero, os filhos do sexo masculino tendiam a preencher o vazio existente na vida da mãe por causa da literal ausência física e emocional dos maridos. As mulheres persas treinavam seus filhos para substituir os adorados homens mais velhos; como consequência, criavam com eles laços muito profundos.

Em meio ao mulherio persa, o bebê Ciro passava de um par de braços amorosos para outro, já que todas as mulheres da tribo se revezavam nos cuidados das crianças; eram todas "titias", independentemente de laços de sangue. Ciro foi amamentado por várias delas e compartilhou o leite materno de todas as amas-secas da tribo – como era esperado. Porém, sendo o primogênito de Mandane, o primeiro menino a sair de seu ventre, Ciro era especial e considerado por todos na tribo a personificação da honra e do futuro sucesso de sua família. Um dia, Ciro, filho de Mandane, seria responsável não apenas pelo bem-estar da mãe, mas de todos os persas.

Mandane se deleitava em cantar para seu filhinho canções de ninar medas; foi com ela que Ciro rapidamente aprendeu o dialeto medo e, a partir de então, o falou por toda a vida com a mesma facilidade com que falava a língua persa. Mandane lhe contava sobre a vida nas terras altas da Média e o cativava com as lendas dos medos: havia a história de Zāl, o bebê de cabelos brancos que, depois de ser abandonado pelo pai nas encostas das cordilheira Elburz, foi amamentado até a idade adulta por um grande pássaro mágico que se aninhava nos picos nevados do monte Damavand. Havia a história de Sindokht – a "filha da China" – cuja esperteza, sabedoria e beleza fizeram dela um modelo de feminilidade. E havia as histórias dos demônios (*divs*) de Mazandaran, área proibida e repleta de maldade e ilegalidade em algum lugar ao norte – ou era no leste?

Mandane incutiu em Ciro um profundo sentimento de pertencimento ao mundo montanhoso do norte e, sempre que surgia a ocasião, enfatizava para o menino que, por ter o sangue dela, era herdeiro do trono de Astíages (independentemente de quantas crianças ou netos pudessem ter nascido das esposas e concubinas do rei dos medos). Ela também fazia questão de lembrar a Ciro que, embora o pai dele, Cambises, tivesse uma profusão de esposas e filhos, era Ciro e somente ele o herdeiro tanto dos persas quanto dos medos. Esse fato incontestável por si só colocava Ciro em uma posição bastante privilegiada.

Enfim chegou o dia de Ciro sair das tendas das mulheres. Como não havia escolha, não houve discussão, e talvez o menino tenha chorado quando, agarrado com suas mãozinhas macias ao véu de Mandane, foi passado para os braços do pai. Seu cabelo estava cortado e ele foi empurrado de supetão para o convívio taciturno dos homens e para o mundo barra-pesada dos cavalos, o vale-tudo das caçadas e da guerra, mundo em que se usavam os músculos e no qual as falhas eram apontadas e punidas. Deve ter sido um choque para Ciro, como, de resto, para todo menino persa, sentir na pele uma separação tão abrupta e resoluta de todos os confortos que ele conhecera até então. Mas Cambises também adorava o filho e o educou com esmero ao longo da infância e adolescência de Ciro, enquanto o menino dominava as habilidades necessárias para ser um líder. Como todos os garotos persas que provinham do mundo das mulheres, Ciro foi ensinado a montar a cavalo, a atirar com o arco e a dizer a verdade – e em cada um desses valiosos princípios de vida, Cambises provou ser um mestre paciente, mas dogmático. Embora o próprio Cambises nunca tenha conquistado a reputação de excelência militar, histórias posteriores falavam de sua determinação em incutir no filho as qualidades de uma boa realeza guerreira: "Ciro se destacava entre todos os homens de seu tempo em bravura, sagacidade e outras virtudes; pois seu pai o criara à maneira dos reis e o tornara zeloso para emular as mais altas realizações", o historiador grego Diodoro Sículo escreveu. Cambises tinha orgulho de ver a rapidez com que Ciro aprendia suas lições e aperfeiçoava os ofícios da realeza.

Discreto, despretensioso, Cambises morreu em 559 a.e.c., e Ciro lamentou profundamente. Os rituais funerários do reverenciado monarca foram realizados com todas as pompas e, conforme a notícia de seu falecimento se espalhou entre as tribos, toda a Pérsia decretou luto. Ciro e seus parentes do sexo masculino rasparam os cabelos e se penitenciaram vestindo grosseiros panos de saco, enquanto Mandane e as mulheres tiraram os véus, espalharam cinzas sobre as cabeças, rasgaram as bochechas com as unhas e soltaram os aflitos gemidos rituais de lamentação prescritos: "Ó, meu marido! Ai de mim! Minha glória! Ai de mim! Que governante! Ai de mim! Que homem!". Seus gritos estridentes se repetiam incessantemente, acompanhados por tambores rítmicos e pelas lamúrias de carpideiras profissionais, uma guilda de mulheres bem remuneradas e obstinadas, especialistas em prantear os mortos com espalhafato.

Ciro tinha profundo respeito pelo pai e o honrou com os ritos de luto completos. Também deve ter se sentido liberto da influência moderadora de Cambises. No entanto, o costume exigia que se observasse um período oficial de luto, e Ciro esperou cinco meses antes de ser investido como rei. A cerimônia de coroação ocorreu na bela planície de Pasárgada, no coração das suas terras tribais ancestrais. Na primavera, Pasárgada, cercada por colinas baixas e ligeiramente ondulantes, era verdejante e florida; papoulas vermelhas e roxas cobriam o chão com formas complexas e entrelaçadas. As romãzeiras estavam carregadas de frutas, e o céu viçoso e azul sem nuvens parecia interminável em sua vastidão. No final do século IV a.e.c., o historiador grego Jerônimo de Cárdia descreveu a Pérsia central como um verdadeiro nirvana:

> Terras altas, abençoadas com um clima saudável e apinhadas de frutos apropriados à época. Havia pavunas densamente arborizadas e cobertas de sombra, árvores cultivadas de vários tipos em parques, e também clareiras e colinas naturalmente convergentes forradas de toda sorte de árvores e regatos, de modo que os viajantes se demoravam com prazer em lugares agradáveis e convidativos ao sossegado repouso. Ademais, era abundante o gado de toda espécie [...] O país era habitado pelos mais belicosos guerreiros persas, todo homem sendo um arqueiro e um fundibulário, e também em densidade de população esse país superava todos os demais.

Nesse lugar de fartura, obviamente abençoado pelos deuses, Ciro foi iniciado como rei ecã da Pérsia em uma cerimônia tão carregada de antigo simbolismo eurasiano que nem mesmo os sacerdotes conseguiam explicar alguns dos ritos mais arcanos. Na presença do clero, e por seu intermédio, Ciro foi transformado de herdeiro designado a monarca e simbolicamente assumiu um novo "corpo" real ao vestir uma relíquia dinástica – a gaunaca, túnica de couro de vaca de mangas compridas que um dia pertencera a seu antepassado Teíspes (embora talvez fosse muito mais antiga que isso). Em seguida, Ciro comeu uma refeição simples de tâmaras doces e pistache e bebeu uma tigela de *airag*, um leite de égua espesso, azedo e fermentado – os humildes alimentos de subsistência dos nômades eurasianos. A humildade era a marca desse ritual sagrado e, ao participar dele, Ciro foi atraído de volta à sua identidade das estepes e às simples raízes nômades de seu povo.

*

Por ocasião de sua cerimônia de investidura, Ciro estava na casa dos trinta anos, um homem no auge da vida. Tinha a tez bronzeada pelo sol e pelos ventos, sua pele era firme, embora ao redor dos olhos houvesse rugas profundas, mais pálidas do que o resto de seu rosto, o resultado do hábito de espremer os olhos para o sol, tentando localizar seu falcão enquanto a ave subia aos céus antes de dar o voo rasante em direção à terra para matar a presa com precisão. Seus olhos escuros eram protegidos sob sobrancelhas grossas e implacáveis. O *kohl*,[1] uma espécie de delineador preto e aguado que ele espalhava generosamente acima e abaixo dos cílios, acentuava o brilho do olhar. Ciro era magro e bonito daquele jeito único que os homens persas são bonitos. Vestia uma túnica pesada, colorida e tecida de lã grossa e de boa qualidade, acolchoada para isolamento térmico e amarrada com cinto na cintura. Por cima, uma gaunaca que se estendia até o chão, forrada com lã de ovelha felpuda e decorada com apliques de rosetas douradas e cabeças de cavalo de feltro. Suas mãos eram calejadas e duras, o resultado de três décadas agarrando o couro cru das rédeas dos cavalos, empunhando as hastes de madeira das lanças e esticando a corda de tripa do arco. Quando criança, assim que teve força suficiente, recebeu rédeas para montar cavalos. Não usava luvas, mas os punhos largos das mangas excessivamente compridas de sua túnica ultrapassavam as pontas de seus dedos, oferecendo-lhes alguma proteção contra o vento cortante; eram chamadas de "punhos de casco de cavalo". Ao montar a cavalo no inverno inclemente, Ciro puxava as rédeas para dentro das mangas a fim de se aquecer sem

---

1 Também chamado de *kajal* ou *kajol*. [N.T.]

comprometer a sensibilidade de seu controle sobre o animal. A característica mais notável de sua roupa – como todas as vestimentas nômades – era o volume, pois era feita para isolamento térmico e conforto, e a gaunaca felpuda era sempre grande o suficiente para acomodar dentro dela um cordeiro ou um cabrito ou alguma outra coisa preciosa que precisasse de proteção.

Ciro usava calças de lã – calções folgados e coloridos de cintura bem baixa, semelhantes a calças largas e abertas na virilha, mas afunilados no tornozelo para serem enfiados em grossas botas de couro que iam até a altura do joelho e eram forradas com pele de raposa. Por cima dessas calças havia perneiras de couro, amaciadas pelo tempo, mas indispensáveis para a montaria. Em comparação com outros reis, Ciro talvez não fosse o mais elegante dos monarcas no que dizia respeito às vestimentas. Não tinha as volumosas vestes roxas e douradas do rei da Babilônia, nem seu pequeno e chique barrete. Usava um gorro de feltro forrado com pele de lebre – que afinal era mais prático do que qualquer barrete e protegia com eficiência dos ventos frios. Sua longa cabeleira preta era abundante, espessa e domada em um coque baixo na nuca, e ele usava uma barba longa, dura e muito cerdosa. Restos da refeição de queijo de cabra e pão chato ficavam pendurados na barba eriçada. Ciro não era o rei de aparência mais régia, mas para seu povo ele era o epítome de um guerreiro, um belo espécime de masculinidade, o único governante que os persas desejavam; era seu chefe tribal, seu cã e seu rei. O povo persa era ferozmente leal a ele.

As roupas de Ciro eram ideais para um povo que dependia de cavalos para transporte, guerra e exibição de status. Feitos sob medida, os casacos e túnicas dos persas ofereciam movimentos flexíveis, calor, estofamento e proteção. As calças e as perneiras de couro impediam que as coxas se esfolassem – resultado inevitável das intermináveis cavalgadas sem sela. Na verdade, foram nômades iranianos como os persas e os medos que introduziram no mundo o uso de calças compridas. Antes de surgirem no Irã, nenhuma sociedade a oeste das montanhas de Zagros havia encontrado coberturas para as pernas. Em toda a Mesopotâmia, no Egeu, no Levante e no Egito, as roupas eram feitas de uma peça de pano simples, semelhante a um sari, que era apenas drapejada, amarrada ou presa ao redor do corpo. Essas roupas não exigiam corte, modelagem ou costura, simplesmente envolviam e cobriam o corpo. Em nítido contraste, o traje iraniano acentuava o corpo através de tecidos sob medida que eram costurados para criar formas específicas.

Em 2008, um conjunto completo de antiquíssimas roupas iranianas foi descoberto na mina de sal de Chehrabad, no norte do Irã, cerca de 338 quilômetros a noroeste de Teerã, quando trabalhadores literalmente tropeçaram em um cadáver ancestral. O corpo masculino automumificado estava preservado à perfeição pelo sal no qual fora enterrado. Em um cuidadoso exame de especialistas, foi datado de cerca de 500 a.e.c. A análise de DNA revelou que o menino – pois não poderia ter mais de dezesseis anos quando morreu – veio da planície entre Teerã e Qazvin, e morreu esmagado por uma enorme camada salina que o prendeu no chão enquanto tentava coletar sal, nas profundezas do subsolo, em um poço escuro e apertado. A múmia é o material típico de um espetáculo do Teatro Grand-Guignol e, no entanto, de forma espantosa, ainda há, nos detalhes de sua preservação, algo de comoventemente humano. No dia de sua morte, ele estava vestindo sua roupa habitual (não se usava uma roupa especial para coletar sal): uma túnica de lã bege de mangas compridas e um par de calças largas e folgadas de lã marrom-clara macia, com cordão na cintura e debrum vermelho nas costuras. As costuras internas e externas das calças volumosas não eram costuradas com firmeza, de modo que a pele das coxas ficava facilmente visível. O "homem do sal 4", termo forense com o qual foi registrado pelos arqueólogos, usava roupas comuns a todos os cavaleiros iranianos, uma vez que, por volta de 500 a.e.c., essa era a vestimenta-padrão dos nômades masculinos do planalto iraniano. Para os povos do Ocidente, encontrar pela primeira vez persas vestindo calças foi uma experiência desconfortável de tão desconcertante. Para os gregos, teve toques de trauma. Heródoto observou que os atenienses "foram os primeiros de todos os gregos a *suportar* a visão de vestes persas" – uma reação extrema, talvez, mas que nos diz muito sobre as concepções gregas acerca de seu inimigo, um povo estranho, poderoso, mas exótico. Porém, para os nômades do Irã, a exemplo do pobre "homem do sal 4", as calças eram a marca registrada de uma cultura antiga e sofisticada, a vestimenta que articulava mais claramente sua herança de cavaleiros e suas origens eurasianas. E as calças estavam destinadas a conquistar o mundo.

*

As décadas da infância e adolescência de Ciro foram duras para a Pérsia. No norte do Irã, à medida que Astíages da Média se aproximava mais e mais da guerra contra Nabucodonosor da Babilônia, também a Pérsia, no sul do planalto iraniano, foi puxada para a órbita das ambições territoriais dos medos. Astíages sabia que uma guerra contra a Babilônia seria custosa e, por isso, pressionou seus súditos dependentes, exigindo soldados e recursos financeiros, e concentrou sua atenção na Pérsia para obter apoio especial. Os persas tinham pouco interesse em se alinhar a seus primos medos do norte – se eram leais a alguém, então era ao Estado sulista de Elam –, mas na aparência apoiavam as ambições de Astíages e lhe ofereciam as devidas homenagens na forma de presentes em sinal de tributo e deferência.

Isso não era suficiente para Astíages. Ele estava atrás de apoio financeiro substancial. Suas tropas começaram a invadir e adentrar mais e mais o território persa. Ele estabeleceu postos de controle ao longo das estradas e insistiu que todas as viagens entre a Média e a Pérsia precisavam de justificativa documentada (uma ordem desconcertante para nômades). Um governador medo foi designado para ocupar um posto na Pérsia a fim de supervisionar a cobrança regular de impostos das tribos persas. Curiosamente, a rápida colonização do sul do Irã parecia uma reformulação meda do método assírio de construção de impérios, e os persas, por considerarem que a reivindicação de Astíages sobre suas terras era antinatural e intolerável, resistiram a seu expansionismo agressivo.

Também na Média, Astíages estendeu seu poder sobre todos os cãs tribais, retirando sua autonomia e desenvolvendo uma realeza absoluta no estilo mesopotâmico, na qual governava sozinho com poderes irrestritos. Ele se cercou de um sistema de rituais cortesãos cada vez mais elaborados e uma complexa administração burocrática, por meio dos quais pretendia se afastar da vista do povo, criando uma espécie de "mística da monarquia" que durante milênios serviu muito bem aos reis da Mesopotâmia. Mas esse estilo abstrato de governança era estranho ao modo de vida tribal nômade, e, o que não chega a ser nenhuma surpresa, os nobres de Astíages reagiram mal a isso. Alguns chegaram a se aliar a Ciro da Pérsia, em quem viam uma forma de liderança mais comedida – tradicional. Um nobre medo, Hárpago, se esforçou para cair nas boas graças de Ciro, ao conspirar com outros nobres para oferecer a ele sua lealdade. Atravessando os postos de controle da fronteira meda, uma carta secreta de Hárpago foi levada de forma clandestina – costurada dentro do corpo de uma lebre – para a Pérsia. "Filho de Cambises", Hárpago escreveu, "os deuses cuidam de ti. Persuade os persas a se revoltarem e marcharem contra os medos, pois a nobreza meda será a primeira a abandonar Astíages e se juntar a ti."

Os espiões de Astíages estavam por toda parte, e não demorou para que o rei começasse a ouvir boatos de insurreição no coração da Pérsia. De fato, reza a lenda que, certa noite, em seu palácio em Ecbátana, Astíages convocou uma concubina para entretê-lo. Ela entoou uma canção para divertimento do rei: "O leão subjugou o javali, mas deixou que ele entrasse em seu covil; lá ele se tornou mais poderoso, e causará muito sofrimento ao leão", ela cantou. "O que é esse javali?", o rei perguntou. Sorrindo, a concubina respondeu: "Ciro, o persa".

A fim de conter a ameaça de rebelião, Astíages achou prudente fazer alianças com algumas influentes famílias medas, entre elas a do nobre Espitamas, que entrou no círculo real imediato por meio de seu casamento com uma filha de Astíages chamada Amitis, cujo dote era nada menos que a própria Média. Foi uma manobra calculada com inteligência por parte de Astíages: o casamento com Amitis alçava Espitamas à condição de sucessor presumível de seu sogro, ao passo que, em consequência, a reivindicação de Ciro sobre a Média, como neto de Astíages (Mandane e Amitis eram irmãs ou meias-irmãs), era instantaneamente enfraquecida.

Que os pensamentos de Ciro naturalmente se voltassem para tomar à força o que lhe havia sido negado pelo sangue não era surpreendente. Ele atiçou o apoio das tribos persas, expandindo sua influência sobre mardianos, sagartianos, bem como as tribos dos panthialaei, derusiaei e carmanianos. Negociou também a ajuda dos dahae e dos dérbices, dois membros poderosos da confederação saca. No processo de estabelecer sua autoridade por toda a Pérsia, Ciro ganhou o respaldo de cãs influentes: Oebaras, general muito capaz, que cumpria com fria eficácia qualquer missão que empreendesse; Farnaspes, "o Vermelho", homem que desfrutava de considerável autoridade por trabalhar em estreita colaboração com a dinastia Anshanita, e que, por conseguinte, tornou-se um dos nobres mais abastados da Pérsia. Ciro tirou proveito dos talentos, da riqueza e da lealdade de Farnaspes ao se casar com sua filha, Cassandana, mulher que, pelo resto da vida, foi seu grande amor. Ela lhe deu vários filhos, incluindo dois herdeiros imperiais – Cambises (que mais tarde subiria ao trono como Cambises II, em homenagem ao avô) e Bardiya, e duas filhas, Atossa e Artistone.

Farnaspes e Cassandana eram membros de um antigo e venerável clã persa conhecido como Aquemênidas, que provavelmente se fixara na região ao redor de Persépolis já em 900 a.e.c. Eles desfrutavam de uma ancestralidade renomada. Seu fundador dinástico, o rei Aquêmenes, era uma espécie de lenda, supostamente tendo sido criado, quando criança, por uma águia no topo de uma montanha na cordilheira de Zagros – claramente uma variação local da fábula meda de Zāl e o pássaro mágico. Ciro ter conseguido angariar o apoio dos Aquemênidas, e até mesmo se casar com uma filha dessa casa ancestral, foi um grande estratagema para sua missão contra Astíages. Os filhos de Ciro compartilhavam sangue teíspida e aquemênida, o que lhes dava um invejável pedigree persa. A conexão de Ciro com os Aquemênidas foi ainda mais solidificada quando seu príncipe e cã mais importante, Arsames, junto com seu jovem e enérgico filho, Histaspes, prometeram apoio e lealdade a Ciro e aos teíspidas de Anshan. Eles trouxeram a reboque a fidelidade de todos os Aquemênidas.

Em um período de apenas cinco anos, as tribos da Pérsia se uniram sob a bandeira de Ciro de Anshan e o reconheceram como seu suserano e rei. Durante uma vasta reunião tribal em Pasárgada, Ciro se dirigiu a seus aliados com palavras emocionantes e proféticas: "Homens da Pérsia", proferiu, "ouvi-me. Eu sou o homem destinado a empreender vossa libertação, e acredito que sois páreo para os medos, tanto na guerra como em tudo o mais. É a verdade que vos digo. Sem demora, livrai-vos imediatamente do jugo de Astíages!".

Durante todo o tempo em que cortejava, bajulava e pressionava as tribos persas a se unirem sob sua liderança, Ciro, o mestre multitarefa, também negociava com o novo rei da Babilônia, Nabonido, para fazer uma aliança com ele contra Astíages, seu inimigo em comum. Foi um processo difícil, pois Nabonido, uma figura excêntrica da história, achava quase impossível encontrar espaço em sua cabeça para a política.

Fanático religioso na verdadeira acepção do termo, Nabonido assumiu o trono da Babilônia depois que o rei-menino Labasi-Marduk, sucessor de Nabucodonosor II, foi assassinado em uma conspiração apenas nove meses após sua coroação. Não se sabe se Nabonido participou da orquestração de sua morte, mas foi escolhido como o novo rei da Babilônia logo depois, apesar de ser, na melhor das hipóteses, apenas um membro colateral da família real. Um arameu de Hará, no norte da Síria, Nabonido era filho de Nabu-balasu-iqbi, um "sábio príncipe e governador", e de Adad-guppi, influente adoradora e zelosa devota do deus-lua Sîn que por muito tempo serviu como sacerdotisa. A extraordinária vida de 104 anos dessa *éminence grise*[2] foi registrada em um conjunto autobiográfico póstumo de inscrições erguidas no pátio do templo de Sîn, no qual ela se gabava de que a divindade lunar a havia visitado em um sonho para prever o glorioso reinado de Nabonido. Assim, depois que ascendeu ao poder, o filho de Adagupi dedicou a vida à construção de templos e à realização de rituais em homenagem ao deus que o elevou tão alto. Nabonido chegou até a transformar o templo de Marduk na Babilônia em um santuário para Sîn. O ato gerou tumultos em toda a Babilônia.

No entanto, Ciro foi capaz de tirar proveito do fanatismo de Nabonido para uma boa finalidade ao estimular o rei a enviar tropas para Hará a fim de libertar o templo dos medos, que ocupavam a cidade sagrada havia uma geração. No entanto, antes que as forças de Nabonido chegassem a Hará, em 553 a.e.c., Astíages retirou suas tropas da Síria e as convocou de volta à Média, sem dúvida movido pelo intuito de se preparar para uma ação contra a Pérsia. Para celebrar o retorno de Hará às mãos babilônicas, Nabonido encomendou uma inscrição, preservada em um cilindro de argila queimada, que relata um sonho de Nabonido no qual os deuses da Babilônia lhe ordenavam que restaurasse o templo de Sîn em Hará e, de maneira extraordinária, previam a vitória de Ciro sobre a Média:

> Os *Umman-manda* [abreviação babilônica para "medos bárbaros"] e os reis que marcham ao seu lado não existem mais. Marduk fará com que Ciro, rei de Anshan, seu humilde servo, avance contra ele

---

2 Do francês "eminência parda". [N.T.]

[Astíages] com seu pequeno exército. Ele derrubará os numerosos *Umman-manda*; ele capturará Astíages, o rei dos *Umman-manda*, e o levará em grilhões para sua própria terra.

Por dois anos, entre 553 a.e.c. e 551 a.e.c., Ciro e suas tropas avançaram cada vez mais no território medo, marchando resolutos em direção a Ecbátana. Eles se juntaram a Hárpago, que cumpriu sua promessa de apoiar Ciro, e muitos outros nobres medos que debandaram para o lado de Ciro e lhe cederam tropas. Os persas logo se juntaram aos hicarnianos, partos e sacas, que também se insurgiram contra Astíages em apoio a Ciro. No entanto, o terreno montanhoso da Média provou ser um obstáculo à sua investida, e os invernos rigorosos limitaram a temporada de campanha a apenas seis meses. Na primavera de 550 a.e.c., o exército de Ciro estava de volta à pátria persa, acampado ao redor de Pasárgada e tentando se reagrupar para outro ataque à Média. Foi quando Astíages lançou sua ofensiva.

A invasão dos medos à Pérsia pretendia pôr fim à insurreição de Ciro de uma vez por todas. A duras penas, os persas mal davam conta de enfrentar ombro a ombro o numeroso contingente de inimigos que, alimentados, descansados e bem abastecidos, atacavam em sucessivas ondas; assim, os exércitos de Ciro recuaram para as montanhas atrás de Pasárgada. A retirada dos soldados persas foi interrompida por suas conterrâneas, uma multidão de mulheres que, abrindo as vestes e exibindo a genitália, lhes perguntaram aos gritos: "Para onde estão indo, seus frouxos, seus covardes?! Querem rastejar de volta para o lugar de onde vieram?". É por essa razão que, nas décadas seguintes, toda vez que viajava para Pasárgada, o rei da Pérsia sempre dava presentes de ouro para as bravas mulheres da região.

A Batalha de Pasárgada, um dos eventos mais importantes da história do Irã, durou dois dias. Ambos os lados lutaram com obstinação, vigor e coragem. No entanto, reunindo forças para uma derradeira investida, persas e seus aliados conseguiram atacar a linha meda, que desmoronou em uma caótica pilha de homens mortos. Os persas tomaram o campo de batalha e, de repente, Astíages se viu abandonado quando seus principais generais se amotinaram e se renderam a Ciro. A *Crônica babilônica* descreve os eventos:

O exército se rebelou contra Astíages e ele caiu prisioneiro. Eles o entregaram a Ciro [...] Ciro marchou para Ecbátana, a cidade real. A prata, o ouro, os bens e os pertences que ele tomou como butim de Ecbátana ele levou consigo para Anshan.

Em Ecbátana, abrigado pela opulenta tenda real feita de um forte e grosseiro tecido vermelho, mas por dentro ornamentada com brocado e bela seda pintada à mão, o vitorioso Ciro sentou-se no trono de seu avô e segurou seu cetro enquanto recebia a homenagem dos chefes medos e suas tribos, que o saudaram como "rei dos medos e dos persas". Ciro decidiu que, em condições de paz, os medos estariam em pé de igualdade com os persas. Depois disso, durante todo o Período Aquemênida, era rotineiro nomear medos para altos cargos na corte persa. Os estrangeiros tendiam a não fazer distinção entre "os medos e os persas", e, de fato, para os gregos a palavra "medo" era no mais das vezes o único termo usado para se referir a ambos.

Ciro recompensou com generosa extravagância Histaspes, Oebaras e seus apoiadores Aquemênidas. Recebeu com generosidade emissários da Hircânia, Pártia e Saca, que se prostraram a seus pés e lhe ofereceram a fidelidade que outrora pertencera a Astíages. O rei derrotado foi exibido acorrentado na frente de seus antigos súditos antes de ser levado para Anshan, onde foi novamente exposto, para a alegria da população persa. Todas as fontes antigas concordam que Astíages foi tratado com extraordinária clemência, embora os detalhes de seus últimos anos variem. Heródoto escreveu que Ciro manteve Astíages em sua corte pelo resto de sua vida, ao passo que o historiador grego Ctésias, cujo relato tem base nas histórias ouvidas na Pérsia, insistiu que ele se tornou governador de uma província da Pártia e mais tarde foi assassinado por Oebaras, que sempre o considerou um adversário político. Os detalhes da morte de Astíages são, infelizmente, desconhecidos. Seu genro Espitamas, no entanto, não sobreviveu à ocupação de Ecbátana por Ciro – foi rapidamente liquidado ao lado de seus filhos, Espitaces e Megabernes, primos de Ciro. A mãe deles, Amitis, tia de Ciro, se viu de uma hora para outra relegada à condição de viúva sem filhos, mas, por ser princesa da Média, ainda tinha potencial político. Ao notar que corria risco de ser arrebatada e desposada por qualquer medo inescrupuloso que alimentasse ambições de poder, o próprio Ciro se casou com ela e a incorporou a seu harém em constante expansão. Quando chegou à Pérsia ao lado de seu novo marido, Amitis se reencontrou com Mandane, que era, ao mesmo tempo, sua irmã mais velha e sogra. Tais eram as consequências das políticas de casamento dinástico.

*

A queda de Astíages da Média teve impacto profundo na política do Oriente Próximo. Para os babilônios, significou alívio e o adiamento temporário da invasão. Nabonido deixou a Babilônia e foi residir no rico oásis do deserto de Temã, na Arábia, onde poderia se concentrar na adoração do deus-lua Sîn sem as distrações das questões de Estado. Seu retiro espiritual durou uma década (553 a.e.c.-543 a.e.c.), período em que se deu o embelezamento do oásis com a construção de um complexo de edificações régias, a maior parte das quais veio à luz durante escavações recentes. Durante a sua ausência, Belsazar, filho de Nabonido, governou desde a Babilônia.

Enquanto isso, na Lídia, o reino que se estendia da costa do mar Egeu na Ásia Menor até o rio Hális, na porção central da Anatólia, a derrota de Astíages foi lamentada por Creso, seu cunhado, que havia subido ao trono lídio em 560 a.e.c. Creso governava desde sua sofisticada Acrópole de Sárdis; seu exército dominava a Anatólia ocidental e sua vasta riqueza, adquirida principalmente da pilhagem das cidades-Estados gregas, era famosa já na Antiguidade. Creso foi o primeiro a criar um sistema de cunhagem de moedas em duas partes, em que moedas de ouro puro e prata pura (numa proporção fixa de três para quarenta) substituíram a moeda única de ouro branco. E foi ele quem presenteou o oráculo de Apolo em Delfos com oferendas que incluíam cerca de 117 lingotes de ouro, uma tigela de ouro puro (e outra de prata), uma estátua em formato de leão feita de ouro, outra de uma mulher e inúmeras bijuterias. Foi também Creso quem financiou a construção do grande Templo de Ártemis [ou Templo de Diana] localizado em Éfeso, uma das "Sete Maravilhas do Mundo Antigo". Em suma, Creso era indescritivelmente rico, dono de uma riqueza obscena e, tal qual um oligarca russo dos tempos recentes, não tinha escrúpulos em exibir sua fortuna.

A riqueza da Lídia era um atrativo para Ciro, é claro, mas o rei persa estava mais interessado em acabar com qualquer resquício da resistência meda que pudesse ter se alojado no reino de Creso. Motivava-o também a perspectiva de expansão territorial e os benefícios que poderiam advir da derrubada de Creso. De sua parte, segundo Heródoto, Creso também "se dispôs a marchar em direção à Capadócia, na esperança de deitar por terra o poderio de Ciro e dos persas". O tesouro com o qual ele havia presenteado o templo de Delfos foi usado para solicitar uma resposta da famosa profetisa de Apolo, por meio de quem o deus falava na forma de enigmas a seus oráculos. Creso perguntou se ele deveria ou não guerrear contra os persas. O oráculo respondeu: "Se Creso for à guerra, acabará por destruir um grande império" (ou pelo menos assim registrou Heródoto). Encantado com a resposta, e sem se deter para ponderar sobre seu significado deliberadamente ambíguo, no outono de 547 a.e.c. Creso atravessou o rio Hális, adentrando no território então governado pelos persas.

Ciro reagiu com rapidez, e suas tropas enfrentaram Creso em Ptéria – provavelmente a área da antiga cidade de Hattusa, no extremo sul da planície de Budaközü. Ali foi travada uma batalha feroz, mas inconclusiva. Creso bateu em retirada e desmanchou seu exército, que era composto sobretudo de mercenários bem pagos. Ele não havia previsto que Ciro faria campanha nas profundezas geladas das terras altas da Anatólia no inverno. Mas foi exatamente o que Ciro fez. Seus obstinados guerreiros, envoltos em casacos e calças de couro e pele de carneiro, abriram caminho através da neve profunda e dos ventos cortantes montados em robustos pequenos cavalos niseus, suas armas e equipamentos de acampamento transportados em camelos, todos em perseguição aos soldados lídios. Creso ficou surpreso com a repentina chegada de Ciro à planície de Thymbra, imediações de Sárdis, onde suas tropas se enfrentaram em nova batalha. Ciro mandou descarregar os camelos, que transportavam os víveres e as bagagens na retaguarda, e deu ordens para que seus homens os montassem, por saber que os cavalos não suportariam o cheiro desses animais. Dito e feito: os cavalos lídios se assustaram tanto que refugaram, recusando-se a atacar, e Ciro massacrou a cavalaria de Creso no campo de batalha. Creso escapou para a Acrópole fortificada acima de Sárdis, de onde despachou emissários com desesperados apelos a seus aliados na costa jônica. Contudo, quinze dias depois, no final de dezembro de 547 a.e.c., rompeu-se o cerco, e o rei lídio, sitiado, foi por fim capturado.

O destino de Creso tornou-se objeto de diversas tradições. Escrevendo muitas décadas depois, Heródoto relatou que Ciro poupou a vida de Creso, levou-o à corte na Pérsia e o estimou como valioso conselheiro real. Ctésias afirmou que Ciro deu ao rei derrotado uma grande cidade, Barnene, perto de Ecbátana, que ele foi autorizado a governar como um feudo semi-independente. No entanto, em outra tradição, que parece ter um fundo de verdade, Creso adotou a saída prática de muitos reis caídos e escolheu a autoimolação, morrendo queimado ao lado da esposa, filhas e servos em uma enorme pira funerária. Certamente o poeta grego Baquílides, contemporâneo de Creso, acreditava que o rei se submetera aos rituais de um suicídio coletivo e, numa ode à vitória que ele compôs pouco depois, descreveu com riqueza de detalhes a autoimolação de Creso (embora o clímax da ode seja o momento em que o rei é levado ao céu por ordem dos deuses):

> Chegado o inesperado dia, Creso não pretendia esperar mais pelas muitas lágrimas da escravidão. Diante de seu pátio com muralhas de bronze, mandou erguer uma pira e nela subiu com sua querida esposa e as filhas de belas tranças, que choravam, inconsoláveis [...] Ao servo de passos delicados ordenou que incendiasse a estrutura de madeira. Suas filhas gritaram, lançando os braços à mãe; pois a morte é mais odiosa para os mortais quando está diante de seus olhos. Mas quando a força fulgurante do fogo fatal e terrível se levantou para a madeira, Zeus lhe sobrepôs uma nuvem negra de chuva para extinguir a dourada chama.

No entanto, um texto cuneiforme fragmentário encontrado na Babilônia fornece evidências conclusivas de que Creso morreu de fato em Sárdis, no início de 546 a.e.c.: "No mês de Nisannu, Ciro, rei de Parsu [Pérsia], reuniu seu exército e cruzou o Tigre abaixo de Arbela. No mês de Addaru, marchou para a terra de Luud-du [Lídia]. Ele matou seu rei, tomou suas posses, [e] estacionou sua própria guarnição [lá]".

Quando Sárdis caiu, as cidades costeiras jônicas também caíram. Rapidamente aceitaram a hegemonia persa, pediram a paz e ofereceram homenagem a Ciro, que lhes permitiu manter um vestígio de autogoverno. A partir daí, todas as cidades jônicas passaram a ser governadas por um grego local escolhido e supervisionado por um superior persa. Quaisquer revoltas, a exemplo da rebelião encabeçada por um lídio chamado Páctias, a quem Ciro havia incumbido de coletar tributos das cidades costeiras, eram tratadas de maneira impiedosa – não era momento de clemência. Hárpago, o mais importante dos aliados medos de Ciro, ficou encarregado de todas as forças persas na Ásia Menor, as quais comandou com mão de ferro em nome de Ciro, tendo recebido o impressionante título de "generalíssimo do mar", que ele levou tão a sério a ponto de, nos quatro anos seguintes, dominar sistematicamente cidade após cidade ao longo da costa da Ásia Menor, "devastando e subjugando todas as nações, sem exceção de nenhuma", Heródoto escreveu.

Enquanto Hárpago comandava no oeste, o foco de Ciro se desviou para o leste, e seus olhos caíram sobre a Babilônia, com seus territórios vassalos da Síria, Judá e Israel, Fenícia e partes da Arábia. O império neobabilônico estava empacado em uma crise de governo desde o autoimposto exílio de Nabonido na Arábia. Em um raro momento de lucidez, o rei retornou à Babilônia no décimo sétimo ano de seu reinado para encontrar a cidade em desordem, seus templos negligenciados e seus rituais de culto abandonados. A relação entre a Babilônia e seu governante não era auspiciosa, mas, quando soube da chegada iminente de Ciro, Nabonido provou ser um líder melhor do que o previsto por todos. Reuniu suas tropas e ordenou que marchassem para o norte sob a liderança de seu filho, Belsazar, que as posicionou perto da cidade murada de Ópis, às margens do rio Tigre, a apenas oitenta quilômetros da Babilônia.

Em setembro de 539 a.e.c., Ciro rumou diretamente para Ópis. Sua jornada foi interceptada por um venerável nobre babilônio chamado Ugbrau, que governava um vasto território nas fronteiras babilônicas setentrionais e se opunha ao governo errático de Nabonido. No ato, ofereceu a Ciro os serviços de suas tropas e sua total lealdade. Os dois firmaram um pacto, e os soldados de Ugbrau levaram os persas em direção a Ópis. A batalha em frente às muralhas da cidade teve curta duração, mas foi brutal. Tropas babilônicas foram despedaçadas, e muitos soldados abandonaram o campo de batalha, sendo mortos enquanto fugiam. A profanação continuou dentro da cidade, quando os invasores persas romperam as muralhas, matando homens, mulheres e crianças em um frenético banho de sangue que claramente pretendia ser uma tentativa de punir Ópis de maneira exemplar para fazer da cidade um exemplo do que aconteceria com quem resistisse aos persas. Um imenso butim foi levado de Ópis, enquanto os cadáveres, incluindo o do príncipe Belsazar, eram empilhados nas ruas e deixados para apodrecer sob o sol escaldante. O alvo seguinte a cair para os persas, em 6 de outubro, foi a antiga cidade de Sippar, tomada sem batalha. Em seguida, Ciro enviou Ugbrau à Babilônia; a uma curta distância da cidade ele encontrou o que restava do exército de Nabonido. Os destroçados soldados babilônios rapidamente buscaram abrigo intramuros, ao passo que Nabonido, sem esperança de defender sua capital, fugiu para o sul, rumo a Borsippa.

*

Em 12 de outubro de 539 a.e.c., os imensos portões da Babilônia se abriram, e o exército de Ciro da Pérsia avançou em majestosa procissão, com pompa e circunstância, sem obstáculos e resistência, até o coração da cidade, e se dirigiu ao imponente zigurate do deus Marduk. Montado em um belo garanhão branco, Ciro trazia ao seu lado o filho Cambises, então com vinte anos, que se juntara ao pai para ter sua primeira experiência de conquista (para Cambises era importante receber treinamento nas sutilezas da construção de impérios). Ciro estava acompanhado de seu velho amigo Oebaras e do recém-chegado Ugbrau, cuja presença ao lado do conquistador deve ter irritado profundamente os babilônios. Para eles, Ugbrau era um odioso colaboracionista e um traidor da Babilônia e de seus deuses.

Se não houve cenas escancaradas de júbilo dos babilônios, tampouco houve resistência. Pairou apenas um silêncio sinistro, pontuado pelo som do passo rítmico dos pés dos soldados de Ciro, o estalo do trotar dos cascos dos cavalos e um ou outro ocasional relincho ou bufo. Tendo ouvido os relatos do massacre em Ópis, os babilônios decidiram permanecer em silêncio e não resistir aos persas enquanto eles se dirigiam à cidade antiga. Ciro havia instruído seu exército para que não promovesse saques nem desordem, mas, mesmo assim, para os babilônios a visão de uma força de ocupação, ainda que aparentemente passiva, era acachapante. Seja como for, a Babilônia era um tremendo prêmio para Ciro!

A cidade da Babilônia, "a joia dos reinos", com suas largas avenidas, palácios, templos e jardins, praças e mercados públicos e casas amontoadas em ruas sinuosas, era um lugar sem igual no mundo antigo, por causa de suas dimensões e esplendor. Era a única metrópole da Antiguidade, cheia de vida. No decorrer de sua história, longa e muitas vezes violenta, a Babilônia foi atacada e destruída em diversas ocasiões, mas após cada profanação a cidade renascia das ruínas, mais magnífica que antes. Nas décadas que precederam a ocupação persa, a Babilônia recebeu um novo sopro de vida por obra do rei Nabopolassar e seu filho Nabucodonosor, que esbanjaram recursos para a glorificação da cidade. Ergueram-se maciças muralhas de fortificação, proporcionando ampla proteção à cidade, e Nabucodonosor construiu do lado de dentro das muralhas um profundo fosso, de modo que uma cidade-fortaleza interna, uma ilha triangular contendo a cidade velha e o venerado templo de Marduk, recebesse proteção adicional. Mas foi com a construção dos chamados Palácios de Verão do Norte e do Sul que a Babilônia de Nabucodonosor ganhou esplendor especial. As fachadas das residências reais eram ricamente ornamentadas com tijolos cor de lápis-lazúli, tão lustrosos que brilhavam feito espelhos ao sol. E, por toda parte, em todos os cantos, as imagens de leões à espreita, touros trotando e dragões caminhando a passos largos – um zoológico mítico que codificava o poderio real babilônico. No canto nordeste do grande palácio do sul ficavam os famosos Jardins Suspensos, uma das Sete Maravilhas do Mundo Antigo, construídos – como se afirmou mais tarde – por Nabucodonosor para sua rainha meda, Amitis, para que se lembrasse das montanhas de sua terra natal iraniana.

Depois de décadas emulando a política assíria de saquear e exigir o pagamento de tributo dos governantes derrotados, as salas do Tesouro da Babilônia estavam abarrotadas com o produto das pilhagens. Continham os ricos despojos que outrora enfeitaram o templo de Yahweh (Javé ou Jeová) em Jerusalém – os turíbulos de prata e os móveis e acessórios de ouro, a bacia cerimonial de ablução dos sacerdotes conhecida como "mar de fundição", bem como tapeçarias, cortinas e tapetes. Numa tentativa de aumentar sua coleção de itens judaicos, em 597 a.e.c. Nabucodonosor deportou para a Babilônia o próprio rei, Joaquim de Judá, e nada menos que 10 mil de seus súditos. Os efeitos do exílio babilônico foram profundos e de longo alcance. Transformou o povo de Judá em judeus. Se antes eram apenas um dos muitos povos cativos, tornaram-se o "Povo do Livro". De uma das muitas nações condenadas à destruição, transformaram-se nos sobreviventes perpétuos da história. Ciro da Pérsia desempenharia um papel significativo nesse processo.

Ciro e seus homens marcharam pela grande via Processional (avenida ou Caminho das Procissões) da Babilônia. Extenso caminho cujas paredes eram adornadas com 120 imagens de leões em tijolos vitrificados moldados (o símbolo da deusa Ishtar), a rua pavimentada corria do lado leste do Palácio do Sul. Era conhecida (hoje de forma irônica) como *Aibur-shabu*, "o inimigo não ganhará passagem jamais", e usada principalmente para o desfile das estátuas dos deuses durante o grande festival de Ano-Novo, a renovação anual da proteção cósmica divina que era tão essencial para a estrutura religiosa e social da Babilônia. No entanto, onde antes carregavam-se os deuses, agora cavalgava Ciro. Ele passou pelo enorme Portal de Ishtar – azul e dourado cintilante, ornamentado com touros e dragões, símbolos sagrados das deidades Adad e Marduk – e penetrou cada vez mais fundo na cidade até chegar à base do Esagila, templo e morada de Marduk, deus protetor da cidade, e o coração sagrado da Babilônia. Construída no topo do imponente zigurate havia uma cela interna onde o próprio deus residia. Nabucodonosor declarara que "havia mandado revestir sua parede com ouro luzidio e a havia feito cintilar como o sol"; nesse santuário Ciro recebeu as boas-vindas dos principais sacerdotes e conselheiros da cidade, que se prostraram diante dele e beijaram seus pés, roçando a barba na poeira debaixo das botas do rei. "Ocupei o palácio real e lá fixei minha residência senhorial", Ciro recordou (ignorando a realidade), "entre regozijo e felicidade".

Ciro entendeu a importância de cultivar uma boa imagem pública e trabalhou em estreita colaboração com sacerdotes e nobres da Babilônia para solidificar a aparência de legitimidade de seu governo babilônico. Pode-se pensar que uma mudança de regime desse tipo exigiria a reestruturação do governo e a substituição de antigos funcionários do Estado por homens oriundos da administração vitoriosa. No entanto, documentos cuneiformes do período formativo da invasão persa revelam que, espantosamente, Ciro não alterou em nada o sistema burocrático. Documentos comprovam que a classe sacerdotal, os administradores burocráticos, quadros de funcionários da coleta de impostos e banqueiros foram mantidos em seus cargos, o que permitiu à Babilônia dar continuidade, sem rupturas, a suas atividades econômicas, civis e religiosas, apesar da traumática reviravolta psicológica da conquista. Um persa de linhagem venerável, Góbrias, cã da tribo patischoriana de Pārs, foi instalado como o sátrapa (governador) da Babilônia. Ele trabalhou ao lado do ex-administrador-chefe de Nabonido, Nabu-ahhe-bullit, para entender como a cidade funcionava, e foi responsável por supervisionar a pacífica transferência de poder dentro dos territórios do antigo Império Babilônico. Para esse fim, Góbrias convocou chefes, governadores e príncipes do norte da Arábia, Síria, Judá, Israel e do Levante para um grande *durbar* (desfile cerimonial e recepção de Estado) na Babilônia, ocasião em que, num cuidadosamente encenado *diwan* (cerimônia de apresentação), prestaram homenagem a Ciro como seu senhor indiscutível, juraram lealdade a ele – e a Cambises, seu filho – e lhe ofereceram seus talentos diplomáticos. É impossível que Ciro não tenha visto nessa assembleia de autoridades e dignitários a prova física de seu sucesso na construção do império. Mais tarde, ele relembrou que "todos os reis que se sentam em tronos, de todas as partes do mundo, do mar Superior ao mar Inferior, que habitam regiões distantes, todos os reis de Amurru, que residem em tendas, trouxeram a mim suas pesadas homenagens e beijaram meus pés na Babilônia". Ele deve ter ficado especialmente encantado por ter recebido a submissão de embaixadores das ricas cidades-Estados da Fenícia – Tiro, Sídon e Biblos –, com suas frotas mercantes prontas para zarpar e abrir novas rotas comerciais. Seus construtores navais também foram capazes de fazer da Pérsia uma incrível potência marítima.

Durante essa imensa reunião dos luminares do Oriente Próximo, Nabonido, que havia sido capturado em Borsippa, foi executado. Histórias posteriores (a exemplo dos relatos sobre Creso) sugeriram que um magnânimo Ciro lhe permitiu viver e que ele teve autorização para desfrutar de uma confortável aposentadoria na Pérsia. Isso é improvável. Ciro era um político astuto e sabia que a segurança de seu incipiente império e de sua recém-fundada dinastia, ainda mal incorporada ao governo, tinha maiores chances de sobrevivência sem a presença de pretendentes rivais ou seus partidários. A execução de Nabonido era a única opção. Seu nome e títulos foram extirpados de todos os monumentos públicos, e a história de seu reinado, suplantada.

A vitória desfrutada por Ciro foi manchada quando, apenas oito dias após a entrada na Babilônia, Oebaras morreu de um súbito derrame. Então, três meses depois, a amada esposa de Ciro, Cassandana, também morreu. Ele ficou desolado. A semana entre 20 e 26 de março de 538 a.e.c. foi um período de luto público oficial, e os documentos cuneiformes registram que, depois do sepultamento da rainha, "todas as pessoas andavam com os cabelos desgrenhados".

Mas o trabalho de legitimação na Babilônia continuou. Ciro iniciou a reconstrução das muralhas da cidade, que estavam em ruínas por terem sido negligenciadas ao longo do reinado de Nabonido; essa obra ergueu diante da opinião pública uma imagem de realeza responsável. Durante os trabalhos de reparos e reconstrução dos trechos deteriorados das fortificações, operários desenterraram um antigo texto acádio que despertou o interesse de Ciro, que afirmou: "Vi dentro da grande muralha da Babilônia uma inscrição com o nome de Assurbanipal, um rei que me precedeu". No século VII a.e.c., o rei Assurbanipal da Assíria havia sido o homem mais poderoso do mundo, e por quase quarenta anos governou um vasto império guerreiro. Com orgulho, Ciro se viu como o verdadeiro herdeiro do rei assírio e se alinhou com Assurbanipal como forma de legitimar sua ocupação da Babilônia.

*

Os eventos de outubro de 539 a.e.c. e dos meses seguintes são narrados no chamado Cilindro de Ciro. É o maior documento de relações públicas da Antiguidade. Uma obra-prima da propaganda, uma brilhante revisão dos eventos que levaram à ocupação persa da Babilônia e uma ousada e audaciosa substituição de fatos históricos. Nele, impõe-se em detalhes uma nova narrativa, em que a conquista e a subjugação da Babilônia são descritas como a legítima libertação da cidade.

O Cilindro, uma pesada massa de argila de aparência pouco agradável, repleta de entalhes cuneiformes, ocupa lugar de destaque na Galeria

Rahim Irvani do Irã Antigo, localizada no Museu Britânico em Londres. É o único sobrevivente de muitos cilindros desse tipo produzidos em série por ordem de Ciro, o Grande. Trabalhando ao lado dos sacerdotes e estudiosos da Babilônia, o rei estava determinado a engendrar uma imagem de si mesmo como um monarca babilônio naturalizado de estilo antigo. O artefato toma por base o modelo das inscrições reais padrão em cilindros babilônicos destinados a ser enterrados nas fundações dos edifícios. O Cilindro de Ciro foi encontrado na muralha da cidade da Babilônia, mas foram feitas cópias para ampla divulgação – em tabuletas de argila e papiros, e por meio de proclamação pública.

O texto vilipendia Nabonido por sua impiedade para com os deuses babilônicos (especialmente o sofredor Marduk) e afirma que ele impôs à população da cidade um cruel e penoso sistema de trabalho forçado (uma descarada mentira). As sinceras lamentações dos babilônios foram ouvidas pelos deuses. Marduk, afirma o Cilindro, procurou um defensor para restaurar a ordem sobre o caos e, reconhecendo tanto a virtude quanto a bravura de Ciro de Anshan, o escolheu como executor de sua vontade e o declarou rei do mundo. Nas palavras dos escribas babilônios, "o deus Marduk tomou-o sob sua mão e chamou-o por seu nome, Ciro de Anshan, proclamando-o rei de todo o mundo. [...] Marduk, o grande senhor, que cuida de seu povo, olhou com júbilo para as suas boas ações e seu coração justo". Em seguida, Marduk ordenou que Ciro marchasse sobre a Babilônia, onde, afirma o texto do Cilindro, ele entrou sem lutar. Os povos da Babilônia, o texto continua, aceitaram com alegria o governo de Ciro, gratos por serem libertos das trevas da tirania de Nabonido. A partir desse ponto o texto é escrito em primeira pessoa, como se o próprio Ciro estivesse falando, e o soberano se apresenta como um fiel adorador de Marduk cujo único objetivo era trazer paz à Babilônia:

> Eu sou Ciro, rei do universo, o grande rei, o poderoso rei, rei da Babilônia, rei da Suméria e Acádia, rei das quatro partes do mundo [...] a semente perpétua da realeza, cujo reinado é amado por Bēl e Nabû,[3] e com cujo reinado o coração deles se alegra. Com minhas

---

3 Bēl ("senhor") é uma referência babilônica a Marduk; Nabû ("deus-escriba", "escriba

tropas marchei pacificamente Babilônia adentro e me instalei no trono real do palácio do monarca, em meio a júbilo e aclamação. Marduk, o grande senhor, deu-me a Babilônia, e dia e noite cuidei de adorá-lo. Busquei o bem-estar da cidade da Babilônia e reconstruí todos os seus santuários que estavam dilapidados. Aliviei o peso da população da Babilônia, permiti que os habitantes descansassem da exaustão, os poupei das agruras da servidão. Marduk, o grande senhor, regozijou-se com meus bons atos. Sobre mim, Ciro, o rei que o adora e teme, e sobre meu filho Cambises e sobre todas as minhas tropas ele pronunciou uma piedosa bênção. Ditosos caminhamos diante dele.

Para que não nos deixemos influenciar pela propaganda persuasiva e comecemos a considerar Ciro como um acólito de Marduk e outros deuses da Babilônia, precisamos nos lembrar de que em outras proclamações, emitidas ao mesmo tempo que circulava o texto do Cilindro, Ciro também estava moldando a si mesmo como um servo do deus hebreu e um benfeitor dos judeus. Em 538 a.e.c., decretou que o templo em Jerusalém seria reconstruído às suas próprias custas e que os tesouros que Nabucodonosor saqueou do santuário sagrado deveriam ser devolvidos à casa de Deus. Judeus cativos (como todos os outros deportados estrangeiros) estavam livres para voltar para casa. Em 537 a.e.c., mais de 40 mil deles empreenderam o que declararam ser o "segundo Êxodo" e alegremente voltaram a pé para Jerusalém e para a terra que manava leite e mel. É por isso que na Bíblia Hebraica Ciro passou a ser considerado um servo de Yahweh, e o escolhido pelo Deus invisível para libertar da escravidão Seu povo eleito. Assim, os profetas do exílio elogiaram Ciro como instrumento de libertação de Deus. Um profeta que conhecemos como Trito-Isaías (ou Terceiro Isaías) estava especialmente entusiasmado. Registrou o júbilo de Deus por ter encontrado um paladino tão digno:

"Eis meu servo, a quem protejo,
 meu escolhido, em quem me deleito. Eu lhe conferi meu espírito,

---

dos destinos"), o deus da escrita e dos escribas, associado, assim como Marduk, à sabedoria, é mencionado na Bíblia Hebraica como Nebo. [N.T.]

e ele fará resplandecer a justiça sobre as nações [...]
Eu te tomei pela mão [Ciro], e te formei
para que sejas a luz de todos os povos [...]"
Assim diz Yahweh a Ciro:
"Tu serás meu pastor
Para cumprir meus desígnios:
reconstruir Jerusalém
e lançar os alicerces do templo".
Assim diz o Senhor a Ciro, seu ungido: a Ciro, cuja mão
ele segurou com firmeza
para subjugar as nações e destruir os mais poderosos reis.

Em virtude de sua generosidade com os judeus, Ciro recebeu o título de *meshiach*[4] – "Messias", "Ungido" ou "Consagrado" –, expressão que os judeus no exílio usavam ao falar de um salvador ou redentor enviado por Deus. Era um título profundamente teológico, que falava da ratificação de Ciro como um rei legítimo, nomeado e protegido por Deus. Nos *Salmos*, o Ungido é um líder idealizado, semimítico, um guerreiro que Deus defende e protege: "Agora sei que o Senhor salva o seu ungido; ele o ouvirá desde o Seu santo céu, com a força salvadora da sua mão direita".

Os paralelos com a defesa de Ciro por parte de Marduk são claros, e é possível pensar que os escribas babilônios e os profetas hebreus se basearam em uma imagem comum de Ciro como paladino dos deuses. Embora a concessão do título messiânico não tenha elevado Ciro a nenhuma forma de status divino, foi singular seu reconhecimento como figura de importância teológica: em toda a Bíblia, ele é o único gentio a receber o mais alto dos títulos. Apesar de Yahweh admitir que Ciro não reconhecia Sua autoridade divina, Ele ainda assim ficou suficientemente comovido pela virtude do rei persa a ponto de torná-lo um Messias para os hebreus. No final, como Trito-Isaías afirmou, Yahweh ordenou a Ciro que "reconstruísse Jerusalém e libertasse meu povo".

---

4 Mĕxīḥā (Meshicha/Meshiacha), na transliteração da forma aramaica; Māšîᵃḥ, na transliteração do hebraico; também Mashíach ou Mashíyach. [N.T.]

É duvidoso que Ciro tenha agido sob autoridade divina para libertar os judeus de seu cativeiro na Mesopotâmia. O mais provável é que tivesse motivações pragmáticas a fim de reduzir a tensão na Babilônia e em todo o império. Ao adotar a aparência de tolerância religiosa (como poderíamos defini-la) e autorizar a população judaica a deixar a Babilônia por vontade própria, Ciro lidou com o problema prático da superpopulação no território. O repovoamento de Jerusalém e arredores foi uma jogada inteligente (embora seja necessário lembrar que muitos judeus permaneceram na Babilônia e lá estabeleceram um importante centro cultural, que durou muitas centenas de anos). No entanto, de mãos dadas com o Ciro "babilonizado" do Cilindro, o retrato do rei na Bíblia Hebraica desempenhou importante papel na criação de sua imagem como pacificador liberal e tolerante que de alguma forma marcou uma ruptura entre o jugo bárbaro e austero dos tirânicos reis assírios e babilônios e uma nova forma de governo esclarecido. O Cilindro de Ciro foi chamado de "primeira declaração dos direitos humanos", e Ciro, enaltecido como o defensor original de princípios humanos decentes, bem como um defensor da abolição e das liberdades civis. A bem da verdade, não há nada no texto que possa sugerir o conceito de direitos humanos. O fato é que essa ideia progressista era totalmente desconhecida na Antiguidade e completamente estranha ao mundo de Ciro.

É importante reconhecer Ciro por aquilo que ele foi: um líder militar talentoso e bem-sucedido e um hábil manipulador político. Mas era também um senhor da guerra ambicioso e um imperialista implacável. Seu império foi fundado com base em derramamento de sangue, como todos os impérios invariavelmente são. O fato de que escravidão, encarceramento, batalhas, assassinatos, execuções e extermínio em massa tenham sido consequências inevitáveis das ambições territoriais de Ciro – e de seus sucessores – prova que, em sua busca por terras, os persas não estavam fora de sincronia com os assírios, por quem tinham um curioso respeito. O Império Persa não foi construído em território virgem. Em cada um dos lugares que Ciro conquistou, encontrou resistência das populações locais que estavam enraizadas em suas terras. Com efeito, Média, Lídia e Babilônia foram arrancadas das garras de outras ambiciosas potências coloniais que já se encontravam em sua própria jornada de agressivo autoengrandecimento. A expansão do Império

Persa foi um exercício militar. E também um jogo político ardiloso, pois nas fases iniciais da construção do império os persas se beneficiavam inextricavelmente ao procurar granjear as boas graças e a amizade de colaboradores e de outros velhacos. Ao longo da Era Aquemênida, a resistência inicial às conquistas de Ciro continuou, e de maneiras diversas, em quase todos os territórios colonizados. Para manter o controle de uma ponta à outra do império, os persas estabeleceram sistemas de gerenciamento que variavam do sofisticado ao brutal.

A visão benigna de Ciro como garoto-propaganda do pacifismo de pensamento livre prejudica a figura histórica que abriu caminho com unhas e dentes, afundado até os joelhos em sangue, vísceras em um rastro de morticínio por todo o Oriente Médio, massacrando e trucidando para alcançar a dominação mundial. O apelido "o Grande" perde sua força se o imaginarmos de outra forma. Ciro foi um engenhoso e astuto desbravador, que entendeu a importância de apaziguar os povos conquistados por meio da defesa e manutenção superficial das tradições religiosas e do alinhamento com governantes do passado. Ciro também foi capaz de transmitir sua dominação por meio de impiedosas expressões de força e proclamações de superioridade cultural; nesse aspecto, sabia ser friamente maquiavélico. Para dar um exemplo definitivo: quando, no grande templo de Marduk, no quarto dia de Nisannu (27 de março) de 538 a.e.c., Ciro supervisionou a cerimônia de coroação de seu filho Cambises como rei da Babilônia (um vice-regente com mais pompa, verdade seja dita), Ciro optou por vestir um manto elamita de algodão decorado com franjas. Era o tipo de vestimenta que por muitos séculos governantes de Susa, o grande inimigo da Babilônia, haviam usado. Nas fontes cuneiformes, a referência explícita ao traje elamita que o rei vestiu durante uma cerimônia religiosa babilônica parece aludir à ideia de que Ciro não era o libertador universalmente aceito e celebrado que seus propagandistas alardeavam. Sua aparição pública envergando esse traje deve ter causado consternação até mesmo entre as elites babilônicas mais simpáticas aos persas, pois, nessa que era a mais sagrada e pública de todas as cerimônias, as roupas de Ciro enviaram uma mensagem pungente: a Babilônia era agora governada por uma potência estrangeira, e ele, Ciro de Anshan, o regente da Pérsia, era o Rei do Mundo.

3
AS MUITAS MORTES
– E NASCIMENTOS –
DE CIRO, O GRANDE

No início da primavera de 530 a.e.c., Ciro desfrutava das delícias simples de seu palácio-jardim em Pasárgada, onde absorvia a fragrância mágica de uma miríade de flores, sentado no pórtico coberto de sombra de seu elegante pavilhão de pedra e madeira. Ao edifício foi anexado um grande toldo de tecido colorido, que o protegia do clarão ofuscante do sol e efetivamente estendia o palácio jardim adentro, atraindo o jardim para o interior do palácio. Todo o edifício representava uma expressão da vida de Ciro. As pedras bem trabalhadas eram um aceno à sofisticação do mundo urbano – Susa, Sárdis e Babilônia – de que ele havia se apropriado; enfunado pelos ventos, seu toldo ondulante em forma de tenda, com a franja de borlas dançando na brisa fresca, era um vestígio de sua identidade nômade. Fitando a planície do pórtico do trono, Ciro mal conseguia distinguir na bruma quente a colorida cidade de tendas que o acompanhava aonde quer que fosse.

Era raro ele estar em casa no coração da Pérsia de sua juventude. Nas últimas duas décadas, passara a maior parte do tempo montado em um cavalo em lugares distantes, abocanhando territórios lucrativos. Mas, por ora, Ciro se mostrava satisfeito por estar em Pasárgada. A primavera era a época certa, e ele se encantou ao ver como, ao longo dos anos, seu admirável e refinado jardim cresceu para ostentar ciprestes altos perfilados em aleias retas ao longo de riachos borbulhantes que passavam por intermináveis canais de água de pedra e pequenas piscinas. Os canteiros de flores explodiam de cores com a exótica flora importada de todos os recantos do império, e vez por outra Ciro entrevia o lampejo vermelho da crista de um galo, quando a arrogante ave passava num pomposo desfile pelo jardim, suas penas reluzindo em preto-azul-dourado. Ciro tinha uma dúzia de galos, um inesperado presente do embaixador indiano. Em persa, chamavam-se *bas-bas*. Eram animais furiosos e agressivos, e o embaixador explicou a Ciro que, na Índia, eram treinados e usados para o esporte. O rei e seus melhores amigos apostavam fortunas em brigas de galos. Mas esse galo específico não brigava. Tinha autorização para passear pelos jardins de Pasárgada e copular com as galinhas gordas e marrons que diariamente forneciam ovos a Ciro – fenômeno novo para uma sociedade que conhecia apenas as incubações sazonais de gansos, cisnes e patos. Suas galinhas eram pássaros preciosos, e Ciro as confiava à guarda de seu próprio supervisor, o "mestre dos *bas-bas*".

A transformação do palácio e dos jardins de Pasárgada começou logo depois da conquista da Lídia por Ciro. Ele ficou impressionado com o esplendor da arquitetura de Sárdis e de outras cidades jônicas, e por isso despachou pedreiros gregos a Pārs a fim de planejar a criação dos primeiros edifícios de pedra na Pérsia. A julgar pelos achados arqueológicos, não havia assentamentos permanentes em Pasárgada antes da decisão de Ciro de construí-los lá, embora durante séculos a fio o local tivesse funcionado como um importante ponto de encontro tribal. Os medos sabiam disso, e, durante a ocupação da Pérsia, Pasárgada fez as vezes de um posto de guarnição conhecido em medo como *Badrakatash*. Mas para os persas era *Pāthra-gadā* – "o lugar daqueles que empunham clavas pesadas". Ciro resolveu que seu novo império precisava de um ponto focal para propósitos cerimoniais (e merecia um); ainda que Pasárgada jamais tenha sido pensada como um complexo palaciano do tamanho de Persépolis, foi projetada para ser o centro de uma recém-descoberta forma de realeza persa.

Localizada cerca de oitenta quilômetros ao norte de Shiraz, na região de Dasht-e Morghab ("planície da ave aquática"), perto do rio Pulvar, no que era uma movimentada rota de caravanas entre Ecbátana e o golfo Pérsico, Pasárgada está situada mais de seiscentos metros acima do nível do mar. Hoje é um sítio arqueológico tranquilo e remoto que exige muita imaginação dos turistas que o visitam. Suas ruínas são escassas e espalhadas, e é um lugar de difícil compreensão. De fato, a extensão total desse enorme e esparramado local imperial ainda não foi completamente compreendida, embora os palácios oficiais, construídos em pedra e decorados em mármore, tenham sido bem documentados e estudados. Hoje, apenas algumas colunas quebradas e um par de lajes rachadas marcam o ponto do elegante pavilhão do palácio de Ciro. Um monumental portão, outrora glorioso, fica próximo às ruínas do pavilhão. Era o único portal de entrada em todo o complexo palaciano, mas sua antiga magnificência é agora indicada pelo único batente que ainda está de pé, adornado com uma escultura em alto-relevo: uma figura masculina com quatro asas, vestindo um traje elamita e uma primorosa coroa de estilo egípcio – uma imponente confecção de plumas de avestruz, penas de falcão e chifres de carneiro retorcidos ao estilo Folies Bergère. Durante séculos, essa curiosa figura híbrida foi identificada como um retrato do próprio Ciro, o Grande, mas não é o caso. Suas asas de anjo mostram que se trata de um espírito guardião de estilo assírio conhecido como *apkallu*. Esse tipo de ser angelical era comum nas paredes e batentes das portas dos palácios neoassírios, onde faziam as vezes de um superintendente divino ou uma espécie de segurança celestial, uma figura de proteção encarregada de impedir que a ralé celeste entrasse no palácio, evitando que os indesejáveis cósmicos causassem danos ou malefícios a seus ocupantes. Transferido para Pasárgada e passando por uma transformação persa, a benfazeja figura alada do *apkallu* (antes havia dois deles, formando um par) tornou-se um *djinn* (gênio) régio, mas poderoso, que fazia parte do sistema de defesa de Pasárgada. O *apkallu* protegia Ciro contra qualquer força malévola.

Em esplêndido isolamento, o pórtico não tinha muros porque, ao contrário de outros locais palacianos em todo o Oriente Próximo, Pasárgada não dispunha de fortificações para circundá-la, tamanha era a confiança de Ciro quanto à invulnerabilidade do lugar, localizado nas profundezas da pátria persa. A ausência de defesas apenas fortalecia o poder simbólico do portão como um portal mágico e cerimonial através do qual estrangeiros – diplomatas, suplicantes e portadores de tributos – entravam em procissão para cumprimentar o rei. Todavia, Pasárgada não era totalmente desprovida de estruturas defensivas, pois num monte alto defronte ao complexo havia uma grande plataforma fortificada conhecida como *Tall-e Takht* – "colina do trono". Mais tarde, no reinado dos Aquemênidas, a encosta se desenvolveu para dar lugar a uma extensa

Figura 3. Apkallu (guardião) alado e coroado do portão de acesso ao palácio-jardim de Ciro, o Grande, em Pasárgada.

cidadela protegida por substanciais construções de tijolos de adobe, utilizada como guarnição militar.

Junto ao portal, e construído a fim de servir como o principal cenário público para Ciro e sua corte, ficava o "Palácio S" (rótulo arqueológico tristemente enfadonho e pouco imaginativo). Era composto por um salão retangular hipostilo, disposto com duas fileiras de quatro colunas e quatro portas dando para um pórtico que envolvia o edifício. O esquema decorativo no interior do palácio (tomando-se por base o que sobreviveu) foi elaborado a partir de motivos assírios e babilônicos, esculpidos em alto-relevo e pintados. Representavam touros em improvável postura ereta sobre duas pernas e cambaleando em trôpega procissão. E havia sacerdotes envoltos em curiosos mantos de pele de peixe e máscaras de cabeça de truta. Os coloridos relevos de pedra em estilo assírio, ricos em detalhes, embora bizarros no tema, contrastavam com a simples e elegante cantaria grega de colunas e pórticos. A arquitetura e a decoração eram um curioso amálgama de estilos e, esteticamente falando, não deveriam ter funcionado. Ainda assim, funcionaram. Os persas criaram uma forma de arte inigualável, que era uma mistura curiosa, mas holística, dos estilos mesopotâmico, egípcio e grego, que, quando reunidos, resultaram em algo atraente em termos visuais, harmonioso e inconfundivelmente "persa". Em Pasárgada, a melhor expressão dessa idiossincrática fusão de estilos aparece na singular arquitetura do jazigo de Ciro, o Grande.

Situado em um ponto distante dos palácios, o mausoléu de Ciro está localizado em uma posição remota na planície de Murghab, a 1,6 quilômetro do centro cerimonial de Pasárgada. Certa vez, lorde Curzon afirmou que suas paredes "reluzem como uma mancha branca numa paisagem sombria". O túmulo foi o primeiro edifício a ser erguido em Pasárgada e é composto por dois elementos distintos. Primeiro, uma câmara funerária retangular com um íngreme telhado de duas águas de um tipo encontrado na tradição arquitetônica funerária jônica. Em segundo lugar, uma base escalonada que deveria evocar um zigurate mesopotâmico – especificamente, talvez, a grande estrutura elamita de Chogha Zanbil, nos arredores de Susa, que durante a vida de Ciro ainda era sem dúvida visível, embora não funcionasse mais. O exame das pedras trabalhadas do sepulcro confirma que os lídios se envolveram ativamente na construção da sepultura, embora o impactante efeito visual geral do monumento tenha sido moldado por sua justaposição curiosa, ainda que bem-sucedida, de elementos da Anatólia e da Mesopotâmia. Portanto, as características da arte e da arquitetura aquemênidas já estavam definidas e estabelecidas no mausoléu de Ciro antes mesmo da construção de seus palácios.

A maior das joias de Pasárgada, no entanto, era seu jardim formal. Uma extensa e abundante área de cultivo ligava o portal e os palácios para lhes dar o aspecto de um todo único. A disposição simétrica de exuberantes espaços verdes intercalados com palácios, pavilhões e salas de audiência tornou-se uma característica definidora do design dos jardins persas. Canais de água de pedra lavrada percorriam o jardim através de um esquema geométrico cuidadosamente planejado, criando um elegante arranjo de quatro partes, ou *chahār bāgh*. Esse aspecto singular estava destinado a se tornar uma das características mais importantes dos projetos de jardins em todo o mundo islâmico, de Samarcanda a Sevilha. Por meio da complexidade de seu *chahār bāgh*, o jardim quadrilátero de Pasárgada tornou-se um reflexo vivo do título real que Ciro enfatizava em seu Cilindro Babilônico: "Eu sou Ciro [...] rei das quatro partes do mundo".

A palavra em persa antigo para "jardim/jardins" era *paridaida*. Os hebreus a ouviram como *pardes* e os gregos a transcreveram como *parádeisos* – de onde vem a palavra "paraíso".[1] Estritamente falando, um "paraíso" era um espaço verde murado com claras demarcações entre o "dentro", que era domado e cultivado, e o "fora", indomado e incivilizado, conceito que pode ser encontrado no livro bíblico do Gênesis. Sacerdotes e escribas judeus, trabalhando em Jerusalém e na Babilônia ocupadas pelos persas, retrataram o Jardim do Éden – o local do "jardim de Deus" – tomando como modelo o paraíso persa.

Em todo o império, os jardins e parques cultivados com esmero eram símbolos vivos do domínio persa. Reis e príncipes se gabavam de suas realizações como jardineiros: "Fiz grandes obras: construí casas e plantei vinhas para mim; fiz eu mesmo jardins e parques e neles plantei para mim todo tipo de árvores. Eu mesmo fiz reservatórios com cuja água reguei a floresta de árvores jovens". Os parques reais eram impérios em miniatura, exóticos jardins-símbolos do controle do monarca sobre um enorme território. Ciro e os reis Aquemênidas posteriores enriqueceram seus *paridaida* com arbustos e árvores frutíferas estrangeiros, e enxertadores eram incumbidos de podar videiras preciosas no Líbano e replantá-las em solo persa. O desejo de criar e manter um belo jardim vicejante era uma forma de arte persa, uma obsessão que os prosaicos gregos nunca entenderam. Para um ateniense, um jardim era uma horta, um lugar para cultivar rabanetes.

A ideia de que o rei era capaz de criar jardins férteis que exibissem simetria e ordem era uma poderosa declaração de autoridade monárquica. O planejamento e a criação de Pasárgada foi, portanto, um empreendimento enorme e importante. A conclusão bem-sucedida dessa obra demonstrava a presença de uma estrutura administrativa muito bem desenvolvida e dotada da competência para tratar da logística de uma empreitada tão monumental. De modo geral, Pasárgada era

---

1 Em língua inglesa, "*paradise*"; em latim, "*paradisus*"; em espanhol, "*paraíso*"; em catalão, "*paradís*"; em francês; "*paradis*"; em italiano, "*paradiso*". [N.T.]

a comprovação do sofisticado apreço de Ciro pela ostentação da realeza, e durante toda a existência do império se manteve como um importante centro cerimonial régio. Era o local de coroação de cada novo rei persa, que lá assumia seus vínculos rituais com o fundador do Império Persa.

Uma descoberta arqueológica espetacular foi feita em 2015 em um local na província de Fārs conhecido como Tol-e Ājori ("colina de tijolos"), situado nas imediações do vilarejo de Firuzi, muito próximo de Persépolis. Lá, uma missão arqueológica iraniana-italiana desenterrou os restos de um enorme portal, de formato quadrado, com trinta metros de lado, paredes de dez metros de espessura e decorado com painéis de coloridos tijolos vitrificados com desenhos figurativos. Ao redor do portal, escavadores desenterraram pequenos pavilhões e encontraram, como em Pasárgada, inequívocos vestígios de jardins formais planejados à perfeição. Curiosamente, os estudos dos tijolos revelaram impressionantes semelhanças iconográficas com os painéis dos edifícios de Nabucodonosor na Babilônia, sobretudo as imagens figurativas de animais fantásticos encontrados no famoso Portal de Ishtar. O enorme portal, com seu revestimento de tijolos vitrificados azuis, foi um dia uma cópia próxima daquela célebre estrutura. Quando comparada a outras estruturas arquitetônicas da Pārs aquemênida, em termos de planta, construção e decoração, a estrutura era absolutamente única.

O monumental portal de estilo babilônico foi decerto obra de Ciro. A atribuição do edifício a ele parece ser confirmada pela descoberta de um fragmento de tijolo contendo o trecho inicial de uma inscrição cuneiforme pintada na cobertura vitrificada em que se encontra parte da palavra acádia *sharru*, "rei". A descoberta do portal do rei Ciro tão perto de Persépolis significa que a história desse último local importante dos aquemênidas passou por uma drástica revisão em anos recentes. O que se pensava ter sido território virgem, intocado até Dario I ter começado a construir na região por volta de 518 a.e.c., agora pode ser visto como um próspero centro real muito antes dessa época. Se Ciro enviou artesãos babilônios a Pārs, pode ser que o portal tenha começado a tomar forma já em 538 a.e.c., logo após a conquista da Babilônia, antecedendo em pelo menos duas décadas as estruturas palacianas de Dario. Mas por que Ciro escolheu construir uma estrutura tão ostensivamente estrangeira no centro da Pérsia? O trabalho de construção em Pasárgada demonstra como Ciro estava interessado em introduzir na "aparência" visual de seus territórios recém-conquistados um novo cânone de estilo "persa". Mas enquanto em Pasárgada predominava a arquitetura de formas lídias, Ciro escolheu o esplendor mais abertamente grandioso das construções babilônicas para imprimir sua marca na paisagem de Persépolis. É mais do que provável a intenção de Ciro de criar por lá uma nova Babilônia, uma cidade persa que ofuscaria a antiga "mãe de todas as cidades". Sua ambição era realinhar em direção à própria Pārs o eixo central de seu império de quatro cantos, colocando a Pérsia no centro da civilização. Sua inesperada morte em batalha pôs um fim abrupto ao plano.

*

Em 530 a.e.c., Ciro estava em Pasárgada com o propósito de lançar uma nova campanha militar. Ele havia decidido se aventurar nas lonjuras do nordeste, ir bem além do rio Arax,[2] no baixo rio Oxus, e dominar os encrenqueiros masságetas, povo cita que habitava a grande planície encravada entre o mar Cáspio e o mar de Aral. Os masságetas haviam começado a fazer incursões sobre a fronteira nordeste do império, embora tenham causado poucos danos de longo prazo além de algumas pilhagens de pequena monta. No entanto, ao decidir que era necessário realizar uma ação robusta e decisiva contra eles, Ciro comandou pessoalmente a campanha para esmagá-los – reação exagerada, deve-se admitir, ao que não passava de roubo de gado. É difícil justificar a atitude belicosa de Ciro em relação aos masságetas ou vê-lo de alguma outra forma que não como um agressor em sua missão de subjugá-los. Mas o fato é que, mesmo depois dos êxitos a oeste, os desejos territoriais de Ciro ainda não estavam saciados.

Ávido por resolver a questão da sucessão real antes de partir para a guerra, Ciro convocou seus dois filhos para que se encontrassem com ele em Pasárgada. Cambises, que chegou rapidamente de Sippar, na Babilônia, foi formalmente nomeado seu sucessor e instruído a servir como regente durante a estadia de Ciro no leste. O filho mais novo, o príncipe Bardiya, recebeu um enorme território na Ásia Central como

---

2   Também conhecido como Aras, Araks, Araxi, Aras, Araxes ou Araz. [N.T.]

compensação por ter perdido o trono. O presente ficou ainda mais doce quando Ciro declarou que as terras de Bardiya estavam isentas de impostos e que ele poderia ficar com qualquer tributo lá arrecadado.

Foi possivelmente nessa conjuntura que Cambises, então o herdeiro oficial do trono, teve uma série de casamentos. Primeiro ele se casou com Fedímia, filha de Otanes, poderoso cã e supostamente o homem mais rico da Pérsia. Em seguida, se casou com sua irmã de sangue puro, Atossa, filha de Ciro e Mandane, e tomou uma meia-irmã, Roxana, como consorte (o conceito de "incesto" não tinha importância na construção de uma dinastia). Esses casamentos foram o primeiro atestado da importância que a dinastia dava à endogamia – a noção de se casar apenas com membros dentro de um mesmo grupo social ou casta específica. Essa prática seria empregada pelos Aquemênidas durante todo o seu período como casa real da Pérsia. Os reis Aquemênidas geralmente faziam alianças matrimoniais com as filhas ou irmãs dos grandes cãs persas ou se casavam dentro da própria família, desposando primos, sobrinhas, irmãs e meias-irmãs.

Uma vez estabelecido seu legado, Ciro partiu de Pasárgada com seu exército no final da primavera de 530 a.e.c. Cambises acompanhou o pai até o rio Jaxartes[3] e voltou para casa na Pérsia para assumir as funções de regente e herdeiro designado. Enquanto isso, Ciro e suas tropas marcharam para leste.

Os detalhes dos derradeiros anos da vida de Ciro são um quebra-cabeça difícil de montar. Sua campanha no leste é especialmente problemática, pois em grande medida é tão obscura que se mistura com lendas. Os fatos perdem plausibilidade na narrativa de Heródoto, a principal fonte sobrevivente da última operação militar de Ciro. Ele conta uma história muito estranha. Tendo marchado território masságeta adentro, Heródoto afirma que Ciro montou acampamento, ordenando a seus homens que cozinhassem e servissem comida sobre a mesa, acendessem fogueiras e estendessem tapetes no chão, exatamente como seria feito em um banquete suntuoso. Ciro se retirou com a maior parte de seus homens para as colinas ao redor e deixou para trás apenas um pequeno destacamento. Como mariposas atraídas pela chama, os masságetas

---

3   Ou Axartes, hoje conhecido como rio Sir Dária ou Sir Darya. [N.T.]

rapidamente se reuniram no acampamento abandonado, saquearam os bens dos persas, comeram o repasto e beberam todo o vinho, até que, aos gritos e berros, de súbito os persas surgiram a galope de volta para suas tendas, massacrando os bárbaros meio embriagados e aprisionando seus líderes, entre eles o príncipe Espargapises, filho e general da rainha Tómiris, a governante feminina dos masságetas, assemelhada a uma amazona. Desonrado e profundamente envergonhado depois de ser capturado com um truque tão barato, o jovem príncipe implorou por liberdade. Ciro consentiu. Ao se ver livre dos grilhões, Espargapises imediatamente se matou.

Uma Tómiris aflita, incandescente de ódio, vestiu uma armadura, montou seu cavalo e galopou em direção aos exércitos persas com tamanha ferocidade que suas próprias tropas mal conseguiram acompanhá-la. O céu escureceu quando rajadas e mais rajadas de flechas voaram, grossas e rápidas, nos céus. Tómiris mergulhou profundamente no meio da batalha. Lanças, punhais, cimitarras e lanças entrechocaram-se e cortaram, rasgaram e despedaçaram, e rios de sangue jorraram pelo vale, manchando de vermelho as rochas. Os dois exércitos combateram durante um dia inteiro, numa refrega brutal. Terminada a peleja, Ciro estava morto. Uma triunfante Tómiris soltou um uivo de alegria misturado com um lamento enquanto atrelava a seu cavalo o cadáver de Ciro e o arrastava de volta ao seu acampamento. Ela cortou a nobre cabeça e, agarrando-a pelos fios de cabelo ensanguentados, dirigiu-se ao rei persa: "Ciro sanguinário, tão insaciável de sangue, eu te darei de beber". Ato contínuo, profanou o troféu decapitado mergulhando-o em um odre cheio de sangue humano.

Nos anos seguintes à morte de Ciro circulavam inúmeros relatos divergentes sobre as circunstâncias de sua morte. A história de Tómiris, Heródoto insiste, era a que lhe parecia mais verossímil. É confiável? Bem, os nomes de Tómiris e Espargapises são certamente de origem iraniana, e é provável que Heródoto tenha se inspirado em tradições persas genuínas, segundo as quais Ciro morreu em batalha contra uma rainha guerreira do leste. Mas a maneira como Heródoto moldou essa narrativa foi motivada por sua visão grega do inimigo persa. Afinal, ao escrever sua *História*, Heródoto não estava investigando fatos forenses. Não, sua preocupação era compor um *lógos* elegante, uma forma de "diálogo" histórico, que pode ser visto ao longo de toda a obra. O tema eram as exageradas ambições imperiais dos reis da Pérsia. Heródoto estava escrevendo não tanto uma história, mas uma lição de moralidade: "conheça seus limites".

Os eventos *reais* em torno da morte de Ciro, o Grande, são desconhecidos. Não há fontes textuais persas que a descrevam, e restam apenas lendas. Até mesmo as narrativas fantasiosas nos chegam via tradição grega e são extremamente contraditórias. O Ciro de Xenofonte morre tranquilamente na cama, com os filhos reunidos ao redor enquanto ele divide seu reino. O Ciro de Ctésias é ferido enquanto luta contra os sacas, mas consegue voltar para casa na Pérsia e protagoniza outra comovente cena em seu leito de morte. É claro que o Ciro histórico não poderia morrer na cama *e* no campo de batalha. No entanto, as três versões gregas sobre o fim de Ciro contêm porções de histórias persas genuínas, e cada uma delas funcionava como uma forma de propaganda para os transmissores originais dos relatos. Ciro era uma figura por demais importante na história da Pérsia para ser esquecida, e, logo após sua morte, as histórias em torno de seu nascimento, vida e falecimento entraram no folclore, depois na lenda e, por fim, na esfera do mito. A cada releitura, a história ganhava um novo viés.

Por isso, durante gerações circularam de uma ponta à outra do Império Persa diversas versões do nascimento e da infância de Ciro. Levando-se em conta a longa e nobre história da Pérsia de produzir belas refinadas canções e poemas, é lógico supor que Ciro figurava como um importante herói nas narrativas persas. Os aquemênidas valorizavam a poesia tanto quanto enalteciam seus cavalos, e rapidamente se desenvolveu uma tradição popular de contar em versos as histórias sobre Ciro. Havia inclusive canções sobre os feitos heroicos de Ciro, o Grande. Escrevendo quase 150 anos após a morte do rei persa, Xenofonte observou que "ainda hoje Ciro II é celebrado pelos persas em histórias e canções como o mais belo e generoso dos homens, devotado à sabedoria, mas ambicioso; enfrentou todo tipo de perigo e suportou provações e tribulações para ganhar renome".

Na Antiguidade, as histórias de natividade de grandes líderes tinham um papel efetivo na divulgação de sua imagem. Não é impossível supor que alguns líderes, a exemplo do próprio Ciro, possam ter incentivado a composição e a divulgação de histórias de nascimento fabulosas ou relatos de infâncias extraordinárias, que poderiam muito bem servir como eficaz propaganda. Numa dessas histórias, o nascimento de Ciro foi anunciado por uma série de sonhos-presságios que assombraram o sono de seu avô medo, o rei Astíages. Em uma dessas ocasiões, Astíages sonhou que uma videira crescia nos órgãos genitais de sua filha, Mandane. Essas gavinhas brotaram até se espalhar por toda a Ásia, rastejando através de todos os vales e subindo até o topo de cada montanha. Em outro terror noturno muito pior, Astíages viu Mandane urinar com tamanha força e abundância que a torrente inundou todo o continente asiático. Os sacerdotes interpretaram os dois sonhos e alertaram Astíages de que o filho de Mandane, então prestes a nascer, se tornaria o governante mais poderoso do mundo, tomando seu trono e superando-o em glória e honra. Aterrorizado com o futuro, assim que Mandane deu à luz, Astíages ordenou que seu capanga, ninguém menos que Hárpago, levasse o bebê Ciro para o deserto e o matasse. Mas Hárpago, movido pelo choro inocente do bebê, achou impossível matar a criança e a abandonou na encosta de uma montanha, na esperança de que o menino fosse encontrado por camponeses. Foi precisamente o que aconteceu. Ciro cresceu até a adolescência na segurança da casa de um velho e amoroso pastor de ovelhas e sua esposa, até que lhe contaram sobre sua linhagem nobre. Ao atingir a idade adulta, reivindicou seu lugar de direito como rei da Média. Rica em detalhes e repleta de folclore popular e motivos de contos de fadas, essa história foi sem dúvida composta na Média para justificar a conquista dos medos por Ciro e a derrubada do trono de Astíages (aqui retratado como um vilão monstruoso, à feição de outros assassinos de crianças como Zeus, Herodes e o faraó da história bíblica do Êxodo). Como um hábil trabalho de propaganda, a história justificou a *Anschluss* perso-meda.

Outras histórias se originaram em diferentes partes do Irã e projetaram diferentes linhas de propaganda. Em uma delas, o sangue medo de Ciro foi completamente ignorado. Em vez disso, ele seria filho de um pobre ladrão persa chamado Atradates e de sua esposa Argoste, humilde pastora de cabras. Apesar da origem modesta, e graças à boa vontade de um importante eunuco que trabalhava na corte meda, Ciro ascendeu na hierarquia dos criados reais para se tornar um membro do círculo íntimo de Astíages. Destinado a grandes feitos, Ciro destronou Astíages e estabeleceu sua própria dinastia na Média, casando-se com a princesa meda Amitis. Nessa versão, originada, talvez, na própria Pārs, Ciro era um filho da terra persa, nascido em solo persa, um persa legítimo, obstinado e audacioso, e que, por inteligência e ambição, derrubou a tirania dos medos e colocou a Pérsia em seu caminho para o império. Outra história de nascimento, supostamente disseminada como propaganda oficial pela família de Ciro, alegava que, tendo nascido na corte de Astíages, o bebezinho Ciro realmente fora abandonado e deixado para morrer na encosta de uma montanha, mas acabou sendo encontrado por uma cachorra, que dera à luz havia pouco e amamentou amorosamente a criança para salvar sua vida. Afirma-se que essa narrativa de infância, muito parecida com o mito de Rômulo e Remo, atraía os persas por sua qualidade mítica – pois, se havia alguém que merecia uma história de milagre, esse alguém era Ciro.

*

O "Pai dos Persas" foi enterrado com as devidas cerimônias em seu túmulo abobadado em Pasárgada. Seu corpo foi colocado em um canapé de ouro e coberto com uma tapeçaria babilônica. Com o rei foram enterrados uma gaunaca de mangas compridas, vários pares de calças e numerosos mantos coloridos, junto com colares, pulseiras e brincos de pedras semipreciosas incrustadas em ouro, para vesti-lo na próxima vida. Cambises iniciou um culto de veneração a seu falecido pai, um rito supervisionado por sacerdotes que serviam no mausoléu e que, a fim de assegurar que a alma de Ciro fosse honrada, sacrificavam um cavalo branco a cada mês.

Ciro foi um governante extraordinário, um excepcional estrategista militar e um político pragmático. Em apenas duas décadas, levou seu pequeno reino persa à dominação mundial. Territórios geográfica e culturalmente díspares viram-se governados por sua autoridade unificadora. A propaganda amplamente alardeada que enaltecia sua devoção religiosa e sua benevolente habilidade política (em grande medida derivada do cilindro babilônico, da Bíblia Hebraica e dos historiadores gregos), combinada às narrativas heroicas de seu nascimento e ascensão ao poder, ajuda a explicar a preservação de sua reputação como um monarca justo e piedoso. As lendas e tradições que floresceram em torno da figura de Ciro provavelmente silenciaram seu lado mais sombrio e menos atraente. Afinal, as lendas têm o poder de criar suas próprias verdades. Porém, independentemente da maneira como olhamos para elas, as conquistas de Ciro foram e continuam sendo espantosas.

4
O CETRO DO EGITO

Cambises II, filho mais velho de Ciro e único herdeiro de seu império, tem uma péssima reputação. A conhecida história, repetida várias vezes, insiste que, quando comparado a seu pai, augusto e judicioso, Cambises era um déspota enlouquecido, que governava mal e se comportava pior ainda. "Estou convencido", Heródoto escreveu com sarcasmo, "de que Cambises era completamente insano."

Um coquetel de iniquidades pontua a história de Cambises, embora um dos relatos sobre suas muitas incompetências como governante seja especialmente persuasivo. Quando os sacerdotes do oráculo do templo de Amon, no oásis de Siuá (ou Siwa), no extremo oeste do Nilo, criticaram o rei, Cambises decidiu puni-los por sua insubordinação. Enviou 50 mil soldados que marcharam através do deserto do Saara para matar os sacerdotes inoportunos, mas as tropas nunca chegaram ao seu destino. Sete dias após uma árdua marcha, Heródoto explicou, "do sul irrompeu um vento poderoso e mortal, trazendo consigo imensas colunas de areia rodopiante, que encobriram inteiramente as tropas e as fez desaparecer por completo em meio a uma enorme tempestade". Cerca de 2.500 anos depois, entusiastas afirmaram ter localizado o ponto no Saara Ocidental onde o exército de Cambises encontrou seu trágico fim. Há pouca chance de que isso tenha de fato acontecido, já que era bastante improvável despachar 50 mil homens através de um deserto tão temível simplesmente para matar um punhado de prelados tagarelas. A paixão de Heródoto por rumores e histórias fantasiosas está por trás de seu relato do exército perdido de Cambises. Nenhum outro autor antigo fez qualquer referência, nem sequer passageira, ao episódio. Na verdade, Heródoto manipula e distorce as coisas até transformar toda a história de Cambises no Egito em uma fábula moralista que mescla poucos fatos concretos com generosos bocados de ficção. O Cambises da *História* é uma caricatura convincente, porém falsa. Para entendermos melhor o segundo rei persa, é preciso olhar para muito além dos relatos gregos. Quando isso é feito, Cambises surge como um rei bem-sucedido e também um guerreiro bastante capaz. Afinal, foi Cambises quem conquistou o Egito, trazendo para a órbita do Império Persa o país mais rico do mundo, com seu profundo legado de civilização e seu ilimitado suprimento de grãos.

*

Depois que Cambises observou o período indicado de luto pelo pai morto em Pasárgada, ele e sua comitiva retornaram à Babilônia, estabeleceram a corte em Uruk e começaram a planejar uma campanha contra o Egito. O novo rei foi auxiliado por Prexaspes, seu braço direito, e um jovem e talentoso cortesão chamado Dario, filho de Histaspes, o Aquemênida. Aos 22 anos de idade, Dario demonstrava ser um companheiro leal e confiável, tanto que Cambises lhe conferiu a posição privilegiada de *Arshtibara*, "carregador da lança do rei", um dos mais altos cargos da corte.

Em 526 a.e.c., um soldado mercenário grego chamado Fanes de Halicarnasso foi trazido para esse círculo íntimo com o único propósito de transmitir ao rei informações sobre o Egito e seu poderio bélico. Fanes, que por vários anos serviu ao faraó Amósis II[1] antes de cair em desgraça na corte egípcia, esteve com Cambises e o instruiu acerca dos costumes dos egípcios, chamando a atenção para suas eficazes táticas militares e seus muitos pontos fracos. Recomendou que Cambises conduzisse seu exército pelo Egito através do deserto do Sinai. Para tanto, sugeriu que o Grande Rei fizesse um acordo com os chefes da Arábia e pedisse salvo-conduto para suas tropas na travessia do deserto, então sob domínio de tribos árabes. Também aconselhou Cambises a solicitar aos

---

1 Também chamado de Ahmes ou Amásis. [N.T.]

árabes que fornecessem água e comida às tropas persas em sua jornada. Os árabes concordaram de bom grado e, por seus serviços à Coroa persa, daí em diante tornaram-se aliados, mas nunca seus súditos.

A vigésima sexta dinastia do Egito, conhecida como Período Saíta (664 a.e.c.-525 a.e.c.), recebeu o nome da cidade de Sais (Saís ou Sa el-Hagar), no Delta do Nilo, estabelecida como capital egípcia durante essa extraordinária fase da longa e venerável história do Egito, época que testemunhou o renascimento cultural e artístico das artes tradicionais faraônicas, uma verdadeira explosão da cultura egípcia. A glória de Sais estava em seus magníficos templos e santuários; lá, a deusa Neite e o deus Ptá, duas divindades da Antiguidade profunda, eram adorados com luxuosos rituais. Sais era a potência religiosa e política de uma dinastia que floresceu sob o zeloso governo de Amósis II. O esplendor de seus santuários é uma prova do crescimento econômico que o Egito desfrutou nessa época, à medida que o comércio florescia e se firmavam tratados comerciais e pactos políticos com ricos governantes do Mediterrâneo – por exemplo, os reis do Chipre e de Samos.

Após um longo reinado de cerca de 44 anos, Amósis II morreu em 526 a.e.c. Aproveitando o período de luto ritual e a preparação para colocar no trono o filho de Amósis, Psamético III, Cambises acelerou os planos para uma campanha egípcia. Reforçou suas tropas com soldados mercenários vindos da Babilônia e da Ásia Menor e convocou forças navais da Fenícia e da Cária para se juntarem à sua expedição. Era típico dos persas usar esse tipo de sistema de recrutamento; desde o início do império até sua abrupta derrocada, foi o método empregado por todos os Grandes Reis. Soldados, cavalarianos e marinheiros vieram de todas as partes do império, trazendo consigo suas diversas armas e estilos de combate. Eles se juntaram às fileiras do exército de Cambises sob o comando de oficiais persas (contudo, o mais alto comando nem sempre era necessariamente dado a um persa, mas ao melhor estrategista disponível, qualquer que fosse a etnia). A palavra em persa antigo para "exército" ou "força de combate" era *kāra*, termo cujo significado mais genérico seria "pessoas". Na palavra está o reconhecimento de que os diferentes povos do império que lutavam ao lado dos soldados nascidos na Pérsia formavam o núcleo do exército. Independentemente da origem étnica, a soldadesca persa era um todo unificado.

Na primavera de 525 a.e.c., a armada de navios de Cambises se reuniu em Acre,[2] na costa palestina, e seguiu pelo litoral até o Delta do Nilo, ao mesmo tempo que seu exército, auxiliado pelos árabes, marchava pelo deserto do Sinai. As forças terrestres e marítimas se encontraram na cidade fronteiriça egípcia de Pelúsio (ou Pelusa), havia muito tempo considerada a porta de entrada para o Egito. Lá o capitão dos navios egípcios, o muito hábil Udjahorresnet – sem a menor intenção de bloquear o avanço persa –, se rendeu junto com a frota egípcia e desertou para o lado de Cambises. Uma batalha curta e sangrenta em Pelúsio terminou em vitória para os persas. Soldados remanescentes do exército egípcio fugiram para o sul e se refugiaram na cidade de Mênfis, com suas enormes muralhas brancas de defesa. As forças de Cambises seguiram em perseguição, seus navios navegando Nilo abaixo, já que Mênfis só poderia ser efetivamente tomada a partir da água. A cidade caiu quase sem luta, mas muitos egípcios foram massacrados ou feitos prisioneiros de guerra, incluindo Psamético III que, embora inicialmente tratado com respeito por seus captores persas, tentou se rebelar contra Cambises e foi executado. Grande parte das riquezas portáteis de Mênfis foi enviada à Pérsia a fim de reforçar o Tesouro real, e cerca de 6 mil egípcios acabaram deportados para Susa para servir como escravos em trabalhos braçais, administrativos, artísticos e arquitetônicos. A própria Mênfis tornou-se sede de uma guarnição persa e centro administrativo da ocupação no Egito. No verão de 525 a.e.c., todo o Egito, do Delta do Nilo até as cataratas de Assuã (Aswan ou Assuão), estava sob domínio persa. Até mesmo os chefes da Líbia, os gregos de Cirene e as tribos do deserto ocidental submeteram-se a Cambises e lhe enviaram seus tributos.

*

Udjahorresnet, o vira-casaca que ajudou Cambises na submissão do Egito, é uma figura fascinante. Nós o conhecemos a partir de uma simples estátua de basalto verde, que parece incongruente e deslocada no louco esplendor barroco do Museu do Vaticano, onde está exposta. Obra-prima da escultura egípcia do período tardio, é considerada, com

---

2 Cidade também conhecida como Aco, Akkā ou Akko. [N.T.]

razão, o documento histórico mais importante da extensa coleção egípcia do papa. Hoje sem cabeça, Udjahorresnet segura nas mãos um *naos* (sacrário) com a imagem do deus egípcio Osíris. Nas dobras de seu manto estilo toalha de banho estão entalhados seus títulos oficiais, que nos dizem que ele foi nomeado médico-chefe, tesoureiro do rei do Baixo Egito, sacerdote-chefe da deusa Neite e comandante da frota do rei – um conjunto impressionante de credenciais, é preciso admitir, abarcando as necessidades burocráticas, espirituais, médicas e militares da nação. Um texto autobiográfico cobre o restante da estátua e conta que Udjahorresnet era médico pessoal do faraó Amósis e ministro do jovem Psamético III. Era também o responsável pela marinha real e pela salvaguarda da costa mediterrânea do Egito. Em linguagem sucinta, desprovida de floreios, a inscrição da estátua descreve de que maneira

> O Grande Rei de Todas as Terras Estrangeiras, Cambises, veio ao Egito, trazendo consigo os estrangeiros de todos os países estrangeiros. Quando Cambises tomou posse de todo o país, eles se estabeleceram lá, e o persa se tornou o grande soberano do Egito e o Grande Rei de Todas as Terras Estrangeiras. Sua Majestade nomeou-me a mim seu médico-chefe e me fez ficar com ele na qualidade de Acompanhante e Diretor do Palácio.

A julgar pelo retrato que Udjahorresnet faz de Cambises, o rei agia respeitosamente em relação à tradição egípcia; assim, Udjahorresnet apresenta uma imagem da ocupação persa em desacordo com a das fontes gregas. O oficial egípcio considerava Cambises um governante admirável e ambicioso. Embora silencie sobre o assunto, é provável que Udjahorresnet tenha abandonado sua posição na corte do jovem rei Psamético logo no início e desertado para o lado dos persas tão logo reconheceu a inevitabilidade da invasão de Cambises. Udjahorresnet decidiu mudar de lado porque entendeu claramente que o futuro do Egito (e sua própria posição) estaria nas mãos dos persas. Foi o primeiro e mais influente egípcio a colaborar com os persas em sua conquista do Egito. Seu papel na transmissão de segredos militares egípcios e sua destreza em mostrar aos persas como contornar os obstáculos à invasão lhe renderam recompensas significativas.

Como podemos entender as ações de Udjahorresnet? O que o levou a colaborar com os persas? Em grande medida, a resposta depende de como se escolhe definir "colaboração". O escritor Primo Levi, sobrevivente do Holocausto, escreveu sobre uma "zona cinzenta" na qual ocorre a colaboração, o que significa que existem diferentes graus e variedades de colaboracionismo, que podem variar do entusiástico apoio "de corpo e alma" ao inimigo – convicção e crença nas mesmas ideologias e objetivos do inimigo, um encontro de mentes, por assim dizer – até a submissão completa. A submissão reconhece de forma total e sem reservas a superioridade política e militar do inimigo. Adotando um ponto de vista tolerante, pode-se argumentar que Udjahorresnet queria proteger o Egito e evitar desastres. Talvez considerasse a si mesmo como um "colaborador-escudo". Dessa maneira, manteve o controle dos assuntos egípcios em nome do "bem maior" de seu país. Por outro lado, é possível que ele tenha feito um jogo duplo, uma espécie de colaboração manipuladora e tática com Cambises. Ofereceu aos persas as informações sigilosas de que precisavam e o apoio que desejavam, em troca de ascensão dentro do governo inimigo. Em sua autobiografia, Udjahorresnet se apresenta como um salvador. Ele protege os egípcios do caos da guerra e afirma: "Protegi os habitantes dos enormes problemas que se abateram sobre todo o país e que ainda não existiam nesta terra, e defendi os mansos contra os poderosos; eu salvei os que tinham medo".

Em agradecimento pelos serviços prestados à Coroa persa, Cambises recompensou Udjahorresnet com uma profusão de prêmios, honrarias e presentes. O egípcio foi rápido para enfatizar que contava com o favor e as boas graças do novo governante estrangeiro: "Fui honrado por todos os meus senhores por toda a minha vida. Deram-me ornamentos de ouro e todo tipo de coisas úteis". Um exame minucioso de sua estátua revela que Udjahorresnet usava pulseiras douradas de estilo persa, sua orgulhosa recompensa por uma vida de colaboracionismo ostensivamente extravagante. Por muitos anos, Udjahorresnet manteve sua posição como adido egípcio do Grande Rei persa, e, sem dúvida, quando morreu era um homem riquíssimo. Se foi amado ou odiado por seus compatriotas é impossível dizer.

*

Em agosto de 525 a.e.c., Cambises foi coroado faraó do Egito em uma esplêndida cerimônia realizada em Sais. No templo da deusa Neite, recebeu a *pschent*, a coroa dupla do Egito, uma combinação da coroa branca do Alto Egito (a *hedjet*) e da coroa vermelha do Baixo Egito (a *deshret*). A dupla coroa o distinguiu com o título de "Senhor das Duas Terras" ("Rei do Alto e Baixo Egito"). Na condição de encarnação viva do deus Hórus e fundador de uma nova dinastia, Cambises foi homenageado com nomes de estilo faraônico, elaborados para ele por ninguém menos que Udjahorresnet. Ele era Meswty-Re, "o Hórus que une as Duas Terras, nascido de Rá,[3] Cambises, que ele viva!". É Udjahorresnet quem fornece os detalhes do que Cambises fez em seguida, porém sem nunca deixar de inserir a si mesmo na narrativa:

> Cambises, o rei do Alto e Baixo Egito, veio a Sais. Sua Majestade veio pessoalmente ao templo de Neite. Como todos os reis antes dele, Cambises prostrou-se diante de Sua Majestade, Neite. Como todos os bons reis, ele fez um grande sacrifício de todas as coisas boas para a grande Neite, mãe do deus, e para todos os grandes deuses de Sais. Sua Majestade fez isso porque eu havia informado Sua Majestade sobre a grandeza da majestosa deusa, que é a mãe do próprio Rá.

Daí em diante, em suas representações em relevo, Cambises se mostrou em trajes egípcios, oferecendo presentes e oferendas aos muitos deuses do Egito. Chegou a atribuir a si mesmo uma nova ascendência – uma linhagem egípcia. Embora ele fosse indubitavelmente filho de Ciro, divulgou-se por todo o Egito que sua mãe não era a nobre meda Cassandana, mas uma princesa egípcia chamada Nitétis, filha do faraó Apriés, que havia reinado antes de Amósis II, agora retratado como usurpador e traidor. Parece que a maioria dos egípcios estava disposta a acreditar na história de que Cambises era o rei legítimo do Egito e não um conquistador estrangeiro. Até mesmo Heródoto teve de admitir que "os egípcios consideram Cambises como um dos seus".

---

3 Deus Sol, também conhecido como "Pai dos deuses" e "Pai dos homens". [N.T.]

É evidente que Cambises, tal qual seu pai Ciro antes dele na Babilônia, atraiu a população local por meio do uso da pompa, cerimonial religioso e propaganda ostensiva. Assim como seu pai, Cambises permitiu aos egípcios a liberdade de culto, a prática do comércio e do escambo, e a possibilidade de trabalhar sem impedimentos ou assédio. Documentos legais e administrativos egípcios atestam o fato de que, após a invasão, a vida dos habitantes locais rapidamente voltou ao normal e o domínio persa não alterou de maneira significativa os ritmos do dia a dia. Houve alguns incidentes de persas saqueando santuários religiosos egípcios, mas Cambises agiu sem demora para controlá-los e detê-los e sempre compensou os danos causados aos templos.

Satisfeito com os arranjos do Egito, Cambises decidiu fazer campanha rumo ao sul, além de Assuã, a cidade tradicionalmente considerada fronteira do Egito. Decidiu invadir a Núbia – a atual Etiópia,[4] ou Cuxe (Kush), como era conhecida pelos persas –, lugar historicamente explorado pelos colonizadores egípcios por causa de suas ricas reservas de ouro (*nebu*, em egípcio). A caminho do sul, Cambises visitou o templo do deus de cabeça de carneiro Khnum (ou Quenúbis) na ilha fortificada de Elefantina, às margens do Nilo, e recrutou para as fileiras do exército muitos judeus e outros colonos semitas. Com esses bem-vindos reforços, Cambises marchou para Cuxe e rapidamente conquistou os territórios do norte, que se estendiam ao longo da fronteira do Egito, além da Primeira Catarata do Nilo. Em seguida penetrou ainda mais no território, deslocando-se em direção à Segunda Catarata e além. Indícios sugerem que os persas avançaram bastante nas profundezas do interior: vários autores romanos postularam que os moradores locais ainda falavam de um lugar chamado "Armazém de Cambises" nas imediações da Terceira Catarata. De fato, é possível que Cambises tenha chegado a esse ponto no Nilo, mas é bastante improvável que tenha avançado ao sul de Méroe (ou Meroé), a lendária capital do Reino de Napata e, segundo Heródoto, "a cidade-mãe de toda a Etiópia". Infelizmente, não há evidências para corroborar a lenda romana de que Cambises deu a Méroe esse nome em homenagem a uma de suas irmãs.

---

4   A depender da referência utilizada, alguns especialistas preferem se referir à região de Kush/Núbia como atual Sudão. [N.T.]

Antes de retornar a Mênfis, Cambises residiu na Etiópia tempo suficiente para que a região se adaptasse aos ritmos do domínio persa. Na sua ausência, houve vários distúrbios contra a ocupação persa, rebeliões sufocadas com eficiência pelas autoridades, agindo sob instruções de Udjahorresnet. Autores clássicos são unânimes em insistir que o período após o retorno de Cambises da Etiópia foi o momento em que seu reinado descambou para uma orgia de violência desenfreada. O rei, dizia-se, profanou o cadáver de um faraó anterior, despindo-o de suas bandagens de mumificação e expondo à luz sua carne e órgãos putrefatos; zombou de deuses, rituais e cerimônias sagradas egípcios, mandou espancar sacerdotes e saqueou templos. De acordo com uma das histórias, acertou uma flechada no coração de um menino utilizado como alvo em sua prática de tiro ao alvo; em outro relato, matou a pontapés sua esposa grávida. Talvez haja fragmentos de verdade à espreita aqui e ali no pano de fundo dessas histórias, mas é impossível ter certeza. Seria errado pensar em Cambises como algo menos que um autocrata. Quando comparado ao pai, talvez tivesse uma tendência a se aproximar da selvageria. Certamente, na tradição persa posterior, foi considerado autoritário. Mas grande parte das críticas não passava de calúnia, o que é confirmado pela história do touro Ápis.

Entre as inúmeras divindades adoradas nos templos de Mênfis, o deus criador Ptá ocupava o lugar de honra. Acreditava-se que Ptá se manifestava em uma forma bovina viva, uma manifestação terrena visível de sua presença que impunha máximo respeito religioso e sociopolítico. O touro Ápis era venerado como um avatar de Ptá e, após sua morte natural, foi assimilado ao deus do submundo, Osíris, como Ápis-Osíris. Então teve início uma busca para encontrar um novo deus-touro, que era identificado por marcações específicas em seu flanco. Uma vez encontrado, o novo touro Ápis foi instalado em um belo cercado e recebeu um harém de novilhas para acasalar. A partir daí até sua morte, o animal viveu uma vida de luxo e foi adorado como a encarnação de Ptá. De acordo com Heródoto, Cambises estava tão enlouquecido que, num acesso de fúria, esfaqueou o animal sagrado até a morte, causando pânico generalizado em todo o Egito.

Fontes egípcias dão uma perspectiva distinta e demonstram como Cambises tratou o touro Ápis com grande respeito, como seria de esperar de um faraó. Um relevo de calcário encontrado em Saqqara[5] revela que Cambises adotou as prerrogativas dos antigos reis egípcios durante os preparativos para o enterro de um touro Ápis que morrera na primavera de 525 a.e.c., um ano após a conquista persa. Em teoria, o sepultamento do touro somente poderia ser concluído com a presença do legítimo rei, e assim sabemos que Cambises compareceu ao enterro em novembro de 524 a.e.c. e à cerimônia de instalação do touro divino que o sucedeu logo depois, muito provavelmente no início de 523 a.e.c. Parece que Cambises se comportou de forma impecável quanto a honrar os antigos ritos do Egito e, a esse respeito, norteou-se pelo estilo de governo de seu pai. Não havia indícios de agitação entre os egípcios quando, no início de 522 a.e.c., após três anos no Egito, Cambises decidiu retornar à Pérsia.

*

Foi o pragmatismo que tirou Cambises do Egito. Rumores de traição chegavam da Pérsia havia alguns meses, e é *possível* (embora não haja confirmação) que Cambises tenha instruído seu companheiro Dario, filho de Histaspes, a viajar de volta à Pérsia a fim de extirpar de uma vez por todas a causa de todo o alarmismo. Parece que o irmão mais novo do rei, Bardiya, que se mostrara um governante capaz e eficaz nas satrapias da Ásia Central, havia retornado à Pérsia, aparentemente para reprimir algumas insurreições pouco expressivas que eclodiram devido à prolongada ausência de Cambises. Bardiya fizera um bom trabalho ao restaurar a ordem na Pérsia e reconfirmar o domínio de sua família sobre as terras dinásticas. De fato, parece que ele rapidamente granjeou enorme popularidade entre os cãs persas e também em meio à população. Seus admiradores defenderam ativamente seu direito de ser rei. E por que não? Bardiya era um homem impressionante, talhado para a realeza. Era alto, bonito e atlético – o único homem em toda a Pérsia, dizia-se, capaz de retesar o enorme arco etíope. Suas proezas físicas lhe renderam um apelido apropriado: *Tanyoxarkes*, "corpo forte". É possível que Bardiya tenha sido defendido por membros de sua família, incluindo sua irmã,

---

[5] Também grafada Sacará, Sacara ou Sakara. [N.T.]

Atossa, que era casada com Cambises. Talvez ela tenha visto no irmão mais novo um candidato mais digno ao trono persa.

Em meio a abundantes relatos de traição e usurpação, Cambises partiu do Egito à frente do núcleo de seu exército. Viajaram pela chamada "Rodovia do Rei", que abraçava a costa do Levante. Enquanto isso, em 11 de março de 522 a.e.c., Bardiya subiu ao trono e se autoproclamou rei. Em abril, como comprovam os documentos cuneiformes da Babilônia, os súditos da Mesopotâmia reconheceram sua legitimidade. A notícia deve ter alcançado rapidamente Cambises, que chegou à Síria mais ou menos ao mesmo tempo. O império prendeu a respiração. O que aconteceria? A eclosão de uma guerra civil? O império se dividiria? Os gigantescos esforços de Ciro teriam sido em vão?

De súbito, a delicada e perigosa questão foi resolvida. Durante sua estadia na Síria, certa manhã, ao montar às pressas seu cavalo, ávido para voltar para casa e reprimir as ambições de seu irmão, Cambises acidentalmente esfaqueou sua própria coxa com um punhal que pendia de seu cinto. O corte foi profundo, quase até o osso, mas o ferimento foi habilmente tratado por um de seus médicos egípcios. O rei se sentiu confortável o suficiente para cavalgar em direção à Pérsia. Alguns dias depois, porém, quando Cambises chegou a Alepo, o ferimento havia gangrenado, e, por causa da hemorragia na perna, o tecido do corpo se tornou rançoso; a putrefação não tardou a se instalar. Uma semana depois, convulsionado pela febre e afogado em suor, Cambises II morreu.

*

Cambises nunca foi um herói para seu povo, mas também não era o louco evocado por seus detratores – sobretudo Heródoto. No entanto, ele não apenas manteve unido o império de seu pai, como também aumentou de maneira substancial suas dimensões ao conquistar o rico e fértil Egito. Se não tivesse ocupado o trono entre os dois gigantes da história persa – Ciro, o Grande, e Dario, o Grande –, hoje Cambises talvez fosse lembrado por desempenhar um papel significativo na história da Pérsia. Ainda assim, pelo menos sua reputação foi salva graças ao acesso a fontes egípcias que revelam que ele foi um governante realmente valoroso.

5
A VERDADE E A MENTIRA

Cambises II morreu sem deixar herdeiros. Pela primeira vez em três décadas de construção do império, os persas enfrentaram o enigma do que deveria acontecer após a morte de um rei sem filhos. A solução já havia aparecido na forma do irmão do rei, Bardiya, que (ainda que de forma um pouco precoce) assumiu as rédeas do governo como o único sucessor legítimo do trono da Pérsia. Foi um movimento incontestável, e documentos babilônicos provam que, no que diz respeito aos mesopotâmios, Bardiya sucedeu Cambises de maneira pacífica e legítima. Em todo o império houve aquiescência geral a essa solução pragmática, e Bardiya passou pelos rituais de investidura régia em Pasárgada. Desposou Atossa, a irmã-viúva de Cambises e sua própria irmã, como marca de sua hereditariedade. Em seguida, mudou a corte para o norte, para Ecbátana, a fim de passar o quente verão no frescor das montanhas.

Até então, tendo desfrutado de popularidade e conquistado elogios da população, Bardiya fez seu primeiro movimento tolo quando, (sem dúvida) numa tentativa de imprimir sua autoridade sobre as tribos persas, deu início ao confisco de pastagens, rebanhos e propriedades dos clãs. Era uma manobra para limitar o poder dos líderes tribais. Essa havia sido a malograda política implementada por Astíages da Média cerca de cinquenta anos antes, que resultara na sua impopularidade entre os chefes de clãs medos, descontentes a ponto de se enfurecer. As consequências para Bardiya foram muito mais catastróficas.

O exército que havia acompanhado Cambises ao Egito retornara à Pérsia. Mas as tropas estavam sem liderança, totalmente desmobilizadas, sem missões a cumprir, e, portanto, inquietas. Acompanhava os soldados a nobreza persa, endurecida pelos combates, e cuja sede de sangue não mostrava sinais de arrefecer – depois de trinta anos de lutas, os nobres ainda se contorciam de ansiedade, sedentos por mais ação. Sua lealdade para com a Coroa foi severamente posta à prova por causa da humilhante atitude de Bardiya contra os privilégios ancestrais das famílias aristocratas, que, em consequência, canalizaram contra ele, em uníssono, sua indignação. Conspirando uns com os outros, buscaram maneiras de derrubar o governo e apoiar um cã diferente para assumir o trono da Pérsia.

Durante os reinados de Ciro e Cambises, a estrutura tribal da sociedade persa não havia perdido a mais ínfima porção de sua potência, e os cãs mantinham-se poderosos como sempre. Ao longo de muitas gerações, suas famílias se casaram entre si e, por meio da endogamia, compartilharam sangue comum através de netos, sobrinhas, sobrinhos e primos. Até mesmo os casamentos interfamiliares eram vistos como vantajosos, em especial as tradicionais uniões tio-sobrinha, prática corriqueira em todas as tribos. Esses casamentos eram questões políticas e uniam as tribos em uma rica estrutura de vínculos de DNA misturado. Tendo ascendido à posição suprema de monarca, tanto Ciro quanto Cambises dependiam do apoio de tribos no sudoeste da Pérsia e, em troca de lealdade, os reis os recompensavam da maneira apropriada, com alianças por meio de casamentos entre seus descendentes. Eram uniões formais lucrativas que rendiam aos chefes tribais uma série de privilégios econômicos, incluindo a aquisição de propriedades e feudos. O próprio Bardiya foi um participante voluntário nesse processo quando contraiu núpcias com Fedímia, a filha do nobre Otanes. Era o segundo casamento da menina na casa real. Ela já havia sido casada com Cambises II, em uma união arranjada por Ciro e Otanes, dois velhos companheiros de montaria que viam apenas vantagens na ideia de celebrar o matrimônio entre seus filhos. Otanes era o mais respeitado de todos os cãs e tinha precedência sobre seus pares. Dono de muito prestígio, exercia maior influência sobre a família regente do que qualquer outro líder tribal. Servira muito bem a casa de Ciro, e de forma muito lucrativa para si. Com a morte de Cambises, Otanes cuidou para que a viúva Fedímia se tornasse consorte do novo rei, seu ex-cunhado, de modo que o vínculo de fidelidade que havia sido estabelecido entre Otanes e Ciro permanecesse ativo. Apesar disso, quando Bardiya começou o processo de diminuição da autoridade tribal, os cãs se uniram para alijá-lo do trono. Foi o próprio Otanes, o sogro do novo rei, quem tomou a iniciativa de derrubar Bardiya.

Otanes reuniu em torno dele seis outros nobres que partilhavam das mesmas ideias. Todos pretendiam conspirar para se livrar de Bardiya. Entre os aliciados estavam Intafernes, cortesão influente e general de sucesso; Hidarnes e seu amigo Aspatino (ou Aspathines); e Megabizo, o Velho. De especial importância para o grupo era Góbrias, bom amigo de Ciro e governador de longa data da Babilônia. Com a notícia da ascensão de Bardiya, ele voltou para a Pérsia a fim de avaliar os desdobramentos da situação na pátria. Arregimentou mais um homem para o círculo íntimo de conspiradores: Dario, filho de Histaspes.

Dario estava então com vinte e poucos anos. Já havia dado mostras de ser um soldado capaz e um cortesão talentoso. Foi um dos primeiros auxiliares de Cambises a saber sobre a rebelião de Bardiya, e é provável que, de todos os membros da corte, ninguém conhecesse mais detalhes da usurpação e ascensão de Bardiya do que Dario. Ele também era próximo de Góbrias. Na verdade, era genro de Góbrias, tendo se casado com uma das filhas do velho cã, e agora Góbrias era avô dos três filhos saudáveis de Dario. O casamento de Dario com a filha de Góbrias não foi uma união por amor, mas o resultado de cuidadosas negociações econômicas entre Góbrias e seu colega Histaspes, pai de Dario. Histaspes consolidou ainda mais a união entre as duas tribos quando deu a Góbrias como esposa uma de suas filhas, Radushdukya, o que fez dele simultaneamente sogro e cunhado de Dario.

A princípio, Dario não era o mais influente dos conspiradores, e certamente não era o membro da Gangue dos Sete a ocupar a mais alta posição hierárquica. Ele nem sequer era o líder de sua própria tribo – tanto seu pai, Histaspes (que então era o sátrapa da Pártia), quanto seu avô, Arsames, estavam vivos e chefiavam o clã Aquemênida. É certo, no entanto, que os dois haviam promovido e apoiado incessantemente a carreira de Dario ao lado tanto de Ciro (Dario tinha sido seu porta--aljava) como de Cambises (Dario fora o lanceiro do rei). Portanto, não se pode afirmar que Dario foi um homem que venceu na vida por mérito próprio; ele se beneficiou das ambições nepotistas dos anciãos de sua família e, posteriormente, também de Góbrias. Juntos, deram a Dario um invejável senso de confiança e um gosto ilimitado pela ambição pessoal que, quando somados a seu carisma pessoal, devem ter ensejado uma combinação fascinante. Isso decerto fez de Dario um líder natural, pois era inegável o poder de atração que exercia sobre os demais. Não é de admirar, então, que, tão logo passou a integrar a Gangue dos Sete, Dario assumiu as rédeas do grupo. Ele se mostraria um estrategista implacável.

Juntos, os Sete desencadearam uma revolução que teria um drástico impacto na história dinástica da Pérsia, e seria também um ponto de inflexão na história mundial. Em setembro de 522 a.e.c., a Gangue dos Sete e suas forças tribais chegaram a Ecbátana, esperando encontrar Bardiya. No entanto, o rei, toda a corte e grande parte do exército haviam começado a se deslocar para o sul, em direção a Isfahan (ou Isfahã), no centro do Irã, a fim de se estabelecer em climas mais quentes; porém, em 29 de setembro, as tropas dos Sete encontraram as forças de Bardiya e teve início um confronto nas imediações de uma fortaleza chamada Sikayauvatish, na Média. Os Sete saíram vitoriosos, embora o rei não tenha sido encontrado no campo de batalha – circularam rumores de que estava no interior da fortaleza. Os Sete abriram caminho até Sikayauvatish, subjugaram os poucos guarda-costas designados para cuidar do rei, e rapidamente invadiram os aposentos reais no coração do complexo fortificado. Lá encontraram Bagapates, o mordomo-chefe e eunuco do rei, que era o guardião das chaves, e que de imediato se aliou aos conspiradores (armados e triunfantes). Mais tarde, Ctésias de Cnido registrou o que aconteceu: "Com a ajuda de Bagapates, os Sete entraram no palácio e encontraram o rei na cama com uma concubina babilônica. Ao avistá-los, o rei deu um salto. Como não achou nenhuma de suas armas, despedaçou uma cadeira dourada e lutou usando uma das pernas do móvel". Apesar do heroísmo, Bardiya foi rapidamente derrotado em meio a uma saraivada de golpes dos Sete. Diante do último filho de Ciro prostrado e sem vida no chão, todos os olhos se voltaram, cheios de expectativa, para Dario. Uma pergunta pairava no ar: quem deveria ser o rei agora?

A Gangue dos Sete se unira com o único propósito de eliminar Bardiya. Existia entre eles um profundo sentimento de solidariedade.

Portanto, é impossível que a questão da sucessão nunca tenha vindo à tona. Provavelmente já havia sido definida, porque, após a morte de Cambises, foi Dario sozinho quem conseguiu manter e controlar certos contingentes do exército persa e medo que lutaram no Egito. Desde o início, Dario planejava um golpe violento, e foi ele quem herdou o trono.

Em sua obra *Persica*, Ctésias registrou uma recordação persa do que aconteceu em seguida: "Dos Sete, foi Dario quem se tornou rei porque – de acordo com o que concordaram entre si – seu cavalo foi o primeiro a relinchar assim que o sol nasceu". Essa curiosa afirmação sugere que a ascensão de Dario ao trono foi confirmada por via sobrenatural, por meio dos rituais de hipomancia, ou seja, a arte de fazer adivinhações pelos relinchos, movimentos e comportamento dos cavalos. Afinal, os persas julgavam que os cavalos eram dotados de habilidades mágicas extraordinárias, e os sacerdotes persas acreditavam que os cavalos eram capazes de ver os espíritos dos ancestrais mortos e se comunicar com eles. Por essas razões, os cavalos passaram a desempenhar um importante papel em certas formas de ritual religioso. Ctésias observou, no entanto, que, no caso de Dario, empregou-se algum tipo de "engodo ou truque" para ludibriar os sacerdotes e os Sete para que aceitassem a proeminência de Dario. Heródoto também registrou que Dario subiu ao trono de maneira fraudulenta, fazendo uso ardiloso dos rituais do cavalo. Supostamente, quando os Sete se reuniram ao alvorecer no arrabalde combinado, montados a cavalo para ver o sol raiar no horizonte e ouvir o primeiro relincho, o escudeiro de Dario instigou o garanhão de Dario a relinchar ao deixar que sentisse o cheiro de sua mão, com a qual na noite anterior esfregara a vulva de uma égua no cio. O relincho do cavalo foi acompanhado por relâmpagos e trovoadas. Os outros nobres foram rapidamente levados a aceitar que Dario era então o rei de fato e gozava de nada menos que a autorização superior do céu.

*

O relato do próprio Dario sobre esses eventos está esculpido em uma face de rocha, no alto da montanha de Behistun. O penhasco no qual está localizada situa-se no sopé da cordilheira de Zagros, na região de Kermanshah (ou Quermanxá), no Irã, cerca de cem quilômetros a oeste de Hamadã, na antiga rota das caravanas em direção à Babilônia. Dario conhecia a rocha escarpada como *Bagastana*, que significa "o lugar dos deuses", pois era um local sagrado, com um jardim elegante e uma lagoa ainda hoje apreciados pelas inúmeras famílias iranianas que visitam o local como turistas. Entalhada na face da montanha, a idiossincrática versão que Dario oferece dos eventos que o levaram ao trono da Pérsia está situada a mais de sessenta metros de altura. Foi uma medida para evitar que vândalos ou dissidentes lhe causassem danos. A inscrição no penhasco (todas as 1.200 linhas) está escrita em três idiomas cuneiformes – persa antigo, acádio e elamita – e foi esculpida com cinzéis na rocha alisada. Enumera muitos triunfos de Dario e consagra aos deuses suas vitórias. A inscrição é a própria *ipsissima verba* de Dario, tanto que cada seção do texto começa da mesma forma: "Assim diz Dario, o rei...".

O relato de Dario na Inscrição de Behistun sobre sua ascensão é uma magistral compilação de notícias falsas, uma saborosa mistura de inverdades, manipulação e pura bravata. Dario, o Grande, foi o propagandista mais confiante, ousado e bem-sucedido da Antiguidade. Absolutamente cínico, parece ter acreditado apenas na autojustificação e preservação de seu próprio poder. Se, como muitas vezes se afirma, a propaganda é de fato a arte da persuasão, então é necessário dar a Dario o crédito por ser um mestre do ofício.

De acordo com a versão de Dario, mesmo antes de partir em sua campanha egípcia, Cambises sabia da ambição de seu irmão mais novo pelo trono e mandou executar Bardiya, embora o assassinato do príncipe tenha sido mantido em segredo. Dario insistiu: "Quando Cambises matou Bardiya, o povo não soube da morte de Bardiya. Então Cambises foi para o Egito e o povo se tornou hostil, e a mentira se multiplicou na terra, até mesmo na Pérsia e na Média e nas outras províncias".

No entendimento de Dario, a "Mentira" (em persa antigo, *Drauga*) estava diretamente ligada à noção de revolta contra o poder estabelecido e legítimo, e ele a identificava como sinal de rebeldia e impiedade. Ser um mentiroso era ser um traidor e um herege. *Drauga* era o oposto de *Arta* ou "Verdade", poderoso conceito teológico que significava ordem, justiça, estabilidade e lealdade. Ser verdadeiro era ser leal à Coroa e fiel a Deus. No mundo binário do pensamento teológico persa, *Drauga* e *Arta* eram opostos em todos os aspectos. A Mentira era implicitamente o oposto da Verdade, e tanto a Verdade quanto a Mentira estavam interligadas em um nexo de lutas de poder cósmico. Ambos os termos pertenciam igualmente aos domínios político e religioso, que na mentalidade persa eram inseparáveis. Apesar das muitas inverdades que permeiam a Inscrição de Behistun, Dario sempre se apresenta como um homem que não mente e nunca mentiu. Ele próprio afirma: "Por isso Aúra-Masda deu-me auxílio, e todos os outros deuses que existem: porque não fui perverso, tampouco mentiroso".

Se Dario não "mentia", certamente disseminou uma elaborada série de fatos alternativos. Sua inscrição está repleta de idiossincrasias, discrepâncias e ambiguidades nos pontos mais cruciais da narrativa. Insistiu que, enquanto Cambises estava longe da Pérsia, conquistando o Egito, um certo homem, um mago (membro da classe sacerdotal persa) chamado Gaumata, encabeçou uma rebelião na fronteira entre Elam e a Pérsia e começou a se chamar Bardiya e a se disfarçar como o irmão (morto) do rei. De maneira espantosa, o perverso Gaumata era o *doppelgänger* do príncipe morto, e tão hábil em se passar por Bardiya que facilmente amealhou seguidores e partidários devotados. Qualquer um que questionasse sua identidade era rapidamente denunciado. Pouco depois, por ocasião da morte de Cambises, o pretendente usurpou o trono real. Nas palavras de Dario:

> Não houve homem, nem persa, nem medo, tampouco de nossa própria família, capaz de tomar o reino de Gaumata, o Mago. As pessoas o temiam sobremaneira, pois ele matou muitos que haviam conhecido o verdadeiro Bardiya. Esta é a razão pela qual ele os matou: "Para que não saibam que eu não sou Bardiya, o filho de Ciro". Não havia ninguém que ousasse agir contra Gaumata, o Mago, até que eu viesse. Então orei a Aúra-Masda; Aúra-Masda concedeu-me ajuda. No décimo dia do mês de Bâgayâdish [29 de setembro], eu, com alguns homens, matei aquele Gaumata, o Mago, e os principais homens que eram seus seguidores. Na fortaleza chamada Sikayauvatish, no distrito chamado Niseia na Média, eu o matei; eu o expropriei do reino.

De acordo com Dario, foi Dario, e somente Dario, o vitorioso. Foi Dario quem teve a coragem de esmagar o falsário Gaumata, um perverso seguidor da Mentira que aterrorizou os persas e os manteve subservientes. Ao elaborar sua versão dos eventos, deliberadamente suprimiu os nomes dos seis nobres conspiradores que atuaram ao seu lado, referindo-se a eles apenas como "alguns homens", de modo a minar o papel decisivo que desempenharam no golpe de Estado contra o verdadeiro Bardiya.

Toda a história em torno do impostor Gaumata parece falsa. O assassinato clandestino de Bardiya pelas mãos de seu irmão Cambises – fato conhecido apenas por Dario – não passou de um artifício, sobretudo quando sabemos que se deu no âmbito do contraditório contexto de que as pessoas *sabiam* sobre o embusteiro, mas estavam com muito medo de denunciá-lo. O relato de Dario a respeito da eliminação de Gaumata, dada a enormidade do evento, é curiosamente breve e tão superficial que chega a ser intrigante. Ele manteve os detalhes do episódio envoltos em um véu de segredo, enfatizando seu próprio papel como salvador da Pérsia. A identidade de seu adversário, no entanto, não estava aberta ao escrutínio, fato que significa somente uma coisa: não existiu Gaumata nenhum. O homem que Dario matou era Bardiya, filho de Ciro, irmão de Cambises e rei legítimo da Pérsia. O tempo todo, o verdadeiro traidor, o seguidor da Mentira, era o próprio Dario.

Para refutar a verdade de que Dario era um usurpador e um assassino, outros fatos alternativos foram adicionados à narrativa de Behistun, na forma de uma genealogia em que Dario entusiasticamente alardeou o direito divino de sua família de reger. Ao fazer isso, reafirmou sua própria legitimação como rei da Pérsia:

> Diz Dario, o rei: meu pai era Histaspes; o pai de Histaspes era Arsames; o pai de Arsames era Ariarâmenes [ou Ariaramnes]; o pai de Ariarâmenes era Teíspes; o pai de Teíspes foi Aquêmenes. Diz Dario, o rei: com base nessa linhagem é que somos chamados de Aquemênidas; desde as profundezas mais remotas do passado somos nobres; desde as profundezas do passado nossa família tem sido de reis. Diz Dario, o rei: antes de mim, oito da minha dinastia foram reis; eu sou o nono. Nove de nós, reis em sucessão.

Dario permanece vago quanto aos detalhes de sua reivindicação ao trono. Nessa genealogia, o único membro a ter sido um rei persa era Teíspes, cujo nome aparece na ascendência de Ciro, o Grande, como o primeiro rei de Anshan. De acordo com Dario, Teíspes era filho de Aquêmenes. De maneira significativa, Ciro não fez referência a Aquêmenes em sua própria lista de ancestrais reais, e fica claro que estava tentando forjar falsos laços de parentesco entre sua própria família e a linhagem de Ciro. No entanto, levando-se em conta a ênfase numa descendência direta da família real reconhecidamente legítima, ele negligenciou o nome de *qualquer um* de seus ancestrais reais. Na melhor das hipóteses, é *possível* que Dario pudesse ter sido membro de um extenso clã aquemênida que compartilhava algum sangue com a dinastia de Ciro, mas, se fosse essa a verdade, então a conexão entre a família de Dario e a linhagem de Ciro era muito distante, e a reivindicação de Dario sobre a realeza, extremamente espúria.

*

Em sua tentativa de assumir o poder, Dario se casou com todas as mulheres reais disponíveis da linhagem de Ciro, o Grande, e as incorporou a seu harém, que já continha mulheres do alto escalão, a exemplo da filha (não nomeada) de Góbrias, bem como Fedímia, filha de Otanes, e Fratagunes, filha de Artanes (ou Artane). Celebraram-se novos e importantes casamentos com Atossa, filha de Ciro e esposa-irmã de Cambises e de Bardiya, e também com a irmã dela, Artistone (outra das filhas de Ciro), e com Pármis, a jovem filha de Bardiya (e, portanto, uma neta de Ciro, o Grande). Cada uma dessas uniões ajudou a garantir a legitimação de Dario como rei da Pérsia. Ao se casar com as mulheres de seus antecessores, ele evitou quaisquer potenciais dificuldades que poderiam surgir se elas se casassem fora de seu clã e tivessem filhos que, por serem descendentes de Ciro, teriam um melhor argumento para reivindicar o trono do que o próprio Dario. De que maneira as mulheres da dinastia de Ciro viam a usurpação do poder de Dario – ou mesmo se iam de bom grado para a cama dele – é impossível saber, mas é difícil imaginar que uma mulher como Atossa, cuja perspicácia política era tão aguçada, poderia ter sido engambelada pela história de Gaumata. Sendo a irmã-esposa de Bardiya, ela devia ter conhecimento sobre os eventos concretos que cercaram o assassinato dele. Então, por que se casou com Dario? Por medo? Isso é duvidoso. Deve ter ficado claro para Atossa e suas parentes do sexo feminino que a linhagem de sua família e sua própria fecundidade potencial faziam delas agentes políticos-chave em um mundo no qual as mulheres não tinham poder direto. Ao aliar-se a Dario, as mulheres reais poderiam exercer alguma influência na corte, mantendo a continuidade do sangue de Ciro e da dinastia dos teíspidas de Anshan. Por causa da fecundidade, as mulheres se tornavam poderosas; seu útero era moeda de troca dinástica.

Se havia oponentes dispostos a desafiar a factualidade da ascendência de Dario ou o processo pelo qual ele derrubou o impostor "Gaumata", foram rapidamente silenciados quando ele jogou seu trunfo – o fervor religioso. "Pela graça de Aúra-Masda tornei-me rei", professava, "Aúra-Masda concedeu-me o reino". As vitórias de Dario, ele enfatizou inúmeras vezes, eram resultado de sua relação com o mais formidável deus da Pérsia, pois Aúra-Masda o havia escolhido para ser rei. Com deus a seu lado, Dario teve a valorosa bravura e a aptidão para limpar a Pérsia do caos da Mentira que, sob Cambises e Bardiya, infestou o império como uma praga, e era graças à proteção de Aúra-Masda que os Aquemênidas agora ascendiam como a legítima casa governante.

Uma pergunta aguarda resposta. Além de Bardiya, Dario também matou Cambises II? Já se levantou a hipótese de que, no Egito, Cambises fora envenenado – talvez por sacerdotes descontentes ou fanáticos nacionalistas egípcios –, que o veneno funcionou devagar e o rei sofreu imensamente, mas não morreu. Quando a notícia da doença de Cambises chegou à Pérsia, Bardiya aproveitou a chance para tomar o trono e, ao ouvir a notícia, Cambises, por sua vez, voltou rapidamente para casa. No caminho, na Síria, Cambises foi envenenado mais uma vez. Como já se comentou aqui, a história oficial conta que ele cortou a coxa com uma adaga, mas havia a sugestão de que a lâmina havia sido esfregada com um veneno fatal, administrado por ninguém menos que Dario, o próprio lanceiro de Cambises. Claro, é impossível provar, mas na Inscrição de Behistun consta uma linha que causa perplexidade. Dario conta que Cambises "morreu sua própria morte", uma expressão estranha, para dizer o mínimo, e que pode ser interpretada de várias maneiras. Pode sugerir que Cambises cometeu suicídio ("por suas próprias mãos") ou que teve uma morte condizente com ele ("de acordo com o julgamento divino"). Também se pode inferir que Dario teria algo a esconder, talvez ainda mais a ocultar do que se pensa tradicionalmente – um duplo regicídio seria uma verdadeira façanha, mesmo entre os belicosos Aquemênidas. Mas Dario *realmente* matou Cambises? Ainda não há consenso a respeito.

*

Mas os ímpios não têm paz e, após a conquista do trono, Dario se viu sobrecarregado por uma avalanche de problemas. O ano de 522 a.e.c. seria seu *annus horribilis*, pois seu momento de triunfo como novo rei da Pérsia foi surpreendentemente breve. Antes mesmo de ter tempo para se estabelecer no trono, o direito de Dario à Coroa foi contestado. Quando Bardiya foi assassinado, quase todas províncias imperiais irromperam em revoltas contra o assassino usurpador Dario. O império foi tomado por uma cruel guerra civil, e Dario levou mais de um ano para debelar de modo efetivo a insurreição. O ano das rebeliões apresentou a maior ameaça existencial à primazia persa desde as conquistas de Ciro e a fundação do império, uma geração antes. O relato antigo mais completo desses eventos pode ser encontrado na Inscrição de Behistun, que fornece uma visão geral mais ou menos clichê de nada menos que treze insurreições ocorridas entre 522 a.e.c. e 519 a.e.c.

Elam foi a primeira região a se rebelar e a ser subjugada. Seguiu-se uma campanha mais longa e prolongada contra Nidintu-Bēl (ou Naditabira), um arrivista babilônico que, em 3 de outubro de 522 a.e.c., proclamou-se Nabucodonosor III, Rei da Babilônia e Rei das Terras. Dario liderou pessoalmente a campanha contra os insurgentes babilônicos, e em 13 de dezembro ocorreu às margens do rio Tigre uma batalha que exigiu que os persas cruzassem o rio em peles infladas, barcos de couro, camelos e cavalos. Cinco dias depois, Dario obteve uma vitória nos arredores de Zazana, no rio Eufrates, quando parte do exército babilônico foi jogado na água e se afogou. Nidintu-Bēl fugiu para a Babilônia, mas logo foi capturado. Então os babilônios sentiram a primeira amostra da vingança de Dario, e as imensas muralhas da Babilônia respingaram sangue quando suas robustas ameias foram enfeitadas com os terríveis troféus de guerra – cerca de 49 cabeças humanas decapitadas, horripilantes troféus de guerra que confirmaram a vitória do rei Dario. No portão principal da cidade, o líder rebelde Nidintu-Bēl, nu, espancado e ensanguentado, foi espetado por uma longa e afiada estaca de madeira que entrou em seu torso inferior entre as pernas e passou diretamente pelo reto. Empalado, agonizou por dias antes de morrer. A estaca de Nidintu-Bēl foi montada em posição bastante elevada, no local mais exposto da Babilônia, de modo a assegurar boa visibilidade para os aterrorizados moradores, que se encolheram de medo.

Durante seu envolvimento em uma expedição punitiva pela Babilônia – que durou três meses –, Dario recebeu a inquietante notícia de que motins eclodiam por todo o império. "Enquanto eu estava na Babilônia", Dario relembrou, "as províncias se rebelaram contra mim." Ele ordenou manobras em grande escala em todas as frentes, muitas vezes a grandes distâncias umas das outras, e contou com generais leais para cumprir suas ordens. Despachou ordens ao seu sátrapa em Aracósia (no atual sul do Afeganistão) para que atacasse as tropas enviadas para lá por um homem chamado Vahyazdata, que havia tomado o poder na Pérsia alegando ser ninguém menos que Bardiya. No final de dezembro de 522 a.e.c., Vaumisa, tenente de Dario, venceu na Assíria uma batalha contra rebeldes armênios e, no início de janeiro de 521 a.e.c., o oficial persa Hidarnes (ou Vidarna) – despachado às pressas da Babilônia – obteve mais uma vitória na Média.

Dario deixou a Babilônia em meados de janeiro de 521, tendo decidido estabelecer sua sede na Média, onde seus oficiais estavam enfrentando grandes e implacáveis dificuldades. Um rebelde medo chamado Fraortes havia alcançado um sucesso considerável e vinha estendendo agressivamente seu poder na Pártia-Hircânia. Histaspes, o pai de Dario, foi enviado para lidar com esse problema específico e rapidamente derrotou os partidários de Fraortes na Pártia-Hircânia, enquanto o próprio Dario enfrentava pessoalmente o chefe medo – obteve uma vitória em 8 de maio de 521 a.e.c. Após esse êxito, se estabeleceu em Ecbátana, onde o rei medo rebelde foi trazido diante dele. Dario registrou os eventos sangrentos que se seguiram:

Capturaram Fraortes e os soldados que com ele estavam e os enviaram a mim. Então cortei pessoalmente seu nariz, suas duas orelhas, sua língua e ceguei um de seus olhos. Ele foi acorrentado na entrada do meu palácio, à vista de todos. Eu o empalei em Ecbátana. E os homens que eram seus principais sequazes, estes eu pendurei na fortaleza em Ecbátana.

Mês após mês, Dario coordenou operações militares em várias frentes. Na Armênia, a rebelião se arrastou até junho de 521 a.e.c., mas em julho a insurreição em Sagartia foi esmagada, e os últimos surtos de revolta na Pártia-Hircânia foram por fim aniquilados. Ao mesmo tempo, Vahyazdata estancou a revolta na Pérsia. Dario, que havia voltado para lá, não teve oportunidade de descansar. Em agosto de 521 a.e.c., uma segunda revolta eclodiu na Babilônia, dessa vez sob a liderança de um aspirante ao trono chamado Arkha (ou Arakha), que assumiu o nome Nabucodonosor IV. No início de setembro, Dario enviou Hidarnes à frente de um exército para a Babilônia e, no final de novembro, Arkha foi executado e a revolta neutralizada. Por fim, em dezembro, uma revolta liderada por Frada de Margiana[1] (no vale do rio Murghab, no Afeganistão) foi desbaratada por Dadarshi, um dos sátrapas de Dario, que, usando de extrema violência, deu fim aos rebeldes.

Foi nesse momento que Dario ordenou que a inscrição fosse cravada no rochedo em Behistun, e nela pôde declarar, com orgulho: "Isto é o que eu fiz pela graça de Aúra-Masda em um único ano, o mesmo em que me tornei rei. Estes nove reis aprisionei em batalhas". A Inscrição de Behistun foi traduzida para várias línguas e rapidamente disseminada por todo o império, para ser lida ou proclamada como a história definitiva do direito de Dario reinar. Fragmentos do texto foram descobertos na Babilônia e em Elefantina (no Egito), onde ganharam versões em papiro escritas em aramaico numa singular "edição comemorativa", produzida cem anos após o texto original.

Para celebrar suas vitórias, Dario contratou artistas para esculpir em alto-relevo na superfície lisa da face rochosa da montanha Behistun. A escultura retrata Dario vestido com um manto da corte persa; sua cabeça está adornada com um diadema crenado, e ele segura na mão esquerda um arco. A mão direita está erguida até a altura do rosto, com

---

1 A Margiana corresponde à região do atual Turcomenistão. [N.T.]

a palma para fora, em um gesto de respeito e reverência, pois Dario presta homenagem ao deus Aúra-Masda, que paira sobre ele. O deus levanta a mão em um movimento de comando, sinalizando que Dario, seu paladino, recebeu autoridade divina para governar. A titulação de Dario está inscrita acima de sua cabeça: "Eu sou Dario, o Grande Rei, o Rei dos Reis, o Rei da Pérsia, o Rei dos Países [*dahydva*], filho de Histaspes, neto de Arsames, um Aquemênida". À frente dele, presos por cordas amarradas em volta do pescoço, as mãos atadas com firmeza atrás das costas, são retratados oito líderes rebeldes humilhados, a quem Dario chamou de "Reis Mentirosos". Cada um está vestido com "traje nacional" e é identificado por pequenas inscrições que os nomeiam: "Este é Nidintu-Bēl, o babilônio que mentiu"; "Este é Fraortes, o medo que mentiu". Cada Rei Mentiroso é mostrado em uma escala menor que a de Dario, cujo corpo altivo domina a cena. No entanto, reservou-se um lugar especial para um dos Reis Mentirosos: caído de costas, com os braços estendidos no ar em posição de desesperada súplica, está o desenho de "Gaumata", o "usurpador" que Dario inventou e a quem trata com impiedade. O rei pisa em Gaumata, com o pé sobre o peito do impostor – a pose ressoa vitória.

Nos dois anos entre a morte de Bardiya e a construção da Inscrição de Behistun no final de 520 a.e.c., Dario subjugou um império agitado, cambaleando à beira da fragmentação, e o transformou em uma entidade obediente, ainda que à base de açoite. Sua imensa inscrição chamava a atenção dos súditos: Dario não tolerava oposição. É por isso que quando, em 519 a.e.c., o rei da tribo saca da Ásia Central, Skunkha (ou Skunka), se rebelou contra a Pérsia, o próprio Dario liderou um exército que dizimou as forças tribais. Skunkha foi aprisionado (provavelmente acabou executado pouco depois) e substituído por um cã que Dario considerava mais "simpático à Pérsia". Após essa vitória, retornou a Ecbátana e ordenou que seus artistas incluíssem Skunkha no relevo como o último na fila dos Reis Mentirosos, onde seu chapéu alto e pontudo, típico de alguns povos sacas, o tornava claramente identificável. A adição de Skunkha exigiu uma reescrita da narrativa das campanhas, e por isso novas inscrições foram acrescentadas. Dario terminou o texto com um floreio – um sábio conselho para os reis persas que um dia o seguiriam:

Figura 4. O relevo de Behistun, uma imaginação pictórica da vitória de Dario, o Grande.

A quem quer que ajudasse minha família eu favorecia; os hostis eu destruía. Diz Dario, o rei: tu, que podes vir a ser rei no futuro, castiga quem for mentiroso, rebelde ou inimigo!

*

Tendo estabelecido seu império e seu próprio lugar augusto dentro dele, Dario lançou uma campanha de expansão. Anexou o noroeste da Índia (embora a data e as circunstâncias exatas dessa grande aquisição sejam uma incógnita). Consolidou as fronteiras mais ocidentais da Pérsia no mar Egeu e através dos Dardanelos no Helesponto até a Trácia, e firmou uma aliança com a família real da Macedônia. Mas nem tudo corria às mil maravilhas nas províncias ocidentais. Em 598 a.e.c., apoiadas por Erétria e Atenas, várias cidades da Jônia na costa ocidental da Ásia Menor (bem como partes do Chipre) se rebelaram contra a ocupação persa. As forças jônicas saquearam e incendiaram Sárdis, a grande fortaleza persa, embora os persas rapidamente tenham rechaçado o ataque. No entanto, foram necessários quatro anos de intensos combates em terra e mar para instaurar uma sensação de paz na região. O derradeiro ato da revolta – um ataque punitivo contra Erétria e Atenas – terminou mal para os persas na Batalha de Maratona em 490 a.e.c. No entanto, durante todo o prolongado desastre, Dario não perdeu territórios – o que atesta a resiliência dos persas.

A Batalha de Maratona tornou-se uma vantajosa oportunidade de propaganda para os atenienses e lhes forneceu material suficiente para disseminar lendas que se sustentariam por séculos a fio. Para Dario, a Revolta Jônica (como ficou conhecida nas histórias encomiásticas ocidentais) foi uma inoportuna e custosa escaramuça de fronteira nas periferias do Império Persa. O principal efeito da insurreição foi alterar seus planos para uma extensa campanha de conquista na abastada e sofisticada Índia, que tiveram que ser abortados de modo a possibilitar a transferência de recursos militares persas para o extremo oeste, a fim de reprimir as insurgências gregas. Não fosse pela Revolta Jônica, grande parte do subcontinente indiano, com todas as suas riquezas, poderia ter se tornado um lucrativo território persa.

O Egito estava sob controle persa desde que fora conquistado por Cambises, e ao que parece não se envolveu ativamente nas rebeliões de 522 a.e.c.-521 a.e.c., quando Dario tomou o trono. Entretanto, ele julgava importante que os egípcios também reconhecessem sua realeza. Realizou investimentos pesados no país, e mandou propagar pelos templos e locais sagrados sua imagem e titulação real. Tal qual Cambises, Dario participou do enterro cerimonial de um touro Ápis e foi retratado em uma grande estela de pedra no ato de adoração dessa misteriosa divindade bovina. No entanto, foi mais longe que Cambises em termos de espalhar sua imagem como um faraó divino quando, em Hibis, no oásis de Kharga, no noroeste do Egito, construiu um elegante templo, que dedicou à tríade tebana – Amon, a mais importante divindade egípcia antiga; Mut, a deusa mãe; e Khonsu, o deus da lua –, que em suas manifestações locais eram chamados de "Senhores de Hibis". Ainda hoje é o maior e mais bem preservado templo na região do oásis de Kharga, muito admirado por causa das coloridas esculturas em relevo que adornam suas paredes, muitas delas mostrando Dario em disfarce faraônico, realizando rituais egípcios. Em uma cena impressionante, ele é retratado mamando no peito da deusa Mut, ingerindo o leite que lhe conferia a legitimidade da realeza egípcia. Dario também adotou um nome régio egípcio: "Bom Deus, Amado de Amon-Rá, Senhor de Hibis, o Grande Deus, Braço-Forte, Dario-Meri-Amon, Amado de Amon, Aquele que se assemelha a Rá". Perto de uma das cartelas com a inscrição de Dario, arqueólogos descobriram o nome do mentor intelectual por trás desse triunfo das relações públicas. Não era outro senão Udjahorresnet. Tendo servido lealmente a um rei persa, ficara feliz em trabalhar para seu usurpador. A autobiografia de Udjahorresnet deixa claro que, após a morte de Cambises, ele viajou para Susa (seu nome foi encontrado em um jarro de alabastro desenterrado lá) e foi recebido na Pérsia por Dario. De acordo com a recordação do velho e astuto egípcio:

> Sua Majestade, Dario, o rei do Alto e Baixo Egito (que viva para sempre!) enviou-me de volta ao Egito, enquanto Sua Majestade estava em Elam, após tornar-se o Grande Rei de todos os países estrangeiros e o grande soberano do Egito, e deu ordens para que eu restaurasse as Casas da Vida [templos] que haviam sido arruinadas. Os estrangeiros levaram-me de país em país até chegarmos ao Egito, conforme as ordens do Senhor das Duas Terras.

Talvez Udjahorresnet tenha sido o supervisor da criação de um par de estátuas de Dario em escala maior erguidas no templo de Rá em Heliópolis, hoje um subúrbio do Cairo. Infelizmente, apenas uma delas sobreviveu. Foi encontrada em Susa, tendo sido para lá embarcada durante o reinado de Xerxes. A estátua transmite uma mensagem importante porque, embora esculpida em estilo tradicional egípcio, Dario é mostrado vestindo roupas persas. As dobras estilizadas da vestimenta são cobertas com inscrições incisas em persa antigo, elamita e acádio, que enfatizam a supremacia da Pérsia sobre o Egito conquistado: "Esta é a estátua de pedra que o rei Dario ordenou que fosse feita no Egito, para que qualquer um que a vir no futuro saiba que o homem persa tem a posse do Egito. Eu sou Dario, o Grande Rei, o Rei dos Reis, o Rei dos Países, Rei desta Grande Terra, filho de Histaspes, um Aquemênida". (DSab)

A base da estátua é esculpida com emblemas faraônicos representando a unidade do Alto e do Baixo Egito, e figuras de todos os povos do império que estavam sob o domínio persa. Fazendo lembrar as imagens dos portadores do trono na tumba de Dario, essas esculturas de pedra mostram os povos conquistados (identificados nos hieróglifos egípcios) erguendo Dario ao alto, acima de suas cabeças, em atitude de alegre unidade. Inscrições hieroglíficas egípcias declaram que Dario é um faraó guerreiro piedoso *e* um rei conquistador estrangeiro:

Agindo com suas próprias mãos, o Deus Perfeito, que inspira medo no coração da humanidade, que invoca prestígio aos olhos de todos que o veem, aquele cujo poder conquistou as Duas Terras e que age de acordo com as ordens divinas, filho de Rá, que o colocou em seu trono para completar o que começara aqui embaixo, e ordenou que ele conquistasse as Duas Terras, e a deusa Neite lhe deu o arco que ela segura para rechaçar todos os inimigos, para que ele possa ser eficaz em repelir aqueles que se rebelam contra ele. O Rei do Alto e Baixo Egito, o Senhor das Duas Terras, o Grande Rei, o Rei dos Reis, o Supremo Senhor da Terra em sua Totalidade, o Filho do Pai de Deus, Histaspes, um Aquemênida, que apareceu como rei do Alto e Baixo Egito no assento onde Hórus reina sobre os vivos, como Rá, à frente dos deuses, eternamente. Rá diz: "Eu te dou toda a vida e força, estabilidade, saúde e alegria. Eu te dou todos os países da planície e todos os países das montanhas, unidos sob tuas sandálias". (DSac)

A evidência mais óbvia do domínio da Pérsia sobre o Egito, no entanto, se manifestou na própria paisagem egípcia. Por volta de 500 a.e.c., Dario rasgou a terra e cavou um canal para conectar o Nilo ao mar Vermelho, abrindo assim lucrativas rotas de navegação e comércio ao redor do golfo Pérsico e para a Índia. Para celebrar esse gigantesco empreendimento, mandou erigir nas margens do canal quatro monumentais estelas, todas com inscrições em hieróglifos e cuneiformes, e cada uma incorporando uma mistura de motivos artísticos persas e egípcios. As inscrições não deixavam dúvidas quanto à supremacia de Dario sobre o mundo:

Proclama Dario, o rei: eu sou persa; desde a Pérsia tomei o Egito. Mandei cavar este canal, desde um rio chamado Nilo, que corre no Egito, até o mar que vai até a Pérsia. Assim, este canal foi cavado como eu havia ordenado, e por este canal os navios foram do Egito até a Pérsia, como era meu desejo. (DZc)

Menos impressionante foi a tentativa de Dario de conquistar as tribos nômades da Cítia, que habitavam vastas extensões de terra que se estendiam da Ásia Central ao norte do mar Negro à Europa Oriental. Povos guerreiros resilientes, vigorosos e insubmissos, os citas invadiam regularmente territórios persas e instauravam o caos na vida dos povos sedentários que eram alvos de seus ataques. Dario os considerava acólitos da Mentira e propagadores da selvageria sediciosa da *Drauga*. Como defensor da Verdade, decidiu subjugá-los. Em 515 a.e.c., Dario e suas tropas cruzaram o Bósforo, atravessaram o rio Danúbio e marcharam com ímpeto para o sul da Rússia, destruindo todos os acampamentos e assentamentos citas que encontraram pelo caminho. Queimaram colheitas e abateram gado, mas, no final, não conseguiram anexar nenhum território. Por mais que tentassem, as forças de Dario não foram capazes de assegurar a posse da terra, e os citas continuavam à solta, assediando as tropas de forma desvairada. Quando o cruel inverno russo teve início, Dario interrompeu a campanha, deu meia-volta e regressou à Pérsia. Nos séculos posteriores, as forças de combate da *Grande Armée* [o grande exército] de Napoleão e da Operação Barbarossa[2] de Hitler enfrentariam a selvageria e a brutalidade do inverno ucraniano. Mas os homens de Dario talvez tenham sido os primeiros invasores a sentir na pele sua crueldade. Desiludidos, famintos, cansados e congelados até os ossos, se arrastaram de volta para casa. Não surpreende que a campanha cita não seja mencionada em nenhuma das inscrições de Dario, e, se Heródoto não fizesse referência a ela em sua *História*, teria passado em brancas nuvens pela memória, já que Dario não tinha compulsão de relembrar sua fracassada cruzada para levar a Verdade aos bárbaros seguidores da Mentira.

*

Com sucesso ou fracasso, era importante para Dario projetar uma imagem de si mesmo como guerreiro. Os reis tinham que lutar para manter a ordem, e era obrigação do governante defender a Verdade e dissipar a Mentira. Em termos puramente visuais, essa ideologia foi explicitada muitas vezes em altos-relevos que retratam o rei disfarçado de "herói

---

2   Ação militar da Alemanha nazista que organizou e realizou a invasão da União Soviética, a partir de 22 de junho de 1941, numa gigantesca operação que mobilizou 3,6 milhões de soldados germânicos, auxiliados por 3.600 tanques e 2.700 aviões. [N.T.]

persa", uma espécie de figura do "homem comum", em que é visto matando um leão ou um monstro híbrido que representa a essência desse caos. A inscrição na fachada do túmulo de Dario confirma que seu império foi conquistado e mantido por meio da bravura militar: "a lança do homem persa voou longe", afirma ele, "então vos será dado saber: o homem persa travou batalhas bem longe da Pérsia" (DNa). Mais adiante, Dario enfatiza que foi graças à força de seu corpo, junto com sua argúcia natural para a guerra, que alcançou o êxito:

> Esta é a minha habilidade, que meu corpo é forte. Como guerreiro, sou um bom guerreiro. Minha inteligência entra de imediato em ação, caso eu veja um rebelde ou não. Graças à minha inteligência e à minha determinação eu me considero superior ao pânico, tanto quando avisto um rebelde como quando não vejo um. Sou furioso na força da minha vingança com minhas duas mãos e meus dois pés. Como cavaleiro, sou um bom cavaleiro. Como arqueiro, sou um bom arqueiro, tanto a pé como a cavalo. Como lanceiro, sou um bom lanceiro, tanto a pé como a cavalo. (DNa)

Essencial para a ideologia da inscrição do túmulo é a força bruta de Dario, que salienta que é forte o suficiente para suportar as dificuldades e agruras da campanha a cavalo e em marcha. Seus braços têm força para puxar o arco e empunhar a lança. Esses talentos, ele ressalta, são *dádiva direta* de Aúra-Masda: "Estas são as habilidades que Aúra-Masda me concedeu, e eu tive força para desempenhá-las" (DNa). Amiúde os monarcas do Oriente Próximo sugeriam a existência de uma conexão especial entre suas armas e as divindades às quais serviam, afinal eram os deuses que tornavam poderosas as armas reais e incutiam no corpo régio força suficiente para empunhá-las. Por insistência de Dario, em sua inscrição, Aúra-Masda é retratado como o deus que capacita o rei conferindo-lhe valor marcial.

O arco de Dario é claramente visível no relevo de Behistun. Sua aparição robustece a noção de que a força desempenhava papel importante na vitória da *Arta* sobre a *Drauga*. O que o monumento enaltece é o vigor de Dario – o rei guerreiro –, que em última análise é obtido de seu deus. Aqui a escultura em relevo retrata um Dario vitorioso, em nítido

Figura 5. O Grande Rei, disfarçado de "herói" persa, mata um monstro mítico (parte leão, parte águia, parte escorpião) representando o caos da *Drauga* (a Mentira). De um batente do "Salão das cem colunas", Persépolis.

contraste com os corpos humilhados de seus inimigos que desfilam diante dele. Os textos que acompanham a cena contam de que maneira cada um dos rebeldes derrotados foi perseguido, capturado e, por fim, executado. É digno de nota o fato de que o próprio Dario jamais seja representado (nem em texto nem em imagem), perseguido ou acossado por rebeldes. Embora o relato narrativo que consta de Behistun demonstre que o poder de Dario foi contestado e posto à prova, o rei persa jamais está enfraquecido ou em situação vulnerável, muito menos fugindo de inimigos. Em vez disso, feito um super-homem, Dario ataca em todos os pontos de seu reino (ou envia um procurador para fazê-lo), esmagando rebelião após rebelião, decretando sua vingança justa e premeditada contra os traidores fugitivos e capturados. Posteriormente, no relevo, quando sucumbem diante de Dario, os líderes inimigos lhe oferecem o pescoço. Pois eles, e não Dario, é que são homens violentos; são eles os seguidores da Mentira. A ambiguidade moral da guerra e da luta interna desaparece diante do legítimo Grande Rei da Pérsia. Os corpos inimigos são justificadamente vilipendiados, mutilados e exterminados. O Grande Rei os acorrenta pelo pescoço, pisa em suas barrigas e depois ordena que sejam mortos. A imagem anunciava que Dario era o indiscutível Rei de Todas as Terras.

*

Que tipo de homem era Dario, o persa? O que o motivava era uma ambição avassaladora, isso está claro. Seu empenho era agressivo e implacável, e sua eficiência era surpreendente. Ele sabia o que queria. Pode-se aprender muito mais sobre ele a partir de seu próprio credo pessoal, que ele esculpiu na fachada de seu túmulo na necrópole de Naqsh-i Rustam, arredores de Persépolis. Ele pede a cada leitor: "Dá a conhecer que tipo de homem tu és", e se esforça para articular sua própria concepção de si: "Não sou colérico. Quando me sinto enfurecer, pelo poder do pensamento mantenho a ira sob controle. Controlo firmemente meus impulsos" (DNb). Dario gostava de retratar a si mesmo como um monarca racional e ponderado, que nunca agia com pressa ou em pânico. Era a pura força de sua personalidade a garantia de que seus súditos receberiam os benefícios de seus juízos refletidos e equilibrados. Um incidente ocorrido no início do reinado de Dario, no entanto, lança sérias dúvidas sobre a capacidade do rei de agir com calma e imparcialidade. O episódio demonstra como o desejo de Dario pelo poder pessoal às vezes o levava a lugares sombrios. O caso de Intafernes funciona como um teste decisivo da afirmação de Dario de ser um defensor da *Arta*.

Um dos grandes cãs da Pérsia, Intafernes era um homem de posição hierárquica espetacularmente elevada. Foi um dos membros da Gangue dos Sete na revolta contra Bardiya e havia apoiado a ascensão de Dario ao trono quando, em 521 a.e.c., atuou como general à frente de um exército para eliminar um dos homens que haviam usurpado o trono da Babilônia. Intafernes era o segundo homem do império, e ocupava o primeiro lugar da lista daqueles a quem Dario chamava de seus "seguidores". Apesar disso, logo depois de tomar o poder, Dario mandou executar Intafernes, acusando-o de traição.

De acordo com Heródoto, que provavelmente repetia um conhecido relato persa (talvez originário da família do próprio cã), Intafernes entrou no palácio real de Susa desejando uma audiência privada com Dario. Estava em vigor um acordo entre os Sete comparsas que haviam planejado o golpe de Estado: todos tinham entrada franca na residência real e livre acesso ao rei, sem a necessidade de formalidades, a menos que, conforme estipulado, o soberano estivesse fazendo sexo com uma de suas esposas ou concubinas. Intafernes achou que era aceitável dirigir-se aos aposentos do rei sem ser anunciado. Mas o camareiro do palácio e o mensageiro eunuco discordaram e lhe recusaram a passagem. Barraram seu caminho alegando que naquele momento o rei estava na cama com uma de suas mulheres. Intafernes suspeitou que estivessem mentindo, e, enfurecido, sacou a adaga e lhes decepou o nariz e as orelhas. Depois prendeu os medonhos troféus à rédea de seu cavalo e a amarrou ao redor do pescoço das vítimas mutiladas.

Nessa situação hedionda, os serviçais em estado de choque apresentaram a Dario o ocorrido. Temendo que todos os seis nobres tivessem participação nesse ato e que outro golpe conspiratório estivesse próximo, Dario mandou chamá-los. Cuidadosamente questionou um a um, sondando seus pensamentos sobre Intafernes, para saber se aprovavam a conduta dele. Contente ao constatar que Intafernes havia agido à revelia dos outros e que não era iminente uma luta palaciana pelo poder, mandou prendê-lo. Em seguida ordenou que os filhos e todos os parentes do sexo masculino de Intafernes fossem encarcerados. Dario estava convencido de que Intafernes tramava com seus familiares uma rebelião para removê-lo do trono e fundar uma nova dinastia. Pouco depois, todos foram condenados à morte. Nesse ponto, Heródoto conta uma história curiosa: enquanto os condenados aguardavam a execução, a esposa de Intafernes começou a vagar diante do portão do palácio, chorando e lamentando com gritos desesperados, uma verdadeira amolação. Sua persistente e comovente lamúria, dia após dia, convenceu Dario a ter pena dela, e o rei enviou um mensageiro para dizer: "Mulher, o rei Dario está disposto a conceder perdão a um de teus parentes e salvá-lo da prisão; qualquer um que tu decidires escolher". Após um momento de reflexão, ela respondeu: "Se o rei realmente me concede a vida de um dos meus parentes que estão presos, escolho meu irmão". Surpreso com a resposta, Dario enviou novamente seu auxiliar para falar com ela: "Mulher, o rei quer saber: qual foi teu raciocínio para passar por cima de seu próprio marido e filhos e preferir que teu irmão seja o único a sobreviver, já que ele é certamente mais distante para ti do que teus filhos e menos amado que teu marido?". Sem hesitação, ela respondeu:

"Majestade, se Deus permitir, posso vir a encontrar outro marido e ter mais filhos, mesmo se perder os que tenho agora. Mas, como minha mãe e meu pai já estão mortos, nunca poderei ter outro irmão. Essa é a razão da minha escolha". Dario julgou que a mulher havia respondido com sabedoria, e ficou tão comovido com as palavras dela que libertou não apenas o irmão que ela havia solicitado, mas também seu filho mais velho. E executou todos os outros. Intafernes não recebeu misericórdia.

O detalhado relato da esposa de Intafernes é enternecedor e empático, mas o autor não oferece nenhuma explicação sobre os motivos pelos quais o marido fora assassinado. Por exemplo: por que Dario agiu com tamanha rapidez para prender e executar Intafernes? Terá sido porque a autoridade real de Dario ainda era provisória e ele ainda não estava totalmente seguro de seu poder? É óbvio que seus companheiros regicidas representavam um perigo potencial. A história sugere que Intafernes ostentou sua insubordinação ao violar regras de protocolo. É provável que Dario tenha tomado isso como uma desculpa para se livrar de um poderoso cã que estava chegando desconfortavelmente perto de seu trono. O caso Intafernes põe fim a qualquer falsa alegação de que Dario governou como um *primus inter pares*, e anuncia o fato de que Dario começara então a reinar como um verdadeiro autocrata. Quaisquer privilégios iniciais de que os coconspiradores houvessem desfrutado foram rapidamente revogados por Dario; eles já não estavam isentos das regras do protocolo da corte. Quanto à lei da terra, agora também se curvava a Dario.

PARTE 2
SER PERSA

A Parte 2 faz uma pausa na história narrativa que até aqui vínhamos acompanhando para examinar os mecanismos de funcionamento do Império Persa. Investiga a fundo as pessoas e os protocolos da corte, o coração dinástico do império e os processos de pensamento dos próprios persas. Dario estava em posição segura no trono, o que é um bom ponto de partida para realizarmos um balanço. Há perguntas que precisam ser feitas: de que modo os persas administravam um império tão vasto e tão desengonçado? Onde viviam os Grandes Reis? Quantas esposas podiam ter? Adoravam a muitos deuses? É o momento certo para abordarmos essas questões e levantarmos muitas outras.

Examinaremos então cuidadosamente os "comos" e os "porquês" de ser persa. É a chance de conhecermos os sistemas de governança aquemênida, seus métodos de construção de palácios e um fenômeno persa de fato muito curioso: o nomadismo da corte real. Seguiremos os Grandes Reis enquanto atravessavam o reino em imensos comboios puxados a cavalo, multidões montando acampamentos temporários e dormindo em tendas do tamanho de fortalezas. Examinaremos o papel central que as mulheres desempenharam na família real, questionaremos de que maneira se encaixavam na ideologia da dinastia e, com alguma apreensão, entraremos na estufa política da corte do rei. Lá participaremos de atos cerimoniais de Estado, que iam desde audiências e banquetes reais até jogos de azar e caçadas – pois para o monarca persa tudo era potencialmente uma cerimônia. Analisaremos evidências da vida dos escravos, explicaremos e esclareceremos ainda mais a fundo o significado da religião – a adoração dos deuses e a função dos sacerdotes – no mundo persa. Aproveitaremos para conhecer as divindades que os Grandes Reis veneravam com tanto ardor e os cultos que promoviam com tamanha energia. É hora de olharmos para a vida na Pérsia antiga.

6
QUANDO OS BUROCRATAS MANDAVAM NO MUNDO

Como se governa um império do tamanho dos domínios de Dario, e como se garante que o poder central seja devidamente implantado nas margens e fronteiras? Há a necessidade de leis claras e de uma burocracia sólida. Ademais, de uma ponta à outra do império, administradores precisam ser capazes de demonstrar que têm a autoridade do governante. Dario e os reis Aquemênidas que o sucederam se consideravam defensores e promotores da lei e da justiça. Eram paladinos investidos de autoridade pelo próprio deus Aúra-Masda e, na qualidade de Grandes Reis por graça divina, foram colocados no trono para assegurar que a justiça prevalecesse em todo o império. O termo em persa antigo para o mandato divino, assim como o real, é *dāta*. É uma das palavras-chave das inscrições reais aquemênidas; significa, para todos os efeitos, "lei". Essa palavra tornou-se a marca registrada da ordem cívica aquemênida, porque *dāta* nada mais era do que a exigência de lealdade (*Arta*) ao monarca. O termo *dāta* foi tomado de empréstimo por inúmeras línguas não iranianas em todo o império: na Babilônia, por exemplo, a lei do rei era conhecida como *dātu sha sharri*, e na Bíblia Hebraica o termo *dāta* aparece nos livros de Ester, Daniel e Esdras,[1] confirmando que foram compostos no período persa.

---

1   Nas traduções da Bíblia para o português, a tradução do termo varia: "a lei da Pérsia e da Média", "a lei irrevogável da Pérsia e da Média", "as leis dos persas e dos medos", "as leis dos medos e dos persas". O termo parecia abranger a noção de "direito" e denotaria

Dario estava especialmente interessado nos códigos legais que haviam sido formados em todo o seu império no que ele chamava de "tempos antigos". A Mesopotâmia tinha um longo e nobre legado legislativo, decorrente do grande Hamurábi da Babilônia, que por volta de 1745 a.e.c. codificou uma série de 282 regras e preceitos, estabeleceu padrões para transações comerciais e instituiu multas e punições para atender às exigências da justiça. O Egito também implantara leis que vigoravam havia milênios e, de fato, o verso de um documento de papiro conhecido como "Crônica Demótica Egípcia" contém a cópia de um decreto do rei Dario escrito em 519 a.e.c.:

> Graças à sua grandeza de coração, Dario fez com que os chefes de toda a terra se submetessem à sua vontade e lhe obedecessem. No terceiro ano ele escreveu [a] seu sátrapa no Egito, instruindo-o: "Ordena que tragam a mim os escribas [...] Eles devem escrever a lei do Egito desde os tempos antigos [...] A lei [...] dos templos e do povo, ordena que a tragam para cá [...]". Ele escreveu sobre os assuntos [...] à maneira [?] da lei do Egito. Eles redigiram uma cópia em papiro em escrita assíria [aramaica] e em escrita documental [demótica]. [O decreto] foi concluído diante dele. Eles escreveram em sua presença; nada ficou de fora.

*

As leis do Império Aquemênida refletem a continuidade com as ancestrais tradições legais da Mesopotâmia e do Egito, e são criativas e flexíveis o suficiente para atender às mudanças nas circunstâncias e a novos entendimentos.

Dario e os reis Aquemênidas não estavam acima da lei. Pelo contrário, eram parte integrante dela. Decidiam casos legais sobretudo de acordo com as circunstâncias locais, caso a caso. A natureza astuta e diplomática de suas decisões, que muitas vezes apresentavam mais recompensas que punições, resultou em uma reputação de virtuosidade. Numa inscrição

---

os costumes e as regulações fiscais do império, com o sentido tanto de regras impostas pela autoridade real quanto de lei divina. [N.T.]

encontrada em seu túmulo, Dario enfatizou seu papel como juiz justo. Ter a reputação de imparcialidade era obviamente importante para ele:

> O que é certo, esse é o meu desejo. Com o homem que segue a Mentira eu não sou amigável [...] Já do homem que coopera, de acordo com a cooperação, eu cuido; quem faz o mal, à proporção do mal que faz, assim eu o castigo. Não é meu desejo que um homem faça o mal; ademais, esse não é meu desejo: se é imperativo que ele faça o mal, então não deverá ser punido. O que um homem diz sobre outro homem não me convence até que eu tenha ouvido a declaração de ambos. Contenta-me o que um homem consegue realizar ou obter conforme sua capacidade, e isso é muito do meu desejo; os homens leais me agradam, e a eles dou com generosidade. (DNb)

Para os povos do mundo antigo (com exceção da empedernida Grécia), os reis persas eram considerados justos e sábios. A administração judicial estava, em última análise, sob autoridade do rei, e os textos documentam seu papel de supervisão. Embora raramente julgasse casos individuais, o rei confiava em juízes e funcionários para fazer isso em seu nome. Juízes comuns eram nomeados em meio à nobreza persa (muitas vezes para cargos vitalícios), e era sua tarefa arbitrar sobre quaisquer casos que lhes fossem apresentados e legislar conforme a necessidade.

Temos a sorte de dispor de volumosos arquivos de códigos de lei e de registros de julgamentos e outros casos judiciais. Muitos vêm da Mesopotâmia, sobretudo da Babilônia, onde vigorava um sistema bastante antigo – e de eficácia comprovada – de registro de depoimentos legais e processos judiciais cíveis. Por meio das minúcias desses textos cuneiformes, escritos em argila úmida deixada para "assar" ao sol até endurecer, é possível ter uma boa compreensão de como as leis do Grande Rei afetavam as províncias mesopotâmicas do Império Persa. Um excelente exemplo da Babilônia é um rico dossiê de documentos legais com foco em um personagem bastante astuto chamado Gimillu, cujo caso vale a pena esmiuçar.

Gimillu, filho de Innin-shuma-ibni, vivia na cidade babilônica de Uruk. Ganhava a vida como ladrão e infrator de pequenos delitos.

Além de vigarista, fazia parte de gangues de delinquentes. E era também um empreendedor surpreendentemente bom. Roubava e trapaceava desde a juventude e, ainda adolescente, ganhou notoriedade com uma longa ficha criminal por furtos e fraudes, todas registradas em caprichada escrita cuneiforme em tabuletas de tijolos de adobe guardadas no arquivo judiciário da cidade. Na juventude, sua propensão era para o roubo de ovelhas e apropriações indébitas de pequena monta. Apesar de sua ficha corrida, quando estava na casa dos trinta anos, Gimillu conseguiu um emprego no Grande Templo Eanna, o complexo religioso mais prestigioso da cidade de Uruk, onde ocupava uma posição oficial ainda que singular, um confortável cargo de gerente de segundo escalão, sendo, ironicamente, responsável por localizar e prender ladrões de ovelhas e gado e outros larápios de templos. O trabalho exigia que ele se reportasse diretamente às autoridades reais na Babilônia. Por acaso, Gimillu passou a integrar a burocracia do templo no momento em que Ciro, o Grande, e os persas ocuparam a Mesopotâmia. Assim, ele se viu em contato com a elite persa e com o sátrapa da Babilônia, o nobre persa Góbrias.

Gimillu estava no cargo havia menos de um ano quando foi levado a julgamento por desviar cabeças de gado e outras propriedades do templo. Descobriu-se que Gimillu havia exigido de um pastor o pagamento de propina à guisa de proteção, na forma de uma ovelha, quarenta alqueires[2] de cevada e seis alqueires de tâmaras (o suficiente para alimentar uma família numerosa por dois meses). Em setembro de 538 a.e.c., ele foi julgado perante os altos funcionários de Uruk; de tão abundantes, seus delitos exigiram quatro escribas para redigir os depoimentos da infindável sucessão de testemunhas que o apontavam como criminoso. Gimillu fez a própria defesa no tribunal, e os registros mostram que ele era um indivíduo verdadeiramente temerário. "Peguei o cordeiro, sim", ele admitiu no interrogatório, acrescentando a ressalva: "mas deixei duas ovelhas para trás para o festival! Peguei *aqueles* carneiros, confesso que sim, mas deixei para trás o bode". O tribunal o considerou culpado e declarou que ele era obrigado a restituir os itens roubados na proporção

---

2   No original, *bushels*, antiga unidade de medida de volume para cereais, frutas, líquidos etc., equivalente a quatro quartas, ou seja, 36,367 litros (Inglaterra) e 35,238 litros (Estados Unidos). [N.T.]

de sessenta animais para cada um subtraído. Ao todo, a multa equivalia a 92 vacas, 302 ovelhas e dez siclos de prata. Imediatamente Gimillu apelou ao sátrapa persa na Babilônia, alegando que o "Supremo Tribunal de Uruk" havia sido injusto. Mas Góbrias respaldou a decisão do tribunal, e Gimillu foi forçado a pagar a multa. No entanto, o sátrapa permitiu que Gimillu mantivesse seu emprego no templo. Sem dúvida, ele havia lisonjeado e subornado a corte do sátrapa, além de bajular Góbrias e se curvar às exigências dele e de seus acólitos para que fosse restabelecida sua posição no templo.

De volta ao trabalho, Gimillu continuou com seus crimes e contravenções. Mais tarde, no reinado de Cambises, foi promovido a fazendeiro-chefe, cargo em que encontrou todo tipo de oportunidade para colocar em prática novos esquemas fraudulentos. Um de seus contratos governamentais previa que, nessa nova função, receberia duzentos bois que haviam sido requisitados para impulsionar as máquinas de irrigação das terras do templo. Em adição a isso, o mesmo contrato fornecia a Gimillu mil *kur* de sementes de cevada que seriam usadas para alimentar os animais, além de ferro bruto suficiente para fabricar as rodas d'água e os arreios do gado. Com essas vantagens, Gimillu fechou contrato para fornecer ao templo 10 mil *kur* de cevada e 12 mil *kur* de tâmaras anuais. Na primeira colheita, no entanto, Gimillu não chegou nem perto de produzir a quantidade designada, mas, em vez de admitir sua incapacidade de cumprir o contrato, audaciosamente exigiu mais apoio dos empregadores do templo. Outros seiscentos bois eram necessários, afirmou, além de quatrocentos camponeses. A julgar pelos registros da corte, fica claro que ele estava desviando os lucros da atividade agrícola. No entanto, de alguma forma, com o respaldo de autoridades do regime persa (que devem ter recebido pesadas propinas para fazerem vistas grossas), Gimillu conseguiu permanecer no cargo por vinte anos. Ele se tornou um homem muito rico, ao burlar regras e cometer abusos no Templo de Eanna.

A ignóbil carreira de Gimillu chegou ao fim em 520 a.e.c., o segundo ano do reinado de Dario I. O monarca era obcecado com a aplicação da lei, e nenhum caso era pequeno ou distante demais para seu escrutínio pessoal. Foi um tremendo azar de Gimillu atingir o pico de suas atividades de corrupção no momento em que o maior burocrata da história da realeza assumia o trono. De uma hora para a outra, Gimillu perdeu o emprego, o ganha-pão e a liberdade (talvez a própria vida). Em 520 a.e.c., ele simplesmente desaparece definitivamente dos registros oficiais. Esse era o estilo da justiça de Dario.

A história de Gimillu é fascinante. Trata-se de uma das poucas pessoas da Antiguidade sobre a qual temos registros que foram sendo criados à medida que os eventos se desenrolavam. Sua história abre uma janela para o aqui e agora do antigo mundo persa ao acompanharmos fragmentos da história momento a momento. Após a derrocada de Gimillu, e assim que as coisas se acalmaram, o Templo de Eanna realizou amplas reformas administrativas para restringir com severidade as oportunidades de desvios, apropriação indébita e peculato. Os arquivos da corte sobre Gimillu – contendo mais de cem tabuletas cuneiformes – foram cuidadosamente arquivados, e as autoridades do templo esperavam um futuro mais honesto. Reformas importantes como as que foram implementadas pelo Templo de Eanna eram, de fato, uma pequena parte de um esquema de intervenção imperial mais abrangente, instigado por ordem de Dario, o Grande, cuja palavra era, de fato, lei.

*

Cortesãos persas precisavam ser burocratas. A corte de Dario era tanto a casa da família real estendida quanto o órgão central de toda a administração do Estado. Os aquemênidas se deleitavam com a papelada e o excesso de burocracia administrativa (um caso de amor que compartilhavam com seus antepassados assírios e elamitas).

Em algum momento por volta de 500 a.e.c., um grupo de administradores que trabalhava em Persépolis se viu enredado em um alvoroço burocrático. Seu oficial superior, Parnakka, o diretor do serviço civil de Persépolis, notou que importantes documentos contábeis que ele esperava ler não haviam chegado à sua mesa de trabalho. Chegou ao conhecimento dos administradores que o mensageiro responsável por levar as tabuletas de argila ao escritório do diretor se demitira. Além disso, havia viajado para o norte, talvez para a casa de sua família, e deixara para trás seu antigo emprego. Infelizmente, quando saiu, documentos importantes – talvez sigilosos – ainda estavam sob sua responsabilidade. Instalou-se o pânico – cabeças rolariam, certamente. Os administradores tentaram limpar a bagunça: um funcionário público, um homem chamado Shak-shah-banush, ditou uma carta a um escriba, que a redigiu às pressas em escrita cuneiforme elamita numa tabuleta de argila úmida e a enviou para Mirinzana, no escritório mais próximo: "Avisa teu supervisor", dizia a tabuleta (efetivamente passando a responsabilidade para a gerência intermediária), "que se encaminhou ao diretor administrativo, Parnakka, um documento lacrado sobre o fato de os contadores não estarem entregando o registro contábil. O homem que carregava essa tabuleta, aquele sujeito das entregas, fugiu e foi embora". O memorando era seguido por uma instrução:

> Prende esse homem! Despacha-o à Média. Na Média ele será interrogado [literalmente, "a verdade será espremida dele feito azeite"]. Ademais, depois que isso tiver sido feito e tu enviares uma tabuleta de tua lavra a Parnakka, então escreve nessa tabuleta o nome do homem que é culpado de ter levado embora a tabuleta e manda-a de volta. São as ordens de Parnakka. Antes o nome desse homem não foi escrito! (PFa 28)

Tanto quanto qualquer outra sociedade, os persas eram suscetíveis a trapaças burocráticas.

É uma coisa assombrosa que esse nível de detalhe tenha sobrevivido no registro arqueológico persa. Com efeito, de locais tão distantes como Assuã, no Egito, até Bactro, no Afeganistão, documentos administrativos sobreviventes (escritos em argila, papiro, madeira e lascas de osso) testemunham o firme controle administrativo que os reis Aquemênidas tinham sobre o império. Nada era trivial demais a ponto de não merecer registro. O número de pregos necessários para consertar um barco de madeira no Alto Egito ou o fato de que uma infestação de gafanhotos impossibilitava a construção de um muro de tijolos de adobe na Báctria – todo acontecimento era registrado individualmente, assinado, relatado à administração central na Pérsia e arquivado de maneira metódica.

Descobertas na década de 1930 nas muralhas fortificadas do norte de Persépolis e no prédio do Tesouro que ocupa o centro do palácio, cerca de 30 mil tabuletas, inteiras ou fragmentadas, foram desenterradas por arqueólogos. Conhecidas em função de seu local de descoberta como as tabuletas da Fortificação de Persépolis (PF, na sigla em inglês) e as tabuletas do Tesouro de Persépolis (PT, na sigla em inglês), esses incomparáveis documentos escritos funcionam como um instantâneo da vida cotidiana em Fārs e no leste de Elam. Em conjunto, os textos de Persépolis registram cerca de 750 nomes de lugares – cidades, vilarejos e aldeias, províncias e distritos – entre Susa, em Elam, e Persépolis. Seu foco era sobretudo a distribuição de alimentos, o manejo de rebanhos e o abastecimento de provisões para trabalhadores e viajantes. As tabuletas da Fortificação foram redigidas entre o décimo terceiro e o vigésimo oitavo ano de reinado de Dario I, ou seja, de 509 a.e.c. a 494 a.e.c., ao passo que as tabuletas do Tesouro cobrem o período que vai do trigésimo ano do reinado de Dario I ao sétimo ano do reinado de Artaxerxes I (ou seja, 492 a.e.c.-458 a.e.c.). As tabuletas da Fortificação registram o transporte de diversos alimentos e bebidas de um lugar para outro, e anotam também a distribuição de produtos para os "trabalhadores" (*kurtash*, em persa antigo) e para funcionários do Estado, bem como forragem para gado e aves. As tabuletas do Tesouro especificam a emissão de prata e a entrega de víveres para trabalhadores da economia régia em Persépolis e seus subúrbios. Essas magníficas coleções de tabuletas administrativas de Persépolis constituíam apenas uma pequena parte de toda a documentação aquemênida que, infelizmente, não sobreviveu até os nossos dias.

Durante o reinado de Dario, um cortesão em particular está acima de todos os outros no que diz respeito a seu papel na administração aquemênida. Já o conhecemos. Seu nome era Parnakka. Era conhecido, grandiosamente, como um "filho da casa real", ou seja, tratava-se de um príncipe Aquemênida, muito provavelmente um tio do rei Dario. Exercia a função de diretor do serviço civil e superintendente-chefe de todo o sistema administrativo de Persépolis, bem como da província de Fārs. Ao que parece, tinha livre e aberto acesso ao rei e, portanto, era um homem de grande autoridade. Nas tabuletas de Persépolis, há frequentes menções a ele recebendo ordens diretamente de Dario. Cabia a Parnakka o dever de supervisionar a distribuição de alimentos e outros bens dos depósitos reais, e era ele quem transmitia as ordens do rei por escrito.

Sob a supervisão de Parnakka, trabalhava um homem chamado Zishshawish, que também era responsável por registrar e distribuir rações. Ele às vezes atuava como representante ou substituto de

Parnakka, mas em geral era encontrado trabalhando ao lado do príncipe real como seu principal assessor. Parnakka e Zishshawish supervisionavam vários gerentes de depósitos e agentes de mantimentos, bem como uma ampla gama de altos funcionários encarregados das provisões. Esses homens cuidavam dos departamentos de vinho, cerveja, frutas, grãos, gado, aves e vários outros suprimentos de alimentos e bebida. Eles trabalhavam ao lado do escriba-chefe e sua vasta equipe de secretários e tradutores; mão de obra essencial para o sistema administrativo persa era o serviço público civil extremamente bem treinado, composto por homens recrutados com base no princípio do mérito profissional. O chefe dos mensageiros reais e seu exército de funcionários públicos, junto com o tesoureiro-chefe, reportavam-se diretamente a Parnakka. Escribas e secretários elaboravam os muitos registros dos quais dependia o funcionamento da burocracia e que eram onipresentes no sistema administrativo. Num típico tablete concernente à prática administrativa que passava pelas mãos da equipe, lia-se:

130 litros de cevada das posses de Amavarta foram recebidos por Barîk-El como parte de seus mantimentos. Entregues no vilarejo de Ithema, no vigésimo primeiro ano de Dario no mês de Shibar [novembro/dezembro de 501 a.e.c.]. (PF 798)

Em outras palavras: nesse caso, uma porção de cevada foi recebida por Barîk-El (aliás, um nome fenício) à guisa de pagamento em espécie por um serviço (não sabemos de que tipo) que ele havia realizado para Dario. Um funcionário público persa chamado Amavarta despachou essa quantidade de grãos a partir do estoque de cevada que estava sob sua administração. Por fim, registraram-se o local – a cidade de Ithema – e a data da transação. Existem milhares de textos que seguem esse padrão, embora algumas tabuletas contenham informações sobre a emissão de passaportes, ordens de pagamento de metais preciosos ao tesoureiro-chefe, bem como a contratação e a dispensa de juízes, contadores, caravanas e equipes de trabalhadores braçais nas áreas rurais de uma ponta à outra do império.

Para tornar o processamento da documentação mais fácil e simples, cada burocrata tinha seu próprio selo cilíndrico, geralmente feito de pedras semipreciosas. Era um emblema visível do cargo, algo que podia ser carregado e mostrado a todos. O sinete funcionava como um mandado, ou um distintivo de xerife, conferindo aos altos funcionários do império o carimbo do poder. O selo era aplicado a todos os documentos oficiais, comprimido contra uma tabuleta de argila úmida para deixar sua marca como uma espécie de assinatura. Um selo, ou melhor, sua impressão, transmitia a autoridade de seus proprietários, e as marcas do selo tinham o poder de sancionar ações e autenticar despesas. Enquanto um selo permanecia com o proprietário, tabuletas de argila impressas com os selos de funcionários públicos e oficiais do Estado podiam viajar por toda parte. É possível localizar tabuletas criadas em Persépolis nas distantes Candaar,[3] Sárdis, Bactro, Damasco e muitos outros centros administrativos distantes. Em cada selo havia o entalhe de uma imagem personalizada, e cada imagem gravada era exclusiva de um proprietário, o que permite rastrear a "assinatura" de um indivíduo em todo o arquivo de documentos e identificar seu papel na administração.

Como diretor do serviço civil, Parnakka tinha um selo muito elegante. Era uma antiga peça de fabricação assíria, representando um guerreiro que, com uma das mãos, segura pelo pescoço um avestruz meio atordoado e, com a outra, empunha uma espada. O selo de Zishshawish também era requintado. Mostrava uma vaca alada amamentando seu bezerro, desfrutando da proteção de um "gênio" ou guardião de quatro asas. Sempre que eram vistas as figuras do avestruz ou da vaca impressas numa tabuleta de argila, "funcionários públicos" reconheciam de imediato os donos dos selos e se punham em ação. Assim como as chaves da casa ou do carro, os selos cilíndricos podiam se perder e precisavam ser substituídos. Quando perdeu seu selo com o desenho do avestruz, Parnakka o substituiu por outro, que exibia um guerreiro estrangulando dois leões, e rapidamente emitiu um memorando para sua equipe declarando o seguinte: "O selo que antes era meu agora está perdido. Para substituí-lo, agora uso o selo que pode ser visto nesta carta" (PF 2067 e 2068). Por uma questão de segurança, Zishshawish também foi forçado a usar um novo desenho. Felizmente, sua lealdade à Coroa foi recompensada quando o rei Dario o presenteou com um selo novinho em

---

3 Também chamada de Candar ou Kandahar. [N.T.]

Figura 6. Impressão do selo de Parnakka.

Figura 7. Impressão do selo de Zishshawish.

Figura 8. Segunda impressão do selo de Parnakka.

Figura 9. Segunda impressão do selo de Zishshawish.

folha, representando o próprio monarca de pé em um bosque de tâmaras defronte a um altar de fogo, na presença de Aúra-Masda.

No entanto, a administração central do Império Persa não operava a partir de Persépolis. O coração administrativo do reino dos Grandes Reis se localizava em Susa. Um canal artificial ligava esse grande local elamita ao golfo Pérsico e ao rio Tigre, e a partir dos escritórios burocráticos da cidade espalhavam-se estradas para Ecbátana, Babilônia e Persépolis. Ordens de Susa para todas as províncias do império e relatórios de todos os cantos chegavam às mãos dos "funcionários públicos" que guarneciam os escritórios dessas regiões. Susa era um viveiro de oficialismo: era lá que sátrapas de alto escalão se misturavam aos cortesãos, enquanto "servidores públicos" mal remunerados viam de relance os diplomatas estrangeiros nas embaixadas. Em Susa, a vida convergia para os negócios imperiais, e as principais chancelarias do Estado estavam apinhadas de funcionários públicos e escribas empenhados em escrever, selar, postar e arquivar milhares e milhares de tabuletas de argila administrativas e outros documentos. Susa era o centro da burocracia do império, mas escritórios semelhantes e menores eram encontrados em Persépolis, Ecbátana, Babilônia, Mênfis, Bactro, Sárdis e em todos os outros importantes centros urbanos do reino. A burocracia circundava o mundo persa.

*

Os escalões superiores da administração do Império Aquemênida estavam nas mãos de um grupo de homens oriundos exclusivamente das esferas hierárquicas mais nobres da aristocracia persa, muitas vezes da própria família real. Eram conhecidos como sátrapas (em persa antigo, *xshaçapāvan*, que significa "protetor da província" ou "guardião do reino"), título que já existia sob os medos, mas que com Dario ganhou um toque mais imperial. Os sátrapas – ou governadores das províncias – gozavam do privilégio de serem os representantes do Grande Rei dentro do império, e eram responsáveis pela cobrança de impostos e tributos, pelo recrutamento dos regimentos militares quando necessário e pela administração da burocracia e da justiça locais. Em nível regional, os sátrapas também eram obrigados a tomar todas as decisões governamentais. No entanto, para as questões de importância internacional, eram obrigados a consultar o rei e seus principais ministros. Como representantes do rei, deveriam manter uma corte provincial e organizar cerimoniais baseados nas solenidades da corte real no coração do império. Representavam o rei por procuração, imitavam seu comportamento e emulavam seu gosto.

Ser sátrapa era um negócio arriscado, pois dependia das boas graças do rei. O governador de uma satrapia tinha que moderar com extrema cautela seu comportamento. As cortes provinciais das satrapias passavam por um minucioso escrutínio das autoridades centrais, inspeções em busca de quaisquer sinais de autoengrandecimento ou indícios de potencial traição. A sobrevivência das cartas trocadas entre o Grande Rei da Pérsia e Arshama, seu sátrapa no Egito, no início do século IV a.e.c., demonstra que, mesmo ausentes do centro imperial, os nobres a serviço do rei nas unidades administrativas imperiais mantinham um diálogo constante com a autoridade central no Irã e tinham que justificar todas as decisões que tomavam ao atuar como representante do Grande Rei.

Sob o reinado de Dario I, as satrapias imperiais somavam 36, mas esse número variava constantemente, a depender da expansão militar e de reformas administrativas. A província da Babilônia fornece um bom exemplo das mudanças que podiam ocorrer nas estruturas das satrapias. Em 535 a.e.c., Ciro, o Grande, criou uma vasta e única satrapia abarcando toda a Mesopotâmia e as terras que compunham o antigo império neobabilônico – Judá, Israel, Fenícia e Síria. Contudo, em março de 520 a.e.c., Dario dividiu a satrapia em duas, cada uma com um tamanho mais governável, que ficaram conhecidas como Mesopotâmia e "Do outro lado do rio" (*Eber-Nāri*, em acádio).[4] Esta última província compreendia os países do Levante que anteriormente haviam sido territórios do império neobabilônico antes de sua queda para Ciro, o Grande. Em 516 a.e.c., a região de "Do outro lado do rio" foi subdividida em três territórios administrativos (Fenícia, Judá e Samaria) e as tribos árabes. As cidades fenícias de Tiro, Sídon, Biblos e Arruade (ou Arwad)[5] eram

---

4   Também conhecida como "Além do rio", Ebir-Nari, Abar-Nahara ou Ābēr Nahrā; alguns historiadores usam a nomenclatura *Transeuphratia* (Trans-Eufrates). [N.T.]
5   Também chamada de Arruade, Arvade, Arwad; conhecida nos textos clássicos como Arado (do latim *Aradus*). [N.T.]

Estados vassalos governados por reis locais hereditários que cunhavam suas próprias moedas de prata e cujo poder era limitado pelo sátrapa persa. Judá e Samaria gozavam de considerável autonomia interna, e entre alguns de seus governadores figuraram Sesbazar e Zorobabel no reinado de Ciro e Dario I e, durante o governo do rei Artaxerxes I, o bíblico Neemias. A partir da segunda metade do século V a.e.c., a província de Samaria foi governada por um líder samaritano chamado Sambalate (ou Sambalá) e seus descendentes, ao passo que as tribos árabes que habitavam a área entre o Egito e o Eufrates eram governadas por seus chefes tribais. Durante o reinado de Dario, a Ásia Menor foi dividida em quatro satrapias, e, cerca de vinte anos depois, no reinado de Xerxes, novamente dividida em sete províncias. Dario também dividiu a vasta satrapia da Média, e nesse território criou a província da Armênia; no devido tempo, Xerxes dividiu a própria Armênia em duas metades, cada uma administrada por um sátrapa diferente. Por fim, sob as reformas de Xerxes, a Hircânia foi separada da Pártia e Gandara da Báctria.

Cada satrapia cobria uma extensa área e era governada a partir de uma capital (que também funcionava como centro administrativo). A capital da satrapia do Egito era a cidade de Mênfis; a da Síria, Damasco; e a da Jônia, Sárdis. Essas capitais regionais serviam para armazenar os impostos que eram pagos em moeda e em espécie – estes últimos incluíam os gêneros alimentícios utilizados para manter a imensa corte da satrapia e seus dependentes. O pagamento de impostos sobre bens e metais preciosos era uma prática corrente. Os palácios dos sátrapas funcionavam como núcleos de atividade administrativa provincial, onde se recebiam as ordens reais da autoridade central na Pérsia. Decretos régios, identificáveis pelo selo real, foram encontrados em Nippur, na Babilônia; em Samaria, na Síria; em Artaxata, na Armênia; e em Elefantina, no Alto Egito, embora o maior tesouro de selos reais tenha sido descoberto em Dascílio, no norte da Anatólia. Capital provincial aquemênida mais ao noroeste de todas, Dascílio foi provavelmente a sede da enigmática satrapia que na Inscrição de Behistun de Dario, o Grande, é chamada de *tyaiy drayahya*, ou "aqueles citas que estão à beira-mar". Sua relevância durante a Era Aquemênida foi determinada não apenas pela posição geográfica que ocupava (dominava uma região muito importante em termos estratégicos e comerciais, a Frígia Helespontina), mas também pelo fato de que, em sua maioria, os sátrapas da província eram membros da família imperial, de elevada posição hierárquica.

O sistema persa de satrapias dependia em grande medida da cooperação dos detentores do poder local, e amiúde os sátrapas adaptavam em sua governança práticas regionais existentes e bem estabelecidas. Eles contavam também com uma interação saudável junto às elites locais: numa estratégia para assegurar o apoio da nobreza que tradicionalmente possuía terras antes da ocupação persa e coagir os reis e príncipes a cooperar, os conquistadores aquemênidas os nomeavam governadores. Os persas trabalhavam com afinco para manter boas relações com a nobreza nativa. Em parte, casamentos entre persas e locais ajudavam a criar um sentimento de pertencimento compartilhado e, embora tenhamos pouquíssimas informações sobre as esposas dos sátrapas (muito menos as dos comandantes e dirigentes persas de menor patente e posição hierárquica mais baixa), certamente havia casamentos entre persas e mulheres locais e entre as elites locais e as mulheres persas. Essas alianças deram às elites locais um ponto de apoio no sistema de honra persa. Além disso, os sátrapas tomavam as mulheres locais como concubinas. Farnabazo, sátrapa da Frígia, por exemplo, mantinha um palácio repleto de concubinas em Sárdis. Elas proporcionavam importantes vínculos entre o sátrapa e as famílias locais, e bons políticos reconheciam que as concubinas poderiam exercer influência política, já que dispunham do ouvido do sátrapa na intimidade.

Os persas invariavelmente empregavam uma série de indivíduos que estavam familiarizados com o governo local – o nobre egípcio Udjahorresnet, como vimos, é um bom exemplo disso. O sátrapa Farnabazo fez uso especialmente eficaz dos governantes locais de Dardânia (ou Dárdano), antiga cidade na Trôade, na península de Biga, parte noroeste da Anatólia, e sua história prova que uma relação de trabalho eficaz entre governantes persas e elites submetidas à Coroa poderia ser frutífera. Quando Zenis – o longevo e leal rei pró-persas de Dardânia – morreu, Farnabazo planejou conceder o governo da área a alguém que não era da linhagem de Zenis. Havia muitos bons candidatos, mas a esposa de Zenis, Mania, pediu a Farnabazo que lhe concedesse a província, pois, ela argumentou, havia ajudado o marido em todo o trabalho e conhecia a função melhor que ninguém. O sátrapa tomou a decisão incomum de nomear a viúva Mania para o cargo e, assim, manteve o poder com a mesma família. Farnabazo ficou encantado ao descobrir que Mania pagava os tributos ao Tesouro da satrapia com a mesma regularidade que seu marido. A vantagem de empregar elites locais para defender os interesses persas era evidente. Outros governantes hereditários, a exemplo dos reis dóricos de Cós, os reis e príncipes da Cilícia, Paflagônia, Tiro, Sídon e Biblos, e os governantes cários de Halicarnasso na Ásia Menor, descobriram que trabalhar ao lado dos persas era mais lucrativo que despertar a antipatia deles e combatê-los. É curioso que o Chipre nunca tenha sido governado por um sátrapa. Em vez disso, os soberanos locais das cidades-Estados da ilha se autogovernavam e se reportavam diretamente ao Grande Rei.

Uma importante obrigação dos sátrapas era enviar os melhores produtos de suas províncias ao Grande Rei. Ao tomar posse desses presentes, o monarca persa reconfirmava seu domínio sobre o império. Talvez os mais simbólicos de todos esses presentes oferecidos ao rei (ou por ele exigidos) fossem a terra e a água. A oferenda formal dos dois elementos (provavelmente apresentados ao monarca em forma física – uma jarra de prata com água e uma baixela de ouro com um punhado de terra, por exemplo) representava a rendição incondicional de um país à Pérsia. Colocava o rei Aquemênida no papel de doador de vida a seus novos súditos, uma vez que ele era considerado o detentor de controle exclusivo sobre as forças naturais que davam sustento à vida. Reflexo do mesmo processo era o fato de que o rei sempre viajava com sua própria reserva de água potável, proveniente de um rio persa. A água do rio Choaspes,[6] nos arredores de Susa, mantinha o vínculo do rei com sua terra natal, não importando em que ponto ele estivesse no império. A oferta ou compartilhamento de certos alimentos e bebidas também se tornou expressão emblemática da ideologia imperial. Xerxes gostava sobretudo de comer as primícias (ou "os primeiros frutos colhidos") que lhe eram enviadas de todos os distritos do império, mas não julgava correto os reis comerem ou beberem qualquer coisa que viesse de fora das fronteiras do império. Certa vez, quando um eunuco lhe trouxe, entre os outros pratos de sobremesa, alguns figos secos atenienses, o

---

6   Atual rio Karkheh ou Karkhen, no Irã. [N.T.]

rei perguntou pela proveniência. Ao ouvir a resposta, imediatamente mandou que retirassem a iguaria. Heródoto afirmou que o eunuco fez isso de propósito, a fim de provocar Xerxes por causa de sua fracassada expedição contra a Ática.

*

Foi durante o reinado dos governantes Aquemênidas que o mundo conheceu o primeiro uso da cunhagem de moedas. Teve início na Lídia, na costa oeste da Ásia Menor, por volta de 650 a.e.c., e depois disso as satrapias ocidentais sempre estiveram associadas ao fabrico de moedas. Os primeiros exemplares foram feitos de uma liga de ouro e prata chamada *electrum* (electro), mas em Sárdis o rei Creso introduziu uma cunhagem de moedas em ouro e prata batizadas, em sua homenagem, de "*croesus*" ou "creseidas". Depois que Ciro conquistou a Lídia, a administração persa continuou a cunhar e emitir moedas de ouro e prata como as que Creso fabricava em Sárdis. Já no reinado de Dario, por volta de 515 a.e.c., foram cunhadas as primeiras moedas verdadeiramente persas – em ouro, chamadas de "dáricos" ou "daricos" (não necessariamente em homenagem ao rei), e em prata, chamadas de "siglos". Moedas feitas de ambos os metais traziam a imagem de um Grande Rei genérico, reconhecível por sua coroa, seu manto régio, arco e lança. Tais quais as creseidas de ouro e prata anteriores, eram cunhadas exclusivamente em Sárdis. Mais tarde, casas da moeda foram estabelecidas em outras cidades da Ásia Menor, e algumas, a exemplo da de Tarso, tornaram-se importantes centros de distribuição. As moedas persas circularam predominantemente nas satrapias ocidentais e tiveram pouco impacto na região central ou na porção leste do império, mas estudos sobre os tipos de moedas ocidentais atestam um elevado grau de independência entre as comunidades que as cunhavam. Como eram emitidas em diferentes satrapias (e em comunidades semi-independentes, como as cidades-Estados do Chipre), as moedas propiciavam uma imagem variada dos níveis de liberdade de que alguns sátrapas ou governadores desfrutavam. Um exemplo: o sátrapa Farnabazo, que atuava no noroeste da Ásia Menor, cunhou moedas com seu nome gravado. Parecem ter sido forjadas em Cízico (ou Kyzikos), cidade localizada na costa sul do mar de Mármara (trazem o símbolo de um atum, o símbolo de Cízico). As

Figura 10. Dárico de ouro com imagem de um Grande Rei armado com arco, flechas e uma lança, 460 a.e.c.

moedas não retratam um Grande Rei, mas trazem um retrato de Farnabazo, um dos primeiros exemplos da representação de um indivíduo vivo na posição que normalmente era reservada para a representação de um monarca ou divindade.

*

O bom funcionamento do Império Persa foi facilitado por uma excelente infraestrutura, a mais sofisticada entre todas as civilizações da Antiguidade. Estradas de qualidade interligavam os principais centros de satrapias ao núcleo imperial, permitindo a Dario manter o controle sobre suas províncias conquistadas. A mais importante dessas rodovias era a Estrada Real, que percorria impressionantes 2.400 quilômetros. Uma grande ramificação ligava Susa às cidades de Kirkuk, Nínive, Edessa, Hattusa e Sárdis na Lídia, numa jornada de noventa dias a pé; levava 93 dias para se chegar à costa do Mediterrâneo em Éfeso. Outra estrada de Susa, a ramificação oriental, ligava-se a Persépolis e Ecbátana e dali seguia para Bactro e Pexauar (Peshawar ou Pashwar). Outro ramal dessa estrada seguia para oeste e cruzava o sopé das montanhas de Zagros, seguia a leste dos rios Tigre e Eufrates, através da Cilícia e da Capadócia, e terminava em Sárdis, ao passo que uma rota alternativa levava à Frígia. Uma outra rodovia ligava Persépolis ao Egito via Damasco e Jerusalém. As estradas foram todas projetadas para se interligar com rios, canais e trilhas, bem como portos e ancoradouros para viagens marítimas. Juntos, faziam do sistema de transporte persa a maravilha da época.

A maioria das estradas não era pavimentada, embora vestígios de paralelepípedos colocados no topo de um aterro tenham sido desenterrados em Górdio e Sárdis, na Ásia Menor, sugerindo que, à medida que as estradas alcançavam os arredores das cidades, eram demarcadas de modo mais claro. As estradas em Górdio e Sárdis datam do reinado de Dario e foram construídas com cerca de cinco a sete metros de largura e, em alguns pontos, margeadas por um elegante meio-fio de pedra lavrada. Em Górdio, a estrada tinha 6,25 metros de largura, com uma superfície de cascalho comprimido e pedras de meio-fio e um sulco no meio, dividindo-a em duas pistas. Arqueólogos descobriram também um segmento de estrada aberto em um corte na rocha em Madakeh, no sudoeste do Irã, que fazia parte da estrada Persépolis-Susa, com cinco metros de largura. As estradas eram medidas em intervalos de cerca de seis quilômetros conhecidos como *parasangas*, e a cada 28 quilômetros da rota havia abrigos e postos de parada para o descanso de viajantes.

De forma semelhante aos grandes caravançarás medievais da Rota da Seda, as estações de passagem persas eram compostas por edifícios retangulares de tijolos de adobe e pedra com vários pavilhões em torno de um espaçoso pátio, que permitia acomodação para pessoas e animais de carga. Estima-se que existiam cerca de 112 dessas estalagens apenas no ramal principal entre Susa e Sárdis, mas existiam outras centenas instaladas em estradas alternativas. Quando passou pela satrapia da Babilônia por volta de 401 a.e.c., o filósofo-soldado grego Xenofonte se hospedou em várias estações de passagem. Ele as chamou de *hippon*, "de cavalos" em grego, o que sugere que os edifícios incluíam também conjuntos de estábulos. Uma grande estação de passagem que consistia em um edifício de pedra de cinco cômodos e um pátio foi escavada nas imediações do sítio de Kūh-e Qal'eh, nos arredores da estrada principal Persépolis-Susa. Conhecida por ter sido uma importante artéria para o tráfego régio, é um bom exemplo de acomodação "de luxo". Com suas colunas e pórticos finamente trabalhados, é muito mais luxuosa do que as hospedarias dos viajantes comuns. Em Kūh-e Qal'eh foram encontrados bens de consumo caros, como refinada vidraria e pedras importadas, levando arqueólogos à conclusão de que a parada se destinava ao uso dos super-ricos. Estações intermediárias mais modestas foram encontradas perto de Germabad e Madakeh, na estrada Persépolis-Susa, e outras nas imediações de Pasárgada e entre Susa e Ecbátana. Essas estações menores também eram as repartições das equipes de manutenção de estradas, os grupos de trabalhadores conhecidos como "supervisores de estradas", que garantiam a conservação das rodovias. Além de manter as estradas limpas de vegetação e detritos, uma de suas tarefas mais inusitadas era livrar as estradas de escorpiões e cobras.

Um sistema postal rápido e eficiente chamado em persa antigo de *pirradazish* ("corredor expresso") conectava as principais cidades do império. Muito eficaz, era a versão persa da banda larga de hoje. A comunicação rápida estava na ordem do dia, pois a burocracia persa exigia um canal efetivo e confiável. O resultado foi a criação da primeira forma de serviço postal feito a cavalo. Heródoto era seu maior fã:

> Não existe nada mortal que seja mais veloz que o sistema criado pelos persas para enviar mensagens. Aparentemente, eles têm cavalos e homens postados a intervalos ao longo da rota, o mesmo número que a duração total em dias da viagem, com um cavalo e cavaleiro descansados para cada dia de viagem. Quaisquer que sejam as condições – pode estar nevando, chovendo, um calor escorchante ou um breu –, eles nunca deixam de completar sua jornada designada no tempo mais rápido possível. O primeiro homem passa suas instruções para o segundo, o segundo para o terceiro e assim por diante.

Comparado com a velocidade de comunicação um tanto lenta no posterior Império Romano, cujas províncias eram em grande parte interligadas pelo mar Mediterrâneo, o nível de conectividade rápida e eficiente no Império Aquemênida é extraordinário. Até o advento da Idade Moderna, nenhuma sociedade chegou perto de igualar sua competência.

Informações úteis sobre o sistema da Estrada Real chegam até nós por meio das tabuletas da Fortificação de Persépolis, que registram os gastos com a distribuição de rações de comida ou provisões aos viajantes ao longo do caminho, descrevendo seus destinos e pontos de origem.

Os textos sobre "ração de viagem" atestam que, de maneira sistemática, homens e mulheres cruzavam para lá e para cá vastas áreas do império a fim de tratar tanto de negócios de Estado (entrega de mensagens, dinheiro ou bens) como de assuntos privados (honrar contratos de trabalho ou participar de cerimônias religiosas). Os textos registram as rações de víveres recebidas em viagens. Três tabuletas confirmam que indivíduos empreenderam jornadas de enorme amplitude – da Índia a Susa, de Sárdis a Persépolis e, surpreendentemente, de Susa a Candaar, no Afeganistão:

> Abbatema recebeu 11 quartos[7] de farinha. Carregando consigo um documento selado do rei, partiu da Índia. Foi para Susa. 2º mês, 23º ano do reinado de Dario. (PF 1318)
> 4,65 quartos de farinha recebidos por Dauma, que saiu de Sárdis. Ele foi para Persépolis. 9º mês. 27º ano do reinado de Dario. (PF 1404)
> Uma mulher partiu de Susa para Candaar. Carregava consigo um documento selado do rei e recebeu provisões. Zishandush é seu guia treinado. 22º ano. 2º mês do reinado de Dario. (PF 1550)

Um documento de Susa, escrito por ordem de Arshama, o sátrapa do Egito, atesta que ele emitiu passaportes e livros de racionamento para um grupo de viajantes, servos seus, incluindo seu mordomo, um egípcio chamado Nakhtor. Eles voltavam da Babilônia para o Egito. O texto diz:

> Este documento é para apresentar meu oficial, Nakhtor, pelo nome. Ele está a caminho do Egito. Tu lhe deves fornecer provisões diárias de minhas propriedades em tuas respectivas províncias, da seguinte forma:
> Farinha branca – 2 xícaras
> Farinha fina – 3 xícaras
> Vinho ou cerveja – 2 xícaras [...]
> Para cada um dos membros de sua comitiva (10 homens no total) diariamente:
> Farinha – 1 xícara, mais forragem suficiente para seus cavalos.

---

[7] Aqui, quarto se refere a uma antiga medida de volume para secos igual a um oitavo de celamin/salamim, ou 1,101 litro. [N.T.]

Tu deves ainda fornecer provisões para dois cilicianos e um artesão (três ao todo), servos meus que o acompanham ao Egito:
Farinha – 1 xícara por dia para cada homem.
Fornece essas provisões, cada funcionário por sua vez, ao longo da rota de província em província, até ele chegar ao Egito. Se ele parar em qualquer lugar por mais de um dia, não lhe dê provisões extras para os dias adicionais.

Todas as estradas eram vigiadas e policiadas. A manutenção de sua segurança para viajantes privados era garantida por patrulhas rodoviárias posicionadas em pontos regulares em todas as rodovias. A polícia rodoviária tinha o direito de parar e revistar qualquer viajante solitário ou caravana. Bandoleiros, salteadores e mendigos recebiam punições pesadas, e seus olhos arrancados ou membros decepados eram advertências a todos os potenciais ladrões e criminosos de pequena monta que pensassem em desafiar a boa ordem da lei de Dario. O Grande Rei policiava seu reino com zelo, e de uma ponta à outra do império mantinha uma rígida rede de espiões. Conhecidos como os "Ouvidos do Rei", informavam à autoridade central qualquer indício de rebelião nas satrapias ou algum lampejo de insurreição nas províncias. Um oficial da corte com o curioso título de "O Olho do Rei" (*Spasaka*, em persa antigo) era encarregado da coleta de informações e se reportava diretamente (e talvez diariamente) ao Grande Rei em pessoa. Muito impressionado com a eficiência do sistema de espionagem persa, um autor grego, Aristóteles de Estagira, escreveu o seguinte:

> O próprio rei, dizem, vivia em Susa ou Ecbátana, invisível aos olhos de todos, num palácio maravilhoso. Do lado de fora [das portas do palácio], os líderes e os homens mais eminentes estavam postados em formação – alguns eram chamados de "guardas" e "olhos e ouvidos do rei" –, para que o rei a tudo pudesse ver e ouvir.

Escondido no interior de seu palácio, de onde distribuía leis e decretos, e cercado por guardas bem armados e redes de espiões e informantes, Dario, o Grande, supervisionava a governança eficaz e prática de seu reino. A autocracia, ao que parece, era o principal objetivo de Dario. Ele a colocou em prática com determinação obstinada.

7
UMA CORTE EM TENDAS

Monarcas gostam de viajar. Quando viajam, fazem isso em grande estilo. Mas por que os monarcas viajam? Eles têm palácios confortáveis e seguros para atender tanto às suas necessidades diárias quanto às demandas do Estado. Então, por que pegar a estrada? Monarcas viajam porque precisam. Viajam para conhecer outros reis e rainhas ou líderes de Estado e desempenhar seu papel no cenário internacional; viajam para testemunhar os mecanismos de funcionamento interno de seus reinos e desempenhar um papel igualmente importante nos dramas da política doméstica. Viajam para se mostrar a seus súditos, como manifestações de poder e controle ou para impulsionar sua popularidade. Muitos chefes de Estado modernos chegavam até mesmo a "pressionar a carne" de seus admiradores – apertando as mãos das pessoas, trocando palavras em conversas amenas e oferecendo gentilezas – de uma maneira afável que teria parecido estranha à maioria dos governantes absolutos das sociedades passadas. No Período Aquemênida, os Grandes Reis persas viajavam bastante. Eram longas jornadas para atender às necessidades da diplomacia nacional e internacional, cumprir deveres religiosos ou culturais, comandar exércitos em batalhas e participar da vida de seus súditos. Via de regra eram acompanhados por boa parte da corte real, bem como por um enorme contingente militar, de modo que, com efeito, quando o Grande Rei viajava pelo império, o próprio Estado estava em trânsito: aonde ia a casa real, ia o império.

O Grande Rei e sua corte usavam o sofisticado sistema viário do império para atravessar o reino não apenas por razões pragmáticas de

Estado, mas também para satisfazer a um instinto profundamente arraigado na psique persa: os aquemênidas conservaram o estilo de vida nômade de seus ancestrais eurasianos. O desejo de se deslocar de um lugar para o outro nunca os deixou. Pode-se pensar na frequente movimentação da corte real ao redor e através do império como uma migração nômade condizente com os padrões de deslocamento típicos dos povos itinerantes. No Irã, tradicionais movimentos migratórios de grupos nômades (cada um com suas próprias e profundas afiliações tribais e familiares) sempre estiveram ligados a rotas e destinos claramente definidos. Os nômades garantiam a produtividade de seu sustento por meio do bem-estar de seus rebanhos de ovinos e caprinos, e seguiam os padrões climáticos que proporcionavam as melhores pastagens. Em essência, a corte real da Pérsia manteve essa antiga prática nômade, testada e comprovada pelo tempo. A corte também se movia pelo Irã seguindo os padrões climáticos. No calor sufocante do verão, a corte residia no norte do planalto iraniano, nas frias montanhas de Ecbátana. Nos meses de inverno, viajava para Babilônia e Susa, e ia para Persépolis e Pasárgada no frescor da primavera. Chegado o calor do verão, o ciclo recomeçava com uma nova mudança da corte para Ecbátana.

*

A logística desses deslocamentos da corte exigia uma enorme organização e recursos colossais. Ao que tudo indica, muitos milhares de pessoas eram afetados por essa mobilidade, e outros tantos eram responsáveis pelos deslocamentos. Para todos os efeitos, a corte real peripatética era uma cidade ambulante. Praticamente todo o establishment real – tanto a família régia quanto a equipe de serviçais e demais funcionários – se mudava com o Grande Rei, que era acompanhado por sua equipe pessoal, escribas, arquivistas e mantenedores de registros, bem como o Tesouro real. O rei levava consigo seu harém, assim como artistas, músicos, dançarinos e cuidadores de animais, com seu grande número de cabeças de gado. Sacerdotes, astrólogos e videntes acompanhavam o rei. As forças armadas também partiam com o monarca, junto com todas as pessoas que dependiam da corte e do exército. Uma multidão, várias vezes mais numerosa que os regimentos do exército, acompanhava o périplo, pastoreando seus animais ao lado da comitiva real. Com um cortejo tão vasto, o movimento era dolorosamente lento. Somente a viagem entre Susa e Ecbátana poderia levar mais de dois meses, já que a corte não percorria mais de dez quilômetros por dia, durante no máximo sete ou oito horas de marcha.

Não se desperdiçava a luz do dia. Tão logo amanhecia, a corte persa iniciava sua jornada depois que um sinal – uma explosão de ruído de uma trompa de bronze – era anunciado com alarde desde a tenda do rei. A ordem da linha de marcha era determinada pela tradição. À frente de toda a cavalgada iam os sacerdotes, caminhando a pé, carregando altares portáteis de prata acesos com fogo e entoando hinos tradicionais; eram seguidos por mais de trezentos rapazes vestindo mantos escarlates que atuavam como escolta honorária. Atrás deles, a carruagem puxada por cavalos, consagrada ao deus Aúra-Masda. Seguia-se um garanhão branco, consagrado ao deus e chamado de "Cavalo do Sol". Cetros dourados e mantos brancos adornavam os cavaleiros que acompanhavam a carruagem do deus. Não muito atrás, dez carroças com parafernália ritual, seguidas por uma cavalaria guarnecida de todo tipo de armamento. Os próximos do cortejo eram os Imortais, um corpo de elite do exército imperial que supostamente contava com 10 mil homens. Nenhum outro grupo tinha um aspecto tão vistoso. Esses soldados, o orgulho da Pérsia, usavam colares de ouro, uniformes entretecidos com ouro e túnicas de mangas compridas cravejadas de pedras preciosas. Na esteira dos Imortais, após um curto intervalo, marchavam 15 mil parentes do rei, que se destacavam mais pelo luxo do que por sua capacidade de lutar. A coluna seguinte abrangia os servos do guarda-roupa real, que precediam a carruagem régia, a qual transportava o próprio rei. Sentado em posição mais elevada que todos os demais, realizava durante a viagem diversas atividades. Podia cumprimentar a população de aldeias e vilarejos, ou se ocupava com a documentação oficial do Estado – a administração do império continuava, ininterrupta, enquanto a corte avançava. Uma encantadora vinheta grega retrata o monarca, um tanto entediado, sentado em sua vagarosa carruagem, enquanto entalha um pedaço de madeira para ajudar a passar o tempo.

O carro do rei era seguido por 10 mil lanceiros, soldados que carregavam lanças cravejadas de prata e pontas de ouro; à direita e à esquerda, o monarca era acompanhado por duzentos de seus parentes reais, montados a cavalo. No final da coluna havia 30 mil soldados de infantaria, seguidos por quatrocentos cavalos do rei. Em seguida, a uma distância de cerca de 1,5 quilômetro da unidade principal, a comitiva das mulheres reais, viajando dentro de harmamaxas, liteiras ou carruagens cobertas e luxuosamente decoradas (versões majestosas dos carroções cobertos de lona nos quais os primeiros colonos cruzaram as pradarias do oeste norte-americano), reservadas para a mãe do rei e as consortes reais. Atrás delas, uma multidão de mulheres das casas das rainhas, a cavalo, precedendo mais quinze carroças cobertas nas quais viajavam os filhos do rei, suas amas e eunucos. Em seguida vinham as trezentas carruagens das concubinas reais. Era punível com pena de morte cruzar o caminho da harmamaxa em que qualquer uma das mulheres reais era transportada e, ao passarem pelo campo, as damas reais eram zelosamente vigiadas e protegidas. Atrás das carruagens das concubinas vinham seiscentas mulas e trezentos camelos, que transportavam o tesouro do rei. Bem perto, uma guarda de arqueiros estava a postos para proteger o rico patrimônio. Depois dessa coluna cavalgavam as mulheres dos parentes e amigos do rei, e hordas de servos e seguidores. Por fim, na retaguarda estavam as tropas de armas leves, com seus respectivos comandantes. A marcha terminava quando, etapa por etapa, a corte chegava ao acampamento noturno que havia sido montado de antemão por uma enorme equipe de batedores, que trabalhava durante o dia para assegurar que o terreno estivesse preparado e que as cozinhas tivessem providenciado comida quente para os milhares e milhares de viajantes. Embora vagaroso, o evento se desenrolava com precisão militar.

Milhares de animais facilitavam as migrações da corte, ao puxar carroças, carruagens e carroções e transportar no lombo pessoas e mercadorias. Nas mudanças da corte empregavam-se cerca de 100 mil cavalos e 200 mil outros animais, incluindo burros, mulas e bois. O cavalo, intimamente ligado à vida persa, era o principal meio de transporte da corte, embora o camelo desempenhasse um importante papel nas operações. A palavra em persa antigo para camelo, *usha* ou *ushtra*, geralmente ocorre como um elemento de composição de nomes pessoais (destaque para Zaratustra, "aquele que cuida de camelos"), o que atesta seu destaque na sociedade persa. As imagens de camelos bactrianos na arte aquemênida são inconfundíveis e copiosas; em Persépolis, estão incluídas nas representações de várias delegações do nordeste do Irã; já os dromedários, com apenas uma corcova, são retratados somente com a delegação árabe. Os ágeis camelos e dromedários eram importantes fontes de carne, leite e pelagem, embora não estivessem envolvidos no transporte pesado. A bem da verdade, nenhum dos camelos de Persépolis é retratado como animal de tração. Porém, fontes do período pós-aquemênida fornecem referências explícitas a carroças puxadas por camelos, e a imagem de um selo aquemênida mostra o Grande Rei numa carruagem puxada por um grupo de dromedários. Ambas as espécies foram usadas pela cavalaria persa, e está claro que Dario I empregou tropas de camelos (*ushabari*) em sua campanha contra os rebeldes babilônios. As tabuletas de Persépolis atestam também a existência de cáfilas de camelos, pertencentes ao Grande Rei, que percorreram inúmeras vezes o trajeto entre Persépolis e Susa – artistas eventualmente retratavam o Grande Rei montado num camelo. Um pequeno selo mostra o Grande Rei montado num dromedário, acertando um leão com uma lança, o que sugere que os camelos também eram utilizados em expedições de caça.

*

Na paisagem aberta, após um dia inteiro de viagem, a procissão imperial finalmente parava e acampava. Heródoto registra que as tropas persas que marchavam com Xerxes quando ele invadiu a Grécia, em 480 a.e.c., tinham a tarefa de desmontar, transportar e remontar a tenda real assim que chegavam a um novo acampamento, e é fácil imaginar as tendas dos outros nobres sendo erguidas por equipes de servos ao mesmo tempo. Tendo dormido em vários acampamentos persas durante o período que passou no leste, o historiador grego Xenofonte nunca deixou de se impressionar com a eficiência da metódica operação de estabelecimento de acampamentos.

> Comentarei sobre como era bem organizada a operação para preparar os comboios de bagagem, por mais vastos que fossem, e observarei a presteza com que chegavam a seu destino. Pois sabe-se que quando o rei da Pérsia acampa, também os cortesãos e toda a comitiva que o acompanha se aloja em tendas, seja inverno ou verão. Ciro determinou que a entrada de sua tenda olhasse sempre para

o lado do oriente, e fixou o intervalo que devia separá-la das tendas dos lanceiros. Assinalou que à sua direita ficaria o alojamento dos padeiros, à esquerda o dos cozinheiros, e também colocou à sua direita os cavalos e à esquerda as outras bestas de carga. Tudo era de tal ordem regular e organizado que todos sabiam perfeitamente o lugar e o espaço que cada um deveria ocupar. Chegada a hora de levantar o acampamento, cada um recolhia as bagagens de que era incumbido de tomar conta, outros as carregavam por sobre o lombo das cavalgaduras. Os que conduziam as bestas de carga caminhavam todos ao mesmo tempo para os lugares que lhes estavam designados, e também ao mesmo tempo carregavam as coisas que tinham de carregar. O tempo necessário para desmontar uma tenda era idêntico para todas as pessoas. A fim de que todos estivessem prontos na hora certa, todos tinham uma tarefa específica a fazer. Portanto, o tempo destinado para a execução de cada função era inalterável. O mesmo acontecia a respeito dos víveres, já que cada criado encarregado das provisões tinha seu lugar marcado no acampamento para realizar o trabalho; também os lugares destinados para as tropas eram determinados com exatidão, e cada um conhecia tão bem a posição que deveria ocupar e a tarefa a executar que tudo transcorria sem o menor indício de atrito.

Organizado de maneira sistemática para refletir preocupações hierárquicas e defensivas, o acampamento real era erguido de modo que a tenda do Grande Rei ocupasse o centro do complexo, voltada para o leste. Era colorida e decorada com dispositivos heráldicos característicos, estandartes e bandeiras específicos. Situada no centro do acampamento, era o próprio símbolo da autoridade real, e dentro dela o rei realizava os mesmos rituais e deveres que cumpria no interior dos palácios: sentava-se para presidir reuniões de conselho, ouvia debates, julgava crimes, aprovava leis, comia boa comida, ouvia música, escutava histórias e dormia com suas mulheres. Quando a corte viajava, a tenda real tornava-se o centro do império. Era uma estrutura colossal, feita de tecidos coloridos e painéis de couro sustentados por um arcabouço de colunas de dez metros de altura, douradas e cravejadas de joias. Em todos os aspectos, a tenda do rei era uma versão desmontável de um palácio de pedra – grande o suficiente para conter uma centena de sofás e canapés, decorado de forma suntuosa e magnífica com cortinados caros e lençóis finos. De formato retangular, tinha no centro um dossel circular e alto, que os gregos chamavam de *Ouranos* ("céu"). Um espantado ateniense escreveu: "Na Pérsia, as tendas reais têm tetos circulares, como céus". Sob os pés havia tapetes roxos de Tiro e capachos carmesim entrelaçados com ouro. Todo o recinto era cercado por ricas cortinas de linho tecidas com fios de ouro e prata; até mesmo os varões das cortinas eram revestidos de ouro e prata.

Como sinal de predileção e como demonstração de generosidade real, o Grande Rei poderia presentear com uma bela tenda um cortesão que caísse em suas graças. Muitas vezes a tenda vinha ricamente mobiliada com sofás, tecidos, baixelas de ouro e criados. O exilado ateniense Temístocles, por exemplo, recebeu de Artaxerxes I, à guisa de recompensa, uma tenda esplendidamente ornamentada, "de extraordinária beleza e tamanho". Com ela, Plutarco afirmou, havia "uma cama com pés de prata, suntuosas cobertas e um escravo para estendê-las". A tenda régia era de fato um emblema visível da autoridade imperial – tanto que, durante a guerra, a captura de uma delas pelo inimigo era um símbolo do colapso da própria autoridade monárquica, o que Alexandre da Macedônia comprovou plenamente quando passou a ocupar a tenda que pertencera a Dario III, o último governante Aquemênida.

No acampamento real, uma vez erguidas as tendas, iniciava-se o trabalho de alimentar a corte – empreitada imensa e dispendiosa. Eram necessários víveres para saciar centenas de milhares de pessoas. À medida que o Grande Rei viajava por todo o reino – às vezes até os confins do império, em sua busca expansionista de território –, das cidades, vilarejos e aldeias pelas quais a comitiva real passava, esperava-se que atendessem às necessidades do exército e da corte. Tal qual um enxame de gafanhotos, a corte poderia facilmente pôr fim à produção da paisagem circundante. Quando Xerxes atravessou a Trácia em sua campanha rumo à Grécia, aldeias foram depenadas de suas colheitas para servir comida e bebida ao próprio rei e a todos os comensais que jantavam com ele. Xerxes foi acomodado em uma magnífica tenda que os trácios haviam criado e erguido em homenagem ao soberano. Para o restante do exército exigiu-se que os trácios fornecessem apenas comida. Quando se fartaram, os soldados dormiram ao relento. Porém, ao amanhecer, o exército derrubou a esplêndida tenda real e marchou levando consigo todos os bens portáteis, sem deixar nada para trás. Megácreon de Abdera, que testemunhou a cena, aconselhou os atordoados aldeões a se reunirem no templo para agradecer profundamente aos deuses pelo fato de Xerxes ter o costume de fazer apenas uma refeição por dia. Caso contrário, eles teriam recebido ordens para fornecer ao rei um desjejum semelhante ao jantar!

8
A CONSTRUÇÃO DA MAJESTADE

Os monarcas Aquemênidas eram nômades tarimbados, mas também eram construtores entusiasmados, especialistas em estruturas dinásticas e imperiais. Durante um período de dois séculos, os Grandes Reis ergueram maravilhas arquitetônicas – fortalezas, residências reais e túmulos escavados na rocha – em uma escala de grandiosidade impressionante. Em inscrições oficiais, vários dos Grandes Reis realizaram orgulhosas alusões a seus projetos de construção, quase sempre na tentativa de demonstrar longevidade dinástica. O planejamento exaustivo e a criação de estruturas de pedra tornaram-se símbolos da supremacia real e da harmonia imperial. Numa inscrição feita a mando de Dario em Persépolis, lê-se: "Neste terraço, onde este palácio fortificado [*halmarrash*, em persa antigo] foi construído, nenhum palácio havia sido construído antes; pela graça de Aúra-Masda, construí este palácio. E foi o desejo de Aúra-Masda, e o desejo de todos os deuses que existem, que este palácio fosse construído" (DPf).

Tirando proveito dos abundantes recursos e da gigantesca mão de obra disponível de seu vasto império, os reis Aquemênidas edificaram de forma prodigiosa e em profusão em todo o reino. Os principais palácios, feitos de pedras primorosas, tijolos de adobe, tijolos vitrificados e madeira, estavam agrupados nas regiões ancestrais de Pārs (em Pasárgada e Persépolis), Média (em Ecbátana) e Elam (em Susa), ou em áreas das conquistas iniciais (Babilônia). Residências reais aquemênidas tendiam a ser construídas sobre áreas anteriores de habitação mais antiga, enfatizando a hegemonia persa sobre o passado.

Pouco resta da outrora famosa residência aquemênida em Ecbátana, arredores da atual Hamadã, cuja localização arqueológica envolve um bocado de controvérsia, mas um dia deve ter sido um tremendo espetáculo. Políbio, historiador grego do período helenístico, escreveu que "a residência transmitia uma elevada ideia da riqueza de seus fundadores", e sugeriu que o madeiramento era todo de cedro e cipreste, embora nenhuma parte ficasse exposta, pois até mesmo os caibros, os compartimentos do teto e as colunas dos pórticos e colunatas eram revestidos de prata ou ouro. "A maior parte dos metais preciosos foi arrancada na invasão de Alexandre e seus macedônios", Políbio confirmou.

Após a conquista da Babilônia em 539 a.e.c., os persas iniciaram a construção de um grande palácio cerimonial próximo à antiga residência de Nabucodonosor II (uma declaração política evidente para seus súditos babilônicos). Hoje pouco resta do palácio, e é possível apenas tentar uma reconstrução hipotética de sua augusta aparência. Há indícios do uso de bases de colunas e capitéis de touro no estilo aquemênida, e pelo menos parte do palácio foi decorada com refinadas alvenarias vitrificadas, que compartilhavam motivos com exemplares encontrados em Susa. De fato, a influência da cultura babilônica na arte e na arquitetura aquemênida é clara em várias ruínas, por exemplo o uso de terraços em plataforma na construção de palácios, a decoração das paredes e a técnica *repoussé* (ou cinzelado) em trabalhos em metal. Um pavilhão de estilo persa, com um *Apadana*, ou salão do trono, e um pórtico com colunas, foi erguido no lado oeste do antigo palácio de Nabucodonosor; e uma grande plataforma de pedra, um *takht* de estilo persa – a estrutura arquitetônica aquemênida por excelência –, escavada perto do antigo palácio babilônico sugere que os governantes aquemênidas podem ter construído um palácio novinho em folha, em estilo persa.

Não há evidência de que Ciro ou Cambises tenham sido ativos no antigo sítio palaciano de Susa. Foi somente Dario que, uma vez consolidado o seu poder, optou por usar a cidade como uma de suas residências. Há uma boa possibilidade de que ele tenha nascido na cidade e, como um de seus filhos orgulhosos, estivesse ansioso para reativar seu passado glorioso, quando era a rica capital da poderosa Elam. Imaginou Susa como um local adequado para a ostentação de um recém-descoberto poder aquemênida e, por conseguinte, construiu em abundância por lá. Numa inscrição que mandou instalar no coração da cidade, vangloriava-se de ter reconstruído as dilapidadas fortificações, ressaltando que "construções que outrora estavam fora de lugar, eu as coloquei no lugar. A muralha, de tão velha, estava em ruínas. Defronte a esse muro avariado construí outro, para servir do presente ao futuro" (DSe). Escavações arqueológicas revelam que Dario mudou drasticamente a topografia da antiga Susa. Nivelou o topo da Acrópole, a colina que ficava no centro da cidade, a uma altura de quinze metros acima da planície abaixo, de modo que suas construções pudessem ser vistas de longe. O acesso à cidade real era feito por um monumental portal construído no lado leste da Acrópole. Um imenso pavilhão quadrado, o portão dominava a paisagem e chegava a ofuscar o palácio de Dario, ao qual se chegava por uma passagem através do próprio portão, que, por sua vez, era ladeado por duas estátuas de Dario, muito maiores que a escala humana.

O palácio residencial do rei em Susa era organizado em torno de três grandes pátios, cada um adornado com tijolos esmaltados representando leões, guardas reais e plantas floríferas. Os aposentos reais eram de difícil acesso, com corredores labirínticos e passagens em zigue-zague, proporcionando ao rei privacidade e segurança. Atrás dos aposentos do rei havia uma série de aposentos para os membros imediatos da família real. Por fim, ao norte, projetando-se para fora dos outros edifícios, estava o *Apadana*, uma vasta construção quadrada de vinte metros de altura, com um salão central de colunas e um pórtico em cada um dos três lados abertos com duas fileiras de seis colunas e escadas que conduzia ao telhado plano. Erguido num terraço alto e aberto em três lados, o *Apadana* deve ter sido uma estrutura imponente, visível das planícies do Elam. Um vislumbre da beleza do palácio aquemênida de Susa pode ser colhido a partir de cenas do livro bíblico de Ester, cuja ação se desenrola nos salões e jardins reais: "O jardim régio tinha cortinados e reposteiros de linho branco e azul, amarrados com cordas de linho branco e material púrpura, com anéis de prata sobre pilares de mármore. Havia sofás de ouro e prata sobre um pavimento de mosaico de pórfiro, mármore, madrepérola e outras pedras caras".

Dario tinha motivos para sentir orgulho de seu palácio em Susa. Ele encomendou a criação de uma série de inscrições cuneiformes admiravelmente esculpidas para atestar o multiétnico e amoroso trabalho empregado na edificação. Enterradas sob as portas do *Apadana* encontraram-se as chamadas "Cartas de Fundação de Susa", declarações multilíngues com informações valiosas sobre a construção do complexo do palácio. Havia muito tempo, era tradição na Mesopotâmia enterrar sob os limiares dos palácios uma tabuleta de fundação para invocar a proteção dos deuses. Os reis aquemênidas apoiavam com entusiasmo o costume, pois textos semelhantes foram descobertos no *Apadana* em Persépolis. As inscrições de Dario falavam das refinadas madeiras e pedras e dos materiais preciosos usados na construção, enfatizando a extensão geográfica do império do próprio Dario, que permitia o uso de materiais tão diversos e raros. As Cartas falavam da mistura étnica de trabalhadores que chegavam a Susa, vindos de terras distantes a fim de trabalhar na conclusão do palácio. Nos textos, Dario relata que os alicerces do palácio haviam sido assentados em solo firme e que seus operários cavaram quarenta côvados na terra para alcançar a rocha de base e encher as fundações com escombros, compactados firmemente de modo a formar um alicerce seguro para que a construção durasse por toda a eternidade. Mais adiante, afirma:

> Este palácio que eu construí em Susa, seus ornamentos foram trazidos de terras distantes. [...] Moldou-se o tijolo seco ao sol, tarefa que o povo babilônio cumpriu. A madeira de cedro foi trazida de um lugar chamado Líbano. O povo assírio o trouxe para a Babilônia; os cários e os gregos o trouxeram da Babilônia para Susa. A madeira-*yakâ* foi trazida de Gandara e da Carmânia. O ouro foi trazido da Lídia e da Báctria, e aqui cinzelado. As pedras preciosas lápis-lazúli e cornalina que aqui foram lapidadas vieram de Sogdiana. A pedra preciosa turquesa, esta foi trazida de Corásmia, e aqui trabalhada. A prata e o ébano foram trazidos do Egito. Da Grécia veio a ornamentação com que as paredes foram adornadas. O marfim que aqui se esculpiu foi trazido da Núbia e da Índia e da Aracósia. As colunas de pedra que aqui foram buriladas provieram de uma aldeia chamada Abirâdu, em Elam. Os homens que trabalharam a pedra eram gregos e lídios. Os ourives que manusearam e fundiram o ouro eram medos e egípcios. Os homens que

entalharam a madeira eram lídios e egípcios. Os homens que forjaram o tijolo cozido eram babilônios. Os homens que adornavam as paredes eram medos e egípcios. Diz Dario, o rei: em Susa encomendou-se uma obra assaz excelente, levou-se a cabo uma obra deveras excelente. (DSf)

As Cartas de Susa enumeram nada menos que dezesseis regiões do império que forneceram matérias-primas ou mão de obra para o projeto de construção de Dario; de outros oito países vieram os talentosos artesãos. Artífices de Sárdis trabalhavam em pedra e madeira; egípcios moldavam a madeira e criavam os relevos do palácio; medos trabalhavam o ouro e faziam relevos no palácio. Alguns dos operários eram trabalhadores braçais comuns: babilônios fizeram o alicerce; sírios, jônios e cários transportaram madeira do Líbano para a Babilônia e depois para Susa. As Cartas de Susa revelam também de que maneira os trabalhadores estrangeiros tendiam a ser mantidos juntos, encurralados em unidades, enquanto construíam certas partes do palácio.

A presença de tantos trabalhadores estrangeiros em Susa foi uma resposta direta à necessidade do incipiente império de ratificar sua existência. Pela primeira vez em sua história, os persas ansiavam por construir palácios, centros governamentais e todas as infraestruturas necessárias a um Estado dominante. A escala das obras de construção era descomunal, tirando proveito da incomparável extensão do gigantesco império. As Cartas de Susa mostram que a mão de obra e o emprego de trabalhadores especializados eram necessidades urgentes na Pérsia para possibilitar os empreendimentos de construção em uma extraordinária superescala, e o enorme território que Dario e seus predecessores haviam conquistado permitiu que os persas priorizassem técnicas estrangeiras de construção e decoração. Em suma, o palácio de Dario em Susa foi uma obra-prima de design multinacional e criação internacional.

*

O mais conhecido de todos os antigos sítios arqueológicos persas é Persépolis, cujas ruínas magníficas e assombrosas repousam no sopé de Kuh-e Rahmat ("montanha da misericórdia"), cerca de quinhentos quilômetros a leste de Susa e cinquenta quilômetros ao norte de Shiraz.

Persépolis fica no coração de Pārs e está localizada em uma remota região nas montanhas, o que dificulta a viagem até lá durante a estação chuvosa do inverno persa. Por causa da localização isolada, a cidade existia em segredo, apartada do mundo exterior (não é mencionada por nenhuma fonte grega anterior aos historiadores de Alexandre), e era a cidade mais segura do império. Persépolis foi sem dúvida o maior e mais espetacular dos palácios aquemênidas, e hoje é a mais impressionante das ruínas da Antiguidade. É um lugar mágico, uma ruína evocativa de beleza e grandiosidade insuperáveis, e figura entre os mais formidáveis sítios arqueológicos do mundo. Simplesmente não tem equivalente.

As primeiras escavações em Persépolis ocorreram na década de 1890, mas foi somente quando o arqueólogo Ernst Herzfeld e sua equipe, a serviço da Universidade de Chicago, começaram a explorar o sítio, em 1931, que se iniciou um sistemático trabalho de descoberta das ruínas. Nos últimos noventa anos foram desenterradas inúmeras estruturas de palácios, túmulos, edifícios administrativos e fortificações, e as escavações no local continuam – ainda há muito a encontrar. A recente descoberta do portal de estilo babilônico de Ciro, o Grande, em Tol-e Ājori, bem perto de Persépolis, reescreveu a história do local, outrora considerado um território desconhecido, ausente dos mapas, e escolhido por Dario para sediar um novíssimo empreendimento de construção. No entanto, em vez de incorporar ao projeto de seu palácio a estrutura de Ciro, Dario a derrubou. Foi uma decisiva e imodesta demonstração de superioridade, que nos diz muito sobre o ambivalente relacionamento de Dario com seu antecessor. Pois, embora Dario afirmasse ter sido "parente de sangue" de Ciro, claramente julgava perturbadora a presença física do monumental edifício do outro, e ao que parece foi o ciúme que o levou a demolir o portal e construir bem próximo a ele, numa planície desbastada, no Marvdasht, um enorme terraço em plataforma que ofuscou a obra de Ciro e de onde Dario podia literalmente olhar de cima para baixo o fundador da Pérsia. Aliás, em Pasárgada, Dario também interferiu nas obras de construção de Ciro, ao esculpir na pedra inscrições cuneiformes trilíngues. De maneira fraudulenta, os textos anunciam na voz do falecido Grande Rei: "Eu sou Ciro, o Rei, um Aquemênida".

As estruturas em Persépolis foram construídas principalmente por Dario I (a partir de meados de 518 a.e.c.), Xerxes e Artaxerxes I, mas o local ainda estava em expansão até 330 a.e.c., quando foi destruído por Alexandre da Macedônia. Ao longo de sua história, Persépolis funcionou como um local de construções da realeza, à medida que, uma geração após a outra, reis aquemênidas adicionaram suas próprias marcas pessoais ao complexo palaciano. Persépolis está localizada em uma zona de terremotos e sofreu muitos tremores danosos; por isso, volta e meia os reis realizavam projetos de restauração e obras de reparo. De fato, no momento em que Alexandre chegou a Persépolis, Dario III realizava uma ampla reconstrução para reparar os estragos causados por um terremoto recente.

Não há consenso acadêmico acerca dos objetivos de Dario quanto à construção do palácio, e a função básica de Persépolis ainda suscita um sem-número de debates. Era certamente um centro cerimonial, mas algum dia se destinou a ser habitado? Uma escola de pensamento, muito recomendável, sugere que o palácio era sobretudo um local para celebrar o Noruz, o festival persa do Ano-Novo. A ideia ganhou força a partir do período das escavações de Herzfeld, embora alguns repudiem categoricamente que o Noruz tenha sido celebrado no Período Aquemênida. Outros especialistas veem Persépolis como um centro religioso semelhante a um templo e não um palácio residencial, embora a presença no local da enorme burocracia responsável pela supervisão e registro das manobras econômicas do dia a dia seja uma significativa contestação a essa hipótese. Para outros estudiosos, porém, Persépolis foi a definitiva ilustração do poder real, bem como uma importante presença política, econômica e administrativa. Essa talvez seja a melhor maneira de entender o palácio, ainda que a ideia de considerar Persépolis como o local de realização do Festival Noruz não deva ser totalmente descartada. Sem dúvida, imagens extraordinariamente elegantes de portadores de tributos provenientes de todos os cantos do império, esculpidas em duas das escadarias régias no salão do trono do palácio, sugerem a participação dessas pessoas em algum tipo de celebração imperial especial, e uma festividade do Noruz se encaixa perfeitamente no contexto.

A mesma configuração palaciana encontrada em Susa se repete em Persépolis. O palácio foi construído em um terraço em plataforma de quinze metros de altura (fortificado e entrecruzado por canais de drenagem), trezentos metros de largura e 455 metros de comprimento.

Seus blocos de calcário cortado foram retirados de uma pedreira próxima, mas um pouco de calcário cinza-escuro, utilizado para a cantaria decorativa, percorreu quarenta quilômetros para chegar lá. Persépolis foi um colossal esforço de habilidade e músculos humanos, e Dario estava orgulhoso do trabalho realizado, tanto que registrou seu contentamento numa inscrição no local: "Eu a construí, completei, embelezei e tornei sólida, exatamente como determinei" (DPf).

O acesso ao palácio se dava originalmente através de um modesto portal que Dario mandou construir ao sul da plataforma, mas, cerca de uma década após a morte do rei, Xerxes deslocou a entrada para o oeste do terraço e ergueu uma monumental (e muito elegante) escadaria dupla, cujos degraus eram rasos o suficiente para serem confortavelmente galgados por cavalos e outros animais. Isso pode endossar a teoria de que o palácio era utilizado para um grande festival de oferenda de presentes, em que o rei era presenteado com animais (os relevos do *Apadana* mostram cabras, ovelhas, carneiros, cavalos, touros, camelos, leões e até mesmo um ocapi africano sendo oferecidos ao regente). No topo da escadaria ficava o poderoso portal de Xerxes, conhecido como o "Portão de todas as nações", ladeado por monumentais touros de pedra e touros alados com cabeça humana à moda das esculturas *lamassu* assírias.[1] A entrada oficial ao palácio era feita por esse portão (embora o de Dario no extremo sul do terraço também tenha sido mantido).

O enorme terraço era dividido em duas áreas: um espaço público (a corte externa) para reuniões de grupos, desfiles e eventos de Estado, e uma área mais privativa (a corte interna), que sediava certas ocasiões cerimoniais, bem como atendia a necessidades residenciais e administrativas. A maior e mais imponente parte do espaço público era a magnífica sala de audiências ou *Apadana* que, com quase 22 metros de altura, ocupava um pódio três metros mais alto que o enorme pátio aberto que a rodeava a norte e a leste. Consistia em um imenso salão quadrado, com 36 colunas sustentando um enorme telhado de cedro. Tinha três

---

[1] Posicionadas nos portões das cidades e palácios, os *lamassu* eram esculturas sagradas feitas com uma pedra monolítica, a imagem híbrida de um ser mágico com cabeça de homem, corpo de touro (ou leão) e asas de águia. Seu principal papel era apotropaico, funcionando como figuras guardiãs. [N.T.]

pórticos (cada um com doze colunas) nos lados norte, oeste e leste, quatro torres de canto de quatro andares e uma série de depósitos, guaritas e abrigos no sul. Estima-se que o *Apadana* tivesse capacidade para cerca de 10 mil pessoas. Os competentes arquitetos aquemênidas conseguiram usar um número mínimo de colunas surpreendentemente finas para dar sustentação a telhados com vão livre. As colunas eram encimadas por primorosos capitéis; o mais típico era o capitel duplo, no qual, apoiados em volutas duplas, os quartos dianteiros de dois touros ajoelhados, costas com costas, estendiam seus pescoços acoplados e suas cabeças gêmeas diretamente sob as interseções das vigas de cedro do teto. As espessas paredes de tijolos de adobe do *Apadana* eram revestidas com azulejos vitrificados em elegantes tons de verde, azul e alaranjado, com motivos decorativos de rosetas e palmeiras. Esse era o local das principais cerimônias reais, e entrar às escuras nos sagrados espaços desse majestoso salão deve ter sido uma experiência incrível para qualquer diplomata, cortesão ou suplicante. O *Apadana* era o centro da majestade, e fora projetado para ser um local impressionante em termos de beleza, um lugar a ser exibido nas recepções e festivais dos Grandes Reis.

Outros edifícios oficiais incluíam o magnífico "Salão das cem colunas", imenso vestíbulo de banquetes (ou um salão do trono alternativo), e o Trípilo ou "Palácio Central", estrutura pequena, mas ricamente ornamentada, com três portas e quatro colunas, e que pode ter servido como câmara do conselho. Os batentes da porta leste mostram portadores de trono estrangeiros erguendo ao alto o Grande Rei. Talvez seja uma imagem puramente simbólica, mas já foi sugerido que também pode refletir uma cerimônia efetivamente ocorrida na corte, na qual, durante algum grande festival em Persépolis, 28 cortesãos, representando as nações submetidas ao império, ergueram o estrado real e carregaram o rei e o príncipe até o salão principal do Trípilo, onde receberam os convidados.

Os edifícios da corte interna, situados nos fundos do *Apadana*, eram constituídos pela *taçara* (ou *Tachara*, literalmente, "conjunto de quartos") de Dario e pelo *Hadish* (literalmente, "local do poder") de Xerxes. Os dois pequenos palácios faziam as vezes de residências "privativas" dos reis e incorporavam espaços de jantar e até banheiros. Nessa área localizavam-se outros "palácios", incluindo o chamado Palácio H, talvez construído originalmente por Artaxerxes I, e o Palácio G, que foi destruído por completo (datado, talvez, do período de Artaxerxes III). O palácio de Xerxes estava ligado ao harém real por dois imponentes e bem trabalhados lances de escadas, que o rei devia utilizar quando exigia acesso direto aos quartos abaixo. O harém tinha também a função de servir como alojamento para alguns membros da família real; escondido por altas fortificações e bem vigiado por uma guarda armada, era o espaço mais seguro e reservado do terraço real.

O coração administrativo do palácio se localizava na parte privativa do terraço, onde ficava o Tesouro. Continha não apenas a vasta riqueza de Persépolis, trazida ao palácio por dignitários estrangeiros, sátrapas e um incessante rebanho de intermediários, mas também um exército de escribas, secretários e outros funcionários administrativos da burocracia estatal. Ali foi descoberto o maior acervo de documentos relativos ao funcionamento do império.

No sopé da plataforma do terraço, ao sul, estavam reunidos diversos pavilhões de tijolo de adobe e pedra (Edifícios A-H), sendo que o Edifício H, com uma funda banheira de pedra, bem pode ter servido como habitação real. A plataforma real era ladeada ao sul e ao norte por dois vales onde se cultivavam belos jardins, circundados por muralhas fortificadas. Os milhares de cortesãos, burocratas e servos que acompanhavam o Grande Rei em Persépolis alojavam-se em tendas, grandes e pequenas, que constituíam uma verdadeira cidade sob lona e se estendia por muitos quilômetros ao redor do terraço real.

Talvez a característica mais marcante de Persépolis seja a profusão de relevos de pedra admiravelmente esculpidos que parecem cobrir cada centímetro de espaço disponível. Outrora reluzentes, pintados com cores vivas e até mesmo adornados com camadas sobrepostas de metais preciosos, os relevos estão agora descoloridos e despojados de ornamentos. No entanto, sua beleza e elegância, mais evidentes graças à regularidade de seus temas e detalhes, são uma maravilha da criatividade artística e do planejamento. Guardas armados, dignitários da corte, embaixadores estrangeiros, uma grande quantidade de animais e uma série de criaturas mágicas disputam espaço nas paredes do palácio, mas todas essas figuras empalidecem em relação às muitas e dominantes imagens do Grande Rei. Mostra-se o monarca caminhando calmamente de uma sala para outra, os olhos fixos na meia distância; empunha um longo cetro e é seguido por dois cortesãos (sempre representados em escala inferior), um dos quais segura um guarda-sol acima da cabeça do rei, enquanto o outro empunha um enxota-moscas (alguns exemplares revelam uma tira de linho dobrada à maneira de uma toalha, ou então um pote de unguento). Às vezes o rei é mais ativo e é retratado matando animais reais ou míticos, sua espada penetrando o ventre do monstro. Vez por outra, com o braço esquerdo dobrado em gancho, o monarca estrangula um leão. Nas cenas de combate, nas quais as feras representam o caos, a desordem e a Mentira, é possível que o rei represente o "homem comum" e assuma a forma do "herói persa" que restaura a ordem em seu país.

Certos temas artísticos são notáveis por sua ausência: em toda Persépolis não há nem sequer uma única representação do rei tomando parte da guerra ou de uma caçada. No entanto, sabemos que ambas as atividades eram partes integrais da realeza aquemênida e de sua ideologia; o rei tampouco é representado festejando ou bebendo. Cenas de caçadas, de festanças e de guerra são representadas nas artes menores (sobretudo nas imagens de selos), mas por alguma razão não entram no repertório da monumental iconografia aquemênida oficial. E por quê? Devemos ter em mente que a arte de Persépolis não foi criada para funcionar como reflexo fotográfico da realidade. Embora capte elementos dela, a arte persa o faz no intuito de transformar a realidade e torná-la inspiradora. A arte de Persépolis deve ser lida como um discurso ideológico sobre o tema da realeza e do poder imperial, organizado em torno de imagens evocativas do poder do Grande Rei em pessoa.

9
ESCRAVIDÃO COM OUTRO NOME

Os elegantes palácios reais, as impressionantes fortalezas, as altas muralhas da cidade e os bem conservados pavilhões e estações de passagem do Império Persa não foram construídos sozinhos. Edifícios da Antiguidade iraniana que tanto nos impressionam por sua beleza avassaladora e escala descomunal foram erguidos por trabalhadores braçais que ganhavam para a subsistência e por camponeses e agricultores obrigados a passar meses longe de suas famílias e campos de cultivo para labutar em projetos do Estado. Foram erguidos também por milhares de escravos e cativos de guerra. A princípio, a Pérsia não tinha uma ampla economia escravista, e no início da Era Aquemênida o contingente de escravos na Pérsia era pequeno em relação ao número de pessoas livres, mesmo nos países mais desenvolvidos do império. A mão de obra escrava não estava em posição de suplantar o trabalho de trabalhadores livres, mas, como resultado das vastas conquistas dos Grandes Reis, ocorreu uma drástica mudança na sociedade persa. Logo após a consolidação do poder imperial nos reinados de Ciro e Cambises, nobres aquemênidas tornaram-se proprietários de uma grande quantidade de escravos. São escassas as informações sobre escravos de propriedade privada na Pérsia, mas um número substancial realizava trabalhos domésticos para os aquemênidas e para a nobreza persa em funções como padeiros, cozinheiros, copeiros, artistas e perfumistas. Evidências arqueológicas também atestam a maciça presença de trabalhadores não qualificados no coração da Pérsia.

Nas fontes cuneiformes, o vocábulo elamita *kurtash* (em persa antigo, *māniya*) era utilizado, de maneira bastante homogênea, para designar trabalhadores braçais agrícolas, artesãos e operários da construção civil. O termo oferece pouca especificidade quanto aos trabalhos efetivamente realizados. As tabuletas de Persépolis contam que os *kurtash* recebiam rações de comida e bebida em certas localidades dentro e ao redor de Fārs. Eles foram genericamente identificados como "trabalhadores de todos os ofícios" ou "trabalhadores de qualquer tarefa". Algumas tabuletas registravam o transporte para Persépolis de grãos, farinha e vinho destinados a rações para mestres artesãos especializados, como escultores em pedra, ourives, marceneiros, metalúrgicos e cavouqueiros qualificados. Esses *kurtash* mencionados nas tabuletas eram estrangeiros – jônios, sardeanos, egípcios, cários, bactrianos, elamitas, babilônios – vivendo no núcleo do império para trabalhar nos projetos de construção do Grande Rei.

Afinal, o que levou os estrangeiros a Persépolis? Uma pequena parte deles era composta de mestres artesãos, atraídos para a Pérsia por contratos de trabalho. É possível que essa política estivesse em vigor desde os tempos de Ciro, quando artesãos da Lídia e da Jônia foram levados a Pasárgada para ajudar na construção dos palácios-pavilhões. Cambises também recrutou artesãos no Egito e os despachou para a Pérsia. É tentador pensar que esses artífices e mestres artesãos tenham ido para Susa e Persépolis não porque foram forçados, mas convocados a pedido de autoridades persas. Dessa maneira, participavam de uma espécie de cruel e penoso sistema de trabalho forçado de alto padrão. Ao término do período de trabalho, estavam livres para voltar para casa ou buscar outro contrato. Mas isso é apenas uma hipótese, e, mesmo que pudesse ser provada, certamente não se aplicaria aos muitos milhares de trabalhadores não qualificados que executavam serviços manuais repetitivos e triviais. Estima-se que, em 500 a.e.c., entre cerca de 10 mil e 15 mil indivíduos compunham a força de trabalho de Persépolis. Muitas vezes essa mão de obra era dividida em subgrupos de turmas de trabalho, classificadas por etnia; as tabuletas de Persépolis revelam, por exemplo, que havia turmas de trezentos lícios, 150 trácios, 547 egípcios e 980 capadócios. Ao todo, comprovou-se a presença de 27 grupos étnicos de *kurtash* em Persépolis.

É duvidoso que todas essas pessoas tenham entrado na Pérsia como migrantes em busca de salários. As tabuletas da Fortificação de Persépolis não corroboram a noção; antes, revelam claramente que as rações de alimentos que os *kurtash* recebiam da administração eram suficientes apenas para a sobrevivência e nada mais. Trabalhadores nunca estiveram longe do risco de fome. Os *kurtash* das tabuletas da Fortificação não estavam na Pérsia por vontade própria em busca de trabalhos remunerados: foram levados à força, em grande número, e eram explorados pelos persas por meio de coerção direta, sem distinção entre os que fixavam residência na Pérsia por toda a vida e aqueles cuja estadia por lá era apenas temporária. Via de regra, os *kurtash* eram prisioneiros de guerra (conhecidos como "os despojos do arco"), recrutados entre homens e mulheres que se rebelavam contra o domínio persa ou organizavam resistência contra os exércitos persas. As tabuletas de Persépolis deixam claro que, na maioria dos casos, eles chegavam à Pérsia para se instalar em definitivo, arrancados de sua terra natal e deportados especificamente para lá a fim de compor uma força de trabalho escravizada. Somente a Babilônia era obrigada a fornecer ao rei persa – para esses propósitos – um tributo anual de quinhentos meninos castrados, retirados do seio familiar e transportados para leste rumo a Pārs.

A política de deportação de populações conquistadas era um lugar-comum no antigo Oriente Próximo, e nos períodos assírio e neobabilônico essa prática corriqueira cresceu ainda mais. Durante os quase trezentos anos de hegemonia da Assíria sobre o Oriente Próximo, o Estado deportou aproximadamente 4,5 milhões de pessoas, cuja transferência para diferentes áreas do Império Assírio foi cuidadosamente planejada e organizada. Os babilônios seguiram as mesmas diretrizes, mas em escala mais modesta: ao todo, cerca de 4.600 pessoas foram tiradas de Judá e levadas ao cativeiro na Mesopotâmia. Há farta comprovação de que os persas lançavam mão dessa mesma prática de desarraigar comunidades inteiras e transplantá-las para terras distantes. Após a destruição de Sídon pelo rei Artaxerxes III em 351 a.e.c., por exemplo, homens e mulheres da cidade foram levados como cativos para o interior da Pérsia. Os milésios também foram vítimas da deportação persa, assim como os peônios da Trácia, os barceus, os eritreus, os beócios e os cários. Quase sempre as populações deportadas permaneceram na Pérsia por muitas gerações. Um incidente digno de nota registrado por Diodoro Sículo ocorreu com Alexandre da Macedônia enquanto marchava em direção a Persépolis durante sua invasão de Pārs:

Neste ponto de seu avanço, o rei deparou com uma visão estranha e terrível, que provocou indignação contra os perversos facínoras e piedade solidária pelas infelizes vítimas. Ele foi recebido por gregos que empunhavam ramos de súplica. Eram cerca de oitocentos, a maioria idosos, e haviam sido arrancados de suas casas por reis persas anteriores. Todos estavam mutilados, alguns sem as mãos, a outros faltavam-lhes os pés, orelhas e narizes. Eram pessoas hábeis, que adquiriram destreza em seu ofício e fizeram bom progresso em sua instrução; por isso, suas outras extremidades haviam sido amputadas, restando-lhes apenas os membros que eram vitais para o exercício de sua profissão. Ao ver aquela gente venerável, já avançada em anos, e a arruinação que seus corpos sofreram, todos os soldados se compadeceram da sorte dos desgraçados. Alexandre foi o mais afetado, e não conseguiu conter as lágrimas.

É claro que esses velhos gregos, arrancados de casa muitas décadas antes, eram *kurtash*. Mesmo com algum possível exagero sobre o grau de mutilações, a história fornece uma perspectiva muito sombria sobre o sistema de trabalho em vigor na Pérsia. É nítido o contraste entre o apelo emocional do relato e a linguagem administrativa clinicamente fria das tabuletas de Persépolis. Seria muito simples rejeitar a narrativa de Diodoro, menosprezando-a como propaganda antipersa. O que lemos aqui é um relato elucidativo do mundo traumático dos *kurtash* e o fato de que, para muitos prisioneiros de guerra escravizados, a brutalidade e a crueldade faziam parte da vida.

As tabuletas da Fortificação indicam que os persas empreendiam um enorme esforço burocrático para gerenciar – com excessivo controle e demasiada atenção aos detalhes – sua enorme força de trabalho estrangeira. Para tanto, recorriam a um meticuloso racionamento do suprimento de comida e bebida, calculado apenas para a subsistência. As rações eram dadas primeiro a vários "chefes dos *kurtash*" (em elamita, *Kurdabattish*), "supervisores", que atuavam como distribuidores e as repartiam entre as equipes de trabalho por eles comandadas. As rações em espécie – grãos, cevada, cerveja, azeite, às vezes carne e legumes – eram repartidas de forma desigual segundo sexo e idade. Homens, meninos, mulheres e meninas recebiam diferentes quantidades de víveres.

Havia muitas trabalhadoras em Persépolis, geralmente envolvidas na produção têxtil e na tecelagem, bem como na fabricação de cordas. Uma tabuleta registra a organização de uma grande oficina têxtil e observa que sua equipe era composta por 107 operárias que receberam rações por um período de treze meses. Sem dúvida algumas delas chegaram à Pérsia ao lado do marido ou dos pais, capturadas como parte de uma unidade familiar, mas outras eram mulheres solteiras, prisioneiras de guerra sem laços familiares. Para as mulheres que acompanhavam o marido ou o pai na escravidão, havia pouca esperança de que pudessem permanecer em grupos familiares, uma vez que a administração persa tendia a separar as famílias e enviar trabalhadores individuais para onde fossem mais necessários. Era improvável que qualquer família recém-chegada à Pérsia se mantivesse unida por muito tempo. No entanto, homens e mulheres *kurtash* sem laços de parentesco, trabalhando em projetos comunitários, tendiam a se agrupar para compartilhar comida e, supõe-se, acomodações. Era inevitável que se formassem laços sexuais (e talvez emocionais) entre eles, o que era estimulado pelos persas com o intuito de incrementar a reprodução em meio à população *kurtash*. Os textos da Fortificação contam uma história desconcertante de tão incômoda acerca de um programa para a procriação de *kurtash* em larga escala em toda Pārs. Registros contabilizam o número de gestantes e mostram que a saúde delas era mantida por meio do fornecimento de rações especiais. No pós-parto, elas também recebiam rações de "alimentação", conforme especifica um dos textos:

> 32 quartos de grãos, fornecidos por Ashbashupish. Shedda, um sacerdote em Persépolis [...] ofereceu uma provisão de bonificação às mulheres jônicas depois de darem à luz em Persépolis – as fiandeiras, cujas rações são fixadas de antemão. Nove mulheres que deram à luz filhos homens receberam dois quartos, e quatorze mulheres que tiveram meninas receberam um quarto.

Essas rações pós-natais de grãos eram fornecidas para complementar as rações regulares de subsistência. Eram uma recompensa, por assim dizer, pela reprodução bem-sucedida. Bonificações de comida deviam ser recebidas de bom grado pelas novas mães, já que as calorias extras permitiam que se recuperassem do parto e lhes davam uma rara oportunidade de ganhar algum peso. Dessa forma, seriam capazes de produzir o leite materno que ajudava o bebê a sobreviver aos perigosos primeiros meses de vida. No caso do nascimento de um menino, a mãe ganhava ração em dobro, dado que nos diz muito sobre a percepção persa das hierarquias de gênero. Somente nos três anos entre 500 a.e.c. e 497 a.e.c., as tabuletas da Fortificação registram 449 bebês nascidos vivos em Persépolis – 247 deles eram meninos, o que representava 55% de todas as crianças nascidas nesse período. Curiosamente, não há menção a gêmeos. Uma análise estatística das tabuletas revela que a taxa de fertilidade nas comunidades *kurtash* era alarmantemente baixa. Mesmo considerando a alta taxa de mortalidade infantil, fator constante em qualquer sociedade antiga, a saúde precária e o limitado acesso aos alimentos prejudicavam gravemente a fertilidade. Além disso, muitos grupos de *kurtash* não tinham números iguais de homens e mulheres. As tabuletas indicam que a administração tentou arduamente arregimentar mais mulheres para a força de trabalho a fim de aumentar a população trabalhadora, e é possível averiguar que, entre 502 a.e.c. e 499 a.e.c., o número de crianças *kurtash* nascidas em Pārs aumentou de dezesseis para 99 – um resultado excelente. No entanto, é importante notar que, no afã de aumentar a produtividade do trabalho, a administração persa agia de forma ativa para desmembrar unidades familiares ou simplesmente proibia sua criação. É duvidoso que os persas tenham reconhecido os casamentos entre os *kurtash*. Nos textos nunca aparece qualquer menção a "maridos" e "esposas". As tabuletas mostram ainda que tampouco o vínculo entre mãe e filho era permanente: elas mantinham os filhos próximos durante os primeiros anos de vida, após os quais as crianças eram levadas para diferentes grupos e iniciavam a vida profissional em meio a outras comunidades de *kurtash*.

A presença de mão de obra de trabalhadores forçados oriundos de povos capturados, a existência de um programa de procriação ativo, o rotineiro deslocamento de indivíduos, a ruptura de laços familiares e o controle de corpos por meio do racionamento de alimentos – tudo isso indica que os *kurtash* eram escravos. Era o trabalho escravo que estava por trás das marcas características da presença física do Império Persa. A Pérsia Aquemênida não era uma sociedade escravista nos mesmos moldes do Império Romano, já que a expansão de Roma se baseou numa fórmula muito simples: camponeses se tornavam soldados, que capturam inimigos para escravizar com o objetivo de repor a mão de obra que os campos agrícolas perdiam para a guerra. Mas é imperativo admitir que, à medida que a Pérsia crescia em poder e status, exigia e desejava um aumento exponencial da quantidade de escravos para fazer o sistema imperial funcionar. Existem informações suficientes para nos convencer de que a Pérsia era uma sociedade escravagista e de que o Império Aquemênida se beneficiava da escravidão.

10
COROAS E CONCUBINAS

Para a maioria dos ocidentais, "harém" é uma palavra que evoca uma imagem inebriante de algum tipo de palácio de prazeres oriental guardado a sete chaves, repleto de virgens nubentes seminuas, voluptuosamente deitadas em travesseiros em lânguida preparação para noites de aventuras sexuais na cama de um sultão. É um mundo de almofadas espalhadas, joias no umbigo, quadris requebrando e cílios esvoaçantes por cima de *yashmaks* (véus faciais) translúcidos. Esses clichês encontram sua expressão mais intensa nas pinturas orientalistas do século XIX e em filmes populares. Muitas vezes essa imagem dos excessos de sensualidade do Oriente levou estudiosos acadêmicos a refutar a noção de harém como uma fabricação ocidental, um "abre-te, sésamo" para um mundo de fantasias do *Livro das mil e uma noites*. Se quisermos utilizar a palavra "harém" em seu contexto correto e empregá-la para consolidar alguns fatos legítimos sobre as mulheres da corte real no Império Persa, é preciso abandonar por completo os esquemas orientalistas e entender, em termos históricos, o que de fato era um harém.

De uma perspectiva histórica, um harém era um espaço físico – num palácio ou numa casa – utilizado por membros da família: mulheres, crianças, criados e parentes do sexo masculino próximos. Poderia também se referir simplesmente a mulheres e seus parentes de sangue quando reunidos, uma vez que o conceito de "harém" não precisa necessariamente de um espaço definido. As paredes não são tão importantes. Em sua essência, "harém" tem o sentido de "tabu" e, por implicação, significa um grupo ao qual o acesso geral é proibido ou limitado, e no qual a presença de certos indivíduos ou certos tipos de comportamento é proibida. O fato de que, historicamente, os aposentos privativos de uma residência doméstica e, por extensão, suas ocupantes femininas também fossem chamados de "harém" advém da prática de restringir o acesso a esses recintos, especialmente para homens sem parentesco consanguíneo com as residentes. A palavra "harém" é, portanto, um termo de respeito, que evoca honra pessoal. Na prática régia, "harém" se refere às mulheres de um rei e a todos os outros indivíduos sob a proteção imediata do monarca – filhos, filhas, irmãos, irmãs, parentes por afinidade e escravos. Em outras palavras, as pessoas que compunham a corte interna do rei, ou a esfera doméstica real, eram o harém. Essa é a maneira de pensar o harém real em seu antigo contexto persa (embora seja impossível saber de que maneira os persas antigos se referiam a um harém; portanto, do ponto de vista pragmático, o termo "harém" foi adotado aqui por conveniência).

A separação é a questão-chave. A palavra do persa moderno (farsi) *andarūnī* significa literalmente "interior". É um termo usado pelos iranianos para se referir aos aposentos familiares privados de uma casa e às pessoas que os habitam. O vocábulo é empregado em oposição a *birun*, que se refere ao espaço público e à parte de uma casa reservada para receber e entreter convidados. No Irã contemporâneo, *andarūnī* consiste em todos os homens de uma família e suas respectivas esposas, mães, avós e toda uma série de descendentes masculinos e femininos, desde bebês a adolescentes.

É importante esclarecer uma coisa: na Pérsia Aquemênida, as mulheres da realeza não viviam em um regime de opressivo *purdah*,[1] em que eram mantidas escondidas de todos os olhares indiscretos. Tampouco habitavam um mundo de sensualidade sedutora. Mas sem dúvida formavam uma estrutura hierárquica estrita que se movia em proximidade com o rei. Portanto, seguiam o estilo de vida peripatético da corte. Resta

---

1 *Purdah* (ou *pardaa*) significa "cortina", "tela" ou "véu", e é o termo utilizado por alguns muçulmanos e hindus para se referir à prática de reclusão das mulheres do olhar público por meio da burca ou pela utilização de estruturas altas de paredes, janelas e cortinas que as segreguem e escondam. O intuito é impedir que sejam vistas por homens que não sejam seus parentes diretos. [N.T.]

pouca dúvida de que sua honra e castidade eram protegidas e vigiadas com zelo, mas isso não significa que as mulheres da realeza eram alijadas da interação dentro da sociedade da corte mais ampla ou que não tinham autonomia. As mulheres montavam a cavalo em expedições de caça reais, participavam de banquetes e praticavam esportes, incluindo arco e flecha e lançamento de dardos. Não devemos imaginar que as mulheres reais da Pérsia viviam aprisionadas atrás de muros.

No entanto (e esse talvez seja o aspecto mais difícil para uma audiência moderna obcecada por celebridades), para as mulheres da família real, o prestígio e o acesso ao poder estavam em se apartarem, em se afastarem para *bem longe* do olhar público. Não havia honra em ser visível, em chamar a atenção. Na Antiguidade persa, a invisibilidade trazia prestígio. No entanto, isso não significava privação de liberdade ou falta de poder. As mães, consortes e outras mulheres na órbita do Grande Rei tinham influência efetiva. A proximidade íntima com o rei conferia a essas mulheres privilegiadas uma oportunidade de acessar o poder de fato. O harém real era um componente fundamental da cultura persa. Tinha profunda importância política. A manutenção do poder dinástico passava diretamente pelo harém, na medida em que as mulheres davam à luz futuros herdeiros e, de forma vigilante – às vezes com ferocidade –, protegiam suas posições dentro da estrutura, em constante mudança, da hierarquia da corte. Já observamos que a Dinastia Aquemênida era essencialmente um negócio familiar. No centro da operação estava o harém.

Os reis aquemênidas eram polígamos – ou seja, tinham acesso sexual simultâneo a muitas mulheres: consortes, concubinas e até escravas. As mulheres eram reunidas na corte interna para cumprir importantes papéis sociais, culturais e rituais e para assumir (assim se esperava) decisivas funções na continuidade dinástica como mães. A presença de tantas mulheres significava que a hierarquia do harém aquemênida era complexa. Em princípio, a posição de chefia era exercida por uma rainha principal, geralmente a mãe do rei ou, na sua ausência, a esposa predileta (ou a mais influente) do monarca, que reunia ao redor de si as outras mulheres da realeza e da nobreza – esposas secundárias, irmãs e filhas da família real, entre outras. Alguma espécie de estrutura hierárquica parece estar refletida na cena de uma audiência real protagonizada apenas por mulheres em um selo cilíndrico (provavelmente de Susa), no qual uma

Figura 11. Impressão de um selo cilíndrico representando uma cena de audiência apenas com mulheres. Possivelmente em Susa, por volta de 490 a.e.c.

mulher sentada em um trono de espaldar alto, usando uma coroa e um véu que cobre seu corpo inteiro recebe uma pomba de uma menina com um rabo de cavalo, na presença de uma mulher de pé usando uma coroa e um véu curto. Retratadas aqui, talvez, estejam três gerações de mulheres reais: a mãe do rei sentada na posição de honra, uma jovem princesa (sua neta, talvez) e uma consorte coroada, demonstrando deferência à matriarca.

Abaixo das mulheres favoritas e privilegiadas que compunham a família real imediata estavam as concubinas, a equipe feminina do serviço administrativo e, no nível mais baixo, as escravas. A hierarquia do harém devia ser caracterizada por uma constante mudança, conforme as esposas davam à luz filhos homens em vez de filhas, por exemplo, e assim ganhavam algum prestígio hierárquico, ou uma concubina se tornava a companheira predileta do Grande Rei e era alçada a uma posição mais alta. De acordo com as tabuletas de Persépolis, as mulheres de alto escalão da casa real eram homenageadas com o título *duxthrī* (em persa antigo, literalmente "filha"), que foi preservado na transliteração para o elamita como *dukshish* (plural, *dukshishbe*), que pode ser traduzido genericamente como "princesa" ou "dama real". *Dukshishbe* era um termo coletivo para mulheres da família real aquemênida, mas seu status individual era determinado pelo relacionamento com o Grande Rei.

Para um rei aquemênida, assim como para qualquer monarca absoluto em uma dinastia hereditária, o sexo nunca era puramente por prazer. A relação sexual tinha um substancial significado político e acarretava consequências: a produção de descendentes. Com efeito, o sexo afetava a sucessão ao trono, a própria sobrevivência da dinastia, de modo que, portanto, para o rei persa a relação sexual não era uma atividade aleatória. As relações sexuais entre o monarca e as mulheres escolhidas do harém estavam inseridas em uma complexa política de reprodução dinástica. Qualquer banalização do harém real aquemênida como um palácio de prazeres semelhante a um bordel não faz justiça ao papel central que exerce no ambiente político da corte ou, de fato, do império como um todo. O desejo sexual do rei nunca foi a única explicação para a poliginia.

Assim como um leão protege seu bando de leoas e filhotes dos avanços sexuais de quaisquer outros machos, ou os touros protegem com selvageria suas vacas e bezerros em grandes grupos, também se pode observar no comportamento masculino humano a tendência ao controle reprodutivo das fêmeas. Charles Darwin observou que, na natureza, uma agressiva tutela masculina das fêmeas, muitas vezes reunidas em grupos, era um fenômeno comum. Ele chamou o agrupamento instintivo das fêmeas de "poliginia de defesa". No reino animal, notou, as fêmeas são reunidas pelo macho de uma espécie porque assim podem ser facilmente monopolizadas por ele em termos sexuais. O mesmo pode ser dito das relações sexuais humanas em um contexto histórico. Com efeito, uma perspectiva darwiniana sobre os temas da reprodução e do imperialismo revela que o desejo humano de acumular fêmeas para fins reprodutivos foi uma característica de muitas sociedades ao longo da história. As monarquias absolutas lucraram exponencialmente com essa tendência. De fato, a captura, tutela e monopólio sexual de numerosas mulheres muitas vezes estavam por trás da competitiva agressividade da realeza masculina, como demonstrado por guerras, lutas de sucessão e ostentação política. Como visto, para os persas, o êxito militar se traduzia em sucesso territorial e econômico e, por extensão, o maior poderio dos reis aquemênidas invariavelmente se traduzia em haréns maiores.

Fica então evidente que o imperialismo afetava a escala do sucesso reprodutivo, e a poliginia da realeza persa encontrava-se em perfeita sintonia com o que ocorria em outros impérios do Oriente Próximo. Em Mari (Síria), há registros de que um rei chamado Yasmah-Addu mantinha em seu palácio 41 esposas reais (acompanhadas de seu contingente de aias), mas seu sucessor, Zimri-Lim, tinha um harém de 232 mulheres. Em grande medida isso se devia às vitórias militares obtidas sobre os reis vizinhos. Os reis clientes e protegidos do muito menos poderoso reino de Arrapha (ou Arrapkha), portanto, tinham que se contentar com algumas dezenas de mulheres por palácio. O mais fértil dos faraós egípcios, Ramsés II, governou em uma época de expansão imperial quase sem precedentes. Diz-se que ele foi pai de cerca de cem filhos homens e 120 filhas, desposando pelo menos quatro delas – e também nessas Grandes Esposas reais ele gerou filhos. Os reis de Israel passaram das mais de sete esposas do rei Davi para as setecentas de Salomão no auge de sua glória imperial, diminuindo para dezoito após a divisão do reino sob seu filho Roboão. O seguinte inventário de mulheres cativas levadas para Nínive, datado da última parte do reinado de Essaradão[2] da Assíria, constitui um bom ponto de observação, na medida em que articula o nexo entre proeza militar e potencial reprodutivo:

> 36 mulheres arameias; 15 mulheres cuxitas; 7 mulheres assírias; 3 mulheres de Tiro; mulheres cassitas, sacerdotisas coribantes; 3 mulheres arpaditas; 1 substituição; 1 mulher asdodita; 2 mulheres hititas: ao todo, 94 mulheres e 36 aias. Total geral, do pai do príncipe herdeiro: ao todo, 140 mulheres [...] Ademais, 8 chefes-musicistas do sexo feminino; 3 mulheres arameias; 11 mulheres hititas; 13 mulheres de Tiro; 13 sacerdotisas coribantes; 4 mulheres de Sahlu; 9 mulheres cassitas: ao todo, 61 musicistas mulheres.

O Grande Rei Aquemênida era o macho alfa da Pérsia. Era o homem sexualmente dominante em múltiplas uniões políginas e a causa da produção de numerosos filhos. Era a presença do harém real que sancionava e dava sentido à imagem do rei como garanhão dinástico.

---

2   Também grafado como Esarhaddon, Esaradão, Esar-Hadom e Assuradão. [N.T.]

*

Um Grande Rei poderia ter muitas esposas e um número ainda maior de concubinas, mas só tinha uma mãe biológica. Ela ocupava o lugar mais alto de autoridade entre todas as mulheres do reino, fato reconhecido até mesmo no protocolo da corte: "Ninguém dividia a mesa do rei persa", Plutarco escreveu, "exceto sua mãe ou sua consorte, a esposa sentada abaixo dele, a mãe acima dele". De igual prestígio à sua posição como mãe biológica do monarca era o papel dessa mulher em conectar duas gerações de governantes, pai e filho, rei e herdeiro. Embora da mãe do rei não se esperasse que exercesse o poder oficial, ela poderia adquirir influência política por meio do relacionamento próximo com o filho. Em outras palavras, o poder de uma mãe real era indireto, mas eficaz, e, se ela assim quisesse, teria condições de influenciar o filho na formulação de decisões políticas. No entanto, o poder que ela estava autorizada a exercer era limitado por seu gênero, pois, sendo mulher, agia somente com o consentimento do rei. Na esfera doméstica do palácio, no harém, seu filho provavelmente lhe dava carta branca para tomar decisões em nome dele. O médico grego Ctésias, que foi membro da corte interna persa por quase duas décadas, sugere que a mãe do rei tinha controle absoluto sobre o harém, policiando costumes e punindo os crimes traiçoeiros de familiares, eunucos, médicos da corte, criados e outros funcionários.

O elevado status das mães reais persas é comprovado por evidências contidas em cerca de 75 referências – encontradas nas tabuletas da Fortificação e do Tesouro de Persépolis – a uma abastada e muito influente proprietária de terras, dona de vastas propriedades produtivas nas proximidades de Fārs. Seu nome era Irdabama. Estudos recentes sugerem que muito provavelmente trata-se da mãe de Dario I, e, portanto, a mulher mais importante e dominante do império. Seu nome é elamita e descende de uma família de dinastias elamitas locais centradas em Susa, onde é bem provável que Dario tenha nascido. Economicamente ativa e dotada de autoridade para emitir ordens à hierarquia administrativa em Persépolis, Irdabama está bem representada nos textos de Persépolis. Segundo registros, ela supervisionava suas vastas propriedades, recebendo e distribuindo suprimentos de comida, comandando uma comitiva de *puhu* ("servos", "criados", "pajens") e cerca de 480 *kurtash* (incluindo grupos de lícios) em Tirazzish (perto de Shiraz) e outros lugares. Há registros que atestam a presença de Irdabama nas cidades cerimoniais de Persépolis e Susa, e em outras localidades distantes do núcleo da administração persa – por exemplo em Borsippa, na Babilônia. Ela percorreu longas distâncias ao redor da porção central do Irã e da Mesopotâmia, acompanhada de sua própria refinada comitiva – nas fontes, são abundantes as alusões ao fato de que ela e sua corte viajavam sem o Grande Rei. Nesse aspecto, o comportamento imita o do filho, que, como vimos, atravessava o país de ponta a ponta como um importante elemento de seus deveres régios. Como parte de seu progresso pessoal, Irdabama (e, sem dúvida, outras importantes damas reais também) poderia substituir o rei na ausência dele. As monarquias europeias da Idade Média empregavam a mesma tradição, e com frequência rainhas europeias viajavam com sua própria comitiva, estabelecendo cortes em lugares muitas vezes distantes do rei, mas sempre se reunindo à corte do monarca para festivais religiosos ou cerimônias de Estado.

Irdabama contava com os leais serviços de um homem esforçado e afeito ao trabalho árduo de nome Rashda, o criado mais importante de sua casa, e também uma figura recorrente nos textos de Persépolis. Era um funcionário real de considerável relevância, cujas muitas funções incluíam cuidar da vasta força de trabalho de Irdabama. Rashda supervisionava as plantações da fazenda de frutas de Irdabama em Nupishtash, seus muitos depósitos de grãos, as rações dos trabalhadores em várias *nutannuyash* ("estações de gado"), o transporte das mercadorias da mãe do rei e a alimentação de seus cavalos. Rashda é imediatamente identificável nas tabuletas de Persépolis por seu inconfundível selo pessoal, uma relíquia elamita que representa uma cena de audiência na qual um homem está de pé diante de uma protagonista feminina entronizada. A escolha da imagem não é coincidência, levando-se em conta a evidente importância de Irdabama – e é razoável imaginá-la realizando cerimônias de audiência que espelhassem as do Grande Rei. Tendo-se em vista sua mensagem iconográfica de autoridade feminina, pode-se perguntar se foi Rashda quem selecionou esse selo em particular ou se foi concedido a ele pela própria Irdabama.

Na qualidade de mãe do rei, ela gozava do privilégio de governar uma corte própria, e era responsável pela manutenção e conservação de

Figura 12. Impressão de um selo pertencente a Rashda, o principal funcionário da casa de Irdabama, mãe de Dario, o Grande.

seu séquito e sua residência, sobretudo pela alimentação de seus criados. A quantidade de cereais, carne, vinho e cerveja consumidos e servidos "diante de Irdabama", como dizem as tabuletas de Persépolis, é substancial e soma aproximadamente um décimo da consumida na corte do rei. As tabuletas de Persépolis e suas imagens de selos são de importância decisiva para expandir o conhecimento acerca dos deveres, privilégios e poderes das mulheres da realeza aquemênida. Sugerem que as mulheres dos mais altos níveis hierárquicos desfrutavam de uma excepcional autonomia no âmbito da sociedade persa, embora não devamos pressupor por esse alto nível de independência como regra para todas as mulheres do harém. É possível que o poder aquisitivo tenha amealhado também maior poder político, mas o acesso a níveis formidáveis de riqueza, como os de que Irdabama desfrutava, era bastante limitado. Apesar de sua capacidade de viajar sem o rei, Irdabama ainda era membro do harém real, cuja estrutura hierárquica era mantida com ou sem sua presença. Sem dúvida, a mãe de Dario foi a mulher mais rica de seu tempo, uma figura significativa na corte real e uma potência econômica por seus próprios méritos. Portanto, é ainda mais extraordinário que Irdabama seja inteiramente desconhecida das fontes gregas.

*

Os reis aquemênidas podiam se casar com várias esposas ao mesmo tempo. Como regra, tomavam como consortes apenas mulheres persas.

Há provas de casamentos diplomáticos com mulheres não persas no reinado de Ciro, o Grande, mas os reis Aquemênidas tinham o hábito de firmar alianças matrimoniais com poderosas famílias nobres persas, ou se casavam dentro do próprio clã aquemênida, desposando primas, sobrinhas, irmãs e meias-irmãs. É difícil saber se o rei escolhia uma esposa "principal" – no mesmo nível da tradição faraônica egípcia de nomear uma Grande Esposa Real, que estava acima das demais esposas do rei – ou se a precedência na hierarquia e ordem de importância no harém era negociada numa base mais *ad hoc*. Não parece ter existido um título persa oficial para a esposa "mais estimada" ou "principal", o que sugere que não era uma posição reconhecida na corte.

O conhecimento dos nomes das consortes reais aquemênidas deriva sobretudo de fontes gregas, que de maneira geral fornecem o nome de apenas uma esposa para cada Grande Rei. A julgar por essas fontes, a sugestão é a de que os monarcas persas eram monogâmicos. Essa idiossincrasia provavelmente resulta de dois fatores: em primeiro lugar, havia a preocupação dos gregos com a "norma" da monogamia e sua incapacidade de se colocarem de maneira confortável em uma mentalidade cultural diferente. Preferiam pensar no rei persa como um homem de uma só mulher (pelo menos quando se tratava de uma esposa oficial; ficavam felizes em imaginá-lo com inúmeras concubinas). Em segundo, os gregos sabiam muito pouco sobre o funcionamento do harém do Grande Rei. Simplesmente não tinham acesso a detalhes como os nomes das esposas do monarca. A representação grega da monogamia real persa é equivocada, disso não resta dúvida. Os Grandes Reis se casavam com várias mulheres para que pudessem gerar muitos herdeiros.

Fontes do Oriente Próximo enfatizam a importância de múltiplos descendentes – sobretudo filhos homens – para o sucesso de um rei, cujo dever dinástico era tomar esposas e gerar filhos. Um antigo provérbio babilônico enfatiza esse aspecto ao invocar as bênçãos dos deuses pedindo a graça de uma prole saudável nascida de uma consorte rechonchuda:

> Que Ishtar arranje para ti a cama de uma esposa fértil!
> Que ela te conceda filhos homens de braços largos!
> Que ela busque para ti um lugar de felicidade.

Casar é humano.
Ter filhos é divino.

Os reis viviam sob a enorme pressão de gerar muitos filhos, e o nascimento de meninos saudáveis era equivalente ao sucesso e reputação como monarcas poderosos. Nas fontes cuneiformes podem ser encontrados muitos sinceros apelos reais aos deuses. Em uma dessas invocações, endereçada ao deus Shamash (o deus-sol), o rei mesopotâmico sem filhos Etana implora ao deus: "Tirai minha vergonha e dai-me um herdeiro!". Seu *cri de coeur* é palpável numa oração que ele compôs a seus deuses:

O que é para mim a prata, ou mesmo o ouro amarelo,
Somados a minhas terras e escravos para sempre meus?
Uma tríade de cavalos de carruagem
Do estábulo do filho de uma escrava?
Deixai-me procriar filhos homens!
Deixai-me produzir uma prole!

Das consortes dos Grandes Reis esperava-se que fossem parceiras sexuais fecundas. Elas eram responsáveis pela promulgação da Dinastia Aquemênida, uma vez que o poder real era transmitido diretamente através do útero das esposas reais. Dario, o Grande, foi casado com pelo menos seis mulheres (pode ter havido mais), e vimos como suas alianças matrimoniais foram realizadas para endossar sua legitimidade como monarca da Pérsia. Seu casamento com uma filha de Góbrias antes de se tornar rei uniu duas importantes casas persas; ele teve três filhos com ela. Após a ascensão, casou-se com Atossa, filha de Ciro, que anteriormente havia sido esposa de Cambises e Bardiya, e com ela teve quatro filhos. Ele também foi casado com Artistone, outra filha de Ciro, que lhe deu pelo menos um filho. Depois se casou com Pármis, filha de Bardiya, e em seguida com Fedímia, filha do líder tribal Otanes; antes, havia sido esposa de Bardiya. Outra esposa, Fratagunes, filha do cã Artanes, lhe deu mais dois filhos. Dario, portanto, teve seis esposas ao mesmo tempo. Duas delas se destacam nas fontes: Atossa e sua irmã Artistone.

Figura 13. Impressão de um selo pertencente a Artistone.

De acordo com Heródoto, a mais jovem das filhas de Ciro, Artistone, era a favorita e mais amada entre todas as consortes de Dario; o rei teria inclusive encomendado a construção de uma rara estátua dela, feita de ouro esculpido a martelo. Além do imaginário grego, a importância de Artistone na hierarquia da corte é confirmada pelos textos da Fortificação de Persépolis, que a revelam como uma mulher de vultosa riqueza pessoal e considerável poder. Ela é citada mais de trinta vezes nas tabuletas, mencionada por seu nome persa, Irtashtuna. Possuía pelo menos três propriedades administradas por supervisores e mantidas por numerosos *kurtash*. Também é possível localizá-la em viagens pelo núcleo do império, às vezes acompanhada de sua sogra Irdabama, outras na companhia de seu filho, o príncipe Arsames. Seu primoroso selo pessoal, uma relíquia de família, foi encontrado em oito cartas com ordens e nove documentos arrolando alimentos entregues para alimentar sua família. Alguns dos textos mostram o generoso cuidado que Dario tinha com a esposa. Um deles é uma ordem enviada por Dario diretamente a Parnakka, o administrador-chefe de Persépolis, para que tomasse providências a fim de garantir que Irtashtuna recebesse um bom vinho:

> Diz a Yamakshedda, o portador de vinho, que Parnakka falou o seguinte: 200 *marrish* [quartos][3] de vinho devem ser entregues

---

[3] Possivelmente, *marrish* (ou *maris*) equivalia a quase 10 litros. [N.R.]

à *dukshish* Irtashtuna. Isso é ordem do rei. Primeiro mês, ano 9. Ansukka escreveu [o texto]; Maraza comunicou o conteúdo. (PF 0723)

Outro texto revela que o rei ordenou que cem ovelhas fossem tiradas de seu rebanho pessoal e entregues à esposa para que ela as incorporasse a seu patrimônio:

Diz a Harrena, o superintendente do gado, que Parnakka falou o seguinte: "Dario, o rei, ordenou, dizendo: '100 ovelhas da minha propriedade devem ser entregues à *dukshish* Irtashtuna'". E agora Parnakka diz: "O que o rei me ordenou repasso a ti. Agora tu deves entregar 100 ovelhas à *dukshish* Irtashtuna, conforme estipula o Rei". Primeiro mês, ano 19. Ansukka escreveu [o texto]; Maraza comunicou o conteúdo. (PF 6764)

Mais importante ainda, os textos de Persépolis na verdade preservam a "voz" pessoal da rainha, uma vez que várias tabuletas cuneiformes são ordens emitidas diretamente por Artistone:

Diz a Datukka que Irtashtuna falou o seguinte: "100 litros de vinho para Ankanna; a serem fornecidos por minha propriedade em Mirandu [...] e minha propriedade em Kukake". (PF 1835)

A rainha ditava suas próprias cartas aos escribas, que diligentemente as gravavam em argila úmida. Ela escrevia com frequência a um de seus principais servos, um semita chamado Shalamana, seu camareiro-chefe. As instruções a ele eram sempre sucintas e diretas:

Diz a Shalamana que Irtashtuna falou o seguinte: "200 litros de vinho para Darizza. Emita!".
Diz a Shalamana que Irtashtuna falou o seguinte: "500 litros de vinho para Mitranka e seus companheiros. Emita!". (PF 1837)

Já se identificou o selo pessoal do pobre Shalamana – e seu desenho diz muito sobre ele: uma mulher sentada em um trono segura uma

Figura 14. Impressão de um selo pertencente a Shalamana, o camareiro-chefe de Artistone.

enorme flor de romã numa das mãos e, com a outra, leva um cálice à boca. À sua frente, sobre um pequeno aparador, há um elegante vaso em formato de gazela e um incensário, usado para perfumar o ar. Um criado barbudo estende o braço com entusiasmo e oferece a ela uma jarra de vinho e uma concha com peneira – sem dúvida ele decantara o vinho no vaso da gazela e utilizou a peneira para encher o cálice da mulher. Claro, isso não pode ser interpretado como um "retrato" de Shalamana e sua senhora real, mas certamente é uma representação do cargo que ele ocupava, e é por isso que, sem dúvida, Shalamana escolheu essa imagem em particular para seu selo. Demonstra o contexto social da vida de Shalamana e seu lugar na sociedade aquemênida.

Nenhuma das outras esposas de Dario aparece de maneira tão ostensiva nas fontes quanto Artistone/Irtashtuna. No período coberto pelas tabuletas da Fortificação, ela e seu filho são, entre todas as esposas e filhos de Dario, as presenças mais notáveis, a sugerir, talvez, que Heródoto tinha razão quando afirmou que ela era a rainha favorita de Dario. Em comparação com Artistone, sua irmã Atossa raramente é mencionada nos textos de Persépolis. Aparece no máximo seis vezes. Dois textos de Persépolis, datados do 22º ano de reinado de Dario (500/499 a.e.c.), referem-se a Udusana (nome em persa antigo de Atossa) recebendo remessas de cereais dos estoques centrais, enquanto outra tabuleta registra que ela recebera uma ração de 11,368 quartos de vinho. A quantidade de grãos e vinho implica que ela sustentava uma comitiva substancial, facilmente equiparada à de sua irmã, e que sua situação econômica era mais ou menos comparável à de Artistone e Irdabama. Atossa também controlava propriedades e *kurtash* nos arredores de Persépolis, e recorria à burocracia da cidade para conservar suas posses e abastecer sua casa e sua numerosa família. A economia do Estado a mantinha numa posição condizente com seu status hierárquico de filha de Ciro e três vezes noiva real.

*

Para ter muitos filhos, governantes persas tinham várias esposas e um número muito maior de concubinas. As concubinas reais persas eram meninas enviadas à Pérsia como escravas, recebidas pelo Grande Rei como pagamento de tributo de sátrapas ou capturadas de súditos rebeldes. Apesar do mito orientalista dos haréns como mundos de sensualidade e sexualidade e do fascínio do exotismo erótico construído em torno deles, as concubinas não eram brinquedos sexuais. Assim como as consortes do rei, das concubinas também se esperava que agissem em benefício da dinastia governante e gerassem filhos saudáveis e numerosos. Em seu desejo de herdeiros múltiplos, os reis da Pérsia antiga não se contentavam em confiar nas capacidades de procriação de suas consortes, e procuravam ativamente procriar com concubinas às quais pudessem monopolizar como parceiras sexuais.

Capturar mulheres como despojos de guerra era uma forma predominante de reabastecer os haréns do Oriente Próximo. O rei sem filhos Kirta de Ugarit presumiu que teria uma ninhada de filhos assim que adquirisse, após vencer uma batalha, uma concubina aristocrática como parceira de cópula. Com esse objetivo em mente, arregimentou um exército e marchou sobre o reino de Udum, exigindo do rei local que lhe desse sua filha mais velha:

> O que ainda não há em minha casa tu deves me dar:
> Tu deves me dar a dama Huraya,
> A mais bela, sua primogênita,
> Que é tão bela quanto a deusa Anat,

Tão graciosa quanto a deusa Astarte.
E que terá um filho para Kirta.

O rei Kirta apostou todas as suas fichas na tentativa de conquistar a princesa Huraya de Udum, mas é duvidoso que todas as concubinas viessem de uma linhagem tão ilustre, nem mesmo na Pérsia. De acordo com Ctésias de Cnido,

> quando soube que as mulheres egípcias eram superiores às outras no que dizia respeito às relações sexuais, Cambises despachou um mensageiro a Amósis, o rei egípcio, pedindo a mão de uma de suas filhas. Mas o rei não lhe cedeu nenhuma, pois suspeitava que a moça teria o status não de esposa, mas de concubina.

Em sua maioria, as meninas adquiridas para os haréns dos Grandes Reis eram de origem humilde. Depois que Dario reprimiu a Revolta Jônica, por exemplo, as mais belas moças locais foram arrancadas de casa e enviadas para a corte. Nem todas as cativas estavam destinadas aos privilégios do harém real. A maior parte desaparecia no imenso contingente de criadas domésticas que trabalhavam nos palácios como *arad sharri* (expressão em acádio para "escravas reais") e *arad ekalli* ("escravas do palácio", em acádio). Até agora não se comprovou a existência de uma palavra em persa antigo para "concubina", mas os filólogos reconstroem um termo do iraniano antigo, *harčī-* (derivado do armênio *harč*), como "esposa secundária" ou "concubina". É improvável que as concubinas recebessem o título de *dukshish*, uma vez que, na estrutura hierárquica extremamente formal da corte, essas mulheres estrangeiras estavam abaixo das consortes reais na escala social.

De maneira talvez surpreendente, o Antigo Testamento fornece algumas das melhores informações sobre a prática do concubinato no Irã aquemênida. O Livro de Ester, da Bíblia Hebraica, foi escrito por um autor judeu persa desconhecido, provavelmente vivendo em Susa (como parte de uma grande população de judeus que se estabeleceram na área) no século IV a.e.c. Quem quer que tenha sido, ele compreendia muito bem os mecanismos de funcionamento íntimo da corte persa e o uso que se fazia das esposas reais, concubinas e escravas palacianas. A partir de seu conhecimento, o autor criou uma curta e perfeita novela que seguiu a ascensão de uma menina judia órfã à posição de rainha. A trajetória de Ester está mais próxima de um conto de fadas do que de um relato histórico, decerto, pois já observamos que os monarcas aquemênidas não tomavam consortes estrangeiras. Era ínfima a possibilidade de uma menina judia, por mais bonita que fosse, alcançar o posto de esposa real. No entanto, essa história encantadora, que propiciou um bocado de alento espiritual e cultural para os povos judeus ao longo dos séculos, diz muito sobre o funcionamento do concubinato real aquemênida. A história começa com uma ordem régia para reabastecer com moças belas e atraentes o harém real:

> Os conselheiros pessoais do rei propuseram: "Faça-se uma busca por belas e jovens virgens para o rei. Que o rei nomeie comissários em cada província de seu império para trazer todas essas lindas moças ao harém na cidadela de Susa. Elas ficarão sob os cuidados de Hegai, eunuco do rei, o oficial encarregado das mulheres; e que recebam tratamentos de beleza". [...] Depois que a ordem e o édito do rei foram proclamados, muitas moças foram trazidas para a cidadela de Susa e colocadas sob os cuidados de Hegai. Ester também foi levada ao palácio do rei e confiada a Hegai, encarregado do harém.

Muito semelhante a uma abertura de história do *Livro das mil e uma noites*, o Livro de Ester registra uma prática real genuína, em que batedores, comissários e espiões eram enviados por todo o império a fim de recrutar para a corte moças bonitas que poderiam ser treinadas nas artes da música, poesia e beleza, com o intuito de se tornarem concubinas reais. Era exatamente a mesma prática que vigorava no reinado de sultões otomanos, imperadores mongóis e imperadores das dinastias chinesas Ming e Qing. Era uma maneira eficaz de reabastecer um harém e trazer novo DNA para a linhagem imperial.

O Livro de Ester anota ainda que as mais afortunadas das jovens escolhidas para o harém eram instruídas durante um ano em artes da corte e etiqueta antes de serem consideradas elegíveis para o coito com o monarca. De acordo com a Bíblia, Ester agradou ao eunuco encarregado do harém das novatas, que logo lhe providenciou tratamentos estéticos e comida especial. Para cuidar de Ester, ele designou sete criadas selecionadas entre as servas do palácio do rei e as transferiu para os melhores aposentos do harém. A partir dos detalhes fornecidos pelo autor do Livro de Ester, por ordem do rei, e somente depois de completar os meses de treinamento, é que uma noviça se apresentava no quarto do rei. Quando saía do harém para os aposentos reais, a moça recebia tudo o que desejasse. Ia para o palácio do rei à noite, e se pela manhã conseguisse permanecer no quarto e o agradasse, e caísse nas boas graças dele, então subia a um nível mais alto da sociedade do harém e entrava em outra parte do harém. Isso estava sob a supervisão de Saasgaz (Shaashgaz), eunuco do rei e funcionário responsável pelas concubinas. Nenhuma delas retornava à presença do rei a menos que ele a mandasse chamar pelo nome.

A existência no concubinato era difícil. As concubinas tendiam a oscilar entre "mulheres de prazer" e "mulheres de Estado". Muitas delas eram treinadas por eunucos e mulheres mais velhas para se transformarem em habilidosas musicistas, dançarinas cultas e brilhantes contadoras de histórias, e, tais quais as gueixas do Japão, eram extremamente valorizadas por seus serviços nas artes do entretenimento. Mas as concubinas não eram prostitutas. Certamente as concubinas dos reis persas não devem ser categorizadas nem mesmo como honradas e respeitáveis mulheres de má reputação, e de forma alguma devemos confundi-las com cortesãs ou amantes. No entanto, em termos legais, é duvidoso que alguém considerasse as concubinas mulheres "casadas" com o rei. Até onde sabemos, não havia votos de matrimônio tampouco transferências financeiras de dote, não se pagavam bens ou dinheiro ao noivo, não se realizava nenhuma cerimônia ou banquete de celebração. Quando um monarca de cabelos grisalhos, como certamente era o caso de Dario no fim de seu reinado, escolhesse sua quinquagésima jovem entre as novatas do harém (talvez uma mulher de uma província conquistada, ou uma de suas dançarinas) como seu mais recente interesse amoroso, isso seria um casamento? Não, certamente não. No entanto, o concubinato poderia levar a um relacionamento estável com o rei. Uma concubina bem estabelecida encontraria prestígio e honra dentro do sistema de harém quando os filhos que ela dera ao rei fossem oficialmente reconhecidos como herdeiros reais. No entanto, diferentemente de uma esposa oficial, uma concubina não tinha o mesmo status social ou legal como companheira do rei. Dinon, grego que viveu na Pérsia por vários anos, fornece um interessante vislumbre de como a etiqueta da corte era empregada no âmbito das mulheres da casa para demarcar cuidadosamente os limites entre concubinas e damas reais em posição mais elevada. Ele observou que: "Entre os persas, a rainha tolera um enorme número de concubinas porque [...] a rainha é tratada com deferência por elas. Na verdade, prestam reverência diante dela".

Concubinas desempenhavam um papel importante nos destinos da Dinastia Aquemênida. Delas esperava-se que fossem parceiras sexuais férteis e, como tais, eram tão responsáveis pela perpetuação de uma dinastia quanto qualquer esposa real. Essas mulheres não viviam para si mesmas, mas para criar outras vidas. Eram obrigadas a manter intacta a dinastia e garantir as gerações vindouras; tinham de ser fisicamente atraentes, já que a excitação do desejo no governante era essencial. O rei Artaxerxes I gerou pelo menos dezoito filhos de suas concubinas, e Artaxerxes II, nada menos que 150 filhos. O nascimento de um filho homem encerrava a relação sexual da concubina com o governante, mesmo que estivessem apaixonados. A tradição da corte determinava que ela não lhe desse mais filhos do sexo masculino (nenhum rei persa nascido de concubina tinha irmãos de sangue puro). Se a concubina desse ao monarca uma série de filhas, então o relacionamento sexual poderia continuar, mas tão logo o casal fosse abençoado com um filho varão, a relação sexual cessava e o governante passava para uma nova concubina. A partir de então, o único propósito da mãe concubina era trabalhar para o avanço político do filho. Embora o protocolo oficial estabelecesse que os filhos nascidos de concubinas eram inferiores a qualquer filho nascido de uma esposa real, o desenrolar da sucessão aquemênida conta outra história. Não raro o filho de uma concubina ascendia ao trono. Dario II, filho de uma concubina da Babilônia, por exemplo, foi coroado Grande Rei depois da morte de seu pai, Artaxerxes I. De maneira consistente – mas imprecisa –, escritos gregos sobre os filhos de concubinas persas referem-se a eles como "bastardos" (*nothoi*), mas na Pérsia inexistia o estigma associado a ser filho de uma concubina; no sistema de status de harém, o filho de uma concubina sempre superava sua mãe, uma vez que a criança ganhava do pai sua distinção (e o sangue real).

O concubinato não era necessariamente uma instituição latente, e algumas concubinas obtiveram acesso a status elevado, chegando a ser mães de reis. Mas a grande maioria deve ter passado a vida como nulidades anônimas em uma corte repleta de mulheres competitivas. A realidade do harém era que a circunstância ou ambição pessoal poderiam mudar a hierarquia e, com ela, o curso da política dinástica. Era comum o antagonismo entre concubinas e entre esposas e concubinas. As mulheres que mantinham relações sexuais com o rei tinham (mesmo que apenas temporariamente) maior status do que as que não tinham acesso à cama real e, portanto, podemos especular sobre como a competição para atrair e manter a atenção sexual do rei poderia ser intensa. O concubinato não era um estado de existência aprazível ou gratificante.

E quanto ao número de concubinas existentes na corte persa? Quantas havia? Autores gregos, fascinados por suas próprias fantasias eróticas sobre o harém como um palácio de prazeres sexuais do rei, afirmavam que havia cerca de 360 concubinas – (quase) uma para cada dia do ano. Pouquíssimos gregos chegaram a ver os aposentos domésticos do palácio de um grande rei persa, por isso o tema do harém era propício a especulações picantes. Diodoro Sículo foi apenas um dos muitos gregos que fantasiaram sobre a vida sexual do rei persa, evocando a imagem de "concubinas de excepcional beleza, selecionadas entre todas as mulheres da Ásia". Devia sonhar acordado sobre como "todas as noites essas mulheres desfilavam ao redor do sofá do rei para que ele pudesse escolher aquela com quem se deitaria". Os gregos viam as concubinas reais como moças dissolutas, licenciosas, luxuriosos espécimes proibidos e inalcançáveis do erotismo oriental. A fantasia sensual de um carrossel de concubinas belas e jovens à disposição no harém para serem cobiçadas e despidas alegrava o coração de muitos helenos. Porém, em seu deslumbramento, os gregos perceberam outra coisa: o fato de que o Grande Rei tinha a capacidade e os recursos para acumular, abrigar e sustentar tantas mulheres e delas tirar proveito sexual. Na verdade, o número de concubinas reais nunca foi fixado em 360. Vigorava um contínuo trânsito de concubinas e escravas que entravam no harém, e, embora seja impossível afirmar com alguma autoridade a quantidade exata de mulheres que se encontravam em concubinato ao longo da Era Aquemênida, devemos supor que os números variaram de algumas dezenas a muitas centenas, dependendo da sorte da conquista, do pagamento de tributos e da inclinação sexual de qualquer um dos Grandes Reis.

A acumulação de mulheres em escala imperial dizia muito a respeito tanto da virilidade do monarca quanto de sua riqueza. Consortes e concubinas estavam lá para proporcionar prazer carnal ao rei e atender às necessidades da dinastia. O corpo dessas mulheres era símbolo do domínio real – não apenas do homem sobre as mulheres ou do senhor sobre os escravos, mas do monarca sobre o império. Assim como os diversos alimentos servidos à mesa real, as pedras e madeiras preciosas trazidas para as oficinas de Susa, ou a rara flora plantada nos jardins reais, as mulheres que se deitavam na cama do rei eram manifestações físicas do próprio Império Persa. Por meio da fertilidade delas, o monarca povoava a corte e prolongava sua dinastia.

11
A POLÍTICA DA ETIQUETA

Os Grandes Reis Aquemênidas se valiam da etiqueta formalizada e do cerimonial da corte para criar uma aura especial em torno do trono. Por meio da encenação de intrincados rituais, o rei se distanciava dos súditos. Mesmo cortesãos tinham acesso muito limitado à figura real, e se aproximavam do monarca apenas durante cerimônias de audiência rigidamente controladas, nas quais questões de segurança, etiqueta e normas de conduta eram primordiais. Para desfrutar dos benefícios de uma audiência real, cortesãos e visitantes precisavam passar por rigorosos controles e medidas de precaução e deveriam estar familiarizados com o protocolo do palácio, a fim de assegurar que, em presença do soberano, se comportassem com decoro digno e observassem regras predeterminadas.

Podemos pensar no Grande Rei, trajado com suas vestes elegantes, como um ator de uma magnífica peça teatral, e em seus cortesãos como coadjuvantes e espectadores. Pensar na corte em termos teatrais, é claro, não é novidade. Para alguns pesquisadores que já escreveram sobre a corte de Luís XIV em Versalhes, por exemplo, a metáfora do teatro foi irresistível – e é perfeitamente apropriada. Ninguém menos que Elizabete I da Inglaterra declarou que: "Nós, príncipes e princesas, digo-vos, somos colocados em palcos, à vista do mundo e diligentemente observados; os olhos de muitos contemplam nossas ações", dando a entender que os monarcas viam a si mesmos como atores e atrizes encenando o drama da vida na corte. A estreita associação entre o cumprimento da etiqueta e a encenação da cerimônia não deve ser desprezada

Figura 15. Detalhe retirado do chamado "Relevo do Tesouro" em Persépolis; em destaque, o Grande Rei e o príncipe herdeiro em audiência real.

levianamente como mera afetação ou preciosismo de um estilo de vida aristocrático privilegiado, pois na Pérsia a etiqueta tinha importante função simbólica na estrutura da sociedade cortesã. No mundo fechado da estufa da corte real aquemênida, todo indivíduo era hipersensível à menor mudança no mecanismo de etiqueta. "Fazer a coisa certa" era de suma importância. Cortesãos ávidos para manter posições na corte ou galgar a escada de sucesso tinham que dominar as leis do protocolo, conhecer as regras de emprego das fórmulas corretas (verbais ou não verbais) para cumprimentar, mostrar respeito ou deferência, e precisavam tornar-se hábeis nas artes da bajulação e subserviência. Por outro lado, o fracasso em "fazer a coisa certa" poderia ser usado como arma para provocar a queda de um inimigo – cortesãos observavam cuidadosamente as ações e a fala dos outros para medir o conhecimento dos rivais acerca do comportamento correto na corte.

Talvez o maior teste de protocolo para qualquer aspirante a cortesão fosse a audiência real. Representações dessa importante cerimônia chegam até nós na forma de imagens de selos e pedras preciosas, uma pequena imagem pintada em um sarcófago, e dos monumentais batentes de porta esculpidos em Persépolis. Os mais admiráveis exemplos de uma cena de audiência vêm no formato de dois imensos relevos de pedra localizados nas duas escadarias do *Apadana* (sala do trono) de Persépolis, mas depois transferidos para o Tesouro. O Grande Rei é representado numa audiência em um "momento congelado". Ele usa um manto cerimonial e uma coroa, segura uma flor de romã e um cetro (que ele pode estender para conceder favores). A fim de acentuar a noção de governo dinástico, é acompanhado pelo príncipe herdeiro, que é retratado com um traje idêntico ao do rei, e também recebe a prerrogativa de segurar uma flor de romã iraniana. Também estão presentes membros do alto escalão da corte e das forças armadas. Dois incensários ajudam a demarcar o espaço real e acentuam sua sacralidade, assim como o estrado sobre o qual o trono é colocado e o baldaquino, ou toldo de tecido, que cobre a cena. A parafernália teatral da sala do trono e o impressionante cenário do *Apadana* pretendiam incutir medo e admiração nos suplicantes, e a figura do próprio rei, o protagonista do drama da corte, deve ter sido uma visão fascinante, quase avassaladora. O autor anônimo da versão grega do livro bíblico de Ester captura com brilhantismo a cena da rainha em pânico ao se aproximar do rei entronizado:

> Ultrapassando todas as portas, Ester se viu na presença do rei. E ele estava sentado em seu trono real e vestia um manto enfeitado e majestoso que manifestava seu status, ouro resplandecente por toda parte, e pedrarias caras. Seu aspecto era espantoso. Erguendo o rosto incendiado de glória, ele olhou diretamente para ela – como um touro no auge de um acesso de fúria. E a rainha esmoreceu de medo, seu rosto empalideceu, ela desfaleceu e se apoiou na aia que ia à sua frente. [...] Mas o rei saltou de seu trono e a tomou em seus braços.

O trono real funcionava como um expressivo ícone da realeza e, no Oriente Próximo, era habitual o retrato tanto de monarcas quanto de deuses entronizados. O trono aquemênida tinha espaldar alto e repousava sobre pés leoninos – nas imediações de Samaria, em Israel, encontrou-se um raro exemplar de trono real (partes de um, provavelmente do palácio de um sátrapa) do Período Aquemênida. A inequívoca mensagem que o móvel ornamentado comunica é óbvia: o homem que se senta no trono detém autoridade absoluta. O Grande Rei tinha também um escabelo, outro importante emblema da realeza. Tal qual o trono, essa peça de mobiliário estava igualmente carregada de ritual e simbolismo.

Na corte aquemênida havia inclusive um cargo oficial associado ao escabelo, e um "carregador de escabelo", um nobre de posição importante, é retratado nas alas norte e leste do *Apadana* de Persépolis. De acordo com o historiador romano Quinto Cúrcio Rufo, quando Alexandre da Macedônia conquistou pela primeira vez a Pérsia e se apoderou da luxuosa tenda de Dario III, conspurcou de modo canhestro a etiqueta da corte ao se apropriar indevidamente de uma mesa baixa para servir de escabelo real e descansar os pés:

> Alexandre agora se sentou no trono real, que era alto demais para ele; assim, como seus pés não podiam tocar o chão, um de seus pajens colocou sob eles uma pequena mesa. Percebendo a angústia no rosto de um dos eunucos de Dario, o rei perguntou por que motivo ele estava aborrecido. O eunuco declarou que a mesa era usada por Dario para comer, e não pôde conter as lágrimas ao vê-la destinada a um uso tão desrespeitoso. O rei ficou envergonhado [...] e ia ordenar a imediata retirada da mesinha quando Filotas disse: "Não, Vossa Majestade, não façais isso! Tomai como um presságio: a mesa que vosso inimigo usava para seus banquetes tornou-se vosso escabelo".

A história apenas reconfirma a importância central para a ostentação e a ideologia da realeza dessa peça de mobiliário aparentemente imperceptível. Era fato notório que os pés do Grande Rei jamais poderiam tocar o chão e deveriam ser protegidos por tapetes macios, como o grego Dinon havia observado:

> O rei atravessava a corte a pé, andando sobre tapetes de Sárdis estendidos no chão e sobre os quais ninguém mais pisaria. E quando chegava ao pátio final, montava em sua carruagem ou, às vezes, em seu cavalo; mas fora do palácio ele nunca foi visto a pé.

No centro do Relevo do Tesouro, um quiliarca, ou vizir, vestido com o tradicional traje de montaria iraniano, realiza um gesto ritual de reverência ao monarca. Um dos principais papéis do quiliarca era apresentar ao rei indivíduos ou delegações, então sua presença na cena faz sentido.

Ele se inclina para a frente, leva uma das mãos à boca e faz um gesto que está intimamente associado ao *sala'am*, ou saudação formal, utilizado nas cortes muçulmanas posteriores. É muito provável que uma sociedade que exigia tais códigos de comportamento respeitoso tivesse uma organização política autocrática, caracterizada pelo poder coercitivo de um rei. Gestos não espontâneos e semirritualizados desse tipo eram uma característica marcante da comunicação social persa, pelo menos de acordo com Heródoto, que descreve com algum grau de detalhe uma série de gestos de saudação usados na vida cotidiana, observando que:

> Quando dois persas se encontram na rua ou na estrada, sabe-se logo se são da mesma condição. Pois em vez de se cumprimentarem com palavras, saúdam-se beijando-se na boca; mas se um é de origem um pouco inferior ao outro, beijam-se nas faces; se a condição de um é muito inferior à do outro, o inferior prostra-se diante do interlocutor superior.

Esses gestos eram ainda mais ritualizados na corte persa. Em um contexto do Oriente Próximo, a prática persa de se curvar e beijar em sinal de submissão e respeito parece estar em perfeita harmonia com a tradição, já que prostrar-se, beijar o chão ou até mesmo beijar a bainha da roupa ou os pés do monarca eram atitudes conhecidas e corriqueiras em ambientes da corte mesopotâmica.

Conhecido pelos gregos como prosquínese, a natureza exata da reverência cerimonial a um monarca persa é tema bastante debatido por estudiosos. Etimologicamente, o termo prosquínese (do grego *proskynesis*) incorpora a ideia de um beijo, sendo uma combinação do grego *pros*, "em direção a", e *kyneo*, "beijar" – literalmente "beijar em direção a". No entanto, Heródoto insinua que *proskynesis* era o ato de uma pessoa prostrar-se ou se curvar em sinal de mesura. Então talvez o "beijo" se seguisse após a prostração. O Relevo do Tesouro retrata esse momento: tendo se levantado de sua prostração, o quiliarca realiza um *sala'am* tocando os lábios com os dedos e oferecendo com a mão o beijo ao rei. Para os gregos, a prostração era um ato religioso e adequado apenas diante de um deus. Que um grego se humilhasse dessa maneira diante de qualquer homem minava seu conceito de *eleutheria*, ou "liberdade".

Os visitantes gregos da corte persa consideravam repulsivo o ato da prostração e faziam um tremendo esforço para prestar essa homenagem ao monarca, embora fosse uma regra inegociável para participar de uma audiência real. Isso é claramente o que o quiliarca Artábano da Pérsia (Artabanes da Hircânia) pretendia comunicar ao ateniense Temístocles ao informá-lo sobre a importância do ritual:

> "Entre nossos muitos costumes excelentes, este nós consideramos o melhor de todos: honrar o rei e prostrar-se ante ele [*proskynein*], como a imagem do deus de todas as coisas. Se tu então aprovas nossas práticas, prostra-te diante do rei e o reverencia; assim tu podes tanto vê-lo quanto falar com ele; mas se pensas de outra forma, precisarás usar mensageiros para interceder por ti, pois não é nosso costume nacional que o rei conceda audiência a qualquer homem que não lhe preste reverência." [...] Quando foi levado à presença do rei, Temístocles beijou o chão à frente e aguardou em silêncio.

Como em todos os outros aspectos da vida oficial, a ideologia da invisibilidade regia também os hábitos gastronômicos do rei. O soberano costumava jantar sozinho em uma câmara (ou algum outro espaço específico), escondido de todos, enquanto seus convidados se sentavam para comer do lado de fora, à vista de qualquer um. Apenas os convidados mais honrados eram servidos pelos mordomos reais em um salão contíguo à sala de jantar do rei. Os dois espaços eram separados por um biombo ou cortina que permitia ao rei ver seus convidados, mas o mantinha oculto da vista deles. Encerrado o jantar, alguns convidados especiais eram convocados por um eunuco para se aproximar do rei e beber em sua companhia – uma excepcional marca de distinção, já que era durante essas bebedeiras que se discutiam importantes questões de Estado e era possível concretizar ambições pessoais. O cortesão homenageado com um lugar regular à mesa do rei era conhecido como *homotrapezus* ("companheiro de refeições"), título raríssimo e invejável conferido apenas a nobres confiáveis do mais alto escalão.

Proporcionava enorme prazer comer e beber na atmosfera festiva de um banquete real, a exemplo de um, quase lendário, oferecido por Xerxes no terceiro ano de seu reinado, ocasião em que deu uma festa de

Estado para todos os seus administradores, ministros e sátrapas e todas as mulheres da corte. O banquete de Xerxes durou 180 dias. Esses eventos de refeição farta e festiva representavam algo mais do que a simples provisão do pão de cada dia, pois um banquete real fornecia todo o sentido ao comer e ao beber. Ocorrido na maioria das vezes por circunstâncias afortunadas da vida que escapavam da rotina diária, um banquete rompia com o prosaico. Em virtude do excesso de comida e bebida (a regra para o consumo de bebidas era "Sem restrições!", como lembra o Livro de Ester), participar de um banquete real poderia ser considerado uma forma de esporte radical, no mesmo nível de outra das paixões da corte aquemênida: a caça.

À sua maneira, a caçada era menos um esporte propriamente dito do que uma forma de arte. Caçadas reais nunca foram apenas uma questão de matar animais, eram também cerimoniais carregados de regras de etiqueta. Uma caçada bem-sucedida devia terminar com a morte de um animal, mas tinha de ser de um tipo específico: gazelas, veados, cabras-montesas, burros selvagens, cavalos selvagens, ursos e leões eram considerados presas adequadas. A vítima precisava ser despachada de uma maneira específica. O animal devia ser livre para fugir de seu predador, ou se voltar contra o caçador e atacá-lo, mas também tinha de ser executado de modo deliberado – e com violência (não era permitido o uso de armadilhas, iscas envenenadas e tampouco redes). Mais do que qualquer outra coisa, o alvo do caçador precisava ser um animal selvagem, com todas as chances de ser hostil ao algoz, e era inaceitável que fosse manso ou dócil com os humanos. Não havia esporte envolvido na caça de vacas leiteiras. A caçada era vista como um confronto armado entre o mundo humano e a selva indomável, entre a cultura e a natureza. Para a elite da Pérsia, a caça tornou-se um complexo ritual incrustado de jargão e solenidades ritualísticas. A caçada real servia para validar as credenciais aristocráticas dos caçadores, pois a ação de caçar praticada pelos membros da corte nada tinha a ver com suprir necessidades econômicas – era uma atividade predominantemente política e ideológica. As inúmeras representações de caçada nos selos aquemênidas demonstram seu papel central na mentalidade persa.

A frequência e a duração das caçadas reais demonstram também a ligação entre caça e governança. É difícil obter dados precisos acerca do número de horas que o rei persa passava na sela, mas textos clássicos sugerem que pelo menos era concebível que dedicasse *à la chasse* uma quantidade considerável de seu tempo todos os dias. Monarcas sempre enfatizaram sua habilidade para a caça, e era nessa demonstração de bravura cavalheiresca que o Grande Rei conseguia demonstrar sua masculinidade, pois a atividade se equiparava à guerra. Essencialmente, as mesmas habilidades eram necessárias para ambas, e, portanto, monarcas tinham que ser líderes tanto nas batalhas de uma guerra quanto na caça.

As caçadas aconteciam nos *paridaida* e em campo aberto. Xenofonte sugeriu que as emoções mais intensas estavam nas caçadas a animais selvagens, uma vez que caçar em parques significava perseguir presas que haviam sido capturadas e levadas para o local especificamente para serem abatidas. Aos eventos desse tipo em um parque de caça talvez faltassem o frisson e a adrenalina do perigo de perseguir animais em campo aberto; no entanto, a execução simbólica da presa era a parte mais importante. Em muitos casos, isso simplesmente levava a um método para poupar tempo, a pré-captura de animais para serem abatidos pelo monarca mais tarde. Todas as caçadas reais eram meticulosamente planejadas e estavam sob a responsabilidade de funcionários da corte incumbidos de obter animais selvagens, além de treinar mastins e cuidar desses enormes cães que acompanhavam o grupo de caça. Para cuidar dos estábulos e preparar os cavalos eram necessários cavalariços e estribeiros, e guarda-costas estavam sempre presentes – numa caçada, a vida do Grande Rei ficava particularmente vulnerável. As expedições para caçadas reais bem-sucedidas também exigiam o envolvimento de militares no papel de "batedores" para espantar as presas e fazê-las sair de seus esconderijos e tocas. Monarcas persas tendiam a participar da chamada "caça em círculo", formação que envolvia um vasto número de pessoas e eliminava o problema de ter de perseguir a presa. Encurralado por um círculo cada vez menor de caçadores, o animal tendia a se debater e estrebuchar, momento em que o monarca poderia entrar no círculo para matá-lo. Um refinamento desse sistema foi a ideia de "cercamento", em que grandes redes eram empregadas por uma unidade de militares para literalmente isolar uma área – uma encosta inteira, por exemplo – a fim de forçar a presa a enfrentar o rei e seus cortesãos. Quaisquer que fossem os métodos envolvidos, o Grande Rei montado na sela e acompanhado por uma numerosa escolta de nobres, servos e até concubinas, deve ter sido uma visão impressionante, como imaginou o autor grego Cáriton de Afrodísias:

> O rei anunciou uma caçada formidável. Desfilaram cavaleiros, esplendidamente ornamentados – cortesãos persas e a elite do exército. Cada um deles era um espetáculo digno de ser contemplado, mas destacava-se, magnífico, o próprio rei; o soberano montava um poderoso e impressionante cavalo de Niseia, cujos adornos – freios, arreios, a testeira, os peitorais – eram todos de ouro; o monarca envergava um manto de púrpura de Tiro feito de tecido babilônico, e sua tiara era da cor do jacinto; à cintura trazia um sabre, e empunhava duas lanças; ao ombro tinha um arco e aljava da mais primorosa fabricação chinesa [...] Num instante as montanhas encheram-se de gritos, de gente correndo, do latido dos cães, do relincho dos cavalos, da perseguição às feras.

A maior das glórias estava na caça aos leões, de fato um esporte régio. Desde tempos ancestrais, era uma exclusividade da realeza: "Matar o leão com a arma era meu próprio privilégio", afirma um antigo governante babilônio. A cavalo, os persas perseguiam leões atirando lanças e manejando arcos e fundas; rígidos protocolos organizavam esse aspecto da caçada ao leão, e prerrogativas eram dadas ao rei, que tinha o direito de cravar a primeira lança na presa. Há retratos de Dario I disparando flechas contra um leão rampante, enquanto as rodas de sua carruagem esmagam a carcaça de outro felino abatido. O uso de carros de batalha na caça parece ter se desenvolvido no Egito e na Assíria, onde eram utilizados em larga escala nas guerras e nas caçadas, como indicadores de prestígio intimamente associados aos reis e à nobreza. Na verdade, esses carros de combate estavam longe de ser plataformas de caça ideais, pois eram frágeis e passíveis de quebrar em terrenos inadequados. Embora uma maneira de contornar o problema fosse se transferir para o lombo de um cavalo, caso a presa escapasse para uma floresta ou pântano, às vezes pelotões de soldados e cavalarianos também eram mobilizados para impedir que o animal fugisse das planícies abertas. Qualquer que fosse a realidade da caçada real ao leão, o motivo do rei como matador de leões é repetido em moedas, selos e relevos persas, nos quais o leão às vezes se transforma em uma criatura mítica híbrida e é executado pelo rei em sua forma de "herói persa".

Os reis aquemênidas usavam a corte real como ferramenta política para consolidar e aumentar seu domínio absolutista. Por meio do cerimonial codificado, a nobreza persa foi domada e domesticada. Vigiada de perto, destituída de poder efetivo e mantida ocupada às voltas com as minúcias da etiqueta, a elite persa ficou obcecada com suas posições na órbita do Grande Rei, esquecendo-se de que eram, para todos os efeitos, prisioneiros dentro de uma redoma de vidro, uma gaiola de ouro.

12
ASSIM FALOU ZARATUSTRA

O conhecimento acerca do mundo religioso dos aquemênidas vem melhorando continuamente. Isso se deve sobretudo aos pesquisadores do Instituto Oriental de Chicago e do Museu Nacional de Teerá, que se debruçam sobre o corpus das tabuletas da Fortificação de Persépolis. Esses pequenos documentos de argila seca vêm derrubando noções preconcebidas a respeito da paisagem religiosa da Pérsia antiga, e assim estamos revendo e reavaliando a maneira como os persas expressavam e praticavam sua fé. As tabuletas falam da adoração aos antigos deuses elamitas ao lado de divindades iranianas, e nomeiam vários tipos de sacerdotes e os rituais que eles realizavam. Se outrora os estudiosos dependiam completamente das fontes gregas para obter informações sobre a religião persa, hoje podemos acessar a experiência persa genuína e nos aproximar muito mais da raiz da fé aquemênida e de suas práticas.

Acreditando que Heródoto fez observações relevantes e precisas sobre a natureza do mundo aquemênida, durante certo período estudiosos depositaram toda a sua confiança no que o "Pai da História" havia dito sobre a religião persa. "Entre os usos e tradições que, segundo tenho conhecimento, são observados pelos persas, vale ressaltar os seguintes: não cultuam imagens dos deuses; não costumam erguer estátuas, nem templos, nem altares; ao contrário, consideram insensatos os que assim procedem", afirmou em tom dogmático. Agora que temos a possibilidade de ler e analisar por nós mesmos textos persas nativos, podemos afirmar de forma categórica que, em cada uma de suas "observações", Heródoto estava equivocado. As tabuletas de Persépolis contêm evidências a mostrar que, em sua adoração, os persas usavam imagens, templos e altares. Na *História*, como ressaltado, Heródoto retratou a Pérsia como um mundo às avessas, antítese da civilização grega. Uma vez que em seu culto os gregos utilizavam rotineiramente templos, altares e imagens, Heródoto, a fim de conceber os persas como a quinta-essência do "Outro", criou para eles um mundo religioso que funcionava sem os fundamentos de uma religião organizada "civilizada". Mas finalmente os textos de Persépolis estão corrigindo as imagens bastante persuasivas que Heródoto criou da religião "estranha e oposta" da Pérsia.

Nos registros de Persépolis encontramos uma palavra elamita de uso comum: *ziyan*, termo que literalmente significa "um lugar de ver", e era usado para se referir a um "templo", "santuário" ou "edifício de culto". *Ziyan* se refere a um espaço de epifania divina, onde era possível ver e sentir os deuses. Durante muitos séculos, elamitas usaram a mesma palavra para descrever uma ampla variedade de características arquitetônicas religiosas, e mais tarde o termo foi adotado por administradores persas. Nas tabuletas de Persépolis, o termo aparece com frequência rotineira – por exemplo, há entregas de vinho endereçadas a um *ziyan* em um lugar chamado Harkurtush, e remessas de vinagre são despachadas para o *ziyan* de um povoado chamado Zarnamiya. Mas podemos olhar além do idioma elamita em busca de referências a estruturas de culto, pois elas existem também na epigrafia real do persa antigo. Na Inscrição de Behistun de Dario, o rei orgulhosamente proclama que reconstruiu os *āyadanā* (em persa antigo, "locais de culto") que haviam sido destruídos pelo usurpador Gaumata. Nas versões acádia e elamita do texto, essa palavra é traduzida como "casas dos deuses", o que nos proporciona a imagem de que, quando pensou nos *āyadanā*, Dario imaginava algum tipo de estrutura física construída pelo homem, um "templo" ou "santuário".

Por milhares de anos, elamitas construíram edifícios religiosos em seus territórios. Por conseguinte, a paisagem da pátria imperial persa estava repleta de antigos santuários elamitas. Os cumes das montanhas, as superfícies rochosas e as encostas das colinas serviam como locais sagrados, pois havia muito eram as áreas preferidas dos elamitas para a construção de templos ou santuários. Por sua vez, os aquemênidas gravitaram para esses mesmos antigos centros de culto e neles estabeleceram suas próprias práticas religiosas. Heródoto escreveu que era costume dos persas "subir aos cumes das montanhas mais altas e lá oferecer sacrifícios". Ele evoca a imagem de monges assemelhados aos tibetanos realizando seus solitários rituais em picos cobertos de neve, mas a realidade é outra, e agora sabemos que os persas cumpriam seus deveres religiosos dentro de espaços fechados, em pequenos templos e santuários salpicados em montes e colinas.

Lentamente a arqueologia está revelando esses templos. Uma das mais importantes estruturas de santuário foi descoberta em Dahan-i Ghulaman ("portal dos escravos"), a capital da província aquemênida da satrapia de Drangiana, no leste do Irã. Datada das primeiras décadas do século V a.e.c., a edificação é construída com tijolos de adobe e a sua planta é quase quadrada, composta por quatro recintos de canto e um pátio externo, quadrangular e central, com quatro pórticos voltados para o interior, todos elementos de design que encontram paralelos na arquitetura régia de Persépolis. No centro do pátio externo foram erguidos três monumentais altares escalonados (talvez para o culto de uma tríade de deuses), onde foram encontrados, assim como espalhados por todo o santuário, restos de cinzas misturadas com gordura animal e ossos queimados.

Ruínas de outro templo, datado de 400 a.e.c., foram escavadas em Tash-Kirman Tepe, na Corásmia, oeste da Ásia Central (hoje a Corásmia se estende pelos territórios do Uzbequistão e do Turcomenistão), no lado sul do mar de Aral. O complexo do templo tinha um pódio alto, um pequeno pátio e uma labiríntica série de salas e corredores adjacentes, alguns dos quais continham espessas camadas de cinzas queimadas. No local foram descobertos vários altares. Não se conhecem paralelos exatos com o desenho desse templo, mas é provável que algum tipo de culto persa tenha sido praticado por lá no Período Aquemênida. Escavadores alegam que seu achado é um templo do fogo,[1] um lugar onde a chama sagrada era acesa e alimentada por sacerdotes, mas é impossível ter certeza.

---

1 Templo de adoração e local sagrado para os seguidores do zoroastrismo, que consideram o fogo um elemento sagrado, símbolo da purificação, da verdade e da luz do deus Aúra-Masda. [N.T.]

A flexibilidade da palavra *ziyan* nos permite uma compreensão bastante variada do formato e do uso das estruturas religiosas persas. Seu significado pode facilmente abarcar pequenos templos quadrados, santuários esculpidos em rocha e até santuários em cavernas. Se *ziyan* se refere a qualquer edifício ou santuário dedicado a cultos, então pode incluir também estruturas arquitetônicas de pedra conhecidas como *Zendan-i Soleyman* e *Ka'ba-ye Zardosht*, as grandes "torres gêmeas" de Pasárgada e Naqsh-i Rustam. Esses dois edifícios irmãos são estruturas quadradas construídas com blocos de calcário branco. Cada face é decorada com falsas janelas de calcário preto, ligeiramente recuadas. Ambos continham uma câmara interna acessada através de um lance de escadas. Já foi sugerido que as torres eram templos do fogo, mas nossa nova compreensão das práticas religiosas persas e a noção de que ambas as estruturas podem se qualificar como *ziyan* no sentido mais amplo do termo torna possível que fossem santuários para outras formas de culto, incluindo a adoração de ancestrais, sacrifícios e uma cerimônia régia em que os espíritos dos monarcas eram venerados. Do que não temos dúvida é de que o *Ka'ba-ye Zardosht* em Naqsh-i Rustam era circundado por muitos outros edifícios, ainda a serem desenterrados, e futuros trabalhos arqueológicos no sítio podem revelar evidências de que eram também estruturas religiosas, lá construídas para servir aos cultos funerários dos reis mortos, cujos túmulos formam o impressionante pano de fundo de toda a área.

*

No relevo do túmulo, a imagem de Dario levanta a mão em um gesto de saudação a uma figura humana que se ergue de um disco alado. Pairando sobre ele, essa entidade antropomórfica oferece ao rei um anel, que representa a "realeza". Dario e a entidade alada compartilham uma intimidade de espaço no relevo esculpido, mas é claro que compartilham também uma forma física. O Grande Rei codifica em sua aparência os melhores atributos físicos da figura antropomórfica. O Grande Rei é o *doppelgänger* do deus. Rei e deidade adotam o mesmo penteado e formato de barba, a mesma coroa e a mesma vestimenta. Nas paredes de Persépolis, onde é retratada com alguma frequência, a figura do círculo alado está associada a outros símbolos poderosos, como as rosetas em flor (símbolos da imortalidade), leões rosnando e touros furiosos (símbolos de poderio cósmico e conflito) e tamareiras (representando riqueza e fecundidade).

Por causa das associações com a figura do rei e os símbolos de poder, alguns estudiosos argumentam que quem emerge do disco alado é o próprio Aúra-Masda, o "Senhor Sabedoria", e que sua iconografia deriva de protótipos estrangeiros anteriores. No Egito, o disco solar alado era um símbolo recorrente da divindade faraônica, que havia sido apropriado pelos assírios para ajudá-los a visualizar seu deus supremo, Ashur.[2] Em sua representação ele surge em meio a uma auréola alada, armado e preparado para a batalha. É possível que os pragmáticos persas tenham adotado esse tropo iconográfico como forma de representar Aúra-Masda – que, de fato, às vezes era mostrado com arco e flechas. Com mais frequência, porém, é descrito como um deus passivo e desarmado. A iconografia do túmulo de Dario enfatiza a reciprocidade entre o rei e o deus e ecoa uma ideia encontrada numa inscrição de Susa em que Dario afirmou, com confiança, que "Aúra-Masda é meu; eu sou de Aúra-Masda" (DSk). É claro que ele julgava desfrutar de um relacionamento íntimo com o ser divino. Xerxes também atribuiu seu sucesso na luta pela sucessão que se seguiu à morte de Dario à graça divina e ao apoio celestial de Aúra-Masda: "Pela graça de Aúra-Masda tornei-me rei no trono de meu pai" (XPf).

No entanto, não há consenso de que a figura no disco alado seja mesmo Aúra-Masda. Alguns estudiosos a veem como uma representação do ancestral conceito avéstico (do Irã antigo) de *khvarenah*, ou "brilho", "luminosidade", "esplendor". Ligado à antiga palavra indo-europeia para "sol", *hvar*, o *khvarenah* era uma espécie de "glória" semelhante a um halo que emanava de um rei carismático (a palavra grega *charis*, da qual deriva "carisma", também denota "brilho"). Era uma forma de expressar que a graça divina estava presente no regente, residia nele e nele resplandecia. O *khvarenah* se incorporava a toda a dinastia através do poder sagrado do sangue real. Portanto, visualizava-se o *khvarenah* como uma contraparte espiritual do rei. Se o rei não agisse de acordo com a Verdade, a *Arta*, o *khvarenah* poderia facilmente

---

2 Também conhecido como Assur ou Anshar. [N.T.]

desaparecer, deixando o monarca na condição de uma casca vazia, desprovida de luz divina.

Mas então o que a figura no disco alado representa? Deus ou "glória"? A resposta é simples: ele é tanto deus quanto glória. Não há prejuízo em defender uma dupla leitura simultânea da iconografia. A figura é Aúra-Masda, o deus que respalda o rei; o rei recebe a glória do deus através da dádiva do divino *khvarenah*. Ao olhar para o rosto do deus, o rei se vê refletido nele. Não pode haver dúvida de que, quando Dario foi retratado reverenciando o *khvarenah*, estava também adorando seu criador e protetor, Aúra-Masda, a quem evocava com tanta frequência e com enorme entusiasmo em suas inscrições.

Na verdade, a mais antiga referência a Aúra-Masda foi encontrada em um texto assírio do século VIII a.e.c., no qual *as-sa-ra ma-za-ash* está nomeado como uma divindade em uma lista de muitos deuses. A presença dessa deidade iraniana em uma lista desse tipo da Mesopotâmia sugere que uma forma de Aúra-Masda havia se mudado para o planalto iraniano na época das grandes migrações, mas é impossível saber se era cultuado por um amplo número de adoradores em todo o Irã. Ciro, o Grande, não fez menção a esse deus, tampouco Cambises II. Também não houve tentativa de promover um culto de Aúra-Masda entre os povos súditos do início do império. De fato, como visto, tanto Ciro quanto Cambises promoveram e apoiaram cultos divinos em nível local, tanto na Babilônia quanto no Egito.

No entanto, existem inúmeras referências a Aúra-Masda nas inscrições régias aquemênidas, em especial as de Dario, o Grande, que louvava o deus como a suprema divindade criadora: "Que grande deus é Aúra-Masda, que criou esta terra, que criou o céu além, que criou o homem, que criou a felicidade para o homem" (DV). Em outras palavras, Dario imaginou o Senhor Sabedoria como um criador apenas do que é bom, e reiteradas vezes expressou sua fé em Aúra-Masda e sua crença de que servia ao deus como um instrumento divino para estabelecer ordem e justiça no mundo: "Quando viu esta terra em desarranjo, Aúra-Masda decidiu dá-la a mim [...] É por causa de Aúra-Masda que coloquei as coisas em ordem novamente [...] Depois que Aúra-Masda fez de mim o rei deste mundo, fiz o que era da vontade de Aúra-Masda" (DNa). Tem-se a impressão de que essas inscrições foram produzidas para o próprio rei. Os escribas e poetas da corte criaram para Dário sua própria imagem idiossincrática como um rei heroico e piedoso. Os textos representavam Dario como ele queria ver a si mesmo. Nas inscrições reais, a relação entre Aúra-Masda e os reis aquemênidas é retratada como uma dívida mútua entre deus e seu adorador. Em troca de adoração e sacrifício, Aúra-Masda ajuda o rei a manter sua terra em paz e estabilidade.

Aúra-Masda era o pai de todas as coisas, o santo que determinava o curso do sol, da lua e das estrelas, e que sustentava a terra. Foi ele quem separou a terra dos céus e criou luz e escuridão, homem, mulher, plantas e animais – tudo pelo poder do pensamento. Muitas vezes foi concebido em termos naturalistas. Usava uma túnica salpicada de estrelas, e dizia-se que o "sol puxado por velozes cavalos" era seu olho. Seu trono foi colocado no céu mais alto, banhado em luz celestial. Lá, Aúra-Masda reunia sua corte, e os anjos ministrantes cumpriam suas ordens. Se tudo isso soa um pouco "bíblico", é porque de fato é. Quando escribas e sacerdotes judeus, alguns trabalhando na Babilônia e na Pérsia, editaram e corrigiram as escrituras sagradas dos hebreus, a visão do Deus judaico foi muito influenciada pelo criador invisível da Pérsia, Aúra-Masda, e assim como Aúra-Masda era acima de tudo a manifestação da bondade perfeita, também o Deus hebraico assumiu essa magnânima persona divina.

Para proteger sua grande criação, por um ato de vontade divina Aúra-Masda criou um grupo de seis *Amesha Spentas*, ou "Imortais Generosos" (devemos notar o aparecimento, mais uma vez, de uma Gangue dos Sete, se incluirmos o próprio Aúra-Masda). Essas seis emanações ou entidades eram: Vohu Manu [também chamado de Vohu Manah, Vohu Mano, Vohuman] (Bons Pensamentos), Asha Vahishta [ou Ardwahisht] (Integridade, Retidão), Spenta Armaiti [ou Sepandarmaz] (Sagrada Devoção ou Santa Piedade), Khsathra Vaiyra [ou Shahrewar] (Domínio Desejável ou Autocontrole), Haruvatat [ou Hordad] (Plenitude, Totalidade ou Perfeição) e Amertat [ou Amurdad] (Imortalidade). Esse grupo um tanto abstrato de imortais se unia para proteger a Criação de Aúra-Masda das forças do mal, encabeçadas pela maligna força das trevas conhecida como Angra Mainyu, ou Arimã [Ahriman ou Arimane], o líder das hordas demoníacas. Os persas davam muita ênfase ao conceito de dualismo e reconheciam que para cada bem há um mal e para cada certo, um errado. Para cada Verdade havia uma Mentira. Aúra-Masda conheceu sua contraparte em Angra Mainyu, espírito maléfico que teria criado a "não vida", isto é, uma forma de existência diametralmente oposta ao que é bom na vida "verdadeira". Angra Mainyu também era auxiliado por espíritos – Fúria e Más Intenções –, com os quais morava em um abismo de escuridão sem fim. Na condição de mal supremo, Angra Mainyu não assumia uma forma material própria. Em vez disso, residia, feito um parasita, nos corpos de humanos e animais. No pensamento persa não havia pecado maior que associar Aúra-Masda ao mal. O bem e o mal, a Verdade e a Mentira são tão contrários à criação quanto as trevas e a luz, a vida e a morte. Para enfatizar essa noção, na concepção persa a vida após a morte incluía um julgamento final que ocorria na mítica Ponte Chinvat (que ligava o mundo dos vivos ao dos mortos). A "alma" do falecido que percorresse o caminho da Verdade encontraria o paraíso na Casa da Canção; quem desse ouvidos a Angra Mainyu, cairia no inferno conhecido como Casa das Mentiras.

Cada um escolhia por vontade própria o caminho a ser percorrido ao longo da vida. Em suas inscrições, Dario deixou sua opção muito clara. O rumo levou a Aúra-Masda e à Verdade. Nas inscrições, seus anúncios são muitas vezes introduzidos pela fórmula "Diz Dario, o rei", ou "Assim fala Dario, o rei", empregando o verbo *thātiy*, "proclamar", em persa antigo. As declarações de Dario sempre se concentravam no louvor a Aúra-Masda e sua criação, e na condenação da Mentira. Seus pronunciamentos, portanto, serviam para defender a ordem da terra. Dario afirmou com todas as letras de que lado estava na batalha cósmica, e de que maneira lutava contra o mal, ao enaltecer e conferir fama a Aúra-Masda. Ao anunciar seu nome e sua ascendência e a devoção a Aúra-Masda, que lhe concedeu o comando real, Dario mostrava combater as forças da Mentira e assim correspondia aos esforços de Aúra-Masda no reino celestial. A felicidade estabelecida por Aúra-Masda para a humanidade era mantida por e através de Dario e, por extensão, de seus sucessores aquemênidas.

*

Todo deus precisava de seu profeta, e Aúra-Masda encontrou o dele na figura de Zaratustra. Os gregos vieram a conhecê-lo como Zoroastres ou Zoroastro; em persa moderno, ele é Zardosht. Zaratustra era um pastor de camelos que vivia nas estepes do que hoje é o Afeganistão, ou possivelmente o Azerbaijão – as tradições variam. Quando jovem, serviu como sacerdote, adorando uma série de "divindades menores", até que ouviu o chamado da voz do verdadeiro deus. Comparado a Maomé, Jesus, Buda ou até mesmo Moisés, Zaratustra é uma figura remota, difícil de definir com precisão no tempo ou na geografia. No entanto, como figura-chave na história do pensamento religioso, é tão importante quanto qualquer outro profeta. Hoje, em cartazes e livros de orações ilustrados, seus seguidores zoroastristas[3] – pois esse é o nome dado à refinada crença que ele desenvolveu – o retratam de modo a se assemelhar aos retratos de Jesus Cristo nas escolas dominicais vitorianas: uma barba limpa, vestes brancas esvoaçantes e uma reluzente auréola, embora essa imagem deslumbrante não seja condizente com sua rústica origem montanhosa. Os detalhes de sua vida são obscuros, e os que temos estão mais para fábulas que fatos. Uma das histórias afirma que, ao nascer, Zaratustra não chorou; pelo contrário, riu sonoramente, deliciando-se com sua boa sorte de fazer parte da grande criação de Aúra-Masda. A tradição zoroastrista moderna situa o momento desse nascimento em 600 a.e.c., e também o associa a um nobre persa chamado Histaspes, nome, é claro, do pai de Dario, o Grande. Com razão, estudiosos tendem a antecipar a data do nascimento de Zaratustra para 1000 a.e.c. ou 1200 a.e.c., a era das grandes migrações – ou logo em seguida.

O fundamento lógico para uma data anterior se deve à linguagem e às imagens contidas em uma série de textos religiosos conhecidos como *Gathas*, supostamente um ciclo de hinos compostos e cantados pelo próprio Zaratustra. Esses hinos sagrados refletem o estilo de vida nômade dos primeiros iranianos, mas carecem de referências a medos ou persas, bem como a quaisquer governantes ou outros povos históricos. De maneira irritante, os hinos de Zaratustra e todos os outros escritos sagrados zoroastristas, sobretudo o *Avesta*, foram escritos originalmente mais de mil anos após a morte do profeta e datam sobretudo do século VI e.c. Isso torna difícil filtrar os materiais originais referentes a Zaratustra de adições posteriores.

---

3 O zoroastrismo também é conhecido como masdaísmo, masdeísmo, mazdeísmo ou parsismo. [N.T.]

Os *Gathas* contêm episódios fragmentários de sua vida e sugerem que, por volta dos quarenta anos de idade, ele recebeu de Aúra-Masda um chamado para profetizar. No curso de seu ministério inicial na Ásia Central, Zaratustra parece ter feito inimigos poderosos, e os *Gathas* afirmam que entre seus principais detratores estavam os poderosos *karpans* (sacerdotes) e *kawis* (príncipes) que realizavam rituais religiosos de maneira antitética à visão que Zaratustra tinha da mensagem de Aúra-Masda. Zaratustra os condenou, acusando-os de serem pagãos ímpios, mas eles teimosamente se recusaram a aceitar seus ensinamentos. As hostilidades dos opositores se intensificaram a tal ponto que a situação de Zaratustra dentro de sua própria sociedade se tornou tão precária que ele foi forçado a fugir. O soberbo hino lírico *Yasht* 46 contém uma fascinante síntese de sua fuga para o exílio:

Para que terra fugir?
Para onde devo ir para escapar
da minha família e do meu clã,
que me baniram?
A comunidade à qual
pertenço não me satisfez,
tampouco os governantes desta terra!
Como posso te satisfazer, ó, Aúra-Masda?

Sei a razão pela qual
estou impotente, ó, Aúra-Masda:
é porque não tenho gado
e são poucos os meus homens.
Eu lamento a ti.
Ouve-me, ó Aúra-Masda!
Concede-me apoio,
como um amigo ajudaria um amigo,
Considera o poder
Dos Bons Pensamentos através da Verdade!

Longe da terra natal, então nas bordas da fronteira leste do Irã, Zaratustra teve mais sete encontros com Aúra-Masda e outros seres divinos que orbitavam em torno do Senhor Sabedoria. Como resultado, "aceitou a religião", de acordo com o *Yasht*. Isso sugere que ele foi chamado não tanto para estabelecer uma nova religião, mas para reformar e refinar uma fé já existente, que estava sendo desvirtuada e praticada de maneira viciosa por *karpans* e *kawis*. Aceitando o fato de que um profeta nunca é respeitado em sua própria terra, Zaratustra levou sua mensagem para as entranhas do planalto iraniano e, por meio do desenvolvimento de uma teologia sofisticada em que a justiça e a moral preponderavam sobre todas as coisas, deu nova forma e significado a uma fé antiga e vacilante. Enfatizou a natureza dualista da criação de Aúra-Masda e pediu aos seguidores da fé que desempenhassem seu papel na rejeição da Mentira e no estabelecimento da Verdade divina, e até hoje os zoroastristas mantêm um compromisso pessoal com três princípios essenciais: ter bons pensamentos, falar boas palavras e praticar boas ações.

Como todas as religiões, o zoroastrismo se transformou ao longo do tempo, e a fé praticada hoje é completamente diferente do sistema e das intenções originais de seu fundador. Passou por muitos refinamentos, e, para sobreviver, teve que se amoldar às tradições de outras religiões poderosas e rivais. No entanto, as palavras originais de Zaratustra ainda sobrevivem para iluminar os fiéis, apesar de os livros sagrados do *Avesta* terem sido escritos em uma língua há muito tempo morta. Os principais componentes do *Avesta* são o *Yashna* (que significa "Adoração", "Liturgia"), um conjunto de passagens litúrgicas e explicações de como conduzir os rituais sagrados; os *Yashts*, hinos de louvor às várias divindades; e o *Videvdat*, reunião de prescrições rituais e leis de pureza que se assemelha ao livro bíblico do Levítico. No centro do *Yashna* está uma série de textos muito antigos conhecidos como Litania em Sete Capítulos, uma magnífica composição em prosa que remonta ao tempo do próprio profeta e na qual estão incluídos os *Gathas*, dezessete diferentes poemas, cânticos ou hinos – divididos em cinco partes ou grupos – cuja composição é atribuída ao próprio Zaratustra. Aúra-Masda está no centro dos hinos de Zaratustra, e o profeta constantemente louva o deus e exalta sua generosidade, além de defender a bondade de outras divindades abstratas que emanam do supremo Senhor Sabedoria. Zaratustra se referia a si mesmo como *zoatar* – ministro – e *rishi* – poeta-profeta –, e está claro que ele queria que os *Gathas* fossem ouvidos pelos adoradores.

Os poemas nunca tiveram a intenção de serem sussurrados em culto privativo, mas foram compostos para a adoração pública, cantados em voz alta e com alegria. Os textos falam de Zaratustra proclamando sua doutrina "frente a frente com os fervorosos na casa da canção":

> Que o Criador da existência,
> por meio dos Bons Pensamentos
> realize o que, de acordo com Sua vontade,
> o que de mais maravilhoso houver!
> Santo, então, considero-te,
> ó, Aúra-Masda,
> pois vejo a ti
> como o primeiro no nascimento da vida,
> pois tu atribuis
> atos e também palavras que acarretam recompensa,
> o mal para os maus,
> a boa paga para os bons,
> por meio de tua perícia
> no ponto de inflexão da criação.
>
> Isto eu te peço:
> fala-me em verdade, ó, Senhor!
> Quem é aquele que, através de seu poder gerador,
> é o pai original da Verdade?
> Quem determinou
> os caminhos do sol e das estrelas?
> Quem é aquele através de quem a lua
> Cresce, depois míngua?
> Essas respostas, ó Aúra-Masda,
> além de outras, desejo saber.

Não se sabe quando Zaratustra morreu; isso também é matéria de lendas zoroastristas. De acordo com uma tradição, faleceu de causas naturais aos 77 anos, na cama de sua casa, cercado por suas três esposas, três filhos e três filhas. Outra insiste que ele foi assassinado por um *karpan* em retaliação por ter derrubado a antiga ordem religiosa. No

1. Dario, o Grande, adora Aúra-Masda em frente a um altar de fogo. Ele é erguido em um *takht* (trono móvel), sustentado por representantes do império. Túmulo de Dario I em Naqsh-i Rustam.

2. Enormes tumbas reais em formato de cruz esculpidas na face da rocha em Naqsh-i Rustam.

3. As modestas ruínas do magnífico palácio-jardim de Ciro em Pasárgada.

4. Flores e plantas esculpidas em pedra retratadas nas paredes de Persépolis, um lembrete da obsessão persa por jardins e jardinagem.

5. O Cilindro de Ciro: o mais magnífico exercício de relações públicas da Antiguidade.

6. Tijolos vitrificados adornam o Portão de Ishtar da Babilônia, construído por Nabucodonosor II. Dragões e touros se exibem, bufam e protegem a cidade sagrada.

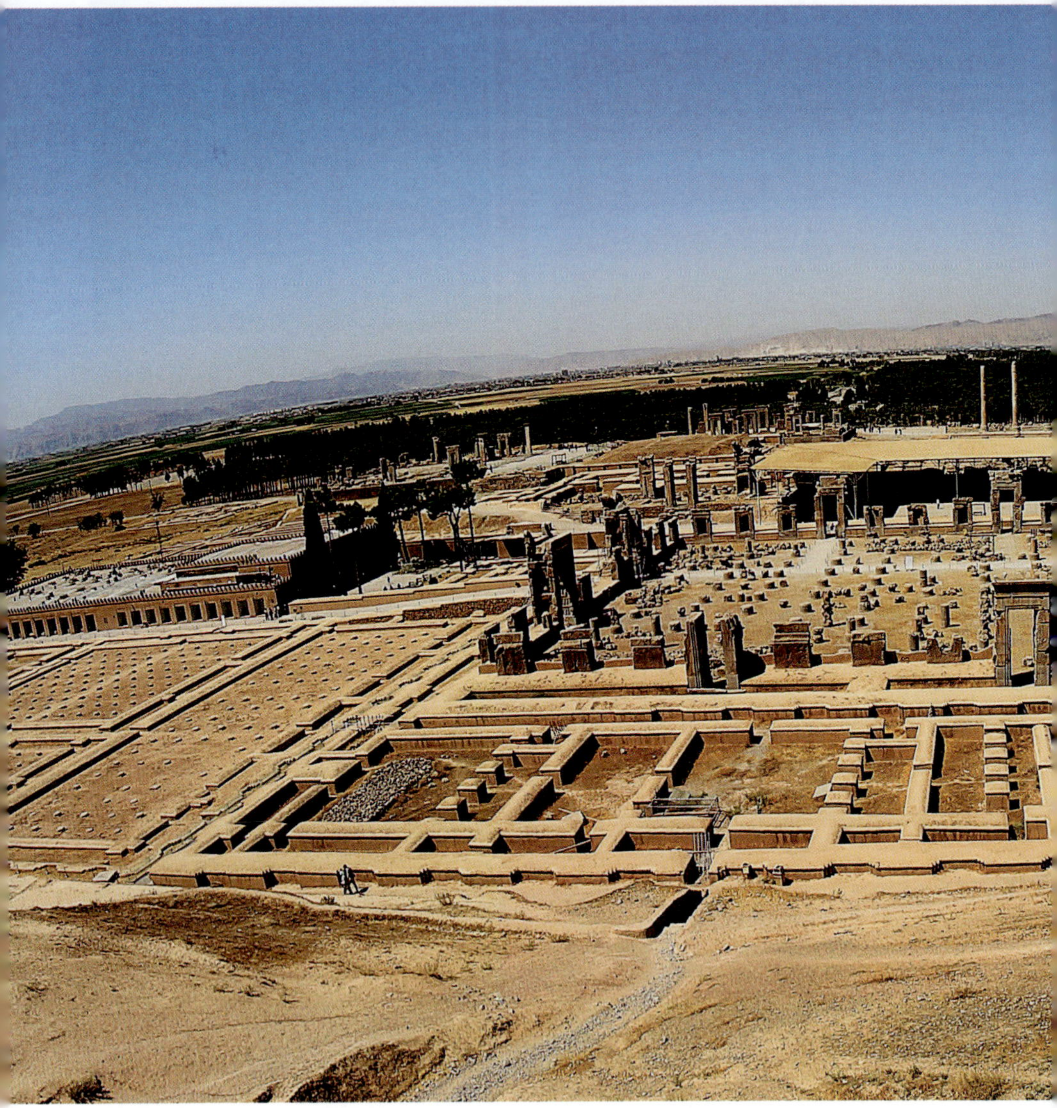

7. O vasto espetáculo que é Persépolis facilmente figura
entre as mais magníficas ruínas da Antiguidade.

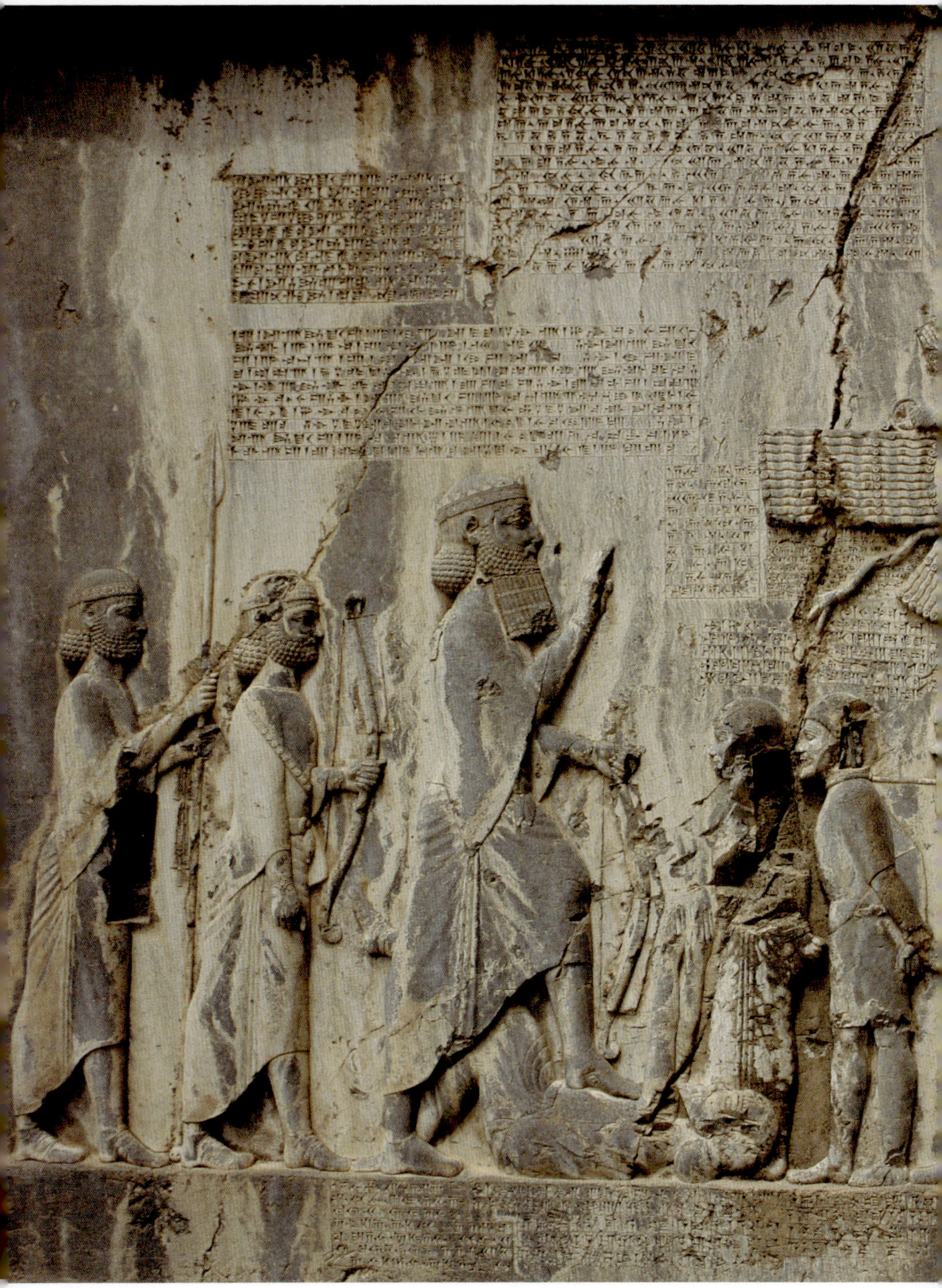

8. Esculpidos no alto da face da rocha na montanha de Behistun estão a inscrição e o relevo que registram a versão de Dario I de sua ascensão ao trono. Seu relato é uma obra-prima de fatos alternativos.

9. Enormes touros alados com cabeça humana montam guarda no magnífico "Portão de todas as nações" de Xerxes, em Persépolis.

10. A escadaria leste do *Apadana* em Persépolis é suntuosamente esculpida com figuras humanas, de animais e plantas. Outrora foram pintadas em cores vivas.

11. Uma estátua de Dario, o Grande, em tamanho maior que o natural, hoje sem cabeça, e que outrora fazia parte de um par. Esculpida no Egito, mas transferida para Susa por Xerxes, a estátua foi desenterrada no portão real do palácio de Susa em 1972.

12. Uma pequena cabeça de turquesa encontrada em Persépolis retrata uma mulher da realeza, ou talvez um rapaz, ou talvez um eunuco. É impossível saber ao certo.

13. Esculpida em um batente de porta no palácio de Dario em Persépolis há esta elegante figura de um jovem eunuco. Ele carrega um frasco de perfume e uma toalha.

14. Esfinge de cabeça humana com belo acabamento, de Persépolis.

15. Uma delegação de lídios oferece presentes ao Grande Rei: louças e utensílios de mesa, joias e cavalos. Persépolis, escadaria leste do *Apadana*.

16. Sírios oferecem presentes: tecidos e carneiros de lã desgrenhada. Persépolis, escadaria leste do *Apadana*.

17. Um cortesão persa conduz pela mão um diplomata armênio. O presente que ele traz para o rei é um robusto cavalo de Nisa. Persépolis, escadaria leste do *Apadana*.

18. Um bactriano conduz por uma corda um camelo mal-humorado. Persépolis, escadaria leste do *Apadana*.

19. Bandeja de prata de Artaxerxes I. Na inscrição cuneiforme em persa antigo que percorre o interior da borda lê-se: "Artaxerxes, o Grande Rei, Rei dos Reis, Rei das Terras, filho de Xerxes, o rei, Xerxes, filho de Dario, o rei, o Aquemênida: em sua casa foi feita esta bandeja de prata".

20. Um *rhyton* (recipiente para beber com um bico embaixo) no formato de um íbex ajoelhado.

21. Um colorido painel de parede de tijolos vitrificados de Susa representando a guarda imperial da realeza, ou "Imortais".

22. Os monarcas sassânidas associaram-se aos Aquemênidas ao esculpir enormes relevos junto aos túmulos de seus ilustres antecessores em Naqsh-i Rustam.

Ocidente, o fascínio por Zaratustra já era evidente na Antiguidade nas obras de Platão e Aristóteles; durante o Iluminismo europeu, ele foi um herói para Voltaire. Rameau compôs uma ópera sobre ele, muito vagamente baseada em relatos gregos antigos de sua vida. Mas foi quando Friedrich Nietzsche publicou as quatro partes de seu *Assim falou Zaratustra* (*Also sprach Zarathustra*, 1883-1885) que o antigo profeta se tornou um superstar. Imediatamente após a publicação da obra-prima de Nietzsche, mais de trinta livros relacionados a textos zoroastristas foram impressos na Alemanha em menos de cinco anos. Para Nietzsche, a importância ímpar do Zaratustra histórico na história da humanidade consistiu em sua interpretação metafísica da moralidade, especialmente sua ideia de que a luta entre o bem e o mal era a verdadeira força na ordem do universo. Nietzsche acreditava que Zaratustra era "mais veraz do que qualquer outro pensador", mas também foi o primeiro a perceber seu erro e passou a acreditar que a religião está fadada ao fracasso; assim, Nietzsche usou a figura de Zaratustra para articular o ponto central de sua filosofia: "Deus está morto".

*

Aúra-Masda tinha um clã sacerdotal cujos membros eram conhecidos como "magos" e formavam uma espécie de casta de elite de observadores religiosos. A palavra *"Magus"* (singular) aparece pela primeira vez na Inscrição de Behistun de Dario I, em referência a "Gaumata", que, Dario insistiu, afirmava ser o rei Bardiya. Heródoto acreditava que os magos eram uma tribo meda composta de sacerdotes hereditários que, atuando como adivinhos e intérpretes de sonhos, exerciam uma posição de influência na corte dos medos. Não existe nenhuma evidência persa nativa para corroborar essa ideia. Os magos eram sacerdotes, é verdade, mas não detinham o monopólio da vida religiosa na Pérsia. Nas regiões elamitas do sudoeste do Irã, sacerdotes de antigos cultos locais também desempenhavam as mesmas funções. Referências aos magos (em elamita, *makush*; em persa antigo, *magu-*) são encontradas com frequência nas tabuletas da Fortificação de Persépolis, onde são listados entre os destinatários de rações de cevada e vinho. Curiosamente, em vários dos textos, o título *"Magus"* aparece como nome próprio.

Desde o reinado de Dario I, os Magos eram sacerdotes oficiais dos monarcas aquemênidas, desempenhavam importantes serviços na corte real e passaram a gozar de grande influência no centro do poder. Eram encarregados de resguardar túmulos, realizar rituais para reis mortos e ritos em cerimônias de investidura. Entoavam hinos de louvor divino apropriados aos atos de sacrifício, e, de pé, diante de altares de fogo, derramavam as libações de leite ou vinho ou cerveja, com a boca coberta, segurando bastões de galhos de barsom para atiçar as chamas sagradas. Durante os rituais, os sacerdotes preparavam uma bebida sagrada ao esmagar com um almofariz e pilão galhos de *haoma*; a pasta resultante era misturada com leite de égua e ingerida pelos sacerdotes, que rapidamente se embriagavam com as poderosas propriedades alucinógenas da planta. Em um êxtase induzido por drogas, eram capazes de se comunicar diretamente com os deuses e ouvir suas ordens, desejos ou queixas. Acreditava-se que, por meio da comunhão com os deuses, os sacerdotes ajudavam a manter a ordem cósmica. Em representações pictóricas, os magos aparecem empenhados nesses rituais. Por exemplo, em um relevo do século V a.e.c. encontrado em Dascílio, capital da Frígia, na Ásia Menor, mostram-se dois Magos contemplando um altar de fogo depois de realizarem um sacrifício (à frente deles, posicionadas como oferendas, estão a cabeça de uma ovelha e a de um boi abatidos); eles vestem túnicas e calças, e cobrem narizes e bocas com as dobras da touca para que seu hálito não polua a chama sagrada.

Além dos deveres religiosos, que incluíam a realização de libações cultuais e sacrifícios de gado, os magos participavam de funções administrativas e econômicas. As tabuletas de Persépolis os localizam não apenas na própria Persépolis, mas em todo o sudoeste do Irã, onde recebiam rações de grãos, farinha, gado, vinho, cerveja e frutas dos armazéns reais. Mencionam-se os nomes de vários destinatários dos bens: havia Irdazana, que tinha o título de *pirramasda*, o que pode significar algo como "excelente memorizador" (provavelmente o designava como um sacerdote que sabia de cor os hinos religiosos). Havia o Mago Ukpish, que era conhecido como *haturmaksha*, responsável pela distribuição de grãos de um armazém real para várias finalidades. É provável que o título *haturmaksha* seja a transcrição elamita da palavra em iraniano antigo *atar-vahsha*, "observador do fogo", distinção concedida ao sacerdote que

Figura 16. Dois Magos, com as bocas cobertas, realizam rituais de sacrifício em um altar. Empunham varinhas de madeira de bálsamo. Dascílio, *c.* 450 a.e.c.

acendia o fogo sagrado, um cargo de enorme prestígio. O autor grego Estrabão faz algumas observações interessantes sobre o uso do fogo no culto persa:

> Com fogo [...] eles oferecem sacrifício adicionando madeira seca sem a casca e despejando gordura por cima. Em seguida derramam azeite e acendem o fogo por baixo, não soprando com a respiração, mas abanando-o; e aqueles que sopram o fogo com a respiração ou colocam algo morto ou imundo nas chamas são imolados. [...] E eles continuam seus encantamentos por um longo tempo, segurando nas mãos um feixe de finas varinhas de murta.

Tão importante quanto o papel dos magos no culto era seu profundo conhecimento sobre a tradição sagrada e o passado tribal da Pérsia, pois eram os guardiões da história, e sua sabedoria fazia deles valiosos conselheiros reais. Muitas vezes ocupavam cargos na corte persa, e os papéis que lá exerciam podem ser comparados aos famosos sacerdotes-eruditos que cercavam os reis assírios. Magos interpretavam sonhos e fenômenos celestes, liam presságios e instruíam o rei em todos os aspectos do ritual, desde quais hinos deveriam ser entoados e em qual momento até a escolha do espólio de guerra a ser oferecido aos deuses. Eles eram capazes de identificar quais deuses locais dentro do império do rei precisavam ser aplacados e sabiam a maneira de fazê-lo. Em todos os aspectos, os magos eram os indispensáveis sábios do Império Persa.

*

Aquemênidas eram zoroastristas? A ausência de um conjunto claro de critérios para definir o que era o zoroastrismo no Período Aquemênida torna difícil afirmar com certeza que eles eram seguidores dessa fé. O termo "zoroastrista" (ou "zoroastriano") é relativamente moderno. Antes do século XIX, adeptos do ensinamento de Zaratustra não se viam como "zoroastristas" *per se*. Até que tenhamos uma definição coerente do que era necessário para ser considerado um "zoroastrista" na Antiguidade Aquemênida, não podemos decretar que eles eram adeptos do zoroastrismo. *Se*, por exemplo, um critério para ser zoroastrista era seguir os ensinamentos de Zaratustra, então Dario e o restante dos aquemênidas falharam no teste de fé, pois não há uma única menção ao profeta em nenhum texto do Período Aquemênida. Ao que parece, os reis aquemênidas nem sequer sabiam da sua existência. Também continua a ser uma grande incógnita se os elementos aquemênidas do "zoroastrismo" identificados em seus rituais ou pronunciamentos foram herdados ou adotados. É claro que o deus supremo dos reis aquemênidas, Aúra-Masda, foi concebido como a divindade da realeza por excelência, visto que a relação íntima entre a deidade e o governante é reiterada repetidas vezes em inscrições régias. Mas isso não basta para qualificar os reis aquemênidas como "zoroastristas". Aúra-Masda era sem dúvida o herói do clã Aquemênida, e do Grande Rei esperava-se que, sob os auspícios dos magos, realizasse as orações e rituais em homenagem ao deus. Todo e qualquer Grande Rei era o escolhido de Aúra-Masda e funcionava como mediador entre céu e terra, mas nunca fazia menção a seu profeta ou a seus ensinamentos.

Nas primeiras inscrições reais aquemênidas, apenas Aúra-Masda era nomeado como divindade suprema, mas vez por outra era mencionado ao lado de "todos os deuses" ou "os outros deuses que existem", ou simplesmente como o "maior dos deuses". Em uma das tabuletas de Persépolis ele aparece com os *baga* ("deuses"), provando que outras divindades também eram cultuadas ao seu lado. Destas, as mais importantes eram, sem dúvida, Mitra[4] e Anahita (ou Anaíta). Mitra é descrito no *Avesta* como "o Senhor das Vastas Pastagens, das Mil Orelhas, e das Miríades de Olhos, o Altivo, o Governante Eterno", e foi concebido para ser uma divindade ligada a assuntos judiciais, o protetor da Verdade e o que tudo vê. Personificava também o aspecto da fertilidade, como o guardião do gado e das colheitas; de acordo com um dos *Yashts*, era uma criação muito amada de Aúra-Masda:

> Aúra-Masda falou [...] e proclamou: "Ouvi-me: quando criei Mitra, o Senhor das Vastas Pastagens, eu o criei tão digno de sacrifício e tão digno de oração quanto eu mesmo, Aúra-Masda. O rufião que mente para Mitra traz a morte a todo o país, impingindo ao mundo dos fiéis a mesma dimensão de danos que cem malfeitores seriam capazes de fazer. Mitra, o Senhor das Vastas Pastagens, dá agilidade aos cavalos dos que não mentem a Mitra".

Mitra também era um guerreiro condutor de carros de combate, empunhando uma maça, embora também usasse flechas, lanças, machadinhas e facas. No entanto, as ações realmente destrutivas e sangrentas eram executadas por seu companheiro, Verethragna, que em sua manifestação na forma de um javali matava os seguidores da Mentira derrubando o oponente, esmagando suas vértebras e destruindo ossos, cabelos e sangue. Para aqueles que eram fiéis à Verdade, Mitra trazia chuva e fazia as colheitas crescerem. Em outras palavras, o bem-estar de um indivíduo dependia de seu próprio comportamento moral.

A deusa Anahita era uma divindade da água, adorada como portadora de fertilidade. Purificava a semente de todos os homens e o útero de todas as mulheres e fazia o leite fluir dos seios das mães para nutrir seus bebês. Descrita nos *Yashts* como dona de "belos braços brancos, grossos como o ombro de um cavalo", estava sempre disposta a conceder a seus adoradores bens desejáveis como carros de combate, armas e utensílios

---

4 Também chamado de Mitras, Mithra e Mithras. [N.T.]

domésticos, bem como a vitória na batalha e a destruição de inimigos. Em troca dessas dádivas, a deusa exigia sacrifício:

> Quem me louvará? Quem me oferecerá um sacrifício com libações bem preparadas e bem coadas, junto com o *haoma* e a carne? A quem devo me apegar, quem se apega a mim e pensa em mim, e me dá presentes e é bom para mim?

O culto de Anahita unia seus aspectos divinos como deusa da água e deusa-mãe, e foi promovido a ritual régio por Artaxerxes II, que foi um devoto especial da deusa. Graças a esse apoio régio, ela se tornou bastante popular em toda a Pérsia.

Os textos de Persépolis atestam ousadamente a presença dos "outros deuses que existem" e mostram que a administração real supria as necessidades de culto para a adoração de numerosas divindades, tanto iranianas quanto elamitas. Além de Aúra-Masda, os textos nomeiam outros deuses iranianos dignos de oferendas rituais, incluindo Zurvã (um deus do clima), Mizdushi (uma deusa da fertilidade), Narvasanga (uma divindade do fogo), Hvarita (Espírito do Sol Nascente) e Visai Baga (uma entidade coletiva de deidades). É importante ter claro, no entanto, que a maior parte dos textos de Persépolis fala de deuses elamitas que eram objeto de adoração dentro e ao redor da cidade-palácio, incluindo divindades antigas como Humban, Inshushinak, Naparisha, Adad e Shimat. Embora Aúra-Masda seja onipresente nas inscrições reais, seu nome aparece apenas dez vezes nas tabuletas da Fortificação de Persépolis, ao passo que o deus elamita Humban, desconhecido nos textos reais, aparece em 27 delas. Da mesma forma, o popular deus Mitra, que se encontra nos nomes teofóricos de tantos persas no Período Aquemênida, jamais foi citado nos documentos de Persépolis.

As tabuletas da Fortificação revelam uma paisagem religiosa surpreendentemente variada de Fārs durante o reinado de Dario. Por exemplo, sacrifícios de sangue — conhecidos como oferendas *lan* — havia muito tempo que faziam parte da tradição elamita, e foram aceitos e praticados com entusiasmo sob o domínio persa. Havia um longo histórico de sacrifícios diários para os deuses em Elam, e numa estela encontrada em Susa, um rei elamita proclama sua instituição de oferendas diárias para o deus Inshushinak: uma ovelha ao amanhecer e outra ao anoitecer. Esses animais talvez fossem consumidos por cantores de culto que se apresentavam nos portões do templo duas vezes ao dia, ou por outros funcionários do templo. O mesmo sistema foi preservado pelos persas, e há provas de que estava em vigor em Persépolis. Em vez de sugerir qualquer tipo de tabu zoroastrista sobre sacrifícios de animais, as tabuletas de Persépolis revelam a preocupação da administração em manter grandes rebanhos de ovelhas e cabras, animais que eram utilizados, entre outras finalidades, para sacrifícios. Além disso, esses textos revelam que os magos persas não detinham o monopólio da vida religiosa do império, pois havia outro grupo sacerdotal – com o título elamita *shatîn* – igualmente presente no mundo religioso da Pérsia. O mais excepcional, porém, é que as tabuletas mostram claramente que os *shatîn* ofereciam culto e sacrifício tanto aos deuses elamitas quanto às divindades iranianas, e que os magos persas seguiam a mesma prática. Em termos de prática ritual, não havia diferença entre elamitas e persas. É claro que o sacrifício *lan* foi levado além de suas esferas geográficas e culturais originais para ser integrado à atividade ritual aquemênida tanto na área central da Pérsia quanto nas regiões periféricas de Pārs. Aquemênidas optaram por patrocinar os cultos de um grupo misto de deuses, alguns iranianos, outros elamitas. A melhor maneira de definir a mescla de divindades é como um panteão persa, e a combinação de deuses e deusas indo-europeus e mesopotâmicos misturados corrobora a noção de que os aquemênidas eram propensos a amalgamar antigos conceitos iranianos e elamitas do divino e dos rituais de adoração de seus deuses.

PARTE 3
ALTO IMPÉRIO

No Livro 3 de *As leis*, obra escrita por volta de 360 a.e.c., o filósofo grego Platão reserva lugar para uma apresentação relativamente longa da sociedade persa, dedicada em grande medida a descrever e explicar sua degeneração. Platão escreve: "Desde o tempo de Xerxes, cuja carreira se assemelhou à do desafortunado Cambises, não surgiu mais entre os persas um rei que tenha sido verdadeiramente 'grande' exceto em título e magnificência. E nossa argumentação demonstra que a causa disso é a má vida que eles geralmente levam". Platão argumenta que a megalomaníaca autocracia de Xerxes levou a Pérsia a um inevitável declínio, e que "os persas não conseguiram deter a derrocada em direção à decadência". Para os gregos, e para os críticos ocidentais ao longo de muitos séculos, "decadência" tornou-se o clichê através do qual a Pérsia foi filtrada. O declínio da Pérsia como superpotência global foi visto como resultado do abandono, por parte de seus governantes, de princípios e valores morais. Esse julgamento moralista, mas superficialmente desrespeitoso e leviano, tem sido o principal raciocínio usado pelos historiadores em seu enfoque sobre o final do Período Aquemênida. Esse modo de ver enfiou à força o Império Persa no cenário-padrão de "ascensão e queda", tão amado por historiadores europeus, de Edward Gibbon em diante. A conhecida história diz que os Grandes Reis persas (assim como os imperadores de Roma) deixaram de lado seus deveres imperiais, abaixaram as armas e se entregaram ao hedonismo. O verniz orientalista puniu ainda mais os monarcas persas porque, dizia-se, eles teriam se deixado governar a partir do harém, pelas maquinações de eunucos e cortesãs.

Contudo, a era pós-Dario não foi de fato um período de deterioração. Na época da invasão macedônia da Pérsia, em 334 a.e.c. – a qual foi uma surpresa para os persas –, o império estava muito longe da decadência. Era a mesma instituição vibrante, próspera e vigorosa que sempre fora, sem evidenciar sinais de fratura. Aqui, na Parte 3 deste livro, retomamos a narrativa histórica e mostramos que, embora enfrentasse seu quinhão de problemas, o império superou as vicissitudes com entusiasmo e viveu uma espécie de pico de poder no reinado de dois de seus últimos reis guerreiros, Artaxerxes III e Dario III. Somente por essa razão o período já merece o epíteto de "Alto Império": foi a época em que a Pérsia colheu os benefícios do imperialismo. Veremos, no entanto, de que maneira as disputas intrafamiliares puseram em risco a estabilidade da dinastia, ainda que, em última análise, o próprio império tenha se mantido unido mesmo ao enfrentar o regicídio e o fratricídio. Examinaremos a fundo a história da Pérsia no longo século que se seguiu à morte de Dario, o Grande.

13
DARIO SAI DE CENA

Por volta de 490 a.e.c., Dario havia envelhecido e seu corpo outrora vigoroso dava sinais de cansaço; seus pensamentos se voltaram para a sucessão. Qual de seus muitos filhos deveria tomar seu lugar no trono? A primogenitura não era praticada nem pelos aquemênidas nem por nenhuma das grandes casas dinásticas do Oriente Próximo. Precavidos, governantes preferiam apostar no destino e esperar para nomear qualquer um dos (potencialmente) muitos filhos nascidos de uma das muitas mulheres do harém real. Por que motivo os antigos governantes jogavam a roleta-russa dinástica e se recusavam a adotar o sistema simples de nomear o primogênito como herdeiro, o que seria um meio de reprimir quaisquer ameaças de assassinato e caos? A justificativa para essa escolha talvez tenha uma base prática. Em uma época de elevadas taxas de mortalidade infantil, mesmo em meio à aristocracia, poderia ser considerado prudente que um pai adiasse a decisão de nomear um herdeiro apenas quando seus filhos atingissem a maturidade. Ainda assim, nada garantia uma vida longa. A guerra também poderia ter um impacto nocivo sobre a primogenitura.

Outras razões para rejeitar a primogenitura eram de ordem pessoal. Um rei dava tempo ao tempo para ver qual de seus filhos demonstrava maior potencial para governar ou exibia características consideradas desejáveis. Na Pérsia antiga, a lei da sucessão era uma competição "aberta a todos", em que o mais forte dos filhos (ou o que tivesse mais apoio político) herdava o trono. A relação entre um rei e suas mulheres, as mães biológicas de herdeiros em potencial, também poderia definir o futuro de um príncipe. Entre os lençóis o trono perdia sua magia, e ninguém conseguia chegar mais perto do ouvido real do que uma de suas mulheres. Consortes e concubinas detinham, portanto, um considerável poder para influenciar a sucessão real. A consorte de Dario, Atossa, deve ter trabalhado duro para garantir a posição de seu filho como o próximo rei, já que Xerxes não era o mais velho dos muitos filhos de Dario.

Em uma inscrição de Persépolis encontramos um texto encomendado por Xerxes para comemorar o momento em que fora nomeado herdeiro de Dario. Nela, Xerxes teve o cuidado de se aliar à memória do pai e designou a si mesmo com a palavra *mathishta* (em persa antigo, "o maior de todos"):

> Dario teve outros filhos, mas este era o desejo do deus Aúra-Masda – meu pai, Dario, fez de mim o maior de todos [*mathishta*] depois dele. Quando, pela graça de Aúra-Masda, meu pai, Dario, deixou o trono, tornei-me rei no trono de meu pai. (XPf)

A declaração está repleta de bravata. Deriva de um fato importante: Xerxes foi o primeiro dos filhos de Dario a ter o sangue de Ciro, o Grande, em suas veias. Ele foi a justificativa por trás do golpe de Dario. Foi o "ventre dinástico" de Atossa que uniu as linhagens teíspida e aquemênida, e foi Xerxes a quem Dario escolheu como seu sucessor na qualidade de símbolo vivo da unidade da casa real.

*

O último documento datado do reinado de Dario, o Grande, é uma carta enviada da Babilônia, escrita em 17 de novembro de 486 a.e.c. O primeiro documento do reinado de seu filho e herdeiro Xerxes foi redigido em 1º de dezembro do mesmo ano. Em algum momento entre a composição das duas cartas, Dario morreu, após trinta dias de sintomas de doença. Ele tinha cerca de 65 anos. Dario foi um governante extraordinário. Sua visão de um império unificado pela burocracia, sistemas de comunicação e legislação impulsionou a Pérsia a uma era de dominação mundial. Até mesmo seus inimigos atenienses admitiam que ele havia sido um monarca exemplar. Dario, o Grande, reinou sobre a Pérsia por 36 anos. Conseguiu fortalecer o domínio aquemênida ao longo das bordas do império e chegou a empreender uma tentativa de conquistar as terras citas além do Danúbio. Suas ambições para o império eram ousadas e, se nem sempre deram frutos, Dario deixou seus vastos territórios em um estado mais robusto do que quando se apoderou deles.

Com a sua morte, os fogos sagrados da Pérsia foram extintos e a vida normal em todo o império foi suspensa, pois se observou um período de luto profundo. Os homens persas rasparam a cabeça e a barba e lamentaram a perda cortando também as crinas dos cavalos. As lancinantes lamúrias das mulheres persas encheram o ar. Foi um período penoso, marcado por ritos oficiais de luto de uma ponta à outra do império, embora, infelizmente, seja escasso nosso conhecimento sobre os rituais e tradições em torno da morte do Grande Rei. Mas talvez um texto neoassírio recentemente encontrado, composto na língua babilônica, possa fornecer algum vislumbre tanto dos sentimentos suscitados pela morte de um monarca quanto dos rituais que seu herdeiro decretou para o consolo do rei na vida após a morte:

> As valas gemiam, os canais choramingavam em resposta, todas as árvores e frutas enegreceram. Os pássaros prantearam. [...] Matei cavalos e éguas em sacrifício aos deuses e os dei para serem sepultados. [...] O pai, meu progenitor, eu delicadamente o pousei no meio daquele túmulo, um lugar secreto, em óleo real. O caixão de pedra, seu lugar de descanso – selei a abertura com cobre resistente e reforcei a vedação de argila. Exibi objetos de ouro e prata, todos próprios a um túmulo, os emblemas de sua autoridade senhorial, que ele amava ante os deuses, e os coloquei no túmulo com meu progenitor.

Em Susa, o cadáver de Dario foi preparado por especialistas em serviços fúnebres (talvez fossem embalsamadores egípcios) e depois transportado de Elam para Pārs a fim de ser enterrado em um túmulo escavado na rocha em Naqsh-i Rustam. Enquanto o carro funerário real percorria o país acompanhado de um vasto cortejo, a população persa testemunhava pela última vez a espetacular exibição do esplendor do rei Dario. O corpo fora colocado em uma grande carruagem puxada por 64 mulas, sob um pavilhão coberto por um dossel de ouro com uma franja emaranhada em forma de rede à qual estavam presos enormes sinos, cujo som era ouvido a grande distância. A procissão levava também uma estátua do rei. A carruagem e a estátua eram seguidas pelos guardas reais, todos armados e trajando vestes suntuosas. Uma multidão de espectadores se reuniu em veneração à memória de Dario. O espetáculo e a magnificência da pompa funerária foram justas homenagens ao formidável Rei dos Reis.

Os textos de Persépolis deixam claro que os persas estabeleceram cultos reais para seus monarcas mortos e também para algumas autoridades de alto escalão. Era uma antiga prática elamita. Eles adotaram também a veneração elamita de estátuas ou estelas em relevo retratando os indivíduos mortos que eram objetos de cultos funerários. Por exemplo, um texto babilônico recém-traduzido, datado do primeiro ano do reinado de Xerxes, em 485 a.e.c., revela que rapidamente se organizou um culto real para Dario, o Grande, e que o foco da cerimônia estava em uma estátua do próprio rei falecido. A tabuleta fala de provisões de cevada fornecidas para os rituais em torno da imagem muito semelhante ao monarca:

> Cevada para a fabricação de cerveja para as oferendas diárias à estátua do rei Dario. Bunene-ibni, o escravo, é a pessoa encarregada das rações para o rei [...] ele recebeu a cevada.

Indícios de um florescente culto funerário real estão preservados em uma das tabuletas de Persépolis, que faz referência a um túmulo de Histaspes, pai de Dario, um dos grandes cãs da Pérsia; na condição de reverenciado ancião da linhagem aquemênida, Histaspes merecera um culto funerário. O ritual era supervisionado e mantido por cortesãos que cuidavam para que o falecido cã recebesse regularmente oferendas de comida e bebida. Durante muitos séculos, elamitas se referiram a esses presentes funerários como *sumar* – a mesma palavra é encontrada nos textos de Persépolis. Foi o vice-administrador de Persépolis, Zishshawish, quem encomendou os seiscentos quartos de grãos devidos aos homens que eram os guardiões do *sumar* de Histaspes.

Onde exatamente em Persépolis foi enterrado Histaspes? Onde estava localizado seu santuário funerário? Há muito tempo os arqueólogos sabem da existência de uma estrutura quadrada, semelhante a um túmulo em ruínas, construída nas imediações de Persépolis, em um lugar chamado Takht-i Gohar. Hoje, a edificação apresenta aspecto bastante deteriorado pelo tempo, mas sobre sua base em plataforma, composta por duas camadas de pedra polida e esculpida com esmero, outrora se assentou uma elegante câmara de tijolos. No momento de sua conclusão, teria sido parecida com o túmulo de Ciro, o Grande, condizente com um alto oficial de Estado. As plantas arquitetônicas do monumento, antes de sua restauração moderna, mostram que originalmente havia dois espaços do tamanho de uma pessoa entre as pedras, e que em ambos se escavaram profundas valas de confinamento. Ernst Herzfeld, o arqueólogo que chefiou os trabalhos de escavação em Persépolis, acreditava que o túmulo pertencia a Cambises II, mas, graças às tabuletas de Persépolis, sabemos que ele foi enterrado em outro lugar, então é bastante provável que Takht-i Gohar tenha sido na verdade o local de sepultamento do grande Histaspes, que morreu por volta de 499 a.e.c. Pode ser que a senhora Irdabama, mãe de Dario, também tenha sido enterrada aqui. No mesmo local, os espíritos dos mortos augustos recebiam sacrifícios.

Também sobreviveram evidências de um culto funerário oficial para o falecido rei Cambises II. Esse ofício religioso tinha suas próprias oferendas mensais de carne, grãos e bebidas. O rei era homenageado ao lado da esposa Fedímia (em persa antigo, Upandush) em um lugar chamado Narezzash (atual Niriz, em Fārs). Um texto registra que o diretor administrativo de Persépolis, Parnakka, despachou "24 cabeças de gado pequenas para o *sumar* de Cambises e a mulher Upandush em Narezzash". Hoje em dia Niriz é uma vasta reserva natural, que abriga a maior parte da população de cabras-montesas do Irã e manadas de jumentos selvagens. Sabemos que na Antiguidade foi o local de um vasto *paridaida* e certamente muito apropriado para um túmulo real. No entanto, as tabuletas de Persépolis oferecem ainda mais informações sobre o funcionamento do culto real, pois mostram que, em Niriz, a rainha de Cambises recebia seus próprios sacrifícios, separados daqueles realizados para o marido. Um texto revela que 24 litros de vinho fino foram oferecidos na "mesa sacrificial de Upandush", confirmando que as mulheres da realeza persa também podiam ser objeto de cultos funerários. Sua posição e prestígio lhes conferiam essa definitiva marca de distinção.

Dario, o Grande, obviamente recebeu o culto funerário mais esplendoroso de todos. Em virtude de seu cargo, o Grande Rei ocupava uma posição ao mesmo tempo remota e mística. Se ele era menos que um deus, era certamente mais que um homem, e merecia a honra de um culto régio. Embora nenhum governante persa jamais ousasse se considerar um deus vivo, os gregos rotineiramente insistiam que os reis aquemênidas viam a si mesmos como seres divinos. Esse equívoco é fácil de entender. O cerimonial em torno do culto de um governante morto persuadiu os gregos de que os persas acreditavam que seu rei era uma divindade sublime. Um texto de Plutarco tentou articular o que se julgava ser uma crença autenticamente persa: "Entre nossos muitos costumes excelentes", um nobre persa explica a um visitante grego, "este é o que consideramos o melhor: honrar o rei e adorá-lo como a imagem do preservador de todas as coisas". Da mesma forma, na tragédia *Os persas*, Ésquilo chama o rei morto Dario de *isotheos*, "igual aos deuses"; *theion*, "divino"; e *akakos*, "imaculado, o que não conhece o erro". Embora não deva ser interpretado literalmente, o dramaturgo ateniense foi capaz, no entanto, de pensar nos reis da Dinastia Aquemênida dessa maneira. Alguns gregos chegaram a imaginar que o Grande Rei tinha um *daemon* (*daímôn*) ou espírito divino. Plutarco insistiu que os cortesãos reverenciavam e adoravam o *daimon* do rei, enquanto o historiador grego Teopompo afirmou que os persas amontoavam pilhas de comida em mesas para o prazer do *daimon* do rei. Aqui fica claro como era distorcida a compreensão grega do culto funerário da realeza persa. No entanto, a ideia grega do *daimon* do rei é uma interpretação razoável da crença persa na *fravashi*, ou "alma" do monarca. Heródoto afirmou que os persas, durante seus atos privados de adoração, tinham o dever de orar pelo rei e seus filhos, o que demonstra que os gregos ao menos entendiam como os persas entrelaçavam noções de deus, rei e império.

Enterros em túmulos eram raros entre os iranianos, e apenas a família real parece ter desfrutado desse privilégio. É possível que os aquemênidas se apegassem a uma antiga crença iraniana de que a terra, a água e o fogo corriam o permanente risco de serem poluídos por agentes da morte, sobretudo por cadáveres em decomposição. Enterrar um cadáver no solo, cremá-lo ou submergi-lo em um rio ou lago era contaminar o mundo dos vivos. A poluição da terra e dos elementos era uma preocupação constante dos iranianos, mas a poluição causada pela putrefação de um cadáver parecia especialmente assustadora. Para evitar o hediondo e pútrido miasma, é possível que, desde tempos ancestrais, povos iranianos expusessem os corpos dos mortos a céu aberto, para que sua carne fosse devorada por pássaros e outros animais. Heródoto observou que os cadáveres eram enterrados somente depois de serem dilacerados por cães ou aves de rapina, e que os sacerdotes cobriam os corpos (ele devia querer dizer "ossadas") com cera antes de enterrá-los. Nos sepultamentos das pessoas abastadas, é provável que empregassem um recipiente para recolher os ossos (*astōdān*) já livres dos tecidos corporais. Esse recipiente era esculpido em pedra, vedado firmemente com gesso para evitar mais infiltrações miasmáticas. As espetaculares tumbas escavadas na rocha dos reis aquemênidas em Naqsh-i Rustam e Persépolis sugerem que algumas dessas antigas tradições persas foram mantidas e praticadas pelos aquemênidas. O que de fato fica é que os magníficos sepulcros rochosos dos monarcas, entalhados em pedra e selados por gigantescas portas, faziam as vezes de vastos e monumentais ossários.

Naqsh-i Rustam era, havia muito tempo, uma área sagrada para os elamitas, cuja presença ainda era encontrada por lá na forma de relevos religiosos nas paredes quando Dario, o Grande, a escolheu como seu local de sepultamento. Foi o primeiro rei aquemênida a mandar construir seu túmulo no antigo penhasco, que é conhecido localmente como *Hüseyn Kuh*; de maneira servil, seus sucessores imitaram a ideia de um túmulo de rocha e também o desenho completo da estrutura. A face do paredão mede cerca de 64 metros de altura. Alcançando aproximadamente quinze metros acima do nível do solo está a fachada do túmulo propriamente dito. O historiador grego Ctésias, baseado na Pérsia, registrou que o "eunuco favorito de Dario, Bagapates, guardou a tumba de Dario por sete anos antes da morte do Grande Rei", sugerindo que o túmulo havia sido concluído em 493 a.e.c. A fachada foi construída no formato de uma enorme cruz. Uma representação em relevo, outrora pintada com cores vivas, mostrava um pórtico do palácio com capitéis de touro e um frontão de estilo egípcio colocado sobre a entrada da câmara das sepulturas, escavada profundamente rocha adentro. Um longo e estreito corredor de entrada corre paralelo à face rochosa e, a partir dele, três abóbadas retangulares se estendem até o penhasco. Os pisos das abóbadas ficam um metro acima do corredor de entrada. No interior há nove cistos idênticos escavados na rocha, por isso é impossível saber onde o corpo de Dario jazia. É provável que caixões de metal ou cobertos de metal tenham sido colocados dentro dos cistos, que por sua vez foram cobertos com lajes monolíticas. A tumba era claramente destinada a mais de um ocupante, e talvez várias das consortes ou dos descendentes de Dario tenham sido enterrados lá. Na Antiguidade, o túmulo deve ter sido bem guarnecido, mas as riquezas que Dario levou consigo na vida após a morte há muito desapareceram, assim como a pesada porta de pedra que um dia bloqueou a entrada.

Do lado de fora da câmara dos túmulos, no painel acima da porta, um relevo retrata o rei de pé sobre um pedestal de três degraus defronte a um altar de fogo; tanto o rei quanto o altar são sustentados por portadores do trono, que representam as 28 nações do império. Nos painéis laterais estão armeiros e guarda-costas do Grande Rei. As inscrições cuneiformes trilíngues em três painéis da parede rochosa enumeravam as 28 nações que defendiam o trono e glorificavam o rei e seu governo, com um lembrete a todos os súditos para que fossem leais ao rei e seu deus: "Ó, homem, que a ordem de Aúra-Masda não te pareça repugnante: não te desvia do caminho certo; não te levanta em rebelião!".

14
GOVERNAR HERÓIS

Xerxes domina a percepção popular ocidental da Pérsia antiga. Foi ele quem teve a audácia de invadir a Grécia em 480 a.e.c. e ameaçar o sagrado berço da democracia. Graças à contínua mitificação das Guerras Greco-Persas, Xerxes ainda ocupa um grande espaço na imaginação ocidental. A bem-sucedida franquia de filmes dos estúdios Warner Bros. – *300* e *300: A ascensão do império* – caracteriza Xerxes como (nas palavras de seu ator-criador, Rodrigo Santoro) "um ser não humano [...] uma criatura [...] uma entidade desprovida de nobreza, piedade e integridade". No filme, Xerxes é representado como um déspota ameaçador, uma figura de ambiguidade sexual perversa, a malevolência oriental, um rei dourado que comanda os exércitos dos mortos.

Grande parte da culpa por essa imagem equivocada é de Heródoto, porque foi ele quem não mediu esforços para criar uma caricatura de Xerxes como um tirano narcisista. Em sua *História*, Heródoto se propõe, com engenhosidade e de caso pensado, a deturpar e difamar o rei persa. Seu Xerxes é construído com imensa sutileza. Por exemplo, ao narrar a marcha de Xerxes através da Ásia rumo à Grécia, Heródoto observa que, chegando à cidade de Calatebos – não muito longe da travessia do rio Meandro, no sudoeste da Turquia –, o rei viu à beira da estrada um magnífico plátano. Ficou tão encantado pela beleza da árvore que a cobriu de elogios e a encheu de pródigos presentes, como os que uma pessoa apaixonada dá a seu, ou sua, amante. Xerxes mandou ornar os galhos do plátano com colares, brincos e pulseiras de ouro – até que gemessem sob o peso de sua generosidade. Ele também providenciou para que um homem ficasse lá a postos para sempre como guardião da árvore. Em seguida, despedindo-se com tristeza do plátano, o rei seguiu adiante para Sárdis.

Uma fábula bizarra. Não tem função alguma na narrativa da invasão persa a não ser satirizar Xerxes. Foi a maneira de Heródoto mostrar que o rei era muito desequilibrado, disperso e indigno de vencer um povo tão formidável quanto os helenos. A história ficou famosa. Gerações posteriores de gregos e romanos acharam o episódio engraçado, mas mesmo assim acreditaram na história. Um autor romano do século II e.c., Cláudio Eliano, chegou a declarar que Xerxes se tornara "ridículo" por se apaixonar por um plátano e "confiar a guarda da árvore a um soldado, da mesma forma como ordenaria a um de seus eunucos que ficasse de olho em seu harém".

Na mesma linha, o Xerxes do Livro de Ester da Bíblia Hebraica é uma criatura grotesca e carnavalesca, muito parecida com a criação de Heródoto. Em Ester, o rei persa é um emblema de grande poder e também grande inépcia – o Xerxes bíblico é um personagem um tanto patético. Não é de admirar que alguns comentaristas tenham pensado nele como um personagem cômico bem burilado, e que as histórias rabínicas o tenham reconfigurado como um tolo volúvel e imprevisível e um vilão cruel.

De tão apaixonada pelo déspota louco do relato de Heródoto, a tradição clássica ocidental levou a história da tola paixão por uma árvore para os palcos operísticos, na forma da única ópera cômica de Georg Frederik Händel, *Serse*, encenada pela primeira vez em 1738. Na cena de abertura da comédia musical, vê-se o estranho espetáculo de Xerxes sentado debaixo da árvore, que ele corteja com uma bela canção – a célebre melodia *Largo*:

Ombra mai fu
di vegetabile
cara ed amabile
soave piu

[Nunca uma sombra
de qualquer planta

foi mais amada ou adorável
ou mais doce]

A ambição de Heródoto de criar um Xerxes ao mesmo tempo abominável e bufão funcionou muito bem. Trata-se de um triunfo da difamação. Mas, por trás da estranha história de Heródoto – e da melodiosa ópera de Händel –, há um fato genuíno sobre os persas antigos: eles tinham pelas árvores uma profunda e religiosa reverência. O relato grego está cercado de uma importante forma de simbolismo ancestral, pois os antigos reis do Oriente Próximo eram tradicionalmente identificados com – ou até mesmo *como* – árvores. O monarca sumério Shulgi, por exemplo, era ao mesmo tempo louvado como "uma tamareira plantada junto a um regato" e "um cedro plantado junto à água". É notório que os reis do antigo Israel e Judá foram retratados como um "rebento" e um "ramo" da árvore da Casa de Davi, e os reis assírios eram volta e meia representados com e como a "Árvore da Vida". As árvores eram um motivo recorrente na literatura e na iconografia do Oriente Próximo, sempre ligadas à fertilidade e ao poder da sanção divina. Tinham uma potência peculiar e eram consideradas objetos sagrados, nos quais humanos e deuses se reúnem e se encontram. É por essa razão que, numa imagem de um selo cilíndrico, aparece Xerxes (cujo nome está nitidamente inscrito) adornando uma árvore com oferendas votivas de joias. Ele venera a árvore porque ela é um canal sagrado onde ele pode encontrar deus (é possível pensar da mesma maneira no Moisés bíblico e sua experiência de Yahweh na sarça ardente). O selo é um elegante antídoto visual para a venenosa e distorcida versão de Heródoto, manipulada para ridicularizar o rei. O selo nos mostra a versão persa de um antigo culto de árvores do Oriente Próximo.

*

Quem era o verdadeiro Xerxes, que os persas conheciam? Seus súditos não o chamavam de "Xerxes", é claro. Para eles, o rei era *Xshayarashā*, nome que em persa antigo significa "governar heróis", "governante de heróis" ou "herói entre os governantes". É um belo nome régio, potente e poderoso, carregado de bravura marcial, ecoando autoconfiança. No entanto, a bravata sugerida no nome não estava em evidência quando,

Figura 17. Uma impressão de selo representando Xerxes decorando uma árvore com oferendas de joias.

em 486 a.e.c., Xerxes, o Rei dos Reis, aos 35 anos de idade, ascendeu ao trono. Dario era um governante difícil de ser igualado e, a julgar pelas inscrições que datam dos primeiros anos do reinado de Xerxes, tem-se a impressão de que ele enfrentou dificuldades para sair da sombra do pai. Diversos pronunciamentos reais evidenciam a diligência com que Xerxes se conectou ao legado de seu estimado pai. Construiu novos edifícios em Persépolis, é verdade, mas fez questão de afirmar que havia apenas concluído a obra iniciada por Dario:

> Quando me tornei rei, muitas edificações excelentes eu construí. O que meu pai havia construído eu tomei sob meus cuidados e ampliei com novas obras. Mas o que eu fiz e o que meu pai fez, tudo o que fizemos foi pela graça de Aúra-Masda. Xerxes, o rei, proclama: que Aúra-Masda proteja a mim e ao meu reino! Que também proteja Aúra-Masda o que foi construído por mim e o que foi construído por meu pai. (XPf)

A admiração de Xerxes pelo pai era tão acentuada que as referências às suas próprias construções são bastante raras. Tornou-se costume que os reis aquemênidas posteriores seguissem o modelo de Xerxes e se alinhassem com o grande Dario. No caso de Xerxes, ele jamais perdia a oportunidade de afirmar que era filho de Dario e um Aquemênida.

Em 486 a.e.c., Xerxes estava no auge da saúde. Era dotado de uma energia nervosa e ilimitada que funcionava a seu favor. Parece ter sido um homem amado pelos deuses, pois foi abençoado com uma bela aparência e o tipo de estatura que naturalmente atraíam para si todos os olhares. Sua lábia e eloquência tornavam tudo o que ele dizia atraente. Seu rosto era cativante, com olhos pretos amendoados, o nariz ligeiramente aquilino, um bigode espesso retorcido nas pontas elegantemente caídas para baixo e uma marcante barba de corte quadrado. Cada cacho perfumado de seu cabelo era uma obra-prima do ofício de um esteticista. A barba descia até o osso do peito, mas Xerxes esperava que um dia chegasse ao abdome – como a de seu pai. Suas roupas sempre anunciavam seu status incomparável, e ele tendia a usar um volumoso manto de corte, drapeado e amarrado na altura da cintura com um cinto. Xerxes julgava que isso causava forte impressão em todos que o viam, e estava certo. Optava por suntuosas roupas tingidas em intenso púrpura de Tiro ou no caro amarelo-açafrão. As estampas e padronagens dos tecidos de seu manto – divisas e botões florais, listras e rosetas – eram incrementadas por apliques de cabeças de leão de ouro, que cintilavam e tilintavam enquanto ele caminhava. Sem nunca esquecer a sua ascendência nômade, por baixo do manto Xerxes vestia calças – mas feitas de fina seda branca, com faixas nos tornozelos bordadas em azul. Seus macios sapatos de camurça eram de uma profunda tonalidade azul, amarrados com cadarços laterais. Para finalizar o visual, usava torques e pulseiras com cabeça de leão e intrincados brincos *cloisonné*. Seu traje valia uma pequena fortuna; cerca de 12 mil talentos, dizia-se. Nenhum homem no império tinha aparência tão esplêndida quanto Xerxes. Até mesmo Heródoto teve que confessar: "em termos de beleza e de estatura física, ninguém era mais digno de manter o poder do que Xerxes".

Sabemos o nome de apenas uma das consortes de Xerxes: Améstris. Era filha do poderoso cã Otanes, um dos sete conspiradores que tramaram com Dario, o Grande, contra o rei Bardiya. Xerxes tinha trinta e poucos anos quando se tornou o Grande Rei, e Améstris teria um papel influente na política da corte por muitas décadas. Ela certamente fez jus ao seu nome, que em persa antigo significava "força" ou "mulher forte". Essa bela mulher, de pura estirpe persa, vestia-se com elegância comparável à do marido. Améstris deu a Xerxes pelo menos três filhos, Dariaios (ou Dario), Histaspes e Artaxerxes, e duas filhas, Amitis e Rodoguna. Mãe zelosa, criou os filhos no harém, até a hora de eles se juntarem ao mundo dos homens, e deu às filhas lições de etiqueta, preparando-as para bons casamentos. Havia, sem dúvida, mais esposas e concubinas no harém de Xerxes, uma vez que ficamos sabendo de outras crianças que não parecem ser de Améstris – por exemplo, a princesa Ratashah, que era apenas uma criança de colo em 486 a.e.c., ocasião em que faz uma breve aparição nos registros. Mas nenhuma outra mulher adquiriu a autoridade de Améstris.

Xerxes ocupava o centro de um coeso círculo de obrigações interligadas. Na atmosfera "mafiosa" da corte real, interagia com nobres e conselheiros e com criados pessoais que lhe serviam de confidentes. Mas quem poderia realmente ser confiável em um viveiro de potenciais encrenqueiros? Para um monarca, não haveria sempre riscos envolvidos quando se tratava de fazer amigos e criar intimidade? Os criados de baixo escalão poderiam facilmente abusar da confiança do rei, e os nobres, tentar usurpar o poder. Até mesmo consortes, concubinas e descendentes seriam capazes de se voltar contra o governante e se digladiar em disputas internas e lutas dinásticas. Teoricamente todo-poderoso e intocável, Xerxes reconheceu essa tensão fundamental dentro de sua família e procurou lealdade inabalável. Encontrou isso na mãe, Atossa, que era seu principal esteio e ajuda, e muitas vezes recorria a ela em busca de conselhos. Até morrer, por volta de 475 a.e.c., foi a figura mais influente na corte persa.

*

Ao ascender ao trono, a principal tarefa de Xerxes foi escolher um grupo de ministros capazes, que lhe oferecessem conselhos e, acima de tudo, lealdade. Ctésias de Cnido, com seu conhecimento privilegiado acerca dos mecanismos de funcionamento da corte, nos permite entender quem eram essas pessoas: "Xerxes, filho de Dario, tornou-se rei", registrou, "e Artápano, filho de Artasiras, era influente junto a ele, assim como seu pai tinha sido junto ao pai de Xerxes – e Mardônio, o Velho, também tinha influência". Destarte, Xerxes, ao que parece, inicialmente confiou na velha guarda de ministros da corte ligados ao governo do pai. Isso não era incomum, pois muitas mudanças de regime são amenizadas pela continuidade das instituições ou a permanência em atividade de altos funcionários mais antigos. A corte real era a "casa" de Xerxes, a sua família estendida. Lá, milhares de pessoas viviam em sua órbita. Para a nobreza, os atrativos da vida na corte eram óbvios – obtinha-se poder, prestígio e remuneração por meio do serviço e proximidade com o Grande Rei, e havia claramente uma hierarquia de posições, embora seja difícil decodificar a função exata de cada cargo e respectivo membro da realeza. De uma coisa temos certeza: os Grandes Reis persas viviam rodeados por uma gama de cortesãos que variavam em status, de sátrapas a cavalariços. Os gregos acreditavam que, por serem grandiosos demais para se preocuparem com as tarefas mundanas de governar o império, os reis persas precisavam de legiões de funcionários. Um autor desconhecido, designado apenas pelo cognome Pseudo-Aristóteles, comentou o seguinte: "Estava aquém da dignidade de Xerxes administrar seu próprio império e executar seus próprios desejos e supervisionar o governo de seu reino; tais funções não eram condizentes com um deus". Outras fontes sugerem que no passado os Grandes Reis teriam aprendido as artes da corte da maneira mais difícil, por meio da experiência prática. Em sua juventude, Ciro, o Grande, ocupou vários cargos na corte – "mestre dos maceiros", "mestre dos escudeiros" e "copeiro". Dario, o Grande, tinha sido "porta-aljava" de Ciro II e "lanceiro" de Cambises. Esse tipo de título também aparece nos textos de Persépolis, a exemplo de "portador da cadeira e do escabelo" e "portador do estojo de arco e flecha".

Toda a corte estava sob a vigilante guarda de um poderoso oficial conhecido como *hazārapatish* (literalmente, "mestre de mil"), ou *quiliarca*, que comandava a guarda real e era responsável por todos os elementos de segurança da corte. Gozava da total confiança do rei, controlando o acesso à presença do monarca por meio do protocolo da audiência real. Outros dignitários proeminentes da corte incluíam o mordomo da casa real, o cocheiro real e o copeiro do rei. Os títulos da corte não necessariamente tinham relação com os deveres esperados do cortesão que os detinha, e os nobres com títulos talvez apenas "representassem um papel", fingindo e encenando, durante as cerimônias de Estado, cumprir as funções prescritas por seu cargo.

Os Aquemênidas criaram uma complexa estrutura de corte em formato de pirâmide, em que o Grande Rei ocupava o estreito ápice, e os escravos, os *kurtash*, a ampla base. A um grupo comparativamente pequeno de nobres persas estava reservada uma elevada posição nessa estrutura piramidal: era a nobreza hereditária, a quem os gregos chamavam de "Povo da Porta", e que era obrigada – em virtude de sangue e status – a servir na corte e fazer as vezes de serviçais do rei. Uma multidão de intermediários atuava nos degraus administrativos da pirâmide social e se comunicava com outros níveis acima e abaixo deles. Qualquer indivíduo que prestasse serviços importantes ao rei era um "benfeitor", e seu nome ficava registrado nos arquivos reais. Esses benfeitores reais eram recompensados pelo rei com presentes – roupas, joias, gado e terras. Até mesmo estrangeiros podiam se beneficiar desse sistema de recebimento de agrados. Xenofonte registra a maneira como um Grande Rei expressou sua simpatia por um cortesão que caiu em suas graças dando-lhe "um costumeiro presente régio, ou seja, um cavalo com um freio de ouro, um colar de ouro, uma pulseira de ouro, uma cimitarra de ouro e um manto persa". A formalização do costume de dar presentes foi uma importante ferramenta para a monarquia persa, pois estabeleceu um sistema de dívida e dependência entre nobres e a Coroa.

Os cortesãos considerados "amigos do rei" recebiam a maior de todas as regalias: a oportunidade de comer à mesa real ou de auxiliar o rei como serviçal. Esses privilégios eram extremamente valorizados, e protegidos com unhas e dentes. Tiribazo, o poderoso sátrapa da Armênia, era um dos "amigos do rei" (nesse caso, de Artaxerxes II) que mais contava com a predileção e benesses régias – quando residia na corte, longe de sua satrapia, "era o único a ter a prerrogativa de ajudar o rei a montar em seu cavalo". Rotineiras tarefas braçais e de menor importância tinham grande significado no círculo régio. Ser visto prestando um serviço pessoal ao rei era uma forma de aumentar o status, e por isso era importante que os nobres hereditários fizessem aparições regulares na corte. De sátrapas como Tiribazo esperava-se que deixassem suas províncias para cumprir deveres junto ao Grande Rei. Seguravam um guarda-sol para proteger a cabeça do monarca, executavam tarefas de *punkah wallah* [abanador] com um leque ou mantinham os mosquitos afastados com um enxota-moscas feito de crina de cavalo. Masistes, irmão de Xerxes, era um frequentador habitual da corte, embora exercesse o cargo de sátrapa da distante Báctria; a partir de 410 a.e.c., Arshama, o sátrapa de longa data do Egito, tirou uma licença de dois anos de seu posto oficial em Mênfis para visitar a corte real na Pérsia e tornar sua presença conhecida.

Para um significativo grupo de cortesãos não era tão fácil se encaixar na estrutura hierárquica da corte. Os eunucos podiam, em teoria, se entrelaçar em vários estratos da corte, de modo que é difícil posicioná-los com segurança em um único ponto da estrutura. Esses homens e meninos castrados serviam na corte como funcionários de alto escalão, burocratas e criados corporais, bem como serviçais e escravos. Na condição de *castrati*, eram vistos como uma espécie de "terceiro sexo", razão pela qual conseguiam movimentar-se com facilidade e brincar com as barreiras permeáveis da corte. Os eunucos eram uma presença costumeira em outras cortes do Oriente Próximo e se destacavam como figuras marcantes no mundo neoassírio, onde, além de servirem na corte, também ocupavam cargos nas forças armadas, inclusive como generais de alto escalão. De acordo com relatos gregos (e, que fique claro, os gregos tinham enormes dificuldades em aceitar essa prática oriental estrangeira), os persas valorizavam os eunucos por sua honestidade e lealdade. O processo de castração, pensava-se, tornava os homens dóceis e mais maleáveis – como acontece com cavalos e cães castrados. De forma contundente, Xenofonte afirmou que foi Ciro, o Grande, o primeiro a introduzir eunucos em seu exército exatamente por esse motivo, o que é difícil de atestar com convicção, pois a castração já era uma prática mesopotâmica muito anterior ao tempo de Ciro. Heródoto conta uma história interessante sobre como um jovem de língua grega, Hermótimo de Pedasa, foi capturado e vendido ao traficante de escravos Panionius, que se especializou em negociar meninos bonitos, depois de castrá-los, para clientes da elite na Ásia Menor. Mais tarde, Hermótimo se viu na corte persa, onde rapidamente chamou a atenção e caiu nas boas graças de Xerxes, que o encarregou da privilegiada tarefa de tutorar os filhos do harém real – um cargo de confiança. Heródoto afirma ainda que a Babilônia era obrigada a enviar ao Grande Rei um tributo anual de quinhentos meninos, que deveriam ser castrados e transformados em eunucos, de modo que é possível deduzir que os cinco meninos da Etiópia enviados a cada três anos mencionados por ele, e os cem outros enviados à corte persa pelos colquidenses como tributo, também eram transformados em *castrati*. Heródoto apontou ainda que, na repressão da Revolta Jônica, os persas castraram e enviaram para a Pérsia os meninos mais bonitos que eles capturaram. É claro que Heródoto, como todos os gregos, considerava abominável a prática da castração e perversa a criação de eunucos. No entanto, a seu ver, as histórias sobre eles eram absolutamente convincentes. A dependência persa dos eunucos deu a Heródoto uma ótima oportunidade para criticar a frouxidão moral persa.

Não é preciso procurar justificativas para eximir de culpa os aquemênidas pela prática de castrar meninos e homens. O eunuquismo sempre foi comum no Oriente Próximo, permaneceu assim no Período Aquemênida e por milênios. Para os homens e meninos castrados a serviço da corte, as recompensas podiam ser boas. Muitos deles ascenderam a posições de grande influência, prestígio e riqueza, e um grupo menos numeroso conheceu os prazeres e as dores do poder absoluto. No início do reinado de Xerxes, um eunuco chamado Natacas era quem detinha a maior influência na corte. Esse castrado real era tão importante que Xerxes supostamente o enviou para saquear o santuário de Apolo em Delfos durante a campanha na Grécia. Eunucos serviram nas cortes de Ciro, Cambises e Dario, mas foi durante o reinado de Xerxes que começaram a adquirir poder pessoal mais evidente. A partir da década de 480 a.e.c., aparecem nas fontes em atividades de espionagem, ora trabalhando para o rei, ora contra ele. Seguiram-se conspirações e golpes de Estado, que por fim culminaram em regicídio. O poder dos eunucos dominaria a corte Aquemênida.

Acima e além dos eunucos reais, talvez os cortesãos mais influentes a serviço de Xerxes fossem seus muitos irmãos e meios-irmãos (alguns dos quais cooperavam mais que outros). A corte era um local de tomada de decisões políticas práticas e poder imperial, e a nobreza hereditária da Pérsia, a exemplo dos irmãos homens de Xerxes, tinha um importante papel na formulação de políticas e diretrizes na governança do reino. O autor do Livro de Ester observou que, "como era costume o rei consultar especialistas em questões de direito e justiça, ele falou com os sábios que entendiam dos tempos e das leis e eram os mais próximos a ele". Ninguém era mais íntimo do rei do que seus parentes de sangue, e nenhum poderia ser mais perigoso para o seu trono. Xerxes controlava seus irmãos com rédeas curtas, mantendo-os ocupados. As irmãs de Xerxes foram dadas em casamento a persas de prestígio, e por meio desses matrimônios muitas famílias nobres foram trazidas para a órbita do trono de Xerxes; a presença dos nobres (e sua prole) ampliou ainda mais o clã Aquemênida. Os dois irmãos da rainha Améstris, cunhados do rei, também faziam parte da família estendida, assim como Megabizo II, o brilhante filho do sátrapa Zópiro que se casou com a filha de Xerxes, Amitis. Esses homens estavam destinados a desempenhar papéis cruciais no reinado de Xerxes, e sua passagem foi marcada pela guerra e a rebelião.

*

Pouco antes da morte de Dario, em 486 a.e.c., detectando que uma crise de sucessão estava próxima, os egípcios se revoltaram contra o domínio aquemênida. Imediatamente após sua ascensão, Xerxes assumiu o comando pessoal do exército e inaugurou seu reinado com uma expedição militar ao Egito. Esmagou a rebelião e restaurou a ordem na região, impondo seu irmão Aquêmenes como o sátrapa do Egito e deixando-o lá a fim de manter o povo local sob controle. Sob o governo de seu irmão, Xerxes esperava que o país se estabilizasse e deixasse de ser um incômodo. Em muitos aspectos, a vitória sobre os egípcios definiu o tom para o jugo de Xerxes, porque galvanizou sua autoconfiança de que era digno de ser o sucessor de Dario e provou à sua nobreza que, tal qual Dario, ele também era um rei guerreiro.

Xerxes mal teve tempo de recuperar o fôlego após a vitória egípcia, quando chegaram a ele notícias de que a Babilônia também explodira em revolta. Duas rebeliões de curta duração foram lideradas por um homem chamado Bel-shimanni, que assumiu os títulos de "Rei da Babilônia, Rei das Terras". Ele foi rapidamente eliminado, mas as insurreições refletem o fato de que a Babilônia não era um lugar feliz; desde a morte de Dario, uma atmosfera conturbada envolvia a cidade. É possível que Xerxes tenha ordenado a remoção de uma estátua de metal precioso de um dos deuses locais em represália por uma das revoltas babilônicas, mas é certo que o rei persa não destruiu nenhum templo, como historiadores gregos afirmaram. Na província vizinha de "Do outro lado do rio", em Judá, também havia descontentamento, e a construção do Templo de Yahweh foi adiada por uma série de revoltas que somente na década de 440 a.e.c. foram debeladas. É impossível entender as nuances que fundamentaram esses breves levantes, porém inconvenientes, mas é possível notar que os problemas no Egito, Babilônia e Judá sugerem que o imperialismo de Dario atingira seu limite natural. Isso, no entanto, não parece ter sido evidente para Xerxes. Nem sequer passou por sua cabeça.

15
DESAMARRAI OS CÃES DE GUERRA!

Não existem evidências sólidas acerca dos motivos pelos quais os persas invadiram a Grécia em 480 a.e.c. Heródoto insistiu que a guerra era um ato de retaliação contra os atenienses, que haviam ajudado os insurgentes na Revolta Jônica, mas não há razão para tomá-lo ao pé da letra. Uma explicação mais provável para a guerra eram as próprias ambições territoriais de Xerxes, bastante alinhadas com as de seu pai. A extensão do poder era, afinal, a consequência natural do poder, e como os romanos e os britânicos depois deles, os persas também aspiravam ao *imperium sine fine* – um império sem fim.

A partir do momento em que os persas entraram em contato militar com os gregos, em 499 a.e.c., ficou claro que, um dia, a Grécia sofreria uma invasão. Se a ambição de Dario de integrar a Grécia ao império não tivesse desmoronado em Maratona, o destino dos atenienses seria o mesmo do de outros povos conquistados: deportação para a Mesopotâmia ou mais para o leste. Atenas teria sido o centro das operações para a invasão do Peloponeso e, quem sabe, talvez também se tornasse uma capital de satrapia. O fracasso de Dario na Grécia estava por trás da ambição de Xerxes de conquistá-la, e seu principal desejo nos anos após sua ascensão era incorporar a Grécia continental ao Império Persa.

Fontes persas não dizem absolutamente nada sobre a guerra grega de Xerxes. É como se a campanha jamais tivesse acontecido. Portanto, é total a nossa dependência dos relatos gregos acerca dos eventos de 480 a.e.c. e dos anos seguintes. Já vimos como Heródoto montou sua *História* com grande precisão, mas isso é especialmente verdadeiro com relação à versão dele da guerra. Quanto mais perto Heródoto leva seu público dos eventos de 480 a.e.c., mais ênfase coloca em retratar os persas como *barbaroi* (bárbaros) ameaçadores – destrutivos, impiedosos e cruéis. No entanto, os livros Sete, Oito e Nove da *História* não fornecem um relato minimamente confiável do que aconteceu em 480 a.e.c. e 479 a.e.c. Boa parte do que Heródoto dissemina como história é, na verdade, fictício. Por exemplo, ele descreve uma cena em Susa em que Xerxes está rodeado por seus principais conselheiros, incluindo Mardônio, seu primo e cunhado, e seu tio Artábano. O rei ouve a arenga de alguns de seus conselheiros para pôr fim à arrogância de Atenas, ao passo que outros imploram pela paz. Mais tarde, longe da câmara do conselho, em sua cama, o rei é acometido de sonhos e pesadelos, sinistros presságios de desastre, em que até os deuses conduzem Xerxes ao seu destino inevitável. Por fim, a decisão é tomada: guerra! Essas cenas são uma leitura prazerosa, mas nem seria necessário dizer que Heródoto não tinha conhecimento daquilo que foi dito no Conselho Privado do Grande Rei, muito menos do que Xerxes viu em seus sonhos. Quando se trata de decisões militares estratégicas durante a própria campanha, porém, *existe* a possibilidade de que Heródoto tenha tido acesso a relatos de segunda mão da rainha Artemísia, governante de sua cidade natal, Halicarnasso. No entanto, as descrições de discussões do círculo interno de Xerxes, entre o rei, Mardônio e Artábano, na distante Susa são inteiramente fictícias e devem ser eliminadas de qualquer tentativa séria de responder sobre a motivação do ataque persa à Grécia.

Ler Heródoto é uma experiência deliciosa, somos obrigados a admitir. O "Pai da História" merece seu lugar no cânone da grande literatura, mas quanto a uma "história" da campanha de Xerxes na Grécia, nos oferece pouco mais que uma colcha de retalhos, um amontoado de narrativas de façanhas de guerra encadeadas pelos temas do heroísmo grego e da probidade moral. Não que seus relatos sejam questionáveis, mas nos deixam no escuro, o que nos coloca em uma espécie de dilema. Não podemos acreditar muito no que Heródoto disse e, no entanto, não podemos seguir sem ele. Algumas verdades históricas sobre os persas podem estar muito bem escondidas em Heródoto, mas para encontrá-las é necessário cavar fundo nas camadas de fantasia e ficção.

*

O objetivo de Xerxes era abocanhar a Grécia para o Império Persa, e, a fim de alcançar seu objetivo, sabia que precisava de um grande número de combatentes para superar os gregos, que, no tempo de Dario, davam mostras de serem guerreiros duros e intrépidos. Assim, Xerxes dispensou o uso da marinha real porque concluiu que, mesmo com sua riqueza, não seria capaz de reunir navios suficientes para transportar um exército tão vasto pelo mar Egeu. No entanto, relatórios de seus serviços de inteligência trazem notícias de que os gregos já haviam arregimentado uma enorme frota de trirremes – navios de guerra que dispunham de três ordens de remos. Isso deixou Xerxes aflito. Perder o controle dos mares seria desastroso, então ponderou sobre seu plano de ação. Seu exército, Xerxes bem sabia, precisava ser grande o suficiente para derrotar o inimigo – os exércitos combinados das cidades-Estados gregas aliadas –, mas não tão grande que não pudesse ser alimentado e abastecido de água. Os persas já haviam obtido vitórias anteriores no norte da Grécia em uma série de campanhas lideradas por Mardônio, e Xerxes reconheceu que uma campanha terrestre pelo território grego seria bastante apropriada para seus homens. Suas unidades de reconhecimento lhe informaram que a marcha para o sul, a partir da Macedônia para dentro da Ática, seria livre de obstáculos e praticamente desimpedida, à exceção de uma estreita passagem costeira num lugar que os gregos chamavam de Termópilas, os "portões quentes", posição defensiva para a qual os gregos naturalmente recuariam. Xerxes foi informado de que poderia esperar uma batalha nesse desfiladeiro. Satisfeito com os relatórios, engendrou um plano em que colocaria em ação seus pontos fortes e decidiu usar *simultaneamente* forças terrestres e a marinha numa firme combinação. O exército marcharia à frente e protegeria as praias, onde seriam acompanhados por navios de transporte de suprimentos; a marinha protegeria o exército de quaisquer eventuais ataques da armada grega.

Em 481 a.e.c., como forma de pré-ataque psicológico, Xerxes enviou embaixadores para a Grécia exigindo terra e água das várias cidades-Estados. Ele deliberadamente omitiu Atenas e Esparta dessas incursões, já que, em 491 a.e.c., homens dessas cidades mataram os arautos que Dario enviara, em um ato de estarrecedora impiedade que apenas fortaleceu a crença persa de que os gregos eram incorrigivelmente bárbaros e precisavam ser controlados. No final de outubro de 481 a.e.c., o exército de Xerxes começou a se reunir em Sárdis, e o próprio rei, acompanhado da vasta comitiva de sua corte, partiu de Susa para se juntar a seus homens. Durante todo o inverno de 481 a.e.c.-480 a.e.c., o exército foi treinado e preparado para o combate, enquanto Xerxes e seus generais discutiam táticas, planejavam rotas e traçavam planos de batalha. Seguiram os conselhos de Demarato de Esparta, um exilado que se aliou aos persas e lhes disse que os gregos do continente eram briguentos, muitas vezes desunidos, e com frequência tinham rusgas entre si. A boa diplomacia, ele afirmou, poderia conquistar, sem a necessidade de conflito, a maioria das *poleis* gregas (plural de pólis, a cidade-Estado independente). Mas Xerxes não se convenceu inteiramente. Ele sabia que havia muitos gregos obstinados que jamais se renderiam, tampouco reconheceriam a soberania persa. A única opção era a conquista implacável e a completa submissão à força. Unidades de inteligência informaram Xerxes que os gregos tinham capacidade para reunir 40 mil hoplitas,[1] dos quais os melhores viriam de Esparta, sob a liderança do resoluto rei Leônidas e seu cogovernante, o rei Leotíquides, que tinham muitos aliados militares no Peloponeso. Os atenienses forneceriam navios para a marinha aliada, cerca de quatrocentas estrondosas e desajeitadas trirremes, mais pesadas e mais ameaçadoras que os navios de guerra persas. Os soldados batedores de Xerxes tinham dificuldade para acompanhar os desdobramentos políticos em Atenas, cujo regime democrático radical parecia mudar de líderes semanalmente, mas, no fim das contas, a inteligência persa descobriu que um homem chamado Temístocles, filho de um verdureiro, se tornara popular na cidade e desempenhava um papel importante na estruturação da frota grega. Ele vinha sendo festejado pelos atenienses. Com seu característico descortino, Xerxes sabia que precisava observar o tal Temístocles de perto.

Na primavera de 480 a.e.c., enquanto os raios do sol fulgurante iluminavam o palácio da satrapia em Sárdis e uma miríade de flores desabrochava nos jardins reais, Xerxes, seu exército e toda a corte reunida

---

1 Na Grécia antiga, soldados da infantaria munidos de armadura pesada; geralmente portavam capacete, escudo, couraça, cnêmides (grevas, espécie de polainas metálicas), lança e espada. [N.T.]

partiram na jornada de 1.280 quilômetros até Atenas. A missão era colocar a Grécia de joelhos.

*

De acordo com Heródoto, quando Xerxes chegou a Dorisco, na Trácia, ele decidiu organizar e contabilizar seus exércitos concentrados. Heródoto enumera os contingentes étnicos que cada nação forneceu para infantaria, cavalaria e marinha, e descreve suas roupas, capacetes e apetrechos bélicos específicos. "O total do exército terrestre", afirmou, "atingia 170 miríades." Isso equivale a 1,7 milhão de homens, aos quais devem ser adicionados os regimentos de cavalaria e marinha, as tropas de não combatentes e os contingentes mobilizados na Grécia. Ao todo, Heródoto calculou que havia cerca de 1,7 milhão de homens no exército de terra, 517.610 homens na frota naval, 80 mil cavalarianos e 20 mil soldados da camelaria (ou "cavalaria de camelos"), totalizando 2.317.610 indivíduos. Somando as tropas amealhadas na Europa, Heródoto chegou a um número astronômico: 5.283.220 combatentes servindo no exército de Xerxes. De forma previsível, especialistas militares questionaram esses números e concluíram que, mesmo se reduzido em 20%, 50% ou mesmo 60%, um exército dessa magnitude não poderia ter executado o tipo de manobra exigido pelo rei. Seria complicado demais. O inventário de tropas de Heródoto não deve ser considerado ao pé da letra. A ideia era criar um retrato detalhado da imensidão do poder que imaginava que o Grande Rei tinha à disposição. Isso foi reforçado pela ênfase que Heródoto colocou na diversidade étnica das tropas: havia cuxitas, egípcios, indianos, bactrianos, lícios... a lista continuava. O mundo inteiro, Heródoto insinuou, estava pronto para enfrentar a Grécia. Ele usou o espetáculo do exército racialmente diversificado de Xerxes para enfatizar o efeito da desigualdade entre as esmagadoras forças armadas da Pérsia e a escassez de homens que compunham as tropas gregas.

Para Xerxes, a principal função de passar em revista as tropas dispostas para a batalha em Dorisco era salientar o poder e a diversidade de seu império. Seus soldados formavam um pitoresco conjunto de roupas e armamentos – uma variação viva do tema do império esculpida nas escadarias do *Apadana* em Persépolis. Evidências babilônicas atestam que essas inspeções de tropas aconteceram também em outras épocas e lugares, e que os soldados aquartelados em terras militares também eram chamados para esses exames régios improvisados. Para essas ocasiões, precisavam trazer o equipamento correto: "um cavalo com arreios e rédeas, um casaco com gola e capuz, armadura de ferro e capuz, uma aljava, 120 flechas, algumas com ponta, outras sem; uma espada com bainha e duas lanças de ferro". O exército de desfile de Xerxes, convocado pelas autoridades centrais, estava lá para proporcionar um espetáculo no início da campanha. Mas é claro que não participou da marcha sobre a Grécia, muito menos da batalha. Essa tarefa foi deixada para a força de combate real.

Os soldados de campanha provinham da Pérsia, da Média e das satrapias orientais, incluindo Índia e Ásia Central. Muitos desses homens já haviam servido no Egito e na Babilônia, onde esmagaram rebeliões, e assim entraram na campanha grega como uma bem azeitada força de combate. Hoje, historiadores estimam que as forças de Xerxes para a campanha grega somavam cerca de 70 mil soldados de infantaria e 9 mil cavalarianos.

Além das tropas veteranas, Xerxes também empregou a mais famosa das unidades do exército, uma divisão de combate conhecida como os "Dez Mil" (ou "Imortais", em grego, *athánatoi*, literalmente, "imorredouros", "aqueles sem morte"), que exercia as funções de guarda imperial. Era uma tropa de infantaria pesada de elite de 10 mil soldados persas aquemênidas. Heródoto os descreveu como um "corpo de soldados escolhidos a dedo entre todos os persas", e acrescentou o epíteto "Imortais" ao averiguar que, "se qualquer um entre eles viesse a faltar por ter morrido ou por motivo de grave enfermidade, prontamente escolhiam outro para ocupar o seu lugar, dando ao inimigo a impressão de que o grupo não havia sofrido perdas, de modo que seu número nunca era nem superior nem inferior a 10 mil". Em persa antigo, essa unidade exclusiva talvez fosse conhecida como *anushiya*, que significa literalmente "estar atrás" ou "seguidor". No entanto, a palavra é tirada do avéstico *aosha* – "morte" ou "destruição" –, e por isso é possível ler *anushiya* como "atrás da morte" ou "eterno", o que daria sentido ao entendimento que Heródoto tinha do conceito. Os Imortais eram considerados muito melhores e mais bem preparados em comparação com o restante da soldadesca persa comum. No entanto, fontes persas genuínas sobre os Imortais são vagas, embora geralmente se suponha que os soldados barbudos e suntuosamente uniformizados representados nos belos azulejos de faiança do palácio aquemênida em Susa representam esse grupo. Todavia, nas fontes escritas persas não há referências a uma tropa de Imortais, embora seja provável que o monarca aquemênida estivesse sempre acompanhado por algum tipo de força especial. Em suma, em torno dessa divisão especial do exército persa há mais perguntas que respostas. As tarefas exatas dos Imortais, e até mesmo seu genuíno nome persa, permanecem desconhecidos.

Os bem treinados e extremamente disciplinados soldados de infantaria de Xerxes – os *kardakes*, como eram conhecidos – trabalhavam em cooperação para fornecer proteção e apoio. Usavam capacetes macios, túnicas de mangas multicoloridas, armaduras de ferro com placas como escamas de peixe e calças compridas. Portavam lanças curtas, grandes escudos de vime chamados de *spara*, enormes arcos, flechas de cana e punhais que pendiam do cinto ao lado da coxa direita. Em uma tradição iraniana de longa data, os cavalarianos utilizavam lanças, arcos e flechas para matar seus inimigos de longe, avançavam com seus cavalos no meio do caos do combate e perseguiam adversários em fuga. Mas nos exércitos de Xerxes havia outros homens que vinham de uma formação militar muito diferente: os hoplitas gregos jônicos, que, armados principalmente com lanças e escudos, usavam como sua principal tática a formação de falange. Mais tarde, quando Xerxes marchou pelo norte da Grécia, seus contingentes ganharam o reforço de novos hoplitas gregos, que também estavam preparados para lutar pela causa persa.

Os oligarcas da pólis de Tebas, a maior e mais poderosa cidade da Beócia, no norte da Grécia, viam com certa ambivalência a aproximação dos persas, mas a eles se aliaram por causa do profundo ódio que sentiam pelos atenienses. Até mesmo Argos, no Peloponeso, enviou tropas para o norte a fim de ajudar Xerxes. Delfos também ficou do lado da Pérsia. Isso foi uma espécie de vitória psicológica para Xerxes, que conseguiu angariar apoio do santuário de Apolo, com suas poderosas capacidades oraculares – um inteligente movimento de propaganda por parte do rei. O fato é que os gregos nunca estiveram completamente unidos para rechaçar o avanço persa pela Grécia continental. Muitas *poleis* gregas acreditavam que uma aliança com Xerxes significaria tratamento preferencial para seus cidadãos tão logo a vitória estivesse concretizada e o rei persa retornasse ao Irã. Essa verdade inconveniente é muitas vezes negligenciada nos livros de história que perpetuam o mito do choque de civilizações, pois não se aplica às narrativas simplificadoras de "liberdade" e "escravidão" ou do primado da "democracia" sobre o "despotismo". Na verdade, muitos gregos, acreditando em uma vida melhor dentro do império, nutriam a esperança de que no futuro a Pérsia assumisse a liderança e o governo.

Os gregos que pegaram em armas contra os persas – a resistência grega – apontaram o dedo contra os Estados e indivíduos que apoiavam Xerxes. Dando nomes aos bois, empregaram o verbo grego *medidzö*, "ao lado dos medos", ou o substantivo *medizmos*, "inclinando-se para os medos", como formas de difamá-los. A expressão implicava que os colaboracionistas gregos rejeitavam o estilo de vida "livre" do mundo helênico em favor do comportamento corruptor do Oriente servil. Os gregos que apoiavam Xerxes eram vistos como oportunistas, traidores e covardes.

*

Graças à organização logística, as tropas de Xerxes eram abastecidas com boa comida e água fresca em abundância. Isso foi possível por meio da construção e mobilização de uma impressionante frota de navios, cerca de 1.200 trirremes e 3 mil embarcações de outro tipo, segundo Heródoto, que mais uma vez exagerou nas cifras. O número real de trirremes fornecido pela Jônia, Fenícia e Egito estava mais próximo de quinhentos, bem aquém da hipérbole de Heródoto. Os navios estavam sob o comando de nobres persas confiáveis e experientes, incluindo doze dos próprios irmãos de Xerxes. Foi uma decisão estratégica, pois ao envolver seus parentes em postos-chave na invasão, o rei comunicou uma mensagem forte – a guerra grega não era somente dele, era uma guerra aquemênida, um empreendimento dinástico.

Em grande medida, os verdadeiros heróis da campanha de Xerxes são desconhecidos, mas sem a contribuição deles para o esforço de guerra os persas teriam enfrentado uma lenta e prolongada experiência de conflito na Grécia. Os nomes dos engenheiros que elaboraram os planos e projetos para canais, pontes e estradas se perderam. Sua destreza mostra, porém, que eram ousados e ambiciosos gerentes de projetos. A paisagem natural não foi uma barreira capaz de impedir seu empenho para fornecer a Xerxes uma rota rápida e fácil para alcançar a Europa: eles cavaram e sulcaram a terra, cortaram rochas e aproximaram na marra os continentes ao laçar a Ásia à Europa com extraordinárias pontes improvisadas. Já em 483 a.e.c., os persas começaram a se preparar para a invasão da Grécia abrindo um canal através da península de Atos, no nordeste da Grécia, local de um desastre naval persa em 492 a.e.c. O canal – que a geofísica recente revelou ter 1,6 quilômetro de extensão, trinta metros de largura e três metros de profundidade – significava que os navios de Xerxes poderiam contornar um trecho de água traiçoeiro e potencialmente letal que circundava a península. Heródoto afirmou que foi por orgulho e demonstração de poder que Xerxes ordenou a construção do canal, mas o rei simplesmente reconheceu a importância de garantir que seu exército tivesse uma passagem rápida e segura para a Grécia. Fato mais importante a respeito da construção do canal é que Xerxes olhava para o futuro, quando a Grécia, assegurada sua incorporação ao império, poderia ser rotineiramente acessada por meio dessa grande estrutura artificial. Isso propiciaria aos persas contato marítimo seguro com a Grécia continental durante o ano inteiro.

Xerxes supervisionou a construção de duas pontes flutuantes no Helesponto, ligando Ásia e Europa. Cada ponte era formada por uma fileira de barcos ancorados paralelamente à corrente e amarrados lado a lado com cordames de papiro e linho, estendendo-se através do largo canal. Os homens de Xerxes fixaram uma trilha de madeira de 1,5 quilômetro de comprimento sobre os navios enfileirados e erigiram telas de linho de ambos os lados da passarela para que os cavalos pudessem atravessar a estrutura sem entrar em pânico. Dario havia cruzado o Bósforo e possivelmente o Danúbio em uma campanha contra a Cítia em 513 a.e.c., mas as estruturas de Xerxes superavam as de seu pai, tanto em escala quanto em ambição. Devido às poderosas correntes marítimas do Helesponto, juntamente com ventos ferozes, o primeiro conjunto de pontes teve que ser reconstruído, mais forte e resistente do que antes. A descrição de Heródoto da indignação de Xerxes diante da tempestade é célebre:

Xerxes se enfureceu e ordenou que o Helesponto fosse fustigado com trezentas chicotadas e que se lançasse ao mar um par de grilhões. [...] Também ordenou aos algozes que proferissem palavras grotescas e arrogantes: "Água odiosa, nosso senhor assim te pune, pois o ofendeste injustamente, embora ele não tenha feito nada de errado para ti! Xerxes, o rei, passará por cima de ti, queiras ou não! É com razão que nenhum homem lhe oferece sacrifícios, pois tu és um rio de águas lamacentas e salobras!".

Como sempre, escondida atrás do relato de Heródoto existe uma versão persa. Em seu papel como Rei da Natureza, Xerxes apaziguou o Helesponto com orações e hinos (ao contrário da fúria selvagem da descrição de Heródoto), e ofereceu presentes à sua majestade – colares de ouro e torques (e não as correntes de ferro de Heródoto). A construção das pontes do Helesponto foi um triunfo da engenharia e um golpe de mestre da propaganda, pois enquanto o exército de Xerxes avançava Europa adentro, relatos da travessia do Helesponto chegaram a Atenas. "Como podemos ter a esperança de derrotar um povo que é capaz de cruzar os mares?", indagaram-se os atenienses.

*

Marchando a um ritmo de cerca de dezesseis quilômetros por dia e divididos em três vastas colunas, distantes 1,6 quilômetro uma da outra para não obstruir as estradas, os numerosos exércitos de Xerxes se deslocaram em bloco desde Sárdis rumo ao norte, até o Helesponto, atravessaram as pontes flutuantes e entraram na Trácia. De lá, seguiram para o oeste Macedônia adentro. Para os novos recrutas, tratava-se de um território inexplorado, a investida em um admirável mundo novo, mas para os veteranos de Xerxes, homens que haviam gostado de arrebatar os ricos despojos do Egito e da Babilônia, a campanha grega foi um tanto penosa. A Grécia oferecia possibilidades muito pequenas de obtenção de riqueza. Todos sabiam que os gregos pelejavam para tirar seu sustento em um ambiente hostil, então que butim poderia haver pela frente na paisagem rochosa e retorcida da Grécia? Que pilhagens um território situado nos confins do mundo poderia proporcionar? Pedras? Azeitonas? Rabanetes?

Gregos do norte que assistiram ao espetáculo do exército de Xerxes marchando pela paisagem ficaram com a impressão de que os persas eram imbatíveis. Bem treinados, motivados e leais, os soldados persas seguiam em frente, quilômetro após quilômetro. Os trácios ficaram tão admirados diante das tropas invasoras que, anos mais tarde, no tempo de Heródoto, ainda eram capazes de apontar o caminho percorrido por Xerxes e se maravilhar com o esplendor do seu exército, pois a presença de um contingente tão numeroso de homens armados estrangeiros era empolgante e inquietante. As comunidades rapidamente se apresentaram para oferecer comida e suprimentos ao exército que passava por suas terras, embora também escondessem objetos de valor dos olhos persas saqueadores e se certificassem de manter longe da vista seus entes queridos – sobretudo meninos e meninas bonitos.

Os persas entraram na Macedônia e Xerxes se encontrou com seu aliado, o rei Alexandre I (o tataravô do homem que um dia derrubaria a Dinastia Aquemênida). Em seguida marchou para o sul Tessália adentro, onde muitos milhares de habitantes locais se juntaram às tropas persas. De uma perspectiva persa, até esse momento, a campanha terrestre fora um sucesso absoluto: Xerxes já havia conquistado metade da Grécia continental sem travar uma única batalha. A frota de navios avançou pela costa e, embora a armada tivesse sido castigada por tempestades, o que resultou no encalhe de alguns navios, de maneira geral estava em bom estado e mantinha o exército cada vez mais bem abastecido. Quando as notícias do progresso sem obstáculos de Xerxes chegaram à Ática, atenienses, espartanos e outros gregos insubmissos – cerca de trinta cidades-Estados ao todo – formaram uma liga defensiva. Seu único objetivo era bloquear o avanço persa, e usariam a paisagem da Grécia a seu favor para atrair os persas até estreitos e passagens apertadas, de modo a reduzir à força o tamanho das tropas invasoras. Alguns gregos queriam atrair os persas para o Peloponeso para uma luta aberta, mas ficou decidido que lançariam um ataque avançado por terra na região central da Grécia, no desfiladeiro de Termópilas, cerca de duzentos quilômetros a noroeste de Atenas, e no mar no estreito de Artemísio.

Por causa da formação de sedimentos e do lento acúmulo de depósitos de limo, a paisagem ao redor das fontes termais em Termópilas mudou consideravelmente desde 480 a.e.c., quando era uma passagem extremamente estreita, com montanhas íngremes de um lado e o mar do exato lado oposto. O desfiladeiro tinha cerca de vinte metros de largura, reduzida dimensão por onde "não pode passar senão uma carroça", nas palavras de Heródoto. A leste de Termópilas ficava o cerrado estreito de Artemísio, formado pelo longo litoral da ilha de Eubeia, que se estendia pela costa leste da Grécia continental. A fim de se deslocar para o sul e ficar paralela à costa da porção leste do continente, a marinha persa precisava se espremer para passar pelo complicado canal, com suas águas agitadas e correntezas fortes e perigosas. Por causa dos escarpados penhascos da Eubeia, os navios não tinham espaço de manobra e nenhuma alternativa a não ser seguir em frente e atravessar o estreito. Batedores de Xerxes haviam alertado o rei sobre essas traiçoeiras barreiras naturais, e o exército e a marinha estavam bem preparados quando, em agosto de 480 a.e.c., o Grande Rei chegou a Termópilas. Cerca de setecentos gregos estavam posicionados à espera, prontos para rechaçar a invasão, incluindo trezentos guerreiros espartanos sob a liderança do rei Leônidas. Os contingentes da aliança grega ainda não estavam reunidos em sua totalidade, porque agosto era a temporada de lazer na Grécia, o período dos Jogos Olímpicos, e a maioria dos homens estava absorta em seus esportes favoritos, sem nunca imaginar que Xerxes deslocaria seu exército pelo centro da Grécia com tanta rapidez. Mas o ateniense Temístocles estava um passo adiante. Sempre alerta, sempre vigilante, ele e seus navios se reuniram na costa leste, onde, em posição privilegiada, esperaram pacientemente a chegada dos navios persas.

Apesar da obsessão ocidental pela história dos "300 de Esparta", a única maneira de interpretar a Batalha de Termópilas é que foi uma esmagadora vitória persa. Um retumbante êxito para a realeza de Xerxes. Nos primeiros dias de luta, o Grande Rei bombardeou os gregos com ataques frontais, empregando os vastos recursos da Pérsia para desgastá-los e sobrecarregá-los. Batedores de Xerxes logo encontraram um caminho pelas montanhas em direção ao interior, e o rei enviou seus Imortais para flanquear a posição grega. Quando descobriu que os persas estavam se aproximando, Leônidas ordenou que as outras forças gregas se retirassem, permitindo que os espartanos se estabelecessem como retaguarda. Uma missão suicida, sem dúvida. Heródoto apresenta a decisão de Leônidas de ficar e morrer como uma combinação de preocupação com seus aliados e um desejo heroico por *kleos* – uma glória imortal, como aquela desfrutada pelos heróis homéricos de outrora. Mas a principal razão pela qual ele ficou foi de ordem prática: os persas tinham arqueiros e cavalaria, e se todos os gregos recuassem e deixassem a passagem desprotegida, seriam alcançados e massacrados. Era necessário um esquadrão de retaguarda para bloquear o caminho e deter o inimigo enquanto os demais companheiros recuavam. Os 300 de Esparta permaneceram no local para dar aos demais gregos algum tempo de fuga, mas os persas rapidamente cercaram os soldados espartanos e os massacraram até o último homem. Em menos de sete dias, Xerxes rompeu a última barreira que havia entre suas tropas e Atenas. No confronto, matou o rei espartano, um Rei-Mentiroso que ousou opor-se ao objetivo de Xerxes de incorporar a Grécia a seu reino dado por deus. Aúra-Masda estava com Xerxes. Aúra-Masda concedeu a Xerxes uma grande vitória.

A Batalha de Artemísio foi mais equilibrada, e ambos os lados sofreram perdas iguais. O combate naval ocorreu simultaneamente aos eventos em Termópilas, e Xerxes recebeu uma enxurrada de missivas, que o mantinham a par dos desdobramentos da ação no mar. Durante os dois primeiros dias de confronto, os gregos capturaram trinta navios persas e destruíram a flotilha dos cilicianos a serviço de Xerxes. No entanto, no terceiro dia, os persas atacaram com força total e venceram de maneira categórica. Percebendo a derrota iminente, Temístocles não teve escolha a não ser retirar rapidamente sua frota do canal e voltar para Atenas. No relato de Heródoto, a batalha é apresentada como uma significativa vitória grega, mas nem mesmo ele conseguiu esconder o fato de que os gregos sofreram perdas pesadas. Os persas venceram em Artemísio e, sem enfrentar resistência, seus exércitos marcharam para o sul através do território amigo da Beócia, passando por Tebas e entrando na Ática.

No final de agosto de 480 a.e.c., Xerxes chegou a Atenas. Encontrou uma cidade praticamente fantasma. Depois de reunirem os bens de que mais precisavam, muitos cidadãos fugiram para a ilha de Salamina, onde improvisaram uma vila de casebres semelhante a uma favela e se fixaram bem longe do perigo. Apenas alguns atenienses obstinados permaneceram em sua pequena cidade claustrofóbica, determinados a resistir e encarar o inimigo na Acrópole, o antigo e reverenciado santuário de sua divina padroeira, Atena Polias (cuja estátua também havia sido transferida para Salamina, por segurança). No alto da colina sagrada, ergueram barricadas de madeira para proteção, mas depois de apenas alguns dias de confronto, os persas romperam o bloqueio e invadiram a sagrada Acrópole. "Eles não respeitaram as imagens dos deuses: incendiaram templos, arrasaram altares sagrados, deitaram abaixo locais sacros e reduziram tudo a escombros", Ésquilo lamentaria mais tarde. As investigações arqueológicas na Acrópole confirmam a lamentação do grande dramaturgo, pois os soldados de Xerxes descarregaram sua fúria nas elegantes estátuas de mármore que outrora adornavam santuários e adros. No início do século XX, arqueólogos encontraram em covas cuidadosamente cavadas pelos atenienses após a guerra um "cemitério" de estátuas de belos rapazes (*kouroi*) e elegantes moças (*korai*) que recebeu o nome de *Perserschutt*, palavra alemã que significa "escombros persas".

Tendo massacrado todos os atenienses que resistiram na Acrópole, as tropas de Xerxes incendiaram a cidade. Apinhados em ruelas, os casebres de madeira e tijolos de barro arderam feito palha e graveto seco. O vilarejo foi rapidamente consumido pelas chamas. Os atenienses escondidos em Salamina viram a grande conflagração e se desesperaram. Para Xerxes, porém, era o momento pelo qual ele tanto ansiava. Vinte anos depois de os atenienses incendiarem Sárdis, agora era a vez de a cidade deles ser reduzida a cinzas. Contemplando os escombros carbonizados e os destroços chamuscados daquela pequena pólis arrogante e em ascensão, Xerxes sabia que Aúra-Masda estava trabalhando com ele e por meio dele. Assim como seu pai, ele também havia esmagado a Mentira. Xerxes podia então se gabar de que a Verdade tinha sido aplicada com mão de ferro na Grécia.

E ainda assim a guerra se arrastou. Nas baías e enseadas isoladas de Salamina, Temístocles tomou providências para que a frota grega se reagrupasse e se preparasse novamente para a batalha. Xerxes foi informado dessa movimentação e decidiu enviar seus navios restantes contra as trirremes gregas. A batalha final aconteceria no mar. Depois disso, a Grécia seria dele.

A percepção retrospectiva é algo glorioso. Hoje reconhecemos que, se Xerxes tivesse simplesmente avançado e atacado os gregos em terra, como vinha fazendo com êxito espetacular, é quase certo que a vitória definitiva teria sido dele. Se tivesse ignorado a presença da frota grega em Salamina e marchado com suas tropas diretamente para o Peloponeso, poderia facilmente ter dividido e destruído a aliança grega. Os espartanos logo teriam voltado para casa para defender seu território contra a pilhagem do exército persa invasor, deixando os atenienses sem amigos e sem defesas. Depois de aceitar a submissão de Temístocles, o enorme exército de Xerxes teria vantagem numérica sobre os espartanos, e, mesmo que o combate fosse feroz, a derrota de Esparta era líquida e certa. Mas não foi isso o que aconteceu. Ao enviar sua frota contra os navios de Temístocles, Xerxes cometeu um erro fatal.

Heródoto avaliou que a derrota de Xerxes ocorrera por causa de um truque. De acordo com ele, Temístocles mentiu para Xerxes, alegando que ele passara a ser um aliado da Pérsia, e enviou uma delegação de embaixadores ao Grande Rei para negociar os termos de paz. Ele afirmou que os navios atenienses planejavam abandonar sua posição no mar e que, se os persas entrassem no estreito entre Salamina e o continente, derrotariam facilmente os gregos remanescentes na água. A história da mentira de Temístocles já era conhecida por Ésquilo, um contemporâneo da batalha, e o que Heródoto escreveu mais tarde pode muito bem ter sido verdade. Sabemos que Xerxes ignorou os conselhos de seus oficiais, irmãos e mesmo de Artemísia de Halicarnasso, em quem depositava toda confiança. É possível que tenham sido pessoas próximas a Artemísia que informaram Heródoto sobre os eventos ocorridos no início da manhã de 29 de setembro de 480 a.e.c.

Ainda estava muito escuro quando os persas começaram a chegar no estreito. Xerxes observava tudo a partir do seu posto de comando numa colina próxima; assim que raiou o dia, viu seus navios sofrerem um ataque pelo flanco. A frota grega tinha a "vantagem do mando de campo", pois conhecia bem o lugar e sabia como as correntes e os ventos afetavam a navegação no estreito, ao passo que os persas estavam em águas desconhecidas. Remando a uma velocidade vertiginosa, as pesadas trirremes gregas abalroaram os navios persas mais leves, esmagando seus cascos e jogando os remadores persas no mar. Ao anoitecer, após repetidos ataques, pelo menos um terço dos navios persas havia sido reduzido a escombros flutuantes. Os cadáveres dos persas afogados obstruíam a passagem da triunfante frota grega. Entre os mortos estavam vários irmãos de Xerxes e muitos membros da nobreza persa.

A Batalha de Salamina entrou para a esfera da lenda grega. Foi encenada nos palcos atenienses na grande tragédia de Ésquilo, *Os persas*, e também revivida nas canções de Timóteo de Mileto. Em sua composição *Os persas*, uma extravagante ária de concerto de estilo mozartiano para uma virtuosística voz solo cantada com seu próprio acompanhamento de harpa, o intérprete imita uma série de persas, uma amostra dos bárbaros que os atenienses enfrentaram na batalha. Representava um soldado falante de uma língua grega compósita, afogando-se lentamente nas águas de Salamina, e depois mudava de personagem e entoava as lamentações sublimemente floreadas do próprio Xerxes:

> Ai, pobre de mim pelas casas arrasadas! e ai de vós, desoladores navios gregos que destruíram uma populosa geração de jovens, e destarte fizestes arder no poderio flamejante do fogo furioso as embarcações que levariam nossos rapazes de volta para casa, e as dores da lamentação recairão sobre a terra da Pérsia! Ó, desdita que me trouxe à Grécia! Mas eia! Vinde depressa, ajustai minha carruagem, levai para as carroças minha incontável fortuna, e queimai meus pavilhões para que eles não tirem proveito de minhas riquezas.

A espinha dorsal da marinha de Xerxes foi destroçada em Salamina. Teria sido difícil para ele construir rapidamente uma nova frota. Além disso, a infantaria e a cavalaria não podiam mais depender de suprimentos trazidos por navios. E assim, exaustos e desmoralizados, os persas foram forçados a recuar da Ática. Xerxes passou o inverno em Tebas, ruminando seus erros e punindo os erros dos outros. Mas o ímpeto de subjugar os gregos ainda não havia arrefecido. Xerxes deixou na Grécia seu talentoso cunhado, Mardônio, acompanhado de um esquadrão de excelentes soldados, enquanto ele e o restante das tropas marcharam de volta para Sárdis. Deve ter sido uma viagem de regresso extremamente difícil para todos os envolvidos, mas sobretudo para Xerxes. Ele havia rompido com os exemplos militares de seus antepassados – Ciro, Cambises e Dario –, cujas vitórias na guerra fizeram o império crescer em tamanho e poderio. Agora que deixava a Grécia, Xerxes sabia que havia despertado um ninho de vespas e estava deixando para trás um povo rebelde e espinhoso, cuja resistência ao Império Persa continuaria a crescer. E os mais problemáticos de todos eram os atenienses, que, muitas décadas depois, sentados em seu teatro ao ar livre esculpido na rocha da Acrópole que Xerxes tão maldosamente profanara, gargalhavam da então mais recente comédia política de Aristófanes, *As vespas*. O coro, fantasiado de insetos velhos e rabugentos, zomba com mordacidade da classe política de Atenas e relembra os bons e velhos tempos quando, ainda jovens vespas, corajosamente expulsaram os persas de sua cidade:

> Empunhando lança e escudo, prontamente marchamos contra os inimigos, entrechocando-nos com violência contra eles, corações empedernidos, uma vespa de pé ao lado da outra em fileiras cerradas, homem contra homem, mordendo nossos lábios de fúria, enquanto a quantidade de lanças arremessadas pelo inimigo turvava a visão do céu. Mas com a ajuda dos deuses conseguimos empurrar os desgraçados para trás e vimos o amoroso pássaro de Atena, a coruja, voando sobre nossos homens. Em seguida afugentamos os invasores, cravando nossos ferrões afiados em suas calças largas; enquanto eles fugiam para os flancos, nós os picamos nas mandíbulas e nas sobrancelhas. É por isso que até hoje todos os bárbaros de toda parte dizem que não há vespa mais valente que a de Atenas.

Na planície ao norte de Plateias, na Beócia, em agosto de 479 a.e.c., ocorreu uma série de batalhas decisivas entre os gregos aliados e as forças de Mardônio, que incluíam parte dos tebanos. Sob o comando do espartano Pausânias, o exército grego se reuniu nas colinas nos arredores do acampamento dos persas para enfrentá-los. No início, nenhum dos lados queria promover um ataque em grande escala, mas foi a cavalaria persa que por fim fez o primeiro movimento, lançando uma súbita e bem-sucedida investida contra comboios de abastecimento dos gregos e bloqueando as fontes que forneciam água fresca. Pausânias contra-atacou com uma manobra noturna para uma nova posição, mas, quando amanheceu, os gregos estavam exaustos, desorganizados e vulneráveis, oportunidade que Mardônio viu como boa demais para ser verdade. Ele atacou. Essa ofensiva deu aos hoplitas gregos a chance de que precisavam e, em combates de curta distância, aos poucos foram ganhando o controle da situação. Nesse momento em que os gregos levavam vantagem, a antiga corrida armamentista mudou de figura. O arco e a flecha deram lugar à lança e à espada. O bravo Mardônio foi morto em ação, e os persas, sem seu líder, perderam o ânimo, romperam as fileiras e fugiram, mas em plena debandada foram mortos pelos atenienses. Como sempre acontecia em uma batalha da Antiguidade, as baixas de um exército derrotado eram horrendas, e milhares de persas foram massacrados na retirada para a retaguarda ou em seus acampamentos. O que restou do exército persa recuou para o norte até a Tessália e por fim voltou para Sárdis. Nessa marcha, recebeu as últimas notícias do Egeu – a frota grega havia feito um desembarque anfíbio aos pés do monte Mícale, na Jônia, e derrotara uma tropa persa aquartelada na região. Foi a primeira vitória grega na Ásia e, embora atenienses e espartanos tivessem derrotado um adversário desmoralizado, trata-se de um evento importante. A partir de então, os gregos assumiram a ofensiva. A guerra continuaria por muitas décadas, porém os persas nunca mais invadiram a Grécia.

*

Muitos estudiosos ainda insistem que Plateias representou o começo do fim para o Império Persa, cuja queda na decadência, corrupção e inércia começou com a derrota de Xerxes. Esse enfoque não faz sentido. O Império Persa ainda duraria mais 150 anos, e estava forte e vigoroso, sem mostrar sinais de enfraquecimento. Com efeito, nas inscrições de Xerxes erguidas após 479 a.e.c., lemos reivindicações de novas expansões territoriais que superavam as fronteiras do reino de seu pai:

> Xerxes, o rei, proclama: pela graça de Aúra-Masda, estes são os países dos quais fui rei fora da Pérsia; eu os governei; eles me prestaram homenagem. O que eu lhes disse, eles fizeram. A minha lei os manteve firmes: Média, Elam, Aracósia, Armênia, Drangiana, Pártia, Ária, Báctria, Sogdiana, Corásmia, Babilônia, Assíria, Satagídia, Lídia, Egito, jônios que habitam junto ao mar e aqueles que habitam além do mar, o povo mácrio, Arábia, Gandara, Indo, Capadócia, dahae, citas (sacas) que bebem *haoma*, citas (sacas) que usam chapéus pontudos, Trácia, o povo de Akaufaka, líbios, cários, núbios. (XPh)

Figura 18. Impressão de selo de um Grande Rei persa matando um hoplita grego. Provavelmente produzido na Ásia Menor e esculpido em estilo "grego".

É provável que essa inscrição seja posterior à campanha grega, mas a retórica régia não dá atenção às perdas territoriais na frente noroeste do império. De fato, Xerxes expandiu as listas-padrão das inscrições régias e reivindicou vitórias sobre o povo saca e sobre os dahae, que viviam a leste do mar Cáspio, bem como a conquista da terra de Akaufaka, área montanhosa no extremo nordeste do império, no atual Paquistão.

Os persas (pelo menos em sua apresentação oficial) não se consideraram derrotados pelos gregos. Embora o verdadeiro objetivo da guerra tivesse sido a completa subjugação da Grécia, eles foram capazes de, sem nenhum remorso ou vergonha, inventar a alegação de que seu objetivo principal havia sido alcançado – Atenas fora tomada e submetida a uma profunda humilhação. Uma referência oblíqua à campanha grega pode ser encontrada em uma das inscrições de Xerxes em Persépolis, nas quais afirma: "quando me tornei rei, havia entre os países […] um [a Grécia?] que estava em desordem […] Pela graça de Aúra-Masda, subjuguei esse país e o coloquei em seu devido lugar" (XPh). A iconografia persa mostra imagens da guerra com os inimigos gregos, sempre armados com lanças e escudos, mas caídos no chão ou prostrados de joelhos diante dos persas triunfantes, muitas vezes a figura do próprio Grande Rei. Não existe uma narrativa persa da guerra para efeito de comparação, mas é certo que os gregos exageraram quanto à importância de suas vitórias. *Os persas*, de Timóteo de Mileto, o popular clássico jingoísta e triunfalista, está repleto de imagens extraídas da antiga criação grega do "outro" bárbaro. Regozija-se com a humilhação de Xerxes e retrata com júbilo a queda da Pérsia. Contudo, para o Império Aquemênida, com seus vastos recursos, a campanha grega de Xerxes, tal qual a de Dario em 490 a.e.c., fora apenas mais uma tentativa de expansão territorial em uma área distante da periferia ocidental do reino. Na guerra, a verdade é uma ilusão, um engano engendrado para fortalecer um lado e depreciar o outro. Os gregos escreveram a história da guerra a seu favor – e audaciosamente a representaram no palco e também na música –, mas os persas tinham sua própria versão do conflito, em que se justificavam alegando não ter fraquezas na guerra porque, como afirmara Xerxes, seu governo era uma dádiva de Deus: "Aúra-Masda fez de mim rei, um rei superior a muitos reis, um comandante de muitos comandantes [...] Aúra-Masda e os deuses protegem a mim e ao meu reino" (XPf).

16
AS RELAÇÕES PERIGOSAS

Após a guerra na Grécia, algo mudou em Xerxes. A partir de 479 a.e.c., suas inscrições começam a enfatizar a importância primordial da lealdade e as consequências da insurreição contra o trono, alertando os súditos para que conhecessem seu devido lugar e permanecessem fiéis ao rei. Era como se um sentimento de inquietação generalizada no império ameaçasse perturbar a tranquilidade imperial. O desassossego de Xerxes atingiu o paroxismo em um longo texto que ele publicou em várias cópias, repreendendo a adoração ao que ele chamava de "*daivas*" (ou "daevas").

Essa palavra do iraniano antigo está relacionada a um termo indo-europeu que significa "brilhar" ou "ser brilhante". É um composto do nome *Dyḗus*, um ancestral "deus-céu-luz-do-dia", e é a raiz de muitas palavras indo-europeias para "deus" ou "deusa" (em sânscrito e hindi: *dev(i)*; em latim: *deus*; em galês: *duw*; em francês: *dieu*).[1] Na Era Aquemênida, *daiva* (singular) tinha um significado diferente e mais sinistro. Nos *Gathas*, as escrituras sagradas dos zoroastristas, os *daivas* foram categorizados como "deuses que devem ser rejeitados" e, de acordo com essa noção, quando Xerxes se referiu aos *daivas*, parece também ter designado alguns tipos de fenômenos indesejáveis, talvez seres demoníacos, falsos deuses ou espíritos malignos. Em terras estrangeiras, essas abomináveis criaturas das trevas, os vassalos da Mentira, eram cultuados em rituais sagrados, como Xerxes deixa claro:

---

1 Em espanhol, *dios*; em italiano, *dio*. [N.T.]

Entre esses países do império havia alguns onde antigamente se adoravam os *daivas*. Depois, pela graça de Aúra-Masda, destruí o lugar dos *daivas*, e ordenei: "Que cesse a veneração aos *daivas*!". Onde outrora os *daivas* eram objeto de adoração, lá cultuei Aúra-Masda no tempo apropriado e com a cerimônia condizente. (XPh)

Arqueólogos descobriram esse texto extraordinário, denominado pelos estudiosos de "Inscrição Daivā", esculpido em sete lajes de pedra no Setor da Guarnição (um grupo de estruturas próximo ao canto sudeste) de Persépolis. Outra cópia da Inscrição Daivā foi descoberta pelo Instituto Britânico de Estudos Persas durante escavações em Pasárgada. O texto parece ter sido uma tentativa de Xerxes de fomentar a autoridade central do império por meio de uma série de reformas religiosas em que a veneração a Aúra-Masda foi alçada à condição de culto preferido (ou talvez oficial) do império. Foi uma manobra incomum, draconiana e fora de sintonia com os mecanismos e teologias do politeísmo antigo e com o estilo padrão persa de liberalidade com relação à vida religiosa do império. Curiosamente, a Inscrição Daivā insiste na obrigatoriedade de priorizar os ritos e rituais corretos do culto de Aúra-Masda, o que implica que Xerxes se preocupava em ditar a seus súditos aspectos da doutrina, observância e, de fato, moralidade. O foco de sua ira ("algumas [nações] onde outrora eram adorados os *daivas*") é opaco. Estava se referindo aos deuses do Egito, Babilônia ou Atenas, todos os quais "sofreram" em suas campanhas? Ou os *daivas* estavam mais próximos? Seriam os "outros deuses que existem", as antigas divindades elamitas que ainda eram adoradas nas áreas centrais da Pérsia? Xerxes estava expurgando as antigas crenças mesopotâmicas e substituindo-as por um sistema de crenças mais ostensivamente iraniano? É irritante o fato de que é impossível responder com convicção absoluta a qualquer uma dessas perguntas, mas é possível ler a Inscrição Daivā mais como um manifesto ideológico do que um panfleto de proselitismo. Ela parece ter sido a tentativa de Xerxes de promover a lealdade global a Aúra-Masda e, por extensão, a ele próprio como o "rei Aquemênida dos reis". Foi uma declaração no mais alto nível dos benefícios e virtudes da *Pax Persica*, já que a Inscrição Daivā promoveu uma *Pax Achaemenica* ("Paz Aquemênida") por meio da supremacia do deus supremo de Xerxes.

*

Se a principal preocupação de Xerxes era a promoção e a longevidade de sua dinastia, então ele falhou de maneira espetacular em sua manutenção. Sua vida doméstica era um caos. A guerra grega custou-lhe a vida de vários irmãos, bem como a de um cunhado talentoso e leal. O corpo de Mardônio desapareceu do campo de Plateias e nunca foi encontrado; sua viúva Artazostra, irmã de Xerxes, lamentou profundamente sua morte, ao passo que o filho de Mardônio, Artontes, fez campanha em vão para que o cadáver do pai fosse levado de volta à Pérsia. Os filhos de Xerxes, Dariaios, Histaspes e Artaxerxes, os três meninos de Améstris, tornaram-se jovens enérgicos e capazes; todos alimentavam o desejo de poder e se consideravam dignos de sucederem Xerxes. Mas o rei nomeara Dariaios, o mais velho, como seu herdeiro, e Histaspes e Artaxerxes ardiam de ciúme e ambição.

Por volta de 478 a.e.c., Xerxes tomou providências para que Dariaios se casasse – um claro sinal de que o príncipe estava sendo preparado para a realeza. Xerxes escolheu para noiva do filho uma sobrinha, Artainte (ou Artaintes), filha de seu irmão Masistes, um dos principais marechais da campanha grega, sátrapa da Báctria e renomado herói de guerra. Nada poderia ter sido mais direto na família Aquemênida do que a união endogâmica da prole de dois irmãos. O casamento em questão pretendia unir Xerxes e Masistes, irmãos amorosos, em harmonia dinástica. Nada, no entanto, era menos certo, pois, nos meses que antecederam o casamento, em segredo, Xerxes fez da bela e jovem Artainte sua amante, papel que ela aceitou com entusiasmo e desempenhou com prazer. Uma vez casada com seu filho, Xerxes teria acesso fácil e garantido à jovem, pois, na condição de nora e sobrinha do rei, Artainte poderia residir legitimamente entre as mulheres do harém real. O caso amoroso tinha tudo para continuar.

A relação entre Xerxes e Artainte tinha, porém, antecedentes especialmente sórdidos: antes de conhecer a moça, Xerxes desejava a mãe dela, esposa de Masistes (infelizmente sem nome em nossas fontes). Enquanto Masistes lutava contra os gregos no monte Mícale, Xerxes se apaixonou perdidamente por sua cunhada, a quem passara a ver diariamente enquanto a corte e o exército estiveram instalados em Sárdis. Quando retornou a Susa, Xerxes a pressionou e a cortejou com insistência, mas ela se manteve inflexível na recusa em se entregar a ele, tampouco encorajou seus galanteios. Como a honra dela estava em jogo, assim como seu casamento, ela não lhe deu nem sequer um sorriso encorajador. A luxúria de Xerxes deu mostras de ser ridiculamente volúvel. Não sabemos quando ele pôs os olhos pela primeira vez na sobrinha, mas provavelmente foi enquanto ela estava na presença da mãe. Da noite para o dia, Xerxes decidiu que queria a filha em vez da mãe, e Artainte tornou-se sua amante. A natureza obsessiva do rei se fixou nela. Xerxes não se cansava dela e passava muitas horas por dia em sua companhia. O rei poderia escolher qualquer mulher do império; seu harém estava repleto de concubinas cujo único dever era o sexo. Portanto, a decisão de dormir com a esposa do próprio filho é tão intrigante que chega a ser incompreensível. A menos, é claro, que a própria Artainte estivesse no controle da situação e tenha feito Xerxes de bobo. A obsessão do rei desonrou a mãe de Artainte e, por implicação, o pai também; e talvez Artainte pudesse fazer algo para humilhar Xerxes e colocá-lo em seu devido lugar. Os eventos que se seguiram sugerem que foi isso que aconteceu.

A rainha Améstris mantinha-se alheia ao adultério do marido. Havia tantas mulheres no mundo de Xerxes que ela já se tornara bastante insensível à vida sexual do rei. Enquanto as outras esposas e concubinas lhe dessem o respeito que seu papel de mãe do herdeiro designado merecia, ela estava contente. Como a maioria das mulheres de elite do mundo antigo, Améstris passava grande parte do tempo tecendo e costurando; um dia, presenteou Xerxes com uma bela gaunaca de mangas compridas, o ancestral manto de estilo iraniano extremamente valorizado pelos persas. A peça era tecida com esmero, com muitos fios coloridos, e suntuosamente adornada com intrincadas padronagens. Mais importante, era o trabalho de suas próprias mãos, o produto de intermináveis horas de dedicação meticulosa. O presente de Améstris era uma importante expressão do código cortesão de obrigação da elite. Ao dar a Xerxes um objeto tão valioso, ela colocou seu marido em um vínculo de obrigação. Muito satisfeito com o manto, Xerxes o vestiu. Nesse momento, como todos os persas teriam reconhecido, a própria roupa se impregnou com a essência da majestade – o carisma especial e sagrado conhecido como *farr* ou *khavaneh*, que corria dentro do corpo do rei e escoava para fora dele. Qualquer gaunaca usada pelo rei ficava saturada com a profunda aura religiosa do *farr* régio, mas uma roupa feita no tear de uma rainha era particularmente especial. A versão mais dispendiosa dessa vestimenta exclusiva era elaborada em fios roxos, brancos e de ouro, e decorada com o motivo de falcões dourados. Era esse conjunto que, Ctésias observou, impressionava os persas com um temor quase religioso. A gaunaca do Grande Rei era um talismã mágico, e os persas acreditavam que possuía os poderes sobrenaturais da monarquia.

Vestindo seu manto novinho em folha, Xerxes visitou Artainte. Alegre e de bom humor, disse à moça para lhe pedir qualquer coisa como recompensa por seus muitos favores, e prometeu satisfazer o desejo da amante. Artainte duvidou da palavra do rei, e assim Xerxes fez um juramento solene de lhe dar o que ela mais cobiçasse. Artainte exigiu o manto. Xerxes ficou atordoado. Voltou atrás e tentou lhe oferecer outros presentes – cidades, ouro ilimitado, um exército próprio –, mas foi em vão. Para Artainte, só o manto lhe interessava. Intimidado e atônito diante da incompreensão do que acabara de ocorrer, Xerxes lhe deu a gaunaca. Encantada, Artainte vestiu o traje e se cobriu de glória por usá-lo.

Havia na aquisição da vestimenta real por Artainte mais do que pode parecer à primeira vista. Ao exigir o traje simbólico, Artainte sub-repticiamente reivindicou a soberania da Pérsia, não para si, é claro, pois na tradição persa era impossível que uma mulher reinasse por direito próprio, mas para sua já poderosa família. A túnica real era um símbolo poderoso da realeza aquemênida legítima, e Artainte não pretendia entregá-lo a seu marido, Dariaios, herdeiro designado de Xerxes, mas destiná-lo a Masistes, seu pai. O irmão de Xerxes, homem de ambição, se considerava merecedor de muito mais que uma satrapia oriental. Seu nome deriva de uma palavra do persa antigo, *mathishta* – "o maior de todos" –, o que fornece uma dimensão adicional ao seu caráter. *Mathishta* pode ter sido seu apelido ou um epíteto; se foi esse o caso, tratava-se de uma declaração ousada. Se Xerxes reconheceu que o estratagema de Artainte era aproximar seu próprio pai do trono, estava tão doente de amor que nada fez a respeito.

Em seguida, no entanto, Améstris ficou sabendo que Artainte se apossara do manto e entendeu claramente os motivos por trás das ações da nora. Em vez de desferir um furioso ataque ou avisar o marido da alta traição em curso, decidiu ter paciência, dar tempo ao tempo e esperar o momento certo para agir. E chegou o dia em que seu marido ofereceu um banquete especialmente grandioso. Era um evento anual, uma festança realizada para celebrar o aniversário do rei. Segundo a tradição, era a única ocasião do ano em que o rei ungia sua cabeça com o mais puro óleo perfumado e distribuía presentes extravagantes a familiares e cortesãos; era o momento para uma pródiga exibição de generosidade real. Foi nessa festa de aniversário do rei que Améstris pediu o seu presente, sabendo que a etiqueta exigia que Xerxes lhe desse o que ela queria. Améstris exigiu que a esposa de Masistes – a mãe de Artainte – fosse trazida até ela acorrentada, como prisioneira. Aturdido, mas de súbito consciente de que sua esposa – e agora toda a corte – sabia de seu caso com a nora, Xerxes ficou horrorizado. Nada de bom poderia advir dessa confusão. Améstris reiterou seu pedido e citou a crença de longa data na "lei" da ceia real, de acordo com a qual nesse dia auspicioso ninguém poderia ter um pedido recusado. Assim, muito a contragosto, Xerxes consentiu. Tendo dito à esposa para fazer com a mulher o que bem entendesse, o rei se retirou da festa. Ato contínuo, Xerxes escreveu ao irmão (esperando salvar sua honra e evitar mais problemas), implorando-lhe que rejeitasse imediatamente a esposa e a expulsasse da família. Em troca, Xerxes prometeu que daria a Masistes uma de suas filhas como noiva substituta e, assim, estreitaria ainda o vínculo entre os dois. Masistes, completamente perplexo com o ultraje do pedido, recusou-se a renunciar à sua consorte, que, ele alegou, era uma mulher honrada, de boa família e uma mãe exemplar para seus muitos filhos – ela continuaria sendo sua esposa.

Nesse meio-tempo, Améstris agiu rapidamente e com uma resolução sangrenta e arrepiante. A rainha estava determinada a garantir a sucessão de seu filho Dariaios e entendeu que, ao pedir o manto, Artainte cometera um ato de traição, mesmo que seu marido continuasse iludido. A ira de Améstris, porém, não se concentrou na própria Artainte, porque, por ser a esposa do príncipe Dariaios, ela ainda poderia ser a possível mãe de um futuro herdeiro Aquemênida. Em vez disso, a fúria recaiu sobre a mãe (não nomeada) de Artainte, que estava, em termos dinásticos, no mesmo patamar de Améstris. A matriarca imperial Améstris voltou-se contra uma matrona dinástica rival para pôr fim a quaisquer ambições que Masistes e sua família nutrissem em relação à Coroa. A aquisição da gaunaca real por Artainte era a prova de que essa família via a si mesma como futuros governantes da Pérsia.

Ela convocou soldados da guarda real e mandou que arrastassem a esposa de Masistes até o palácio real, onde foi espancada, torturada e mutilada. Teve o nariz, as orelhas e os lábios cortados, e a língua arrancada. O tipo de punição imposta a um traidor. Empalar, queimar, chicotear, estrangular, apedrejar, cegar, cortar nariz, orelhas, lábios, mãos, braços, arrancar a língua, marcar a ferro, pelar, crucificar e esfolar vivo eram suplícios que faziam parte do sistema persa de tortura, e o gênero da vítima não servia de desculpa para punições mais leves. No entanto, a violência contra a esposa de Masistes não resultou das consequências da guerra ou da insurreição, e sim das ordens da vingativa Améstris. Era uma matriarca contra outra. Como desfecho para o castigo, Améstris ordenou que os seios da mulher – símbolos de maternidade e fecundidade – fossem cortados e jogados aos cães que vagavam pelo pátio do palácio. Como cães eram vistos como animais saprófagos e comedores de lixo e carniça, sua presença na tortura é particularmente reveladora. A imagem de cães saprófagos alimentando-se de cadáveres ou partes de corpos mutilados era uma característica comum das antigas maldições do Oriente Próximo. Assim, um ritual antifeitiçaria assírio previa o seguinte tormento para o indivíduo falecido: "Que a águia e o abutre devastem teu cadáver, que o silêncio e o calafrio recaiam sobre ti, que o cão e a cadela te dilacerem, que um cão e uma cadela rasguem tuas carnes". Ao alimentar os cães com a carne da esposa de Masistes, Améstris aniquilava a existência da rival. No entanto, os guarda-costas receberam instruções para manter a mulher viva o tempo suficiente para que o marido a visse. Nessa terrível condição ela foi mandada para casa. Não sabemos se viveu ou morreu, mas sabemos que, quando viu as desumanas mutilações a que a esposa fora submetida, Masistes imediatamente se aconselhou com os filhos, e todos eles – cada qual com seu exército – partiram para a Báctria com o objetivo de incitar uma rebelião contra o rei, que fora conivente com tamanho horror. Nada aconteceu, e as satrapias orientais não se revoltaram. O ambicioso Masistes, sua pobre esposa e seus filhos angustiados desaparecem das fontes. Artainte também some de cena. Certamente nunca se tornou a rainha da Pérsia. É provável que ela e toda a sua família tenham sido assassinados.

Por mais horrenda que tenha sido a vingança de Améstris contra a esposa de Masistes, devemos ter o cuidado de não julgá-la com demasiada severidade, mas compreendê-la no antigo contexto dinástico. Ao extirpar a insurreição que se formava na casa de Masistes, Améstris serviu ao bem-estar do Estado e, por fim, garantiu a continuidade do reinado de Xerxes e a sucessão do príncipe Dariaios. Ela não agiu por ter sofrido algum prejuízo pessoal nas mãos da esposa de Masistes ou de sua filha. A ligação sexual de Artainte com Xerxes não a afetou em um nível pessoal. Porém, em um campo de jogo mais elevado, Améstris tinha aguda consciência de que sua honra e alta posição na corte haviam sido desrespeitadas e afrontadas pela escancarada ambição de Artainte. Améstris agiu para manter sua supremacia na corte como a primeira-dama da Pérsia, por assim dizer. Agiu também em benefício da segurança da própria Coroa. É por isso que seu ato de vingança não teve limites.

*

Os últimos anos de Xerxes como rei foram devotados a projetos de construção. Ele ampliou Persépolis ao erguer seu próprio palácio-harém e concluiu o belo e impressionante Portão de Todas as Nações, com suas primorosas inscrições cuneiformes que reiteravam seu nome e seus títulos: "Xerxes, o Grande Rei, o Rei dos Reis, filho de Dario, o Rei, um Aquemênida" (XPa). Seu enorme "Salão das cem colunas" também crescia rapidamente, mas as obras ainda estavam longe do fim. As frenéticas atividades de construção de Xerxes podem ser conhecidas nas tabuletas do Tesouro datadas de 484 a.e.c.-482 a.e.c., que mostram que trabalhadores da Cária, Síria, Jônia, Egito e Babilônia eram regularmente transferidos entre os canteiros de obras de Persépolis. O lugar deve ter sido uma colmeia de labuta. As escavações em Susa no início da década de 1970 provaram também que os esforços de construção de Xerxes não se restringiram a Persépolis. Duas inscrições curtas atestam a construção de um palácio na Acrópole de Susa, e ele também completou as obras do enorme Portão de Dario, trazendo do Egito as duas estátuas em tamanho real de seu pai e fincando-as no solo de Susa.

Em uma estranha reviravolta do destino, no final da vida Xerxes ganhou um novo amigo e apoiador grego na pessoa de seu antigo inimigo da década de 480 a.e.c. Temístocles, o vencedor de Salamina, havia sido banido de sua cidade natal pelos "democráticos" atenienses, estranhamente voláteis, e, após buscar asilo em Argos, Macedônia, Tasos e Eólia (ou Eólida), acabou no vilarejo de Aigai (Egas), um remanso perdido da Eólia. Lá fez contato com pessoas que trabalhavam na corte da satrapia de Dascílio, governada por Artabazo, que havia comandado partos e corásmios na guerra grega de Xerxes. O sátrapa autorizou Temístocles a escrever ao Grande Rei, e, para seu espanto, Xerxes o convidou a juntar-se a ele na Pérsia. Temístocles foi recebido com grande alegria por Xerxes, que viu em sua chegada um novo conselheiro para assuntos gregos e (segundo Tucídides) "despertou no rei a esperança de ver [...] o mundo grego escravizado". Temístocles foi alçado à condição de cortesão e ministro de Estado, aprendeu a falar persa com fluência e se tornou um homem muito rico quando Xerxes lhe concedeu as receitas de várias cidades da Ásia Menor, incluindo Magnésia e Mios. O sucessor de Xerxes, Artaxerxes, também acolheu Temístocles.

Inscrições datadas do final do reinado de Xerxes refletem o momento. Estão repletas de orações fervorosas: "Que Aúra-Masda me proteja do mal, e guarde a minha casa real e esta terra! Isto eu rogo a Aúra-Masda; que Aúra-Masda possa me conceder" (XPg). Xerxes precisava de toda a ajuda possível, uma vez que sua vida familiar continuava um caos sem fim. Inevitavelmente, a disfunção da família se refletiu no império; há relatos de que Sataspes, um pequeno príncipe Aquemênida e sobrinho de Dario I (por parte de mãe), estuprou a filha virgem de Zópiro, trazendo grande desonra e vergonha para a casa do cã. Na Pérsia, como em muitas sociedades antigas, de maneira geral considerava-se que a honra familiar residia no corpo das mulheres, e eram elas que transgrediam as normas tradicionais – incluindo as vítimas de abusos e estupros – e envergonhavam os homens da família. Assim, Zópiro exigiu a vida do príncipe, como era sua prerrogativa. Mas a mãe de Sataspes, tia de Xerxes, solicitou ao rei que o poupasse. Xerxes cedeu, mas o condenou ao exílio distante da corte. Anos mais tarde, após a morte da tia de Xerxes, Sataspes cometeu a tolice de retornar à Pérsia, onde foi executado por empalamento. O rei não tinha esquecido os crimes de Sataspes e mandou cumprir sua pena de morte.

Uma nova crise familiar surgiu na casa da filha de Xerxes, Amitis. Seu marido, Megabizo, que sofria com as inúmeras infidelidades da princesa, começou a fazer acusações públicas contra a imoralidade de sua esposa e instigou maneiras de renunciar a ela. Xerxes ficou mortificado. Ele não era capaz de lidar com novos escândalos familiares, tampouco queria romper com Megabizo, que sempre fora um servo leal e trabalhador. Xerxes advertiu Amitis em termos inequívocos, e ela prometeu, então, que se comportaria com o decoro necessário a uma princesa Aquemênida, mas Megabizo ficou amargurado com todo o embaraçoso episódio.

Segundo fontes de Ctésias na corte, no final de seu reinado, por volta de 470 a.e.c., Xerxes estava sob a influência do comandante da guarda real, um homem chamado Artábano, poderoso eunuco da satrapia da Hircânia – no sudeste do mar Cáspio, no atual Turcomenistão –, e outro eunuco chamado Aspamitres. Foi uma época ruim para a Pérsia. O país (de acordo com as tabuletas de Persépolis) passou por um grave período de fome generalizada – a comida era escassa, os armazéns reais estavam vazios e o preço do grão tinha subido a um nível muitas vezes mais alto que o normal. O descontentamento e as ameaças de revolta engolfaram a Pérsia, e a reação de Xerxes foi exonerar mais de uma centena de funcionários do alto escalão do governo, na esperança de aplacar o furor público pela má gestão dos alimentos. Cada vez mais, Xerxes se eximia de assumir a responsabilidade, deixando o governo nas mãos de Artábano e Aspamitres. Não foi uma boa solução.

No quinto mês do calendário babilônico, o vigésimo primeiro ano de reinado de Xerxes, um astrólogo estava registrando eclipses lunares em tabuletas de argila. Era um trabalho-padrão. Contudo, em algum momento entre 4 e 8 de agosto de 465 a.e.c. (a tabuleta cuneiforme está danificada e não há como termos certeza da data exata), ele registrou um evento extraordinário:

14 de Abu, dia [?] – O filho de Xerxes o matou.

Esse pequeno e extraordinário documento cuneiforme, embora fragmentário, é a única evidência do Oriente Próximo que temos acerca do assassinato de Xerxes. Todas as outras referências são fornecidas por três autores clássicos – os historiadores gregos Ctésias e Diodoro Sículo e o historiador romano Justino –, que contam diferentes versões do assassinato de Xerxes, com pouca concordância em relação ao "como" e ao "porquê". Posto isso, os três autores *seguem* um cenário essencial: o poderoso Artábano foi o iniciador da trama. Ele convenceu o filho mais novo de Xerxes, Artaxerxes, de que seu irmão mais velho Dariaios, que era o próximo na linha de sucessão ao trono, havia matado o pai. Diodoro observou que o filho do meio, Histaspes, estava na sua satrapia na Báctria e, portanto, foi absolvido da culpa. Dariaios declarou inocência (é o que Ctésias afirma). De acordo com Diodoro, Xerxes foi morto dormindo – imagem que alguns estudiosos consideram suspeita, sugerindo o uso de um motivo literário grego comum. Mas a incredulidade é injustificada. O relato de Diodoro é lógico e abrangente, e os reis da Antiguidade volta e meia eram assassinados na cama, como observou Xenofonte: "Em nenhum lugar os homens são vítimas mais óbvias do que quando estão jantando, ou bebendo vinho, no banho, ou dormindo a sono solto na cama". Não há razão para duvidar de que o assassinato de Xerxes tenha ocorrido enquanto ele dormia.

Diodoro afirma que Artábano contou com o auxílio de um cúmplice, o eunuco Mitrádates, que tinha acesso aos aposentos reais, e que depois Artábano decidiu assassinar também os três filhos de Xerxes. Ctésias acrescenta que Artaxerxes rapidamente mandou executar seu irmão Dariaios, sob a dupla acusação de regicídio e parricídio. Mais tarde, quando Artábano jurou lealdade ao irmão do meio, Histaspes (que ainda estava na distante Báctria, mas era então o próximo na linha de sucessão), o ambicioso comandante também foi executado por ordens de Artaxerxes.

Intrigas, conluios e assassinatos eram realidades da vida na corte persa. As conspirações rapidamente se transformavam em rebelião e até em regicídio. A corte aquemênida era um lugar brutal, e muitas vezes a violência que eclodia ditava a política dinástica. A Pérsia era controlada por um governante absoluto – isso não é um clichê orientalista, é um fato –, e as monarquias absolutas estavam abertas a uma forma específica de tensão política que geralmente se concentrava na própria família real e poderia resultar no uso direto de violência. Pelo menos sete dos doze Grandes Reis Aquemênidas encontraram a morte nas mãos de algum tipo de assassino (apenas três monarcas tiveram o luxo de uma morte pacífica), e a esse rol podemos acrescentar o assassinato (ou execução) de pelo menos dois príncipes herdeiros.

Mas quem matou Xerxes? Levando-se em consideração o destaque que recebe em cada uma das fontes clássicas desconcertantemente confusas, resta pouca dúvida de que Artábano esteve de alguma maneira envolvido no regicídio, mas o que fazer com a evidência babilônica de que Xerxes foi assassinado pelo filho? Qual de seus três filhos cometeu a ação parricida? Os relatos gregos cheiram a um elaborado encobrimento do príncipe Artaxerxes. É bastante provável que ele, talvez Artábano e vários outros eunucos tenham se unido para se rebelar contra Xerxes. No golpe, o príncipe aproveitou a oportunidade para se livrar do pai *e* do irmão mais velho numa audaciosa, ambiciosa (e bem-sucedida) tentativa de chegar ao trono. A evidência babilônica afirma que o autor do assassinato de Xerxes foi incontestavelmente o filho do rei – e ninguém mais. Talvez Artaxerxes tenha cometido sozinho os crimes. Sem dúvida, sua ambiciosa trama valeu a pena. Em janeiro de 464 a.e.c., Artaxerxes foi reconhecido como o novo Grande Rei. Na longínqua Elefantina, no sul do Egito, um documento em papiro dizia:

> No dia 18 de Kislev, que é o sétimo dia de Thoth, no ano 21 de Xerxes, teve início o reinado quando o rei Artaxerxes se sentou em seu trono.

17
OS TEMPOS ESTÃO MUDANDO

Cumprindo respeitosamente os protocolos formais, Artaxerxes I enterrou o pai no cemitério real de Naqsh-i Rustam e em seguida começou a se livrar de cada uma das cópias da incômoda Inscrição Daivã de Xerxes, o documento que havia promovido a reforma religiosa. Arqueólogos que trabalharam em Persépolis na década de 1930 descobriram que as inscrições, esculpidas com muita elegância, haviam sido transferidas para lugares distantes: três lajes foram usadas como parte de um banco no Setor da Guarnição, uma quarta fazia parte de uma soleira de porta, e outra integrava um sistema de drenagem. Adeus, reformas de Xerxes.

A corte de Artaxerxes estava eivada de intrigas, razão pela qual o novo governante ordenou que duas enormes esculturas em relevo fossem removidas de sua localização original, onde eram muito visíveis, no centro das escadarias norte e leste do *Apadana*, ou salão do trono, em Persépolis. Essas duas impressionantes esculturas de pedras pintadas representavam um rei Aquemênida e seu príncipe herdeiro em audiência real. Embora não possamos ter certeza acerca da identidade da dupla real (o rei Dario I e o príncipe herdeiro Xerxes ou o rei Xerxes e o príncipe herdeiro Dariaios), o novo governante, numa clara demonstração de sensibilidade às inesperadas vicissitudes da sucessão real, decidiu que o tema retratado pelas esculturas – a linha natural de sucessão ao trono – se tornara extremamente inapropriado, e mandou esconder as ofensivas imagens, que foram removidas para um pátio no Tesouro, longe da vista do público.

Artaxerxes I imediatamente empreendeu uma série de julgamentos de exibição, espetáculos públicos de tortura e assassinato em que executou os envolvidos no homicídio do pai, embora os cortesãos soubessem que em sua maioria as vítimas eram meros bodes expiatórios, sem ligação com o regicídio arquitetado pelo próprio Artaxerxes. À medida que ele começou a reorganizar os assuntos do império em prol de seus interesses, teve início uma série de perseguições e a matança de ministros e conselheiros de seu pai. Dispensou sátrapas hostis e escolheu substitutos entre seus amigos e apoiadores – aqueles que lhe pareciam mais capazes e mais leais. A destituição dos antigos ministros e a nomeação de novos aparecem somente em documentação histórica referente a Artaxerxes I, pois nenhum outro monarca Aquemênida tentou levar a cabo uma medida tão drástica. Isso sugere que o novo rei estava determinado a romper com o reinado de Xerxes.

No entanto, para não ser desonesto com a memória do pai, Artaxerxes completou a construção do "Salão das cem colunas" em Persépolis, e reconheceu a si mesmo como filho de Xerxes – e, talvez mais importante, como neto de Dario – nas inscrições que mandou fazer na recém-acabada estrutura:

> Eu sou Artaxerxes, o Grande Rei, o Rei dos Reis, o Rei dos Países, o Rei desta Grande e Vasta Terra, Filho do Rei Xerxes, filho de Dario, o Aquemênida. Artaxerxes, o Grande Rei, proclama: com a proteção de Aúra-Masda, este palácio que meu pai, o rei Xerxes, fez, eu o completei. Que Aúra-Masda, junto com os deuses, proteja a mim, bem como à minha realeza e às minhas obras. (A^1Pa)

Uma inscrição cuneiforme semelhante, em persa antigo, foi encontrada em uma única linha ao redor da borda interna de uma elegante *phiale* (bandeja) de prata mostrando em seu interior o desenho estilizado de uma flor de lótus. Lê-se: "Artaxerxes, o Grande Rei, Rei dos Reis, Rei das Terras, filho de Xerxes, o rei, Xerxes, filho de Dario, o rei, o Aquemênida: em sua casa foi feita esta bandeja de prata" (A^1VSa).

Desnecessário dizer que as inscrições do novo monarca, grandes ou pequenas, não diziam uma única palavra sobre a sangrenta carnificina que havia assegurado seu lugar no trono. Em vez disso, a propaganda da corte (que também encontramos refletida em fontes gregas) concedia a Artaxerxes todas as virtudes régias. O rei era elogiado por sua bela e imponente figura, gentileza e espírito nobre. Foi apelidado de "Braço-longo", apelido curioso, que podemos interpretar de duas maneiras: ou Artaxerxes tinha uma anormalidade física, com um braço mais comprido que o outro, ou (o que é mais provável) era uma referência à escala de seu império, cujo "alcance" se estendia até os confins do mundo conhecido – noção que está de acordo com a propaganda real persa, pois inscrições de Dario e Xerxes expressam ideia semelhante.

Sabemos o nome de apenas uma consorte do harém de Artaxerxes, Damáspia, que certamente era uma nobre persa, embora não se saiba ao certo se ela era da família Aquemênida. Ela deu ao rei um filho (conhecido), o príncipe Xerxes. É provável que tenha havido outras esposas; sem dúvida houve muitas concubinas. O nome de três delas (todas babilônias) foi preservado por Ctésias: Alogina, a mãe do príncipe Sogdiano; Cosmartidena, mãe dos príncipes Oco e Aristes; e Ândria, mãe do príncipe Bagapaeu e da princesa Parisátide. De acordo com Ctésias, Artaxerxes teve pelo menos mais treze filhos nascidos de suas consortes e concubinas, e deve ter havido outras filhas também. O harém era comandado por Améstris, a viúva dominadora de Xerxes, que ocupava então a triunfante posição de mãe do rei. Não existem registros que atestem qualquer envolvimento dela no homicídio do marido, tampouco podemos apurar como ela se sentia em relação ao assassinato de Dariaios, seu filho mais velho. Se ela se angustiou com a morte dele, não deixou que isso interferisse em seu relacionamento com Artaxerxes – ela assumiu com entusiasmo o papel de rainha-mãe. Provavelmente Améstris tinha plena consciência dos planos para o golpe de Estado e fomentou as ambições de Artaxerxes. Sua relação com Dariaios desandara por causa do episódio Artainte. Adivinhando que seu futuro era incerto, apoiou o filho mais novo em sua tentativa de tomar o poder. Mas talvez tenham sido os rumores do envolvimento de Améstris no assassinato de Xerxes que levaram Heródoto a descrevê-la como uma mulher cruel, que, para prolongar sua vida, matava crianças inocentes: "Fui informado", Heródoto escreveu, "que Améstris, a esposa de Xerxes, tendo chegado à idade avançada, fez um pacto com o deus do submundo, enterrando vivos sete meninos, filhos das mais ilustres famílias nobres da Pérsia". Nada há nas fontes persas que corrobore essa medonha imagem de sacrifícios humanos, e certamente não deve passar de outra terrível fantasia de Heródoto. No entanto, a história destaca o fato de que o nome de Améstris era conhecido no mundo de língua grega e que seu poder era quase notório.

*

Pouco depois do golpe que tirou a vida de Xerxes, Artaxerxes foi forçado a entrar em conflito com seu irmão Histaspes, o sátrapa da Báctria, que, passado para trás em sua ambição de assumir o poder real, se revoltou contra a usurpação do trono de seu pai. Travou-se na Báctria uma série de batalhas equilibradas, que não resultaram em avanço para nenhum dos lados, mas, por fim, Histaspes foi obrigado a retirar suas tropas do conflito. Na falta de outra opção, Artaxerxes saiu vitorioso, e toda a Báctria se rendeu a ele. Talvez nessa época tenham sido criadas séries de imagens de selos representando combatentes persas com trajes de guerreiros da Ásia Central, lembranças em miniatura de uma rebelião frustrada. Não seria incomum se alguns militares de alto escalão, ou possivelmente também seus familiares, encomendassem suvenires de eventos comemorativos, e, como subproduto, esses artefatos tornaram-se símbolos de uma versão persa da história definida e lembrada pela elite aquemênida. Os selos, que representam uma perspectiva persa sobre a guerra, são uma importante documentação visual dos conflitos políticos entre o poder central do império e seus oponentes, e podem servir como evidência para a reconstrução da história política dos Aquemênidas. Os textos, afinal, não contam tudo.

Por causa de uma pesada carga tributária e da má gestão das reservas de alimentos, em 460 a.e.c. eclodiu no Egito uma revolta de grandes proporções, encabeçada por um líbio chamado Inaro, filho de Psamético (nome que nos leva a acreditar que ele era descendente da dinastia faraônica saíta). Em uma inscrição demótica no oásis de Kharga, há uma audaciosa referência a esse Inaro como o "príncipe dos rebeldes", pois, sob seu governo, o Delta do Nilo explodiu em fúria. Os egípcios expulsaram do Delta do rio os cobradores de impostos persas, e o vale rapidamente seguiu o exemplo. Apenas o Alto Egito e a capital da satrapia de Mênfis, no norte, permaneceram nas mãos dos persas. Evidências

Figura 19. Impressão de selo que representa um soldado persa matando guerreiros nômades. Aúra-Masda paira sobre a cena.

encontradas no vale de Uádi Hammamate provam que Inaro não era aceito em todos os lugares do Egito: datado do quinto ano de reinado de Artaxerxes I, um documento em papiro dá ao governante persa seus títulos habituais: "Rei do Alto e Baixo Egito".

O sátrapa do Egito era Aquêmenes, tio de Artaxerxes. Ele recebeu o comando do país de seu irmão, Xerxes, quando o Egito se rebelou com sua ascensão ao trono. Agora, Aquêmenes reuniu um exército e atacou os insurgentes no norte, travando uma batalha decisiva em Papremis (atual Sakha), onde o exército persa foi completamente dominado. As tropas aquemênidas sofreram enormes baixas. Heródoto visitou o local da batalha cerca de vinte anos depois e relatou que estava tudo totalmente coberto com as ossadas dos mortos persas. Aquêmenes estava entre os que tombaram em combate, e seu cadáver foi enviado de volta à Pérsia por ordem de Inaro, com o intuito de incitar Artaxerxes a agir. A morte do tio do rei e os desonrosos maus-tratos a seu cadáver causaram ondas de choque em toda a corte. Améstris, em especial, lamentou por seu muito admirado cunhado e jurou vingar sua morte e desgraça.

Figura 20. Impressão do selo de Artaxerxes I retratado como o senhor do Egito.

Movido pela ambição de subjugar o Egito, Inaro recorreu aos gregos em busca de apoio; em pouco tempo os atenienses, ávidos por ver encerrada de uma vez por todas a hegemonia persa na região, enviaram duzentos navios para reforçar os egípcios rebeldes. Os atenienses navegaram para o Chipre, amigo dos persas, e saquearam a ilha antes de entrarem no Delta do Egito e rumarem Nilo acima, onde rapidamente devastaram a marinha persa. Seguiram para Mênfis, onde a guarnição persa estava aquartelada. Dominaram a cidade, fazendo com que as tropas persas fossem forçadas a se refugiar na cidadela que os egípcios chamavam de "Muralha Branca", mas conhecida pelos gregos como "Castelo Branco".

O cerco ao baluarte de Mênfis durou mais de um ano; atenienses, rebeldes egípcios, persas e seus partidários egípcios padeceram de fome e doenças – muitos morreram. Em 456 a.e.c., Artaxerxes despachou para o Egito seu tio Megabizo, o sátrapa da Síria, à frente de um exército e de uma frota de navios fenícios. Utilizou então suas forças para esmagar as linhas rebeldes e retomar Mênfis, enquanto Inaro e seus seguidores, na companhia dos atenienses, fugiam para a ilha de Prosópitis, situada no Delta. Lá ficaram detidos, sob o cerco das tropas de Megabizo, por um ano e meio. Os persas construíram uma barragem ligando Prosópitis ao continente e invadiram a ilha, onde massacraram milhares de rebeldes e atenienses. Inaro foi ferido no quadril em um cruento combate corpo a corpo com Megabizo, mas concordou em se render ao sátrapa com a condição de que sua vida fosse poupada. Megabizo consultou Artaxerxes, que consentiu, e Inaro foi mantido prisioneiro.

A revolta egípcia chegou ao fim em 454 a.e.c., após seis longos e sangrentos anos de conflito. Um novo sátrapa assumiu Mênfis – Arshama, neto de Dario, o Grande, que era referido como um "filho da casa" (em aramaico, *bar bayta*) – convencionalmente modificado para significar "príncipe real". Ele ocuparia a posição de sátrapa egípcio por 47 anos (454 a.e.c.-407 a.e.c.). Um selo cilíndrico descoberto na região do mar Negro, mas agora em Moscou, capta o clima da época: mostra Artaxerxes I coroado e armado com uma lança, um arco e uma aljava cheia de flechas, levando atrás de si quatro cativos agrilhoados, todos vestindo roupas de estilo grego. Inaro está de joelhos. Esse pequeno selo fazia um expressivo anúncio imperial: o Egito fora novamente incluído no Império Persa.

*

Na província de Yehud (Judá), também houve muita inquietação. O efeito da revolta egípcia sobre o pequeno contingente remanescente de pessoas que habitavam Jerusalém e arredores fora profundamente perturbador, pois chegou às vulneráveis vilas e cidades uma infinidade de rumores, por meio dos soldados e comerciantes que por lá passavam. A apreensão levou os judeus a acreditar que estava próximo o portentoso dia do julgamento, tema central da profecia bíblica de Malaquias, cujos vaticínios datam dessa época:

> Eis que vem chegando o dia em que arderá como fornalha. Todos os arrogantes e todos os malfeitores serão como restolho, e está para vir o dia que os abrasará. [...] Não lhes restará nem raiz nem ramo [...] quando eu fizer essas coisas, eles serão cinzas debaixo das solas de vossos pés, diz o Senhor Todo-Poderoso.

Era nesse mundo de medo que Esdras vivia. Escriba e sacerdote judeu, ele nasceu e foi educado na Pérsia. Artaxerxes I o incumbiu de retornar à terra natal com a autoridade real para fazer cumprir a lei judaica local e garantir que as leis persas fossem honradas. Antes de partir da Mesopotâmia, Esdras iniciou uma campanha para devolver os judeus à terra deles, viajando de cidade em cidade por toda a Babilônia para informá-los do iminente retorno à Terra Prometida e da reconstrução do Templo de Salomão. Suas palavras foram em grande medida ignoradas. A maioria permaneceu na Babilônia. Esdras, que levou consigo para Jerusalém uma grande quantidade de ouro e prata para a construção do templo, parece ter recebido de Artaxerxes certo grau de autoridade civil. Começou a reconstruir as muralhas de Jerusalém como uma manobra para fortalecer a cidade e garantir a segurança de seus habitantes, mas um grupo de poderosos samaritanos, uma comunidade separatista de judeus que afirmavam ser os verdadeiros sucessores das primeiras tribos hebraicas que haviam escapado da escravidão no Egito, opôs-se veementemente à restauração das muralhas. Escreveram a Artaxerxes (em aramaico) com suas queixas. Quando Ciro, o Grande, decretou que os judeus poderiam voltar para casa, eles reclamaram; o rei permitiu que reconstruíssem o templo, mas não a cidade. A reconstrução das muralhas de Jerusalém, afirmaram, era um claro sinal de que os judeus ameaçavam se rebelar. No devido tempo, Artaxerxes enviou a resposta:

> A carta que nos enviastes foi lida e traduzida na minha presença. Emiti uma ordem determinando que se fizesse uma busca, e descobriu-se que esta cidade tem, desde tempos antigos, uma longa história de revolta contra reis e tem sido um lugar de rebelião e sedição. Jerusalém teve reis poderosos que governaram todo o Trans-Eufrates e a quem se pagavam impostos, tributos, taxas, direitos e pedágios. Agora, pois, ordenai a esses homens que parem de trabalhar, de modo a impedir que esta cidade seja reconstruída, até que eu assim determine. Tomai cuidado para não serdes omissos nesse assunto. Por que deixar a ameaça crescer, em detrimento dos interesses reais?

Tão logo a cópia da carta foi lida aos anciãos samaritanos, eles foram imediatamente a Esdras e aos judeus de Jerusalém e os obrigaram a interromper as obras de construção, tanto nas muralhas da cidade quanto no templo. Alguns anos depois, Neemias, um cortesão judeu do alto escalão, que outrora servira como copeiro real de Artaxerxes, persuadiu o rei a permitir que ele fosse a Jerusalém e continuasse as obras de edificação das fortificações que haviam sido interrompidas de forma tão drástica. Artaxerxes atendeu ao pedido de Neemias, que, em agosto de 445 a.e.c., iniciou a reconstrução das muralhas da cidade. As arruinadas defesas de Jerusalém deixaram seu povo vulnerável a grandes problemas e exposto a uma vergonha ainda maior, pois os judeus sentiam que a muralha desmoronada era um sinal de que haviam sido abandonados por Deus. Sua reconstrução revelou que seu Deus ainda estava presente em Judá e serviu como um sinal para inimigos de que Deus ainda estava com Seu povo. As muralhas propiciaram proteção e dignidade a um povo que havia sofrido o julgamento de Deus; por meio das ações de Esdras e Neemias, Jerusalém foi restaurada e devolvida à graça divina. Segundo a Bíblia Hebraica, o templo foi concluído no sexto ano de reinado de Dario II, o que situa o evento por volta de 418 a.e.c., embora seja impossível afirmar com certeza, uma vez que a datação de textos e eventos bíblicos no período persa é notoriamente difícil.

Nesse meio-tempo, na Pérsia, por sua vez, essa harmonia não existia. Améstris ficou exasperada com o fato de que Inaro e seus apoiadores gregos estavam desfrutando do privilégio de um perdão real e não foram levados à justiça, sobretudo por terem sido os responsáveis pela morte de Aquêmenes, distinto príncipe Aquemênida. Améstris pediu ao filho que lhe entregasse Inaro para que ela mesma fizesse justiça, mas ele se recusou a romper o protocolo do perdão real. Em seguida, Améstris tentou persuadir Megabizo, o tio do rei, a lhe entregar os prisioneiros, mas ele a enxotou sem lhe dar ouvidos, dizendo-lhe com todas as letras que havia jurado, com a bênção do rei, que os prisioneiros não seriam molestados e que ele empenhara sua honra nessa promessa. Mas Améstris insistiu. Ela bombardeou Artaxerxes com uma enxurrada de contínuos pedidos para punir os prisioneiros e continuou reclamando e insistindo com o filho até que, depois de cinco longos anos, finalmente conseguiu o que queria. Inaro e os gregos foram entregues a ela. Améstris decapitou todos os gregos que conseguiu – cinquenta ao todo –, mas estava determinada a supliciar Inaro com uma morte prolongada e pública. Decidiu-se pelo empalamento, castigo apropriado para os rebeldes e traidores do império, como Dario I havia provado. Despido, o rebelde Inaro foi posicionado sobre uma longa e afiada estaca de madeira e, depois de muitos dias de lenta agonia, expirou.

Megabizo ficou horrorizado com a morte dos rebeldes, e especialmente com o tratamento dispensado a Inaro. Mais zangado ainda ficou com Artaxerxes pela fraqueza que demonstrara ao permitir que sua mãe se comportasse com determinação tão obstinada e, mais ainda, por quebrar seu juramento de proteção. Ele pediu permissão para retornar à sua própria satrapia na Síria e, uma vez lá, arregimentou um exército numeroso e poderoso e se rebelou contra o rei. Travou duas batalhas contra as tropas de Artaxerxes, e saiu vitorioso em ambas.

Ele provou sua capacidade e mostrou a Artaxerxes que o controle do rei sobre o império era frágil e poderia ser facilmente tirado dele. Megabizo deixou claro que queria fazer um tratado de paz, mas não queria ir até o rei. Ele aceitaria firmar um acordo de paz, com a condição de que pudesse permanecer na Síria, onde estava em segurança. Artaxerxes pediu conselhos ao mais persuasivo eunuco de sua corte, Artoxares, nascido na Paflagônia e influente sátrapa da Armênia, bem como à ex-esposa de Megabizo, Amitis. Ambos instigaram Artaxerxes a solicitar a paz. Relutante, o rei concordou, embora tenha exigido que Megabizo fosse à corte para marcar presença em uma audiência formal diante do trono. Artoxares e Amitis viajaram à Síria a fim de pedir a Megabizo que voltasse com eles para a Pérsia e, embora não visse outra coisa além de perigo à frente, o sátrapa aquiesceu e voltou com eles para a corte, onde foi carinhosamente recebido e perdoado pelo rei.

Alguns meses depois, numa caçada, Artaxerxes foi atacado por um leão jovem e feroz, mas foi salvo graças a Megabizo, que espetou o animal com um dardo no momento em que a fera já saltava sobre a presa. Em vez de expressar sua gratidão a Megabizo, Artaxerxes explodiu de raiva: Megabizo matou o leão antes que ele próprio tivesse a chance de fazê-lo; Megabizo humilhara o rei. Usando a gafe do episódio da caça como pretexto, o rei ordenou a decapitação de Megabizo. Améstris, Amitis e o eunuco Artoxares imediatamente entraram em ação e, caindo de joelhos diante do monarca, imploraram, bajularam Artaxerxes e lhe suplicaram que poupasse a vida de Megabizo. Por causa das muitas ações corajosas que Megabizo havia realizado nas campanhas gregas da época de seu pai, Artaxerxes cedeu. A punição foi convertida de execução para exílio, e Megabizo foi forçado a emigrar para uma cidade às margens do mar Vermelho chamada Cirta (ou Cyrta), sob a vigilância de uma escolta armada. O eunuco Artoxares também foi banido da corte, de volta à sua satrapia da Armênia, pois muitas vezes intercedera junto ao rei em nome de Megabizo. Artaxerxes estava determinado a não ouvir mais nada sobre seu enfadonho inimigo.

Em sua obra *Persica*, Ctésias dá enorme importância à história de Megabizo. Ele parece ter adquirido informações sobre Megabizo diretamente da família do sátrapa, e, talvez a mando dela, o descreveu como um herói trágico, um triste protagonista de dimensões semelhantes ao rei Lear. Megabizo passou cinco anos em exílio solitário em Cirta, ansiando por um lar e por sua família. Depois disso, Ctésias escreveu, Megabizo escapou de Cirta disfarçado de leproso e fez seu longo e solitário caminho de volta para a Pérsia, onde Amitis mal o reconheceu, tão devastado ele estava pelos anos de exílio. Ela persuadiu Megabizo a pedir perdão ao rei, e, novamente graças às leais intervenções de Améstris e Amitis, Artaxerxes se reconciliou alegremente com seu tio e fez dele um *bandaka* (amigo), como havia sido antes. Como arremate, Ctésias observa que o nobre Megabizo morreu aos 76 anos, amado pelo rei, que sofreu por ele um profundo e genuíno luto.

*

Os textos de Persépolis contam que muitos dos servos da corte aquemênida eram recrutados entre os povos do império. Estrangeiros certamente constituíam uma parte significativa da corte, mas nenhuma categoria de funcionários estrangeiros da corte era tão importante quanto a dos médicos gregos, que foram trazidos para a Pérsia a fim de atender às necessidades da família real. Os Grandes Reis sempre estimaram as habilidades dos médicos gregos, ainda mais que as dos médicos egípcios, que, está provado, também atuavam na corte persa – sabemos de indivíduos como Udjahorresnet (que encontramos no Egito servindo sob Cambises II e Dario I), Semtutefnakht e Wenen-Nefer. Mas os monarcas persas procuravam ativamente médicos gregos de todo o império. Durante o reinado de Dario, o célebre médico Demócedes de Crotona foi capturado como prisioneiro de guerra e coagido a servir na corte. Ele reabilitou o tornozelo torcido de Dario (resultado de uma queda durante uma caçada real), depois que os tratamentos dispensados pelos médicos egípcios da corte se mostraram inúteis e, mais tarde, curou Atossa, esposa de Dario e mãe de Xerxes, de um abscesso no seio. Dario recompensou Demócedes com generosidade por sua competência: ele morava em uma bela casa em Susa, fazia suas refeições à mesa do rei e supostamente tinha grande influência sobre as tomadas de decisões de Dario. Até que ponto o cargo de médico real era uma ocupação voluntária é discutível. Sabemos que Udjahorresnet retornou ao seu país natal com a bênção do Grande Rei (e talvez com uma polpuda pensão) depois de servir por muitos anos na corte persa, mas Demócedes sempre se considerou um prisioneiro. Mais tarde, escapou da corte e fugiu para Crotona, onde foi protegido pelos cidadãos, que o impediram de ser levado de volta à Pérsia.

Qualquer que fosse o nível de liberdade pessoal de que dispunham, médicos estrangeiros desempenhavam uma função importante na corte real. Um médico grego especialmente festejado foi Apolônides de Cós, que ganhou grande destaque como médico da corte durante o reinado de Artaxerxes I. Ele curou Megabizo de um grave ferimento, infligido durante a escaramuça que irrompeu após a morte de Xerxes, ganhando enorme prestígio. Mas sua glória se transformou em infâmia quando, após a morte de Megabizo, Apolônides iniciou um caso amoroso com a viúva, Amitis, irmã de Artaxerxes. Ela já era famosa por suas ligações sexuais com cortesãos e, embora Artaxerxes tivesse tentado esconder a dimensão das estripulias sexuais da irmã, o comportamento de Amitis ainda era o escândalo da corte. De acordo com Ctésias, Apolônides, plenamente ciente da reputação de caçadora de homens de Amitis, usou sua profissão e reputação para obter acesso aos aposentos dela. Ela era muito superior a ele em termos de classe social, mas, assim que viu a princesa, Apolônides se apaixonou.

A oportunidade de Apolônides se aproximar de Amitis ocorreu quando a princesa adoeceu. A princípio, tratava-se de uma enfermidade leve e (aparentemente) pouco séria: ela vinha tendo dores irregulares e cãibras na pélvis. No fim ficou claro que eram os primeiros estágios de câncer no colo do útero (conforme os diagnósticos de hoje identificariam). Artaxerxes ordenou que Apolônides ajudasse a irmã. O médico começou a conversar a sós com ela – posição muito privilegiada, mesmo para um médico no mundo fechado do interior do palácio. Ele fez brincadeiras para diagnosticar a doença e, de forma oportunista, disse que ela recobraria a saúde contanto que continuasse a fazer sexo regularmente com homens, pois, insistiu, a princesa tinha uma doença no útero. A relação sexual vigorosa, ele reafirmou, iria curá-la de suas muitas dores. O tratamento sugerido por Apolônides era de fato um diagnóstico de última geração, que muitos médicos gregos, sobretudo os da escola de Hipócrates, teriam recomendado com entusiasmo. Todos os bons médicos profissionais (homens, inevitavelmente) sabiam que o útero não tinha esteio e era quase autônomo, propenso a vagar pelo corpo, pressionando outros órgãos e causando doenças graves e até a morte. Em estado de fluxo, o útero errante resultava em desmaios, dores menstruais e perda de coerência verbal. Para interromper as moléstias, o útero precisava ser persuadido a voltar ao seu lugar no interior do corpo. Um dos tratamentos prescritos pelos médicos hipocráticos era colocar ervas ou especiarias aromáticas na entrada da vagina e poções fétidas (excrementos de animais e humanos misturados com espuma de cerveja estavam entre os preparados mais populares) no nariz a fim de atrair o útero de volta para a virilha e fixar o útero no lugar certo. O coito regular era outra maneira pela qual o útero poderia ser estimulado a permanecer em seu devido lugar; portanto, no pensamento médico grego, uma mulher sexualmente ativa (disponível apenas para o marido, é claro) era uma mulher saudável.

Tendo ludibriado Amitis com as últimas teorias médicas ocidentais, Apolônides prescreveu à princesa o remédio de que ela mais precisava, e os dois começaram a ter relações sexuais com frequência. A afeição de Amitis pelo médico crescia a cada visita, embora ele mesmo não retribuísse com nenhum envolvimento emocional. E ele nada fez para ajudar a estancar a propagação da cruel doença que gradualmente corroía o corpo da princesa. Há pouca dúvida de que Apolônides reconheceu os sinais da doença real de Amitis, uma vez que os médicos gregos da escola hipocrática já haviam identificado vários tipos de câncer (chamando-os de *karkinos*, a palavra grega para "caranguejo"),[1] embora a antiga prática grega proibisse a autópsia – os médicos apenas descreviam

---

[1] A palavra passou a ser utilizada depois que Hipócrates, por volta de 400 a.e.c., achou

e faziam desenhos de tumores visíveis na pele, rosto e seios. Eles sabiam também que os tumores cancerígenos eram palpáveis e bastante duros, frios ou gelados ao toque e tinham formato irregular, e que às vezes feridas se acumulavam na área circundante do corpo. Observou-se que os tumores causavam inchaço, às vezes sangramento, e, segundo os registros, eram extremamente dolorosos. Quanto ao tratamento, como todos os diagnósticos hipocráticos eram baseados na teoria humoral, o câncer era considerado o resultado de um acúmulo de bile negra e fria no corpo. Era essencial que a bile fosse evacuada, caso contrário o câncer continuaria a crescer. Para remover a maligna bile negra, os médicos poderiam realizar uma flebotomia (ou punção venosa); se isso não resolvesse, removiam o tumor por meio de corte e sangramento. Para o paciente, a sangria era agonizante e traumática; as chances de funcionar eram irrisórias.

Amitis começou a definhar. Não era capaz de se alimentar direito, e a doença a deixou tão debilitada e patética que Apolônides passou a sentir repulsa por sua aparência e pôs fim às relações sexuais. Abandonada, desprezada, em agonia e ciente de seu fim iminente, ela simplesmente parou de se alimentar. Deitada em seu leito de morte, talvez em um ataque de consciência, Amitis confessou tudo à mãe, Améstris, e implorou que ela se vingasse de Apolônides. Escandalizada por sua filha ter poluído o sangue real através do contato sexual com um bárbaro grego, mas de coração partido ao vê-la tão doente, a rainha-mãe contou a Artaxerxes tudo o que ouvira. Chocado e abalado, o rei pediu que a mãe lidasse com a situação embaraçosa. Améstris cuidou para que Apolônides fosse punido. Por dois meses, até o dia em que Amitis morreu, ela o torturou, e, no dia da morte de Amitis, o médico foi enterrado vivo.

Além de dor e tristeza, a história de Apolônides e Amitis está repleta de mentiras, enganos, segredos e desinformação. O médico não apenas traiu seu cargo e a ética de seu ofício, mas também abusou flagrantemente da confiança de seu senhor real e quebrou as normas do protocolo da corte. Emocional e fisicamente, ele destruiu a princesa. Se acreditarmos no relato que Ctésias fez do escândalo (e não há razão explícita para

---

semelhanças entre um tumor e os vasos sanguíneos inchados ao seu redor e um caranguejo enterrado na areia com as patas abertas em círculo. [N.T.]

dúvida), a punição de Apolônides por comportamento antiético serviu como um aviso de que, por mais valioso que fosse o serviço prestado por eles, os médicos eram, no entanto, meros servos do Grande Rei. Sua vida estava sob o comando do monarca persa.

*

Além das complexidades da vida na corte e dos dramas familiares, o reinado de Artaxerxes também teve uma dimensão internacional. Os gregos, por exemplo. De que forma a presença deles impactou o reinado de Artaxerxes? Desde as derrotas persas na Grécia em Plateias e Mícale, em 479 a.e.c., os atenienses estavam empenhados em suas próprias e agressivas ambições de construção de impérios. Quando as ilhas do mar Egeu de Lesbos, Quios e Samos conseguiram se livrar da Pérsia antes do assassinato de Xerxes, Atenas decidiu oferecer-lhes proteção, mas em 479 a.e.c. essa proteção tinha se transformado em posse defensiva com o estabelecimento da Liga de Delos,[2] aliança militar de *poleis* gregas determinadas a proteger as cidades da Grécia contra qualquer interferência persa no mar Egeu. De início, a Liga de Delos pretendia ser uma associação de parceiros iguais, mas Atenas rapidamente a dominou e voltou seu próprio poderio naval – substancial e permanente – contra os demais membros, convertendo as cidades-Estados gregas em províncias de um império ateniense em rápida expansão. Em muitos aspectos, ainda que em menor escala, a ascensão do império de Atenas assemelha-se à ascensão da própria Pérsia. Os atenienses apoderaram-se sistematicamente de territórios e exigiram o pagamento de impostos e tributos dos povos aos quais impuseram a condição de dependentes e súditos. Os lucros da construção do império resultaram, é claro, na glorificação da própria cidade de Atenas, que reluzia com mármore branco.

Nesse ínterim, o exército e a marinha atenienses continuavam a se expandir. A Liga de Delos, porém, nunca foi uma ameaça existencial para o império de Artaxerxes, e por mais que mordicasse as bordas do reino aquemênida, não havia perigo de a Liga engolir o Império Persa. A bem da verdade, os gregos nunca foram capazes de projetar seu poderio para o interior ao longo da costa jônica ou em qualquer outro lugar.

---

2   Também chamada de Confederação de Delos. [N.T.]

Na década de 470 a.e.c., a Liga de Delos não conseguiu tomar Sárdis dos persas, por exemplo, embora estivesse situada a menos de 160 quilômetros da costa.

Entretanto, a criação da Liga de Delos e a ascensão de Atenas como uma rica potência naval desagradou os espartanos, que se sentiram ameaçados, e com razão, pelo agressivo e extorsivo esquema de proteção que os atenienses vinham operando com tanto êxito. Percebendo a tensão entre as duas potências gregas, Artaxerxes I enviou a Esparta uma embaixada de emissários, oferecendo dinheiro e tropas aos espartanos se eles concordassem em atacar Atenas e pôr fim à ameaça que os atenienses representavam para as cidades da Jônia controladas pelos persas. Embora Esparta tenha recusado o suborno persa, a proposta de Artaxerxes à poderosa pólis do Peloponeso introduziu uma nova tendência na política externa aquemênida – significou que os persas ficaram cada vez mais interessados em usar a diplomacia (e o dinheiro) como a principal maneira de interferir nos assuntos do Egeu. Em 450 a.e.c., persas e gregos elaboraram a Paz de Cálias (em homenagem ao ateniense Cálias, o estadista, soldado e diplomata que negociou o tratado), cuja intenção era acabar com as hostilidades entre Pérsia e Atenas e definir o novo mapa político do Egeu. Atenienses prometeram desistir de atacar os territórios persas e, em troca, os persas concordaram em dar autonomia às cidades da costa da Jônia. Traçaram-se linhas territoriais, e ambos os lados juraram permanecer nos limites de suas áreas de soberania.

A chance da Pérsia de restabelecer seu controle ao longo de sua fronteira noroeste chegou com a eclosão da Guerra do Peloponeso, em 431 a.e.c., cerca de trinta anos após a Paz de Cálias. Ao longo de 26 anos, Atenas e Esparta se enfrentaram em uma luta de vida ou morte pela supremacia militar da Grécia. Os espartanos perceberam que buscar ajuda persa era a maneira mais óbvia de combater a superioridade naval e financeira de Atenas e, embora Artaxerxes não pretendesse substituir um império ateniense por um protetorado espartano, ainda assim apoiou o compromisso espartano com uma Grécia livre da degradante influência ateniense e aceitou firmar um acordo com Esparta. Em 425 a.e.c., o Grande Rei enviou uma embaixada a Esparta para iniciar as negociações.

18
FAMÍLIAS (IN)FELIZES

Améstris, a rainha-mãe, morreu no início de 424 a.e.c., perto dos noventa anos de idade. Documentos babilônicos fornecem evidências de que seu filho Artaxerxes I, na casa dos sessenta anos, expirou logo depois, em algum momento entre 24 de dezembro de 424 a.e.c. e 10 de janeiro de 423 a.e.c., quando um novo rei foi reconhecido como regente. Depois de governar por prósperos 41 anos, Artaxerxes foi sucedido, pacificamente, por seu filho Xerxes II, cujo nome homenageava o avô. O novo governante era o único filho nascido da consorte de Artaxerxes I, Damáspia (pode ter havido outros, que morreram jovens), e não há indícios de luta pela sucessão. É provável que Artaxerxes tenha nomeado Xerxes II como herdeiro na década que antecedeu sua morte, embora vários dos outros meninos do rei, filhos de concubinas, tenham visto a morte do pai como uma oportunidade para tomar o poder. Um deles, Sogdiano (nome que celebrava as vitórias do pai no leste, no início de seu reinado), fomentou uma conspiração contra seu meio-irmão, na qual foi ajudado e instigado por dois importantes cortesãos, Menostanes (militar de alguma reputação) e o eunuco Farnacias, e depois de um reinado de apenas 45 dias, Xerxes II foi assassinado enquanto dormia em sua cama, de ressaca, depois de uma bebedeira. Sogdiano tomou o trono, mas, mesmo com o apoio de Menostanes, não conseguiu conquistar o exército, que o desprezava por ter matado o próprio irmão e atrapalhado o processo de sucessão.

Outro filho de Artaxerxes, Oco, estava servindo como sátrapa da Hircânia (atual Turcomenistão). Quando soube que Sogdiano usurpara o poder, voltou às pressas para a Pérsia a fim de arquitetar sua própria subida ao trono; rapidamente angariou o apoio de um círculo de nobres, incluindo o ex-comandante de cavalaria de Sogdiano, Arbarios, o eunuco Artoxares – que retornara do exílio na Armênia –, e Arshama, o influente e rico sátrapa do Egito. Oco foi saudado pelos persas como rei e recebeu um nome régio (a primeira comprovação clara dessa prática na história da Dinastia Aquemênida): Dario II. Tratava-se de uma declaração poderosa. Ao escolher o nome "Dario", o jovem monarca se vinculava a um dos governantes mais importantes da Pérsia. Com efeito, ele afirmava estar inaugurando uma nova era de ouro para o império. Mas antes precisava se livrar do rival Sogdiano, seu meio-irmão-rei.

No período em que serviu à Coroa como sátrapa da Hircânia, Dario tomou como esposa sua meia-irmã Parisátide, mulher destinada a desempenhar um papel decisivo e sem precedentes na política dinástica aquemênida. Tal qual Dario, era filha de uma concubina babilônia e, embora não saibamos se o casamento foi arranjado ou uma união por amor, está claro que desenvolveram um relacionamento de interdependência muito próximo e bem-sucedido. Mulher de grande inteligência e impetuosa ambição, construiu para si um papel importante ao lado do marido como sua confidente e conselheira. Dario, por sua vez, declarava sempre levar em consideração as orientações da esposa. Seria muito fácil pintar um retrato de Parisátide como uma rabugenta ou resmungona intrometida, mais motivada por insultos mesquinhos do que por estratégia política, ou, pior, ela poderia ser interpretada como uma vilã parecida com Lady Macbeth, determinada a conquistar poder e implacável em sua ambição sangrenta. Mas isso seria um enorme desserviço, pois Parisátide foi uma das maiores figuras políticas na história da Dinastia Aquemênida. Com grande cautela e controle, policiou sub-repticiamente os destinos da família, atacando e destruindo seus inimigos e defendendo e apoiando seus partidários fiéis. Nos primeiros anos de casamento, cumpriu o dever dinástico, dando à luz dois filhos antes de Dario se tornar Grande Rei: uma menina, Améstris (II), e um menino, Arsaces (em algumas fontes o nome aparece como Arsës). Já na condição de rainha, teve outro filho, a quem chamou de

Ciro, e depois deu à luz Ostanes.[1] Vieram mais nove crianças, e todas morreram jovens. Um último filho, Oxatres,[2] viveu o suficiente para acabar com o núcleo familiar. Foi o amor (e a aversão) por seus filhos que levou Parisátide a alcançar um poder que nem Atossa, no reinado de Dario I, nem Améstris, no de Xerxes, jamais poderiam ter adquirido. A continuidade da dinastia significava tudo para Parisátide, mas os métodos empregados para mantê-la e sustentá-la teriam consequências catastróficas.

Foi Parisátide quem forneceu a Dario II o método para lidar com seu meio-irmão Sogdiano e tirá-lo do trono. Aconselhou o marido a usar a persuasão em vez da força contra o rei usurpador para tentar convencer Sogdiano a desistir de sua pretensão à realeza, adquirida (ela enfatizou) por meio de assassinato. Seguindo o conselho de Parisátide, Dario contou a Sogdiano alguns fatos difíceis – que ele não tinha o apoio nem do exército, que o desprezava, nem da corte, que o rejeitava, mas suavizou as críticas prometendo que, se ele renunciasse pacificamente a todas as reivindicações ao reinado, então tudo seria perdoado e esquecido, e não haveria represália. De forma ingênua, talvez, Sogdiano acreditou na palavra de Dario. Logo depois, foi capturado e condenado à morte. O método de execução era tipicamente persa: asfixia em cinzas frias, um castigo refinado e horripilante, reservado aos piores criminosos, sobretudo os culpados de alta traição. Para essa estranha forma de execução, os persas usavam uma torre de tijolos, alta e oca, e a enchiam de cinzas – os resíduos da queima de qualquer coisa combustível. O condenado Sogdiano foi colocado dentro dessa torre e lá permaneceu por horas a fio, enterrado até a cintura em cinzas queimadas, respirando essas minúsculas partículas até que, por fim, desmaiou de exaustão. Caiu de cabeça nas cinzas, inalando-as profundamente. Mesmo que a essa altura Sogdiano conseguisse se levantar, seus pulmões teriam se enchido com os flocos cinzentos que, mais cedo ou mais tarde, resultariam em sua lenta asfixia. O reinado de Sogdiano durou apenas seis meses e quinze dias. Nunca foi reconhecido na Babilônia, onde as tabuletas cuneiformes o ignoram completamente.

---

1 Ctésias chama-o de Artostes. [N.T.]
2 Ctésias chama-o de Oxendras. [N.T.]

Dario II governava então como rei. Três eunucos, Artoxares, Artibarzanes e Athöus, faziam o papel de conselheiros, mas até mesmo eles – bastante talentosos em questões de Estado – se submetiam às opiniões de Parisátide quando ela orientava o rei. A perspicácia e capacidade de antevisão dela foram muito necessárias quando mais uma crise de sucessão eclodiu para colocar à prova o instável governo de Dario. Dessa vez a ameaça veio de Aristes, irmão de Dario, que se revoltou contra o rei, alegando que, como filho de Artaxerxes, ele tinha tanto direito ao trono quanto Dario. Os eventos dessa nova insurreição são pouco conhecidos devido à natureza fragmentária das fontes, mas parece que Aristes foi apoiado por Artífio (ou Artyphius), filho de Megabizo, e que duas batalhas foram travadas antes que Aristes se rendesse ao rei. Parisátide aconselhou o rei a jogar Artífio e Aristes nas cinzas, embora o rei não quisesse matar o irmão; porém, em parte por persuasão, em parte por acessos de raiva, Parisátide tomou providências para que Aristes e seu cúmplice fossem executados.

*

Em 16 de fevereiro de 423 a.e.c., no primeiro ano do reinado de Dario II, um influente empresário e banqueiro de profissão da cidade babilônica de Nippur, chamado Enlil-nadin-shum, assinou um contrato para alugar uma casa na Babilônia pelo altíssimo preço de 1,5 libra de prata. O prazo do aluguel seria, de acordo com o contrato, "até a partida do rei". O contrato foi assinado para coincidir com a visita de Dario II à Babilônia. Tendo assassinado dois irmãos problemáticos, Dario se sentia seguro o suficiente para viajar por seu novo reino e visitar a região. Desejava consolidar seu reinado e apreciar a paisagem. Enlil-nadin-shum estava lá para vê-lo, bajulando a comitiva de Dario, desesperado para garantir uma audiência com o rei e prestar homenagem à graciosa senhora Parisátide. Havia muito em jogo em um encontro de Enlil-nadin-shum com o rei. Ele era chefe de um antigo e ilustre estabelecimento, o banco Murashu e Filhos, e esperava angariar o apoio do rei Dario. Afinal, se o velho rei Artaxerxes tinha sido um amigável aliado de sua firma, por que então o patronato real não haveria de continuar?

O banco Murashu e Filhos de Nippur era famoso por suas elevadas taxas de juros. Tratava-se mais de uma casa de agiotagem que de uma instituição bancária, cobrando taxas de juros de até 40% ao ano, aproximadamente o dobro da taxa registrada em qualquer época anterior da história da Babilônia. Era costumeiro os homens de Murashu confiscarem a terra de um mutuário como garantia, que eles então lavravam para obter lucro até que o empréstimo fosse pago – *se* fosse pago. Abusos desse tipo foram praticados durante décadas sem censura ou intervenção real, o que sugere que Murashu e Filhos adoçava a boca e molhava a mão das autoridades persas com doações regulares e extravagantes ao Tesouro imperial em troca da proteção real, ou pelo menos da indiferença régia. Por tudo isso, não espanta que Enlil-nadin-shum estivesse tão ansioso para obter uma audiência com o Grande Rei, mesmo que ao custo exorbitante de 1,5 libra de prata de aluguel. Mas a Babilônia era um lugar superlotado de pessoas, todas esperando para beijar os pés do rei e lhe pedir um ou outro favor, e Enlil-nadin-shum nunca conseguiu a audiência que tanto desejava. Dario II partiu para Susa e, onze dias depois de assinar o contrato de moradia, um frustrado Enlil-nadin-shum estava de volta a Nippur, onde, para compensar suas despesas, cobrou de duas mulheres a taxa usual de 40% em um empréstimo.

A expedição babilônica de Enlil-nadin-shum é apenas um detalhe obtido de um enorme arquivo de documentos cuneiformes que arqueólogos descobriram nas ruínas de Nippur. O arquivo de Murashu consiste em quase novecentas tabuletas cuneiformes documentando as atividades comerciais de um certo Murashu, filho de Hatin, incluindo três filhos, três netos e seus respectivos agentes. Eles viveram e trabalharam em Nippur e arredores durante a segunda metade do século V a.e.c. O arquivo ilustra a gestão de terras agrícolas e a administração dos direitos de água que foram arrendados pelo banco junto a proprietários locais e eram mantidos sob a condição de prestação de serviço militar e pagamento de impostos. A maior parte dessas terras era em seguida sublocada, junto com animais e outros equipamentos agrícolas, a inquilinos do Murashu. Além disso, a firma emitia hipotecas para proprietários de terras que contraíam empréstimos com juros altos dando como caução suas propriedades. Um negócio lucrativo, mas o arquivo mostra como e por que o império começava a cambalear sob sua carga tributária.

A Pérsia em si não pagava impostos, já de todas as outras províncias do império exigia-se o pagamento de elevadas taxas anuais. O quinhão da Média era de 450 talentos de prata e o tributo de 100 mil ovelhas; Susa pagava trezentos talentos; a Armênia, quatrocentos talentos e 20 mil cavalos niseus premiados. A Líbia e o Egito forneciam setecentos talentos, toda quantidade de peixes de suas pescarias e 120 mil medidas de grãos; a Arábia dava o equivalente a mil talentos em incenso; e a Etiópia fornecia ouro, ébano e marfim a cada dois anos. A Babilônia pagava o maior imposto em prata – mil talentos –, e esperava-se que usasse as safras de suas terras férteis para alimentar a corte três vezes por ano. Somada, a quantidade anual de prata, ouro e bens preciosos totalizava cerca de 14.560 talentos, com um poder de compra muitas vezes superior ao que a soma sugere. Sabe-se que prata e ouro eram muitas vezes derretidos e despejados em ânforas, para endurecer e ser usados como lingotes; uma parte era transformada em moedas. Embora as firmas continuassem a usar o crédito, muitas, a exemplo do banco Murashu e Filhos, exigiam o pagamento em prata. Cada vez mais, o pagamento de impostos em prata tornava-se a norma e, em pouco tempo, agiotas e sátrapas detinham a maior parte das moedas, o que levou a um aumento inflacionário, à medida que os preços de todos os tipos de mercadorias disparavam, e, de uma ponta à outra do império, os não persas sofreram.

Pressões econômicas fizeram com que o reinado de Dario II se destacasse por frequentes revoltas, encabeçadas em parte por sátrapas e cortesãos que haviam adquirido uma base de poder em regiões onde suas famílias governavam havia gerações. Mais perto de casa, na corte real, o eunuco Artoxares da Paflagônia, que certa feita ajudara Dario a se tornar rei, lançou um plano para derrubá-lo. A data da tentativa de golpe é incerta, mas provavelmente ocorreu por volta de 419 a.e.c. Seus detalhes foram brevemente narrados por Ctésias e são uma leitura bizarra:

> Artoxares, o eunuco, que era muito influente junto ao rei, conspirou contra o rei porque desejava ele próprio governar. Como era eunuco, ordenou a uma mulher que lhe arranjasse bigode e barba para que ficasse parecido com um homem. Ela o denunciou e ele foi preso e entregue a Parisátide. E foi executado.

Esse cenário de barbas falsas e *castrati* astutos, ao estilo de um esquete do Monty Python, parece risível, mas em uma época na qual as barbas eram *de rigueur* para os homens, o aspecto dos eunucos (que, se castrados antes da puberdade, nunca teriam pelos faciais) devia ser muito incongruente – na melhor das hipóteses eram "homens pela metade"; na pior, subumanos. O objetivo de Ctésias era confirmar que, para governar como rei, era preciso ter a pose e o estilo régios. O apetrecho fundamental para o trabalho era a hirsuta e exuberante barba real e, como Artoxares era incapaz de cultivar a sua, aproveitou a moda dos pelos falsos e usou uma barba postiça. No relato de Ctésias está embutida uma crença persa genuína de que o monarca era o primeiro entre os homens e que sua capacidade de governar e preservar a ordem cósmica era representada por sua aparência masculina.

Como sempre, houve problemas no Egito. O sátrapa Arshama, então com idade avançada, manteve uma correspondência regular com Dario II (várias dessas missivas estão preservadas em documentos de couro). As comunicações versavam sobre tempos perigosos, de banditismo generalizado, sequestros e roubos, e havia algumas alusões a distúrbios ou revoltas na esfera pública. Em Assuã, as tensões entre egípcios e judeus explodiram em violência. Havia judeus vivendo na ilha nilótica de Elefantina desde a invasão babilônica de Jerusalém em 597 a.e.c., e depois de testemunharem a destruição do Templo de Salomão, os judeus de Elefantina construíram um novo templo na ilha, onde queimavam incenso, realizavam sacrifícios de animais e adoravam o Deus de Abraão. Também observavam o sabá e a festa da Matsá. No entanto, sacrifícios regulares de ovelhas e cabras eram um anátema para os sacerdotes da divindade egípcia com cabeça de carneiro, Khnum, que também tinha um templo na ilha. Após séculos de convivência harmoniosa, o templo judaico foi destruído por um grupo de sacerdotes egípcios aliados ao administrador persa local. Arshama puniu devidamente os culpados, mas, sentindo-se na obrigação de evitar turbulências futuras, proibiu o abate ritual de cabras.

Entre 420 a.e.c. e 415 a.e.c., o sátrapa da Lídia, Pissutnes, iniciou uma revolta em Sárdis e recrutou mercenários gregos sob o comando de Lícon para lutar ao seu lado. Dario enviou Tisafernes, neto do nobre de alta linhagem Hidarnes, com a função de reprimir a revolta. As habilidades de Tisafernes iam muito além do campo de batalha, e ele conseguiu subornar os mercenários de Lícon para que abandonassem Pissutnes, que em seguida foi atraído para Susa com promessas de clemência. O sátrapa rebelde foi executado, e Tisafernes, escolhido para assumir a satrapia da Lídia em seu lugar. Sua permanência na Ásia Menor sinalizou o início da intensificação da intromissão persa nos assuntos gregos durante a Guerra do Peloponeso (431 a.e.c.-404 a.e.c.). Os atenienses estavam familiarizados com Dario II desde o início de seu reinado, e parecem ter iniciado tratativas com o rei quase imediatamente após sua ascensão ao trono, pois sobrevivem fartas evidências de embaixadas atenienses na corte persa no início do reinado de Dario, e, ao que tudo indica, muitos atenienses de alto escalão visitavam sua corte. Isso talvez possa ajudar a explicar a moda em Atenas da cerâmica de figuras vermelhas, em que as peças mostravam cenas (inventadas) do Grande Rei desfrutando dos prazeres da corte: portadoras de leques, cortesãos maravilhosamente vestidos e dançarinos e músicos – convenções do hedonismo oriental, que Eurípides exibiu nos palcos em seu drama cômico-trágico *Orestes*, de 408 a.e.c., impregnado de motivos no estilo do *Livro das mil e uma noites*.

As relações entre atenienses e persas azedaram quando, em 413 a.e.c., os atenienses interferiram nos assuntos persas ao apoiar o rebelde Amorges, filho de Pissutnes, contra o trono. Dario ordenou que Tisafernes esmagasse a revolta e garantisse que o tributo pendente das cidades gregas da Ásia Menor fosse devidamente recolhido e enviado à Pérsia. Mas Tisafernes tinha seus próprios planos. Aliou-se aos espartanos contra Atenas e, em 412 a.e.c., liderou suas tropas para levar de volta à Pérsia a maior parte da Jônia. Alcibíades, o general playboy ateniense conhecido por sua politicagem sombria e inescrupulosa, persuadiu Tisafernes de que para a Pérsia seria mais interessante manter um equilíbrio estável entre Atenas e Esparta, em vez de privilegiar um dos lados. Tisafernes ficou feliz em deixar os gregos em paz e voltar suas atenções para conter as ambições territoriais de Farnabazo II, o sátrapa da Frígia Helespontina – o maior inimigo de Tisafernes. Farnabazo também tentou se envolver na Guerra do Peloponeso, favorecendo os espartanos. Tucídides, em *História da Guerra do Peloponeso*, explicou o porquê:

> O Rei reclamara havia pouco tempo o pagamento de tributos atrasados de sua satrapia, que ele não conseguia receber das cidades

helênicas por causa dos atenienses; assim, pensava ele que, se conseguisse enfraquecer ainda mais os atenienses, teria mais possibilidades de receber os tributos; ao mesmo tempo, pretendia levar os espartamos a firmar uma aliança com o Rei.

Muito provavelmente foi Farnabazo quem organizou o assassinato de Alcibíades, a pedido de Esparta. Em 408 a.e.c., Dario II decidiu apoiar formalmente Esparta ao doar dinheiro para a formação de uma frota de navios de guerra a serem mobilizados contra Atenas. Em troca, espartanos deram carta branca aos persas para retomar como bem entendessem as cidades gregas da Ásia Menor. Foi um grande sucesso para Dario.

A situação na Ásia Menor mudou quando, por volta de 407 a.e.c., Dario exonerou Tisafernes, removendo-o para a satrapia menor da Cária. Dario entregou o governo da Lídia, da Capadócia e da Frígia (em outras palavras, toda a Anatólia ocidental) a seu filho, o príncipe Ciro – nome em homenagem ao ilustre Ciro, o Grande –, que ficou conhecido na história como Ciro, o Jovem. Foi Parisátide quem persuadiu Dario a dar a Ciro essa importante função imperial, pois ela adorava o menino, idolatrava-o e o cobria de carinhos; ela mimava Ciro e lhe fazia todos os desejos, e embora ele tivesse apenas dezesseis anos, ela facilmente convenceu Dario de que seu querido rapaz tinha as habilidades e o temperamento necessários para o cargo de grande prestígio. Em muitos sentidos, Parisátide estava certa. O jovem Ciro era um indivíduo brilhante, um líder naturalmente talentoso, ágil, inteligente e corajoso. Mas os anos de adoração e exagerado amor materno mais que explicitamente ostensivo cobraram seu preço: o rapaz também era egocêntrico, cruel, vingativo e brutal; apresentava violentas mudanças de humor e se voltava contra amigos e inimigos, sem hesitar em torturá-los ou submetê-los às mais agonizantes mutilações (mãos, braços ou pés cortados) ou execuções excruciantes (muitos eram esfolados vivos). Havia, é necessário admitir, algo de sociopata no príncipe Ciro. Tisafernes o odiava.

19
IRMÃOS DE SANGUE

"Dario e Parisátide tiveram dois filhos nascidos deles [...] Ciro teve o apoio de Parisátide, sua mãe, pois ela o amava mais que ao outro." Assim escreveu Xenofonte na famosa introdução de sua *Anábase*, relato memorialístico a respeito da experiência do autor ao lado de 10 mil soldados gregos numa expedição à Pérsia a serviço de Ciro, o Jovem. Na época em que Xenofonte escreveu essas palavras, por volta de 370 a.e.c., já era do conhecimento geral que, desde o momento em que deu à luz seu segundo filho, Ciro, a rainha o bajulava e o privilegiava em detrimento do mais velho, o príncipe Arsaces. No entanto, Dario reconheceu que Arsaces era bom e o achava inteligente, paciente, ponderado e sistemático, todas as qualidades que o tornaram o candidato lógico a herdeiro do trono. Seu irmão mais novo, Ciro, era muito irascível para exercer o papel; para grande desgosto de Parisátide, Dario nomeou Arsaces como príncipe herdeiro e sucessor ao trono do Império Aquemênida. Obstinada, Parisátide fez de tudo para incitar conflitos entre os filhos, e até mesmo colocou Ciro em oposição ao pai. O amor cego da rainha por Ciro sobrepujou sua circunspecção dinástica, e ela trabalhou com incansável empenho para o êxito de seu escolhido. Como resultado, Ciro desenvolveu um comportamento sociopata e tendia a ter ataques de egocentrismo. Estava mal preparado para as provações da vida real.

Ciro compreendia muito bem que seu futuro dependia do apoio da mãe, e, embora considerasse que ela o controlava com mão de ferro, esmagadoramente sufocante, reconhecia que, sem ela, ele não seria nada. Se quisesse ser rei, precisaria dançar ao som da música que a mãe tocava.

Não surpreende, porém, que em seus anos como sátrapa da Lídia, longe da corte real e, felizmente, a muitos quilômetros de distância de Parisátide, Ciro tenha buscado alguma independência, política e pessoal. Aos dezenove ou vinte anos, o príncipe estabeleceu seu próprio harém no palácio de Sárdis e tomou uma consorte, ou mais de uma, embora não saibamos detalhes de seus casamentos. Sabemos, no entanto, que ele se apaixonou profundamente por uma jovem grega, uma moça fócia de família muito humilde. Seu nome era Aspásia.

Aspásia da Fócida era famosa por sua beleza deslumbrante, uma dádiva divina, que seus admiradores imortalizaram em poemas líricos: "de cabelos amarelos, mechas um tanto encaracoladas", "ela tinha olhos gloriosos, pele delicada e uma tez como a de rosas [...] Seus lábios eram rubros, os dentes mais brancos que a neve [...] Sua voz era doce e suave, e quem a ouvisse poderia dizer com justiça que era embalado pela voz de uma sereia". Ela também era conhecida por ter a mente pura, maneiras recatadas, e por ser casta de uma forma determinada, resoluta e categórica. Aspásia fora entregue a Ciro como prisioneira de guerra, uma das muitas virgens que lhe foram oferecidas nas campanhas na Jônia. Como o príncipe desejava ornamentos para seu harém, aceitava as jovens como concubinas. Aspásia foi apresentada a Ciro certa noite, depois de ele ter desfrutado de uma boa ceia. O príncipe saiu para beber com seus companheiros, como era de costume na alta sociedade persa (a tradição mandava que se apreciassem bebidas somente depois de uma refeição), e durante a bebedeira quatro moças gregas foram levadas à presença do príncipe. Aspásia era uma delas. As beldades estavam vestidas com elegância, com as melhores roupas e joias que o harém tinha a oferecer – mantos de fino linho semelhante ao chiffon, algodão transparente e à seda cintilante. Os olhos estavam delineados com *kohl*, os lábios, pintados de vermelho, e as mãos e os pés ostentavam extravagantes desenhos feitos de hena. Os cabelos estavam penteados com fitas e laços dourados e véus multicoloridos e diáfanos. Os eunucos instruíram as moças sobre como se portar diante de Ciro, e lhes deram dicas para cair nas graças do príncipe: não dar as costas quando ele se aproximasse; não se intimidar quando as tocasse; e permitir que ele as beijasse. Cada moça tentava superar as demais em termos de disposição e boa vontade, mas Aspásia se manteve calada, demonstrou mau humor e se recusou a cooperar.

Um dos eunucos precisou recorrer a vários golpes com uma bengala para finalmente obrigá-la a vestir as roupas e joias caras necessárias para conhecer o príncipe.

Quando chegaram à presença de Ciro, três das meninas sorriram, deram risadinhas e enrubesceram, como mandava o figurino. Aspásia se limitou a fitar o chão, os olhos marejados. Quando Ciro ordenou que se sentassem ao seu lado, as três obedeceram instantaneamente, mas Aspásia se recusou, até que um eunuco a obrigou. Quando Ciro tocou as bochechas, os dedos e os seios das moças, as três reagiram de bom grado ao seu toque. Mas quando se aproximou de Aspásia, ela caiu no choro, dizendo que seus deuses o puniriam por suas ações. Quando ele estendeu a mão para agarrar sua cintura, ela se pôs de pé, e teria fugido se o eunuco não a tivesse impedido e a levado na marra de volta à cadeira. Ciro foi fisgado: apaixonou-se pelo pudor e a impressionante beleza de Aspásia. Na mesma hora ele a declarou sua principal favorita e fez dela uma concubina do mais alto nível. Ela foi escolhida para o harém e recebeu uma câmara privativa de qualidade superlativa, do tipo que somente uma consorte real recebia.

Ciro amava Aspásia mais que qualquer outra mulher – consorte, concubina ou sua mãe. Ao longo de muitos meses, cresceu entre eles um vínculo de confiança e admiração que logo se transformou em paixão. Eles se tornaram famosos em todo o Império Persa e em todo o mundo grego conforme a notícia do afeto do príncipe por Aspásia se espalhava, primeiro pela Jônia e pela Ásia Menor, e depois pela Grécia. Até mesmo o Grande Rei tomou conhecimento do assunto. Assim como Parisátide, que sentiu a peculiar pontada de ciúme que as mães conhecem bem quando os filhos entregam o coração a outra mulher. Suplicantes e protegidos de Ciro começaram a fazer pedidos a Aspásia, adulando-a com presentes na esperança que ela intercedesse junto ao príncipe, pois ele dependia cada vez mais dos conselhos da moça – o que se dizia era que Ciro não tomava nenhuma decisão sem antes consultá-la. Conta-se a história de que, certa vez, o mestre escultor grego Escopas de Paros enviou a Aspásia um belíssimo colar de acabamento extraordinário; era um presente de surpreendente requinte, uma peça feita de pequeninas romãs douradas e minúsculos botões de lótus em lápis-lazúli, entrelaçados em uma corrente com delicado trabalho de filigrana. Uma obra-prima de refinada perícia artesanal. Ao vê-lo, Aspásia prontamente declarou que se tratava de algo "digno da filha ou da mãe de um rei", e sem demora o despachou para Parisátide, que recebeu com gratidão o presente. Foi uma manobra prudente da parte de Aspásia, pois esse extraordinário colar apelou à vaidade de Parisátide e conquistou sua simpatia. O presente demonstrou a subserviência da jovem à rainha.

O príncipe herdeiro Arsaces também se apaixonou, mas a mulher a quem ele entregou seu coração era de impecável pedigree persa. No fim das contas, ela acabaria sendo muito mais problemática para Parisátide do que qualquer concubina grega. Estatira era filha do influente cã Hidarnes III, da família que ajudara a levar Dario, o Grande, ao trono. Ela era uma das mulheres do mais alto escalão do império, e protegia seu status com unhas e dentes e a mais obstinada vigilância. Em termos de família e linhagem, superava facilmente Parisátide, que, mesmo sendo filha de rei, ainda tinha uma concubina estrangeira como mãe – e esses fatos eram importantes entre as mulheres da corte. Estatira também era uma beldade, mas não tinha a pele pálida e os cabelos louros de Aspásia; a beleza de Estatira era classicamente persa. Ela tinha olhos negros, cabeleira preta lisa e macia e nariz aquilino. Os poetas da corte enalteciam seu rosto, que descreviam como mais claro que o sol; suas bochechas assemelhavam-se a flores de romã; seus olhos eram narcisos gêmeos em um jardim, adornados com longos cílios negros, e seus cabelos pretos eram tão compridos que lhe caíam do pescoço prateado até a cintura, em dois cachos almiscarados. Em suma, "ela era, da cabeça aos pés, a visão do Paraíso". Seu corpo tinha formas arredondadas, volumosas e carnudas, atributos físicos que os persas consideravam irresistíveis. Quando viajou para o Império Aquemênida, Xenofonte rapidamente notou a beleza das mulheres persas, que ele descreveu como "bonitas e grandalhonas" (*kalai kai megalai*), termos com os quais queria dizer que eram roliças, de curvas perfeitas.

O pai de Estatira, Hidarnes, teve vários filhos com sua principal consorte, entre eles Tisafernes, o mal-afamado sátrapa da Ásia Menor, e Terituchmes, jovem petulante e de pavio curto. Temos conhecimento de que Estatira tinha uma irmã, Roxana, embora Ctésias diga que Hidarnes teve mais duas meninas, cujo nome não sabemos. Hidarnes era afeito ao trabalho duro e se empenhou em servir fielmente a Dario II como sátrapa da Armênia. Nesse meio-tempo, fez cuidadosas manobras a fim de encaminhar os filhos para a família real, na esperança de garantir um futuro para seus netos em meio à realeza. Assim, providenciou o casamento do encrenqueiro Terituchmes com a princesa Améstris (II), a filha mais velha de Dario e Parisátide, e casou Estatira com o príncipe herdeiro Arsaces.

Quando Hidarnes morreu, Terituchmes herdou a satrapia armênia, e a previsão era de que se retiraria para a região e permaneceria fora dos círculos da corte. Mas justamente no momento em que partiria, seu casamento entrou em crise. Ele nutria um desejo ardente por sua própria irmã, a encantadora Roxana, mulher que Ctésias descreveu como "agradável aos olhos, uma arqueira e lançadora das mais experientes". Eles iniciaram um relacionamento sexual e, supostamente, se apaixonaram. No entanto, repudiar a filha do rei não era fácil, e, ao buscar maneiras de se livrar de Améstris, Terituchmes chegou à conclusão de que a melhor opção era eliminar o principal obstáculo à separação: o rei Dario devia morrer. Terituchmes raptou Améstris. Sua intenção (de acordo com Ctésias) era jogá-la dentro de um saco e trespassá-la com lanças. Dizia-se que cerca de trezentos homens apoiaram a revolta. Número sem dúvida exagerado, mas é certo que a vida de Améstris estava em perigo. Dario pediu a Terituchmes a libertação imediata de sua filha, apelos que entraram em um ouvido e saíram pelo outro. Percebendo que Terituchmes pretendia se rebelar contra o trono e matá-lo, o rei decidiu agir contra o genro. Os guarda-costas de Dario assassinaram Terituchmes, e, no rescaldo, muitos de seus apoiadores foram executados. Não contente, Parisátide deu ordens para que a mãe, os irmãos e duas das irmãs de Terituchmes – Estatira não estava incluída – fossem enterrados vivos. Roxana, o foco do problema, foi, ainda viva, cortada em pedaços. Além disso, Parisátide também mandou envenenar o filho de Terituchmes.

O extermínio da casa de Hidarnes parecia destinado a continuar quando o rei ordenou a execução de Estatira. O príncipe Arsaces, "com lamentos lacrimosos" (no dizer de Ctésias), implorou à mãe que interviesse e salvasse a vida de sua esposa. Comovida a um nível incomum de compaixão, Parisátide concordou em falar com Dario. De alguma forma, sua intervenção surtiu efeito, e o rei concordou em livrar Estatira da morte; contudo, com uma incisiva previsão profética, alertou Parisátide de que ela um dia se arrependeria de manter Estatira viva. A última filha sobrevivente da casa de Hidarnes, Dario advertiu, se tornaria a causa de intermináveis conflitos na casa real. Ainda assim, a mulher foi poupada, e Arsaces agradeceu, exultante de alegria, o gesto de bondade do pai. Para demonstrar gratidão, tornou-se um filho trabalhador e obediente, zeloso ao aprender com o rei as lições sobre a administração do Estado, e sempre ávido por agradar Dario.

Salva das garras da morte, Estatira nunca aprendeu a ser grata. Ela se recusava a esquecer que Dario e a esposa intrometida eram responsáveis pela eliminação de grande parte de seu clã de sangue, e tinha por ambos o mais completo desprezo. Sobreviveu apenas seu irmão, Tisafernes, pois, por sorte, ele era inteligente, trabalhador e indispensável ao rei. Seria o único guardião de Estatira. Mas ela ardia de ódio contra Parisátide. A princesa se empenhou em ofender, depreciar e difamar a rainha, usando todas as armas disponíveis em seu arsenal para provocar a fúria de Parisátide. Quando, por exemplo, Estatira decidiu tornar-se popular em meio ao povo persa – seus futuros súditos –, a motivação foi, sobretudo, irritar Parisátide. Quando viajava pela Pérsia em sua carruagem coberta, tinha o hábito de deixar abertas as cortinas das janelas, de modo que as pessoas pudessem vê-la. Costumava fazer muitas paradas ao longo do caminho para falar com as mulheres dos vilarejos, que se esmagavam contra as rodas da harmamaxa para vê-la de perto e, numa demonstração de lealdade, beijar suas mãos. Parisátide achava tudo isso um exagero. Essa maneira por demais entusiasmada e íntima de exercer as funções reais solapava drasticamente o papel da rainha, que, Parisátide professava, deveria ser digna, distante e invisível para o rebanho comum. O corpo a corpo não era o forte de Parisátide, e ela preferia evitar cumprimentar as pessoas e conversar com o povo. Em suas frequentes viagens, a rainha cerrava completamente as janelas de sua carruagem.

Por quase duas décadas, as duas mulheres, igualmente determinadas e engenhosas, travaram uma prolongada e amarga guerra fria de boas maneiras. A etiqueta tornou-se a arma predileta, e a corte real se converteu em um teatro de guerra. Como em qualquer grande conflito, a batalha das mulheres causaria inúmeras baixas e seria responsável por muitas mortes imprevistas.

*

No final do outono de 405 a.e.c., Dario II adoeceu gravemente e ficou acamado. Para todas as pessoas que viam seu estado, era óbvio que a vida do monarca estava chegando ao fim. Dario reconheceu essa situação e enviou instruções aos filhos para que se juntassem a ele em Susa. Arsaces, seu irmão Oxatres e sua irmã Améstris chegaram rapidamente, mas Ciro, o Jovem, levou até o início de 404 a.e.c. para empreender a longa viagem desde Sárdis. Parisátide se derreteu em efusivas boas-vindas quando abraçou seu filho preferido, que voltava são e salvo depois de tantos meses. Segurando-o bem junto de si, ela sussurrou instruções no ouvido de Ciro: "Siga meus movimentos, não faça nada sem meu consentimento". Ciro retornou ao interior do império, de volta a Susa, na plena esperança de que a mãe estivesse suficientemente motivada para engendrar sua nomeação como herdeiro do trono, e agora, com a morte de Dario tão próxima, se dava conta de que aquela era a última chance de fazer o rei mudar de ideia sobre a sucessão. Podemos imaginar Parisátide prostrada diante do rei Dario, encarquilhado em seu leito de morte, apoiado em muitos travesseiros macios e amparado pelos braços de várias concubinas que cuidavam dele no papel de enfermeiras. Tocando a testa no chão repetidas vezes, em extravagante subserviência, Parisátide teria implorado: "Meu senhor, tu mesmo sabes que Ciro deve ser rei, pois ele nasceu quando tu ascendeste ao trono; teu filho mais velho nasceu para nós quando ainda éramos pessoas comuns". Em outra tentativa, beijando os muitos anéis da mão adornada do rei, Parisátide suplicou: "Meu senhor, tão logo o senhor meu rei seja sepultado, eu e meu filho Ciro seremos tratados como criminosos. Seremos assassinados por Arsaces e sua esposa, a filha de Hidarnes". Ela tentou todas as táticas com o marido – agrados, rogos, admoestações, choro –, mas em vão. Dario permaneceu resoluto: seu herdeiro era Arsaces, o príncipe que havia sido treinado de forma primorosa, pelo próprio monarca, nos assuntos da governança real. E assim foi: Dario II morreu no início de 404 a.e.c., após um reinado de 35 anos, e foi sucedido por Arsaces, seu filho mais velho. O primogênito adotou o nome régio de Artaxerxes II, em homenagem ao ilustre avô.

Após o funeral de Dario II, a corte foi transferida para Pasárgada, onde tinham sido feitos os preparativos, segundo o costume usual, para que Artaxerxes II fosse empossado como o novo regente Aquemênida. Enquanto a cerimônia de coroação se desenrolava, o cunhado do rei, Tisafernes, recém-chegado à Pérsia da Ásia Menor para a cerimônia sagrada, aproximou-se de Artaxerxes para lhe dizer que descobrira um complô: Ciro já estava tentando alijá-lo do trono em um golpe de Estado, e contava com o apoio de alguns dos magos que, na verdade, estavam incumbidos de oficiar as cerimônias. O plano, segundo o relato de Tisafernes, era que Ciro ficaria à espreita no santuário sagrado da deusa Anahita para atacar e matar o rei quando ele estivesse tirando as vestes a fim de se preparar para a cerimônia. É difícil saber a veracidade da história, pois o próprio Ctésias, nossa fonte primária para o episódio, estava indeciso, observando que "alguns dizem que essa falsa acusação resultou na prisão de Ciro", outros, que Ciro entrou no santuário para se esconder e foi denunciado por um sacerdote.

Qualquer que tenha sido a real situação, Artaxerxes acreditava que havia provas suficientes contra Ciro para acusá-lo de traição e assim ordenar sua execução. No momento em que os guardas Imortais começaram a arrastar o príncipe à força, Parisátide soltou um gemido e se jogou em cima do filho, arrancou o véu e entrelaçou as mechas de sua cabeleira ao redor dele, pressionando sua cabeça contra a do príncipe. Com uivos e gritos de súplica, numa performance histriônica, implorou ao rei que perdoasse Ciro e o enviasse de volta a Sárdis, na Lídia. Tão logo voltasse à Ásia Menor, ela argumentou entre soluços, ele poderia dar provas de ser um súdito leal e um irmão amado mais uma vez. Tisafernes e Estatira advertiram Artaxerxes sobre os riscos de ceder diante do melodrama de Parisátide, e fizeram questão de lembrar que a ambição ardente de Ciro de governar jamais seria aplacada. O novo Grande Rei era por natureza gentil e afável (nos relatos gregos de seu reinado, a amabilidade era sua principal característica; autores gregos lhe dão o epíteto *Mêmnon*, "o pensativo"), e ele perdoou o irmão. A pedido de Parisátide, Ciro foi enviado de volta à Lídia para dar continuidade a seu trabalho. Todavia, como Ctésias reconheceu: "Ciro não estava satisfeito com sua posição e, como não era de sua libertação que ele se lembrava, mas de sua prisão, sua raiva o fez desejar a realeza ainda mais que antes".

De volta para casa, em Sárdis, e no abraço amoroso e solidário de Aspásia, Ciro começou a tramar a sério. É difícil entender seus objetivos, além de tomar o trono que genuinamente acreditava ser seu. Talvez esperasse diminuir a influência da nobreza persa, a exemplo do encrenqueiro clã Hidarnes e suas principais figuras, Tisafernes e Estatira. Talvez desejasse criar um governo mais centralizado. Ele era então *karanos* (do vocábulo em persa antigo *kāra*, "exército") ou "Comandante Supremo" da Ásia Menor. Exercia uma das mais poderosas posições de comando militar do império. Sem dúvida tinha a influência necessária para agarrar o trono. Afinal, era tanto o governador civil quanto o supremo chefe de exércitos de toda a Ásia Menor. Ciro começou a arregimentar uma força armada de infantaria e cavalaria, cerca de 20 mil soldados, e contratou os serviços de 12 mil mercenários, 10 mil dos quais eram hoplitas gregos. Durante séculos, os gregos atuaram nos batalhões do Oriente Próximo e, em tempos mais recentes, tinham ajudado os sátrapas ocidentais a rechaçar ataques atenienses, embora sua maciça presença – a força mercenária arregimentada por Ciro era a maior já reunida – não passasse despercebida por Tisafernes. Ciro fingiu ser um súdito leal, e continuou a enviar a Artaxerxes os tributos das províncias sob sua autoridade. Não despertou nenhuma atenção indevida da administração central na Pérsia.

Os mercenários hoplitas gregos estavam entre os melhores combatentes do mundo antigo, destemidos veteranos de guerra, durões e resilientes, com muitos anos de experiência em batalha, dispostos a fazer qualquer coisa pelo preço certo. Dividiam-se em numerosas brigadas, cada uma sob o comando de um general, sendo o mais ilustre entre eles Clearco de Esparta, que durante a Guerra do Peloponeso comandou uma operação naval espartana no Helesponto, na qual a cidade de Bizâncio foi ocupada. Irritadiço, dono de um mau humor feroz e alarmante autoconfiança, Clearco instaurou na cidade um reinado de terror, que suscitou a ira das autoridades na distante Esparta, que logo o removeram de seu posto. Condenado à morte por não ter sido capaz de manter a paz e a ordem, Clearco escapou da execução e, no início de 402 a.e.c., passou a trabalhar para Ciro, o Jovem, que, reconhecendo a óbvia perícia militar do espartano, forneceu-lhe recursos e o instruiu a organizar e preparar os mercenários e deixá-los na melhor forma possível. Clearco acabou se tornando comandante em chefe de toda a força grega e serviu a Ciro com lealdade inabalável.

Outro grego atraído para atuar a serviço de Ciro foi o aristocrata e antidemocrata ateniense Xenofonte, que aos 28 anos se juntou ao príncipe persa, mais como um cavalheiro aventureiro do que como um legítimo soldado. Além dos vínculos socráticos e de supostamente ter integrado a cavalaria ateniense, pouco se sabe a respeito de Xenofonte até engrossar as fileiras de Ciro em 401 a.e.c., embora estivesse destinado a se tornar uma das superestrelas da historiografia antiga. Sua *Ciropédia*, ou "A educação de Ciro", é uma das obras mais notáveis da literatura da Antiguidade a ter sobrevivido. Na superfície trata-se de um estudo sobre Ciro, o Grande, mas é na verdade um hino de louvor, um triunfante panegírico a Ciro, o Jovem, que, na opinião de Xenofonte, era um líder nato.

Na primavera de 402 a.e.c., Ciro, seu exército e sua comitiva, incluindo cozinheiros, mordomos, eunucos e concubinas – Aspásia entre elas –, partiram de Sárdis numa jornada em direção à Pérsia. Os soldados sabiam que estavam marchando para o leste, mas ignoravam o destino final e o propósito. Ciro guardou para si a verdadeira intenção da marcha para o interior, temendo que o exército se recusasse a lutar contra o Grande Rei. Apenas Clearco e um punhado de persas privilegiados conheciam a verdade acerca das manobras. O exército avançou para o leste por meio de Colossas,[1] Peltae (ou Peltai), Tirteum, Icônio (atual Cônia) e Tarso, onde houve quase um motim e Clearco teve que intervir para restaurar a ordem. Marchando sobre os montes Tauro e através dos Portões da Cilícia, Ciro e suas tropas passaram pelo norte da Síria e entraram no coração da Mesopotâmia. Em meados do verão, o exército de Ciro chegou ao rio Eufrates, em um lugar chamado Tapsaco. Somente então Ciro revelou aos homens seu verdadeiro objetivo: rebelar-se contra seu irmão, o rei, destroná-lo e assumir o controle do Império Persa. Conforme havia previsto, os hoplitas gregos relutaram em seguir em frente, e ele só conseguiu superar a hesitação do exército depois de prometer um substancial aumento de salário. Por fim, as tropas concordaram em prosseguir. Atravessaram o rio e marcharam para o sul ao longo da margem leste do Eufrates sem encontrar qualquer resistência, até que, em agosto, chegaram à Babilônia.

---

1 Também conhecida como Conas ou Cona (atual Honaz). [N.T.]

Avisado por Tisafernes de que Ciro marchava para leste à frente de um enorme contingente de soldados, o Grande Rei Artaxerxes estava ocupado preparando suas próprias forças – cerca de 40 mil combatentes. Com Tisafernes ao seu lado, Artaxerxes avançou, chegando à pequena aldeia de Cunaxa, cerca de oitenta quilômetros ao norte da Babilônia. O plano do rei era atrair Ciro até ele, então acampou seus homens lá, tomando providências para que estivessem bem alimentados e descansados.

Exatos 180 dias após a partida desde Sárdis (84 dias de marcha e 96 dias de descanso, segundo o pormenorizado relatório da *Anábase* de Xenofonte), a 3 de setembro de 401 a.e.c., as tropas de Ciro se aproximaram de Cunaxa, completamente desorientadas em função do forte calor do dia. À medida que os homens de Ciro avançavam no horizonte, as tropas de Artaxerxes começaram a se preparar para o combate, embora tenha demorado mais de duas horas até que ambos os exércitos se alinhassem em formação de batalha. No meio da tarde, os exércitos estavam prontos – suas linhas espalhadas pelo deserto em direção ao Eufrates por cerca de dois quilômetros.

De maneira excepcional, temos dois relatos de testemunhas oculares da batalha que se seguiu. Os eventos em Cunaxa foram registrados por Xenofonte, observando a ação do lado de Ciro, e Ctésias de Cnido, alojado junto aos regimentos de Artaxerxes II. A data exata e o motivo da chegada de Ctésias à Pérsia são desconhecidos. Diodoro Sículo sugeriu que ele lá chegou como prisioneiro de guerra, embora a validade dessa informação seja incerta, e alguns estudiosos rejeitem a ideia, preferindo pensar que Ctésias era um convidado da corte de Artaxerxes II, onde, em função de suas habilidades médicas, fora recebido com grande cortesia e de bom grado em algum momento por volta de 405 a.e.c. Não resta dúvida de que Ctésias estava em Cunaxa no auge da luta, pois cuidou de Artaxerxes, tratou e curou os ferimentos do rei, o que sugere fortemente que Ctésias era o médico do monarca antes mesmo da revolta de Ciro. Por certo, após a batalha, Ctésias recebeu inúmeras homenagens do rei. Mas o motivo exato que o levara à Pérsia permanece um mistério.

Ambas as testemunhas oculares concordam que Ciro foi o primeiro a atacar. Ele ordenou a Clearco, cujos mercenários gregos constituíam seu flanco direito, que investisse contra o inimigo no centro, mas Clearco se recusou a abandonar sua posição na margem do rio, que lhe oferecia cobertura pela direita e era a garantia de que ninguém conseguiria cercá-lo. Montando um puro-sangue fogoso e indomado – chamado Pasacas, de acordo com Ctésias –, Ciro investiu contra o centro do exército de Artaxerxes. Quando viu seu irmão logo à frente, decidiu arriscar e brincar com a sorte: cavalgou ao encontro de Artaxerxes e, num feroz ataque, lançou seu dardo, que transpassou o peitoral da armadura do rei e penetrou na carne a uma profundidade de dois dedos. Sob a força do golpe, Artaxerxes caiu, mas conseguiu se levantar e, junto com alguns outros – Ctésias entre eles –, fugiu para uma colina próxima e se escondeu. O cavalo bravio de Ciro o levou para o meio do exército adversário. Já estava escurecendo, e Ciro passou despercebido por seus inimigos e galopou para o núcleo do combate, gritando com soldados e cavalarianos para que abrissem caminho, chamando a atenção com seus berros. Ao perceberem quem se dirigia a eles com tanto alarde, os soldados saíam do caminho e se prostravam no chão, fazendo-lhe reverência. Nesse momento, um jovem persa chamado Mitrídates, sem saber de quem se tratava, correu e arremessou uma lança que acertou Ciro no rosto, perto do olho. Atordoado e sangrando muito, Ciro ficou tonto, desabou no solo e lá ficou até que alguns eunucos a seu serviço se aproximaram e o colocaram de pé novamente. Ele queria andar sozinho, mas estava tão atordoado que seus servos tiveram que suportar seu peso enquanto o arrastavam para longe. Ele cambaleou feito um bêbado. Foi então que um soldado da Cária a serviço do rei – sem saber quem era Ciro – o atingiu pelas costas com um golpe de lança. O nervo na parte posterior de sua perna se rompeu e Ciro caiu por terra mais uma vez, batendo com força numa pedra a têmpora ferida. Teve morte instantânea. Aos 22 anos.

Eunucos imediatamente emitiram seus lamentos e lamúrias rituais e atraíram a atenção de Artasiras, o "Olho do Rei", que por lá passava a cavalo. Ctésias registrou a conversa: "Assim que notou os eunucos enlutados, ele perguntou ao mais confiável deles: 'Quem é este homem ao lado de quem vós se sentais, aos prantos?'. E eles responderam: 'Não vês, Artasiras, que é Ciro quem acaba de morrer?'". O cavalo de Ciro, que havia fugido, foi encontrado vagando pelo campo de batalha; sua sela de feltro estava encharcada com o sangue do príncipe. O obediente

Artasiras galopou para relatar ao rei Artaxerxes (em péssimo estado, sofrendo muito por causa do ferimento no peito) que havia visto o corpo de Ciro e que o príncipe estava morto. Ordenou-se que uma missão de reconhecimento vasculhasse o campo de batalha à procura do cadáver de Ciro, e munidos de tochas e lanternas, trinta homens foram despachados sob a liderança de Masabates,[2] o eunuco mais confiável do rei. Ele tinha instruções para trazer a Artaxerxes a prova irrefutável de que Ciro estava morto. De pé sobre o cadáver, e de acordo com o costume persa, Masabates se encarregou de providenciar que a mão direita e a cabeça fossem decepadas e enviadas diretamente a Artaxerxes. O Grande Rei ficou estupefato, mas exultante; chocado, mas aliviado. Em silêncio, e com grande determinação, agarrou a cabeça pelos longos cabelos desgrenhados e a ergueu bem alto para que todos vissem. Era o derradeiro troféu, a prova de que seu trono estava seguro, de que seu governo poderia continuar e de que seu maior inimigo estava morto.

A Batalha de Cunaxa foi uma retumbante vitória para Artaxerxes II, mas, após a morte de Ciro, os mercenários gregos que o serviram, abrindo caminho à força território hostil adentro, encontraram-se em uma situação difícil. Clearco conseguiu manter as tropas gregas unidas e, enquanto negociava com os persas, começou a recuar pelo Tigre até ser capturado por Tisafernes, deixando os mercenários sem liderança. As tropas muito reduzidas – dos 12 mil homens originais, restavam somente cerca de 5 mil – por fim conseguiram chegar ao mar Negro e à Jônia dois anos depois de Cunaxa, em 399 a.e.c., após uma retirada difícil e perigosa através da Síria e da Anatólia. Testemunha ocular do retorno, Xenofonte forneceu um relato em primeira pessoa, de caráter autobiográfico, em sua brilhante *Anábase* – "A expedição" –, o primeiro livro de memórias escrito por um soldado a ter sobrevivido até hoje.

*

Quando o sol raiou na manhã seguinte à Batalha de Cunaxa e iluminou o campo de batalha repleto de cadáveres, Artaxerxes agradeceu a Aúra-Masda por lhe dar uma vitória tão decisiva e por devolver a seu reino a *Arta* – "Verdade". Ctésias afirmou que 9 mil cadáveres foram trazidos

---

2 Ou Mesabate. Ctésias chama-o de Bagapate. [N.T.]

diante de Artaxerxes, embora parecesse ao historiador que os mortos eram pelo menos 20 mil. Tomou-se o cuidado de erradicar os desertores e puni-los de acordo com seus crimes. Por exemplo, um certo medo chamado Arbaces, que no dia da batalha havia debandado para o lado de Ciro, mas quando soube da morte de Ciro voltou para o exército do rei, foi acusado de covardia e fraqueza e recebeu o extraordinário castigo de ter que carregar uma prostituta completamente nua durante um dia inteiro. Outro homem que, além de desertar, se vangloriava de forma caluniosa por ter matado dois inimigos, foi punido de maneira muito mais convencional: teve a língua cortada. Os homens que lutaram com bravura por Artaxerxes – a exemplo de Ctésias – foram devidamente recompensados. O rei enviou presentes a Mitrídates, o persa que atingiu Ciro no rosto com sua lança, e fez do cário que golpeou o joelho de Ciro um homem muito rico. O restante do exército de Ciro que ficou para trás em Cunaxa foi feito prisioneiro e entregue a Artaxerxes junto com outros despojos de guerra – as belas tendas do príncipe, seus cavalos, cães de caça, roupas e joias, os seguidores e as concubinas que haviam feito parte da expedição. Aspásia foi procurada entre as mulheres de Ciro, porque Artaxerxes ouvira falar de sua fama e precisava ver por si mesmo a concubina que enfeitiçara seu irmão. Quando os guardas reais a trouxeram, amarrada e amordaçada, ele ficou zangado, jogou os captores na prisão e ordenou aos criados que a vestissem com um suntuoso manto. Instruiu ainda seus eunucos a cuidar de todas as necessidades dela. Aspásia estava de luto por Ciro, mas Artaxerxes a incorporou a seu harém (como era seu direito pela conquista) e se esforçou para agradá-la até que ela caísse em suas graças, na esperança de fazê-la esquecer Ciro e amá-lo como havia amado seu irmão. Mas levaria muito tempo até Artaxerxes conseguir alcançar seu objetivo: o amor que Aspásia tinha por Ciro era profundo e genuíno, e não seria facilmente extirpado.

Reunida na Babilônia, a corte real aguardava, ansiosa, por notícias do resultado da batalha. Quem era o rei? Artaxerxes ou Ciro? Artaxerxes despachou um mensageiro, que cavalgou às pressas até a Babilônia a fim de comunicar a Parisátide que seu amado filho havia tombado em combate e estava morto. Assim que chegou ao palácio, o mensageiro foi imediatamente conduzido aos aposentos da rainha, onde se jogou aos seus pés, beijando-lhe as sandálias numa demonstração de humildade e servilidade. De acordo com Ctésias, que alegava ter ouvido da própria Parisátide o que se passou, o mensageiro anunciou que Ciro lutara com bravura a brilhantismo; isso ao mesmo tempo agradou e preocupou a rainha, que perguntou: "Como Artaxerxes se saiu?". O mensageiro respondeu que ele havido sido ferido e fugiu do campo de batalha. "Sim", a rainha retrucou, "é Tisafernes o responsável pelo que aconteceu com ele." Em seguida indagou: "Onde está Ciro agora?", ao que o mensageiro respondeu: "No lugar onde os homens corajosos devem acampar". A duras penas ele prosseguiu seu relato para dar a notícia a Parisátide. Foi apenas gradualmente, tateando pouco a pouco, que chegou ao clímax da mensagem. A rainha foi ficando frustrada e zangada com ele e o repreendeu, até que ele por fim disse com todas as letras: "Meu senhor Ciro está morto!". De acordo com Ctésias, Parisátide entrou em estado de choque e, com um fiapo de voz, iniciou uma vagarosa e suave lamentação por seu menino. Lembrando-se dele quando jovem, falou sobre seus cavalos, cães e armamentos, e sobre o quanto o amava. Em seguida, irrompeu em lágrimas. Chorou ininterruptamente por dias a fio.

Quando Artaxerxes voltou à Babilônia, não houve desfile de vitória nem tampouco júbilo, e ele manteve um silêncio respeitável na frente da mãe. De sua parte, vestida com trajes de luto, Parisátide fez as necessárias prostrações diante do filho, agora universalmente reconhecido como o único rei da Pérsia. Cumprindo o protocolo, Artaxerxes a levantou e a colocou em um assento ao seu lado direito, a posição de honra. Parisátide jamais mencionou Ciro em conversas com Artaxerxes, e não disse uma palavra sobre a batalha, ainda que, toda vez que olhava para Estatira e Tisafernes, o fel lhe subisse à garganta. Devagar, em surdina, sem o conhecimento do rei, ela foi obtendo informações sobre os acontecimentos em Cunaxa, descobrindo quem fez o que a quem e como. A rainha contou com o auxílio de Ctésias, em quem confiava. Aos poucos surgiu uma imagem dos movimentos de Ciro na batalha e os eventos em torno de sua morte. Enfim, Parisátide elaborou uma lista com os nomes das pessoas que considerava responsáveis pela morte do filho. Ela poderia então dar início à perseguição de uma por uma.

As primeiras vítimas da vingança de Parisátide foram localizadas com facilidade. Inebriado por sua própria boa sorte, o cário cuja lança havia golpeado Ciro começou a se gabar. Deixando-se levar pela ambição, alardeou aos quatro ventos que matara Ciro com as próprias mãos e era então injustamente privado de sua fama e glória pelo rei, que sentia ciúmes por seu êxito no campo de batalha. Isso despertou a ira de Artaxerxes, que ordenou que o homem fosse decapitado. Segundo Ctésias, Parisátide, que estava presente quando Artaxerxes deu a ordem para cortarem a cabeça do homem, interveio e disse: "Não permitais que este cário desgraçado saia assim impune, meu rei! Em vez disso, que ele receba de minha boca o castigo pelo atrevimento de falar tamanha temeridade". O rei então entregou o aterrorizado homem a Parisátide, que ordenou que os guardas o encarcerassem. O único propósito da rainha era causar-lhe o máximo de dor, até que a morte o aliviasse da agonia. Para tanto, o cário foi colocado no cavalete,[3] torturado e martirizado continuamente durante dez dias, até ficar à beira da morte. No fim, ela ordenou que os olhos fossem arrancados e que se derramasse bronze derretido dentro dos ouvidos e da boca; durante esse tormento ele morreu em convulsões agonizantes.

O próximo na fila era Mitrídates, que havia perfurado com uma lança o rosto de Ciro, abaixo do olho. Ele também teve um fim trágico por sua própria estupidez, pois, convidado a um banquete oferecido por alguns eunucos de Parisátide, chegou adornado com as joias e vestes de ouro que Artaxerxes lhe dera como parte de sua recompensa. À medida que a noite avançava e a bebida jorrava em brindes abundantes, Sparamizes,[4] o mais poderoso dos eunucos da rainha, lhe disse: "Mitrídates, que belas roupas o rei te deu – e que belas correntes e colares! E que cimitarra rica e suntuosa! Ele fez de ti um homem verdadeiramente abençoado, admirado por todos". A essa altura, já muito embriagado, Mitrídates retrucou: "O que é isso, Sparamizes? Estas coisas nada são! Por minhas ações no dia da batalha eu me mostrei digno de ganhar do rei muito mais coisas, e coisas muito maiores e mais belas". Abrindo

---

3 A vítima se deitava em uma cama de madeira e tinha os pés presos por cordas ou algemas. As mãos eram esticadas acima da cabeça e amarradas a uma corda. Por fim, quando a dolorosa tortura começava, o carrasco acionava um sistema de alavancas e polias que puxava a corda e esticava os membros do supliciado, deslocando ombros, articulações e a coluna vertebral, além de romper os músculos. [N.T.]
4 Ou Esparamix. [N.T.]

um sorriso bondoso, Sparamizes replicou: "Ninguém tem inveja de ti, Mitrídates". No entanto, a vaidade e os vapores do bom vinho continuaram a encher Mitrídates de coragem, e o tornaram um falastrão. Incapaz de conter a língua, começou a abaixar a guarda até que, por fim, declarou: "Dizei o que bem quiserdes, mas eu vos digo: Ciro foi morto por *esta minha mão*, e não por outra. Pois não arremessei minha lança em vão: eu o atingi na fronte e perfurei sua bochecha, errando apenas por pouco seu olho, e eu derrubei o homem no chão. E foi em decorrência do ferimento que ele morreu". Um súbito silêncio encheu o salão enquanto os outros convidados do banquete, já prevendo o destino de Mitrídates, curvaram a cabeça e fitaram o chão, mas Sparamizes disse apenas: "Mitrídates, meu amigo, por ora estejamos alegres, comamos e bebamos à felicidade e boa sorte do rei, e deixemos de lado esses assuntos que são elevados demais para nós". Após o jantar, o eunuco foi imediatamente aos aposentos de Parisátide e relatou à rainha os acontecimentos da noite. Ela, por sua vez, instruiu o rei a ordenar o assassinato de Mitrídates.

Mitrídates foi escoltado para um local ermo fora das muralhas da cidade, uma área desguarnecida que havia sido preparada de antemão para sua execução. Lá, ele viu que havia um buraco cavado na terra, dentro do qual colocaram o casco de um pequeno barco a remo ou esquife, do tipo que todos os dias cruzava o rio Eufrates para fornecer à cidade seu suprimento de peixes de água doce. Com os braços e as pernas amarrados, Mitrídates foi posicionado de costas no barco, com a cabeça apoiada na proa e fora dela. Três guardas se aproximaram carregando outro pequeno barco, mais ou menos do mesmo tamanho do bote que continha Mitrídates, mas de cabeça para baixo, e o encaixaram por sobre o esquife no chão; com cordas, prenderam firmemente um ao outro. Em seguida, cobriram toda a estrutura de lama. Quando a lama secou, adquiriu o formato de um casulo de dimensões curiosamente grandes. Empilhou-se terra em cima da estrutura, e o buraco foi preenchido novamente, mas a cabeça de Mitrídates ficou projetada para fora, o restante de seu corpo encoberto e escondido dentro da câmara oca enterrada.

Ao longo dos dias, Mitrídates foi alimentado à força com todo tipo de comida, e em abundância. Quando não cooperava e se recusava a comer, os guardas o obrigavam a engolir, espetando seus olhos com lascas de madeira. Depois de comer, davam a ele uma mistura de leite e mel para beber e despejavam generosas quantidades da mistura em sua boca e em todo o rosto, até ficar encharcado com o líquido xaroposo. Dia após dia eles o ensopavam com essa calda melada, e a cabeça e o rosto de Mitrídates começaram a assar sob o sol escaldante. Não demorou muito para que enxames de moscas, vespas e abelhas cobrissem seu rosto, entrassem em sua boca, rastejassem para dentro de suas narinas e ouvidos. A dieta forçada de leite e mel causou uma severa diarreia, que deixou Mitrídates fraco e desidratado, e quanto mais ele era alimentado com a mistura, mais defecava. A atroz provação de Mitrídates durou dias. Aos poucos, seu corpo começou a se decompor e a apodrecer dentro do casulo, enquanto a profusão de larvas, vermes e coisas rastejantes que saíam dos excrementos começaram a consumi-lo por dentro. Mais dias se passaram. Quando ficou claro que Mitrídates havia finalmente morrido, os guardas retiraram o barco superior e viram por si mesmos que dentro do recipiente sua carne fora devorada por completo e que, ao redor das entranhas, enxames de insetos estavam se alimentando e rapidamente se infestavam; ratos e outras pragas também abriram caminho para dentro do casco e estavam roendo a carne. O fedor era asqueroso. Mitrídates levou dezessete dias para morrer.

O "suplício dos botes", como era conhecido, foi uma das várias formas institucionalizadas de pena de morte na Era Aquemênida, e às vezes é difícil conciliar essa imagem de uma Pérsia cruel com a dos persas pacíficos que aparecem, digamos, nas paredes das escadarias do *Apadana* em Persépolis, onde tudo é harmonia imperial. É fácil entender o "suplício dos botes" como um espetacular teatro de crueldade, e assim fazer uma leitura orientalista do processo de execução: os persas podem ser vistos como déspotas cruéis que inventavam tormentos sublimes e intrincados a fim de emocionar e deleitar seus reis tiranos. Mas a versão persa dessa punição é muito mais complexa e precisa ser relacionada à visão persa acerca da pureza religiosa. A ideia de uma pessoa apodrecer lentamente em meio a seus próprios excrementos, roída por vermes e infestada de pestilência, era tida como um pesadelo infernal entre os persas, que valorizavam sobremaneira as conotações religiosas de limpeza e pureza. Era um fim de vida merecido somente por aqueles que voluntariamente professavam a Mentira – traidores, rebeldes e outros pervertedores da *Arta*. A morte por escafismo, com suas moscas, fezes, leite e mel, efetivamente desencadeava um inferno na terra.

O único indivíduo que permaneceu à vista de Parisátide foi o eunuco que decepara a cabeça e a mão de Ciro – Masabates, o mais importante e influente servo de Artaxerxes. Como não lhe oferecia nenhuma oportunidade de prendê-lo, Parisátide teve que ponderar com cuidado sobre como armaria uma cilada para provocar a morte de Masabates sem atrair a atenção do filho ou parecer interessada demais no eunuco. Ela precisaria jogar o jogo da paciência e esperar o momento certo.

*

Após a guerra entre os irmãos, aos poucos Parisátide se reconciliou com Artaxerxes, que ficou satisfeito por recuperar a afeição da mãe. Quando seus filhos eram pequenos, Parisátide tinha o hábito de jogar jogos de tabuleiro com eles, e era conhecida por ser uma formidável jogadora de dados. Com efeito, antes da guerra, ela costumava jogar dados com o rei, e voltou a fazer isso. Ao fim e ao cabo, a rainha se afastava de Artaxerxes o menos possível e lhe deixava poucas oportunidades para passar tempo com Estatira, já que o ódio da rainha-mãe pela nora aumentava a cada dia. Além disso, ela queria mais prestígio perante o rei do que qualquer outra pessoa, e exercer sobre ele a maior influência possível.

Depois de meses orquestrando uma lenta reaproximação com Artaxerxes, um dia Parisátide o desafiou para um jogo de dados, com uma aposta alta de mil dáricos de ouro. Ele aceitou, e ela, de propósito, deixou que ele vencesse. Parisátide pagou o ouro que devia ao filho. Fingindo estar aborrecida e irritada por ter perdido, e ansiosa para recuperar o prejuízo, sugeriu outra rodada; dessa vez a aposta não seria uma quantidade de moedas, mas um eunuco, que passaria a fazer parte da equipe da casa do vencedor. Artaxerxes consentiu. Agora sem apelar para a farsa de que era uma jogadora inepta, Parisátide se aplicou e jogou com determinação férrea. Os dados a favoreceram, e ela ganhou. À guisa de prêmio, reivindicou Masabates, que foi devidamente transferido para o serviço da rainha-mãe. Antes que o rei pudesse suspeitar de suas intenções, ela ordenou que Masabates fosse a seus aposentos e lá a esperasse. Após dar boa-noite ao rei, ela entregou o eunuco aos carrascos e ordenou que o esfolassem vivo, empalassem seu corpo de lado em três estacas e pendurassem sua pele esticada sobre um outro pedaço de madeira.

O rei julgou intolerável o comportamento da mãe. Ficou muito desgostoso por ter sido enganado pela astúcia de Parisátide, ludibriado por sua bajulação, iludido por seu sangue-frio. Masabates não fez nada além de cumprir rigorosamente ordens reais, mas morreu de forma cruel e desnecessária por causa da incapacidade da rainha-mãe de enfrentar a realidade da morte de Ciro. Mesmo morto e decapitado, Ciro ainda era amado por Parisátide de uma forma que Artaxerxes jamais seria; o Grande Rei reconheceu a realidade e lamentou. Embora zangado com Parisátide, ansiava por sua afeição, por um toque materno. Quando por fim Artaxerxes teve coragem suficiente para repreender a mãe e protestar contra a execução de Masabates, ela fingiu ignorância e, abrindo um sorriso (assim diz Ctésias), disse alegremente: "Como tu és doce! Que bom para ti que te zangas por causa de um eunuco velho e imprestável! Por outro lado, perdi mil dáricos de ouro nos dados e aceitei minha perda sem dizer uma palavra". Artaxerxes era um homem destroçado.

O tempo passou. Embora o rei se arrependesse de ter confiado em Parisátide, e ainda que continuasse magoado pelo espírito vingativo e as táticas de intimidação da mãe, Artaxerxes engoliu em seco e tentou ao máximo viver em harmonia com ela. Para o bem do império, era importante manter uma aparência de concórdia dentro da família real. Mas o ódio de Estatira por Parisátide se inflamava tal qual uma infecção, uma ferida aberta que não cicatrizava. Ela deplorava a brutalidade e a ilegalidade das vinganças de Parisátide e a maneira como a rainha-mãe menosprezava o rei, manipulando-o com tanta crueldade em suas tramas e maquinações. Estatira começou a se opor abertamente a Parisátide nos assuntos do dia a dia da corte, afirmando seu papel como principal consorte do Grande Rei e mãe de seus herdeiros. Começou a defender sua própria pauta de prioridades dinásticas, sabotando a influência de Parisátide e minando sua autoridade. Estatira jurou a si mesma que não permitiria que Parisátide tivesse mais poder.

20
MULHERES, CUIDADO COM AS MULHERES

No início do inverno de 401 a.e.c., Parisátide cessou seu *pogrom* contra os colaboradores de Artaxerxes na Batalha de Cunaxa. Seu venerado filho Ciro estava morto havia dois meses, e seus restos mortais, unidos novamente à cabeça decapitada e à mão direita decepada, haviam sido expostos ao ar livre, e coube aos abutres e chacais do deserto o trabalho de despojá-lo de carne, músculos e tendões. A rainha-mãe ainda estava devastada pela dor, mas ao menos sua sede de sangue parecia aplacada. Foi então que chegou à Babilônia o general Clearco, o estimado general espartano de Ciro.

Clearco fora capturado pelo sátrapa Tisafernes, após a Batalha de Cunaxa, enquanto o grego e suas tropas começavam a recuar rio Tigre acima, percorrendo uma rota alternativa àquela que os levara à Babilônia. O astuto sátrapa o convidou para um banquete, abrandou-o com vinho e promessas de uma rápida viagem de volta para Esparta, e em seguida o prendeu e transportou junto com seus companheiros para a Babilônia – Clearco e seus homens foram espancados e depois atrelados juntos no mesmo jugo, acorrentados pelo pescoço, os braços amarrados firme e dolorosamente atrás das costas – e conduzidos feito parelhas de animais de carga pela Mesopotâmia. Quando Parisátide soube da chegada de Clearco à cidade, suas feridas se abriram novamente. Ela ouvira os relatos da bravura do espartano na Batalha de Cunaxa – de fato, ela apreciava essas narrativas, pois saboreava qualquer história sobre Ciro e gostava de saber o quanto Clearco havia trabalhado para apoiar a nobre missão do filho. Ele era o mais honrado dos gregos.

Merecia algo melhor que sofrer a desgraça de ser um prisioneiro de guerra agrilhoado.

Artaxerxes via Clearco de maneira diferente. Para ele, o espartano era um encrenqueiro, um grego imprestável de origem humilde, que alimentava ideias ambiciosas muito acima de sua posição. Mais que isso, era um traidor da Coroa, um estrangeiro que se intrometera nos assuntos internos do império, que de caso pensado havia desestabilizado o delicado equilíbrio da *Arta* e se aliado à Mentira, e que, ao defender Ciro de forma tão obstinada, desprezara a sabedoria de Aúra-Masda. Merecia ser humilhado. Não se deve descartar a execução do espartano, o rei declarou a seus ministros ao testemunhar a passagem de Clearco, acorrentado, pelos pátios do palácio. Esse desejo de Artaxerxes contava com o apoio de sua esposa. Sempre vigilante e perspicaz, Estatira reconhecia quão profundamente o trauma de Cunaxa e suas terríveis consequências afetaram a saúde e o comportamento de Artaxerxes. Nos dois meses que se seguiram à morte de Ciro, ele se mostrou inquieto e atormentado; Estatira sabia que, depois de ter escapado por um triz de morrer na batalha, Artaxerxes estava inseguro, e desassossegado no trono. Em nome de sua própria sanidade, o rei precisava deixar o passado para trás e retomar as rédeas do governo. Hoje em dia diríamos que Artaxerxes precisava "encerrar o assunto".

Estatira insistiu, suplicou e até implorou a Artaxerxes que agisse com autoridade definitiva e mandasse matar o grego indesejado; não se podia permitir que a vontade de Parisátide prevalecesse nessa questão. Trabalhando ao lado da irmã, Tisafernes também solicitou ao rei que mostrasse resolução e força de caráter para que imediatamente executasse Clearco e seus seguidores. Mas Artaxerxes optou por jogá-los na cadeia. Mesmo assim, Parisátide ficou perplexa ao saber que o herói de Cunaxa vinha sendo tratado com tamanho desdém, encarcerado numa cela de prisão feito um criminoso comum ou um animal selvagem, e enviou ao filho fervorosas súplicas e mais súplicas, implorando pela liberdade do general. Sabendo que cada dia representava um passo a mais de Clearco em direção da espada do carrasco, a rainha-mãe decidiu assegurar a libertação do grego e a permissão para que voltasse para casa em Esparta. No entanto, Artaxerxes fez ouvidos moucos a cada um dos desesperados apelos da mãe; estava cansado das incessantes e exasperantes intromissões da rainha-mãe, e ademais, ainda podia sentir por todo o palácio o odor nauseante do sangue das vítimas de Parisátide – as narinas do rei estavam impregnadas com o fedor da carnificina. Tudo tinha um limite. O grego permaneceria encarcerado, à espera de sua decisão.

Parisátide não se ocupava de outra coisa além do encarceramento de Clearco, e não encontrava um minuto de descanso enquanto o general espartano sofria desonra tão injustificada. Enquanto Clearco vivesse, ela ainda teria algo de seu filho, uma vaga conexão tangencial com seu menino mártir; tendo em mente essa frágil relação, lembrou de que seu médico havia atendido Artaxerxes em Cunaxa e tratado as feridas do rei. Ele falava grego, portanto seria capaz de se comunicar com Clearco.

Não sabemos se Ctésias de Cnido concordou em trabalhar como intérprete e intermediário para Parisátide por medo do poder da rainha, por piedade de um companheiro helênico preso e longe de casa, ou por ambição pessoal – talvez tenha sido uma mistura dos três motivos. Sabemos, no entanto, que, a serviço da rainha, o médico grego aproximou-se de seu círculo íntimo e que, nos dezessete anos em que viveu na gaiola dourada que era a corte persa, Ctésias prestou cuidados médicos com lealdade e sinceridade a Parisátide e sua família, e foi recompensado com a confiança e elogios da rainha (nos últimos anos, ganhou de presente de Parisátide e Artaxerxes duas espadas lavradas com fina arte e esmero). Ctésias tornou-se o improvável confidente de Parisátide, e é graças a esse relacionamento que podemos conhecer tantos detalhes da vida no coração do Império Persa durante o reinado de Artaxerxes.

Quando visitou Clearco pela primeira vez na imensa cela que ele dividia com seus soldados, Ctésias ficou surpreso ao ver o general esquelético e macilento – as rações de comida enviadas ao general estavam sendo confiscadas e consumidas pelos soldados aprisionados, que pouco se importavam com o seu líder caído em desgraça. Ctésias corrigiu a situação providenciando (com o consentimento e a compreensão de Parisátide) o envio de mais provisões a Clearco e que uma quantidade maior de víveres passou a ser entregue exclusivamente a ele. Ctésias também forneceu a Clearco o que o espartano mais desejava: um pente de cabelo. Os espartanos valorizavam muito os cuidados de seus longos cabelos oleosos, e para eles o ato de pentear-se, que era mais ritualístico que cosmético, servia como uma forma de terapia social, uma curiosa atividade de grupo por meio da qual a camaradagem e a lealdade eram estabelecidas com base nos cuidados mútuos. O pente de Clearco era, portanto, uma espécie de objeto de conforto, e ele agradeceu a Ctésias, recompensando-o com um anel, o mesmo com o qual selava e timbrava suas cartas e em cuja pedra estava gravada uma dança das cariátides.[1] Quando, no entanto, Clearco recebeu uma perna de presunto como parte de sua ração diária, pediu a Ctésias que lhe providenciasse uma pequena faca, escondendo-a dentro da carne, de modo que pudesse usá-la para tirar a própria vida e, assim, não permitir que seu destino ficasse à mercê da crueldade do rei. Mas Ctésias não estava disposto a obedecer, por medo de que Artaxerxes descobrisse, e se recusou a continuar atuando como intermediário.

De alguma forma, mas inevitavelmente, Estatira se irritou ao saber do tratamento preferencial que Clearco recebia por meio da intervenção da rainha-mãe. Estatira entendeu a motivação de Parisátide em relação ao grego, é claro, e notou que a rainha-mãe era movida por um irresistível desejo de manter viva a chama de Ciro. Estatira reconheceu também que, enquanto isso perdurasse, Artaxerxes não teria paz de espírito. Ela percebeu também que a situação vigente – e fortuita – em torno de Clearco lhe oferecia uma ocasião única de fazer Parisátide sofrer; chegou à conclusão de que, no momento, com o destino de Clearco por um fio, ela tinha uma chance de ouro para torcer a faca da dor em sua sogra e fazê-la afundar ainda mais em desespero. De maneira fria e calculista, Estatira facilmente convenceu Artaxerxes de que Clearco deveria morrer. Pelo bem do império, argumentou, pela segurança do trono e pela saúde da rainha-mãe, que se agarrava aos fantasmas do passado por causa da própria presença do perigoso bárbaro na corte, Clearco deveria morrer.

O espartano e seus soldados foram executados fora das muralhas da Babilônia, e seus corpos estraçalhados foram deixados ao relento e

---

1 Cariátides eram figuras femininas gregas esculpidas com um entablamento na cabeça como um suporte de arquitetura para cumprir as funções de uma coluna ou um pilar de sustentação. O nome *cariátides* – "moças de Karyai" – deriva de uma antiga cidade do Peloponeso. [N.T.]

às intempéries, contudo, de forma milagrosa (e improvável), sobreveio um vendaval fortíssimo, que trouxe consigo um amontoado de terra que cobriu o cadáver de Clearco. O vendaval espalhou ao redor desse monte de terra uma porção de sementes de tâmara, e pouco tempo depois, segundo a história, desse monte de terra brotou um incrível bosque de espessas tamareiras que ensombrou o local. É provável que esse relato milagroso tenha se originado no círculo de Parisátide, numa nova tentativa de engrandecer a memória de Ciro, dramatizando o destino extraordinário de um general leal. Quando Artaxerxes viu o exuberante bosque que enfeitava a "sepultura" improvisada de Clearco, "declarou seu pesar, concluindo que, ao matar Clearco, tirara a vida de um homem amado pelos deuses" – ou assim Ctésias escreveu. Em outras palavras, a propaganda divulgada pelos partidários de Parisátide reivindicava para Clearco um tropo ideológico real: um relacionamento privilegiado com as divindades que garantiam a prosperidade. Clearco foi homenageado pela vegetação que prosperou sem intervenção humana, pois foram os próprios deuses que criaram um paraíso na forma de bosque sagrado, cuja folhagem cobriu de sombra um túmulo localizado numa região árida além das muralhas da Babilônia. Por meio de Clearco, portanto, como Ctésias escreveu, "os deuses enviaram um sinal", que confirmou postumamente os atributos reais que Ciro, o Jovem, gostava de reivindicar.

*

Nos meses – e depois nos anos – que se seguiram à execução de Clearco, uma calmaria antinatural tomou conta da corte. A rotina do palácio voltou a funcionar novamente à medida que os rituais da realeza tiveram início e o Grande Rei, como no passado, percorreu suas terras, supervisionou seus domínios e recebeu os diplomatas do império.

Tal qual seus antepassados, Artaxerxes II via a si mesmo como um mestre construtor, e concentrava grande parte de seu tempo e dinheiro em projetos de edificação real. Mandou erguer um salão do trono *Apadana* em Ecbátana, ordenou a construção de um novo palácio de verão aquemênida na Babilônia (que lá permaneceu até o final do século II a.e.c.) e, como atestam as escavações e inscrições, mandou erguer um novo palácio abaixo do terraço real em Susa. No mesmo local, reconstruiu amorosamente o belo *Apadana* de Dario I, que havia sido destruído em um incêndio no início do reinado de Artaxerxes I. As restaurações foram marcadas com novas inscrições cuneiformes esculpidas nas bases dos tambores das enormes colunas caneladas que sustentavam o teto de madeira de cedro, no qual Artaxerxes destacou sua linhagem real e devoção ao grande ancestral Dario I:

> Artaxerxes, o Grande Rei, o Rei dos Reis, o Rei de Todas as Nações, o Rei deste Mundo, o filho do Rei Dario [II], Dario o filho do Rei Artaxerxes [I], Artaxerxes o filho do Rei Xerxes, Xerxes o filho do rei Dario, o Dario filho de Histaspes, o Aquemênida, diz: Meu ancestral Dario [o Grande] fez esta sala de audiências, mas durante o reinado de meu avô Artaxerxes, ela queimou; porém, pela graça de Aúra-Masda, Anahita e Mitra, reconstruí esta sala de audiências. (A^2Sa)

A principal tarefa de todo o reinado de Artaxerxes II, no entanto, foi a manutenção das fronteiras do império. Por ocasião de sua ascensão ao trono, o Egito se rebelou, e uma dinastia local governou o país com autonomia quase completa. Por duas décadas, as campanhas aquemênidas, muitas vezes com a ajuda de caros mercenários gregos, tentaram devolver o Egito ao controle do Grande Rei, mas isso não aconteceu. Artaxerxes II ainda era reconhecido como faraó em algumas partes do Egito até 401 a.e.c., embora sua resposta inerte à rebelião, sobretudo após a Batalha de Cunaxa, tenha permitido ao Egito consolidar sua independência. Por mais que a perda do Egito tenha sido um golpe no orgulho de Artaxerxes, bem-sucedidas investidas contra o rei Evágoras (ou Euagoras) de Salamina no Chipre em 381 a.e.c. e a repressão de rebeldes na Jônia, em Paflagônia e em outras regiões do oeste lhe deram uma nova injeção de moral. Houve problemas na Ásia Menor, como de costume, pois a área era um campo de batalha em que as forças da boa administração lutavam contra as forças da péssima administração. Para lá Artaxerxes despachou sátrapa após sátrapa, na esperança de encontrar alguém cuja competência como soldado-burocrata pudesse botar ordem na casa. O problema era que as satrapias haviam se tornado, em parte, hereditárias. Os sátrapas se sentiram apartados do núcleo imperial do governo e, nesse isolamento, consideravam-se capazes de governar com autonomia em relação ao poder central, sem imposições do Grande Rei. Ao longo de uma década a partir de 368 a.e.c., alguns dos sátrapas ocidentais, do Egito à Bitínia e da Cária à Síria, formaram uma coalizão contra o governo central e até mesmo cunharam suas próprias moedas – com suas efígies e não com a do Grande Rei. Essa "revolta dos sátrapas", se é que merece título tão dramático, foi inteiramente sufocada quando Artaxerxes enviou suas tropas para a Anatólia; alguns dos sátrapas foram perdoados e autorizados a retornar às suas províncias, outros pagaram com a vida – mais como exemplo para os demais do que como vítimas da fúria do rei. Artaxerxes não fora ameaçado pela insurreição. Talvez o vigor interno da administração do império tenha sido enfraquecido pela ineficiência de Artaxerxes, e se muitos de seus problemas chegaram a um desfecho favorável, foi devido a pessoas capazes ao seu redor, como Tisafernes e, não menos importante, sua mãe, Parisátide.

No final da rebelião de Ciro, Tisafernes fora homenageado por sua lealdade à Coroa, autorizado a se casar com a filha do rei e renomeado sátrapa da Lídia. Mas não conseguiu escapar do destino que o perseguia: um cortesão chamado Titraustes convidou Tisafernes para um jantar em sua homenagem, a ser realizado em Colossas, uma das cidades mais célebres do sul da Anatólia. Ao chegar, Tisafernes foi recebido e assassinado por Arieu – que lutara ao lado de Ciro em Cunaxa. O historiador grego Polieno forneceu os detalhes:

> Tisafernes não suspeitou que algo estivesse sendo tramado contra ele, então deixou seu acampamento em Sárdis e, acompanhado por um regimento de trezentos arcádios e milésios, foi imediatamente ter com Arieu. Ao chegar, tirou a espada para tomar banho. Arieu e seus servos o prenderam, depois o amarraram numa carroça coberta para transportá-lo, e o entregaram a Titraustes. Ele o transportou em segredo para Kelainai, onde cortou sua cabeça e a enviou ao rei. O rei a encaminhou à sua mãe, Parisátide, especialmente interessada em punir Tisafernes pela morte de Ciro.

Sem dúvida, a ordem para executar Tisafernes veio de Parisátide, cujo ódio pelo homem que havia destruído Ciro era implacável e tinha alcance tentacular. Tisafernes havia sido o mais leal dos servos de Artaxerxes, um nobre de grande honra e renome que, infelizmente, pelos longevos serviços prestados à Coroa, tornou-se inimigo mortal de Parisátide. Artaxerxes não fez nenhum movimento para proteger o homem que salvara seu trono, e o grande Tisafernes morreu como mais uma vítima da vingança de Parisátide contra a casa de Hidarnes.

*

Ao longo dos anos, enquanto banquetes, caçadas e audiências reais continuavam a acontecer em um círculo atemporal, alguns eventos inesperados e surpreendentes ocorreram. Um deles foi a morte súbita, mas de causas naturais, do eunuco Tiridates. Favorito de Artaxerxes, Tiridates sempre foi tremendamente enaltecido como o jovem mais bonito da Ásia, e era considerado o mais belo de todos os jovens *castrati* da corte. Dizia-se que o rei o amava com desvelo – e embora nossas fontes sejam singularmente silenciosas acerca das práticas sexuais na Pérsia antiga (de maneira bastante pudica, de fato), é bastante provável que o sexo entre homens fosse uma característica comum da vida cotidiana. É provável que os homens da elite escolhiam rapazes bonitos e castrados como seus catamitas.[2]

Entristecido com a morte de Tiridates, Artaxerxes declarou luto em toda a corte, ao qual todos procuraram obedecer. Nenhum dos cortesãos ousava aproximar-se do rei e consolá-lo, pois acreditavam que sua dor era intensa; porém, depois de três dias de hesitação, a concubina Aspásia, vestindo roupas escuras de luto, aproximou-se do imperador e chorou em sua presença, com os olhos fixos no chão. "Venho, ó rei", sussurrou, "para confortá-lo em vossa dor e aflição, se assim o desejardes; caso contrário, voltarei ao meu quarto." O rei ficou feliz com a demonstração de atenção e ordenou que Aspásia se retirasse para os aposentos dela e o esperasse. Pouco depois, o rei chegou ao quarto de Aspásia trazendo nos braços as roupas que haviam pertencido a Tiridates. Ele a instruiu a vesti-las. Ao usar as roupas do eunuco, Aspásia despertou o desejo de Artaxerxes, que fez sexo com ela ainda vestida

---

2   Termo utilizado na Grécia Antiga e Roma Antiga que designa um jovem companheiro, amante homossexual passivo de um homem mais velho. [N.T.]

com os trajes de Tiridates. Depois disso, o rei exigiu que ela sempre usasse essas roupas na presença dele, pelo menos até que a dor do luto passasse. E assim, mais que todas as suas outras mulheres, até mesmo Estatira, foi Aspásia da Fócida, o grande amor de seu irmão, quem consolou Artaxerxes e aliviou sua dor. A história de Tiridates-Aspásia deve figurar entre os primeiros exemplos conhecidos do que Sigmund Freud chamou de *Übertragung* – "transferência".

*

Com o passar dos anos, Parisátide e Estatira estabeleceram uma estranha *entente cordiale* – basicamente evitando uma à outra. Quando se encontravam, em ocasiões formais e eventos oficiais, as rainhas rivais demonstravam civilidade e respeito: Estatira sempre se prostrava e oferecia à sogra uma prosquínese, conforme exigia o protocolo da corte. Por sua vez, Parisátide levantava a nora ajoelhada e a beijava nas bochechas, como também se esperava em nome da observância da etiqueta. A guerra fria parecia estar degelando, e Artaxerxes ficou satisfeito e mais que aliviado ao ver a mãe e a principal esposa oferecendo demonstrações de civilidade e cortesia – até mesmo amabilidade. Após as suspeitas e querelas passadas, e apesar das diferenças, ambas voltaram a frequentar os mesmos lugares e a jantar juntas. No entanto, por medo e cautela de ambas, estavam sempre de guarda e, para se precaverem, comiam a mesma comida, sempre servida nas mesmas vasilhas, pois estavam cientes da ameaça de envenenamento.

Deve-se admitir que o envenenamento era um risco sempre presente na corte persa e, de tão habitual, chegava a ser corriqueiro. Ninguém duvidava da eficácia de um envenenamento elegante e engendrado com esmero, e visitantes estrangeiros da Pérsia notavam abertamente, quase com um frisson de espanto e admiração, o modo como cortesãos inconvenientes morriam nas mãos de envenenadores hábeis: "Em nenhum outro lugar tantos homens são mortos ou arruinados devido a drogas venenosas", Xenofonte enfatizou. Para os persas, o uso de veneno era semelhante à composição de um belo poema; uma arte cortesã da mais alta sofisticação. Portanto, é significativo termos conhecimento de que o cargo de provador real de comida tenha tido imenso destaque na corte persa; era um trabalho privilegiado, embora perigoso, que exigia que o provador entrasse na cozinha real enquanto a comida estava sendo preparada, mastigasse e engolisse um bocado de cada prato; e depois de esperar um pouco para ver se o alimento surtiria quaisquer efeitos, (com sorte) o provador dava seu consentimento para que o prato seguisse para o rei. Trabalhando em conjunto com o provador real de comida estava o copeiro real, outro cargo de prestígio e grande responsabilidade, ocupado apenas pelos cortesãos mais confiáveis do monarca, a exemplo do eunuco hebreu Neemias, que cumpria a função de copeiro pessoal do rei Artaxerxes I (Neemias desfrutava da convivência próxima e da confiança do monarca que mais tarde ascendeu ao poder como governador de Judá). O copeiro real era encarregado de administrar todos os criados da corte incumbidos de servir e degustar o vinho, embora ele sozinho despejasse a bebida do rei na taça real e a provasse antes do monarca, retirando-a com uma concha de prata para verificar se estava livre de veneno. A ameaça de envenenamento pode ser a razão pela qual o Grande Rei bebia um vinho produzido exclusivamente para ele – uma boa safra de Chalybonian, importada da Síria –, bem como água resfriada retirada do cristalino rio Choaspes em Elam e armazenada dentro da casa do rei em vasos especiais de bronze.

No entanto, para cada cortesão que trabalhava a fim de evitar uma morte por envenenamento, outro planejava o uso de venenos. Os envenenadores profissionais eram renomados, e sua lucrativa perícia como farmacêuticos e fitoterapeutas podia ser contratada e bem remunerada; eram capazes de preparar rapidamente porções de algo para causar um fim rápido e indolor, ou um frasco de algo mais duradouro e doloroso para causar o entorpecimento dos membros. Havia até mesmo uma sentença de morte específica reservada aos condenados por envenenamento: "Existe uma pedra larga sobre a qual colocam a cabeça do envenenador, e com outra pedra batem com força e esmagam até que o rosto e a cabeça se reduzam a uma pasta". A própria existência de uma morte por tortura específica implica que a ameaça de envenenamento era levada muito a sério.

É claro, intocável por qualquer lei, Parisátide tinha a reputação de ser uma astuta expoente dessa que era a mais mortífera das artes cortesãs; afinal, ela havia lançado mão de veneno para matar o filho de Terituchmes. Provavelmente deve ter havido muito mais vítimas além dele.

Ctésias relata que a rainha-mãe e o rei eram as duas únicas pessoas do império a ter acesso a um exclusivo e raro veneno indiano, guardado no palácio com o objetivo de causar uma morte rápida. O principal ingrediente da substância, ao que parece, era esterco de pássaro:

> Há uma espécie de pássaros indianos muito pequenos que constroem seus ninhos tanto dentro das rochas altas quanto nas chamadas "falésias macias". Esse passarinho é do tamanho de um ovo de perdiz, e tem cor alaranjada. A pessoa que engolisse um grão de seu esterco colocado em uma bebida estaria morta ao anoitecer. A morte é como o sono – muito agradável e indolor, do tipo que os poetas gostam de chamar de "tranquila" e "relaxante dos membros". Os indianos fazem um esforço enorme para obter a substância, por eles incluída entre seus mais preciosos tributos ao rei persa, que a recebe como um presente reverenciado acima de todos os outros. Exceto o próprio rei e sua mãe, ninguém mais na Pérsia possui essa substância.

Como bem sabiam os envenenadores experientes, a mesma bebida misturada com ingredientes diferentes poderia também atuar como remédio para o envenenamento, e até servir como medicamento ou bálsamo curativo. Assim, observa Ctésias, o rei e a rainha-mãe "guardam o veneno indiano como remédio e antídoto contra doenças incuráveis – para o caso de contraírem uma". Por precaução, estocavam preciosos antídotos contra todos os venenos conhecidos.

E foi com uma habilidosa utilização de veneno que Parisátide efetivou sua vingança contra Estatira. Os relatos que sobreviveram de como se deu o assassinato parecem um enredo de conto de fadas – o tema da Branca de Neve, da velha rainha má e da adorável ingênua –, mas a quantidade de detalhes preservada nas versões contadas por Ctésias e outros nos convence de que a trama maquinada por Parisátide contra Estatira resultou em um assassinato a sangue frio, planejado com perícia e executado com genuína elegância.

Foi nos aposentos suntuosamente mobiliados da rainha-mãe, no coração do harém de Susa (a corte havia se instalado no novo palácio ribeirinho de Artaxerxes para passar o inverno), que o desfecho da longa e entrelaçada história das rainhas aconteceu. Parisátide convidou

Estatira para um jantar informal, a fim de confirmar sua recém-encontrada harmonia. Estatira, que sempre tinha o máximo cuidado para evitar situações de confronto, acendeu o sinal de extrema cautela ao receber o convite para entrar nos aposentos da rainha-mãe, mas sabia também que o decoro exigia que aceitasse o convite, e que, se conseguisse realizar uma visita bem-sucedida aos sagrados aposentos, ganharia a gratidão de seu marido, o rei. Era um risco que valia a pena.

O que havia no cardápio nessa noite? Sabemos algo sobre os hábitos alimentares da elite persa. Heródoto observou que os persas "comem apenas alguns poucos pratos principais, mas com frequência consomem uma variedade de petiscos – que, contudo, não são servidos juntos de uma só vez, e sim distribuídos aleatoriamente ao longo da refeição", e Xenofonte confirma a predileção persa por "acompanhamentos extravagantes e toda sorte de molhos e carnes". Essa seleção de acepipes era complementada com sobremesas à base de xarope e leite, as favoritas dos persas, fanáticos por doces. Não há dúvida de que cozinheiros especializados produziram uma série de *amuse-bouches* para satisfazer as duas rainhas enquanto elas se reclinavam em seus sofás para jantar. Sabemos pouco das receitas inventadas pelos chefs reais. Há um texto bastante útil sobre os ingredientes que se usavam: os *Estratagemas de Polieno* registram um inventário, supostamente encontrado por Alexandre da Macedônia, dos víveres necessários para alimentar o Grande Rei e sua casa no dia a dia. Havia cardamomo, semente de mostarda, alho, salsa, cominho, flores de anis, coentro, semente de melão; alcaparras em conserva; óleo de gergelim, óleo de amêndoa doce, vinagre; carne de carneiro e cordeiro, carne de gazela, carne de cavalo, gansos, pomba-rola; leite fresco, leite azedo adoçado com soro de leite; vinho doce; creme com canela; vinho de palmeira e vinho de uva, mel e arroz de açafrão. Algumas vezes, chefs reais se superavam com criações de alta gastronomia particularmente saborosas, por exemplo *rhyntaces*, um raro pássaro do tamanho de um pombo, assado com delicadeza, adorado pelos persas. Uma vez que era possível comer todas as partes da ave (porque por dentro era repleta de gordura), alegavam que o pássaro se alimentava apenas de vento e orvalho.

Esse *plat-unique* semimágico foi apresentado a Estatira na fatídica noite em Susa. A rainha Parisátide ordenou que sua serva, Gigis, cortasse o precioso pássaro assado em duas metades com uma pequena faca, que estava lambuzada de veneno apenas em um dos lados, e Gigis esfregou o veneno numa das metades do pássaro, em seguida entregou a parte imaculada e limpa para Parisátide, que colocou a porção na boca e a engoliu. A metade contaminada foi dada a Estatira, que, sem suspeitar, comeu um bocado da delicada carne.

Horas depois, de volta ao seu quarto, Estatira morreu contorcendo-se em convulsões de dor. Parisátide deu tempo ao tempo; de maneira meticulosa e deliberada, escolhera um veneno que causaria a morte lenta e atroz de Estatira, para que ela tivesse plena consciência do inclemente destino que lhe coubera. Nos estertores da morte, já quase paralisada pelas toxinas do veneno, Estatira conseguiu informar o rei de suas suspeitas sobre a rainha-mãe. Artaxerxes já estava ciente da natureza cruel, vingativa e implacável de Parisátide.

Artaxerxes imediatamente iniciou a caçada aos criados da mãe que haviam servido à mesa, e mandou encarcerá-los e torturá-los. Gigis encontrou refúgio nos aposentos de Parisátide, que, contrariando as exigências do rei, não a entregou; porém, depois de várias semanas escondida no harém real, Gigis implorou para voltar para casa e cuidar de sua família. O rei soube disso, armou uma emboscada, prendeu-a e condenou-a à morte. Como todos os outros executados por envenenamento, o rosto e o crânio de Gigis foram completamente esmagados.

Artaxerxes tomou uma decisão sem precedentes: expulsou a rainha-mãe da corte e a mandou para o exílio na Babilônia, com a promessa de que, enquanto ela residisse lá, ele nunca mais pisaria na Babilônia. A vergonha de Parisátide, banida diante de todos os cortesãos, foi avassaladora: que outra mãe já havia sido enxotada de casa pelo próprio filho? Por que ela estava sendo vitimizada e tratada com tamanha ignomínia? O que ela tinha feito para merecer tamanha desonra? O exílio babilônico de Parisátide é o único relato conhecido de uma rainha banida da própria corte. Não que o exílio da rainha-mãe fosse particularmente árduo, pois Parisátide tinha terras de família na Babilônia (sua mãe concubina, afinal, era babilônia), e Dario II lhe dera uma miríade de terras e propriedades por toda aquela província. Em Nippur, sabemos que havia campos e jardins pertencentes a Parisátide. Recentemente ficou provado que ela era proprietária de outras terras perto da Babilônia, e podemos acompanhar sua fortuna por meio dos arquivos dos Irmãos Murashu ao longo de cerca de trinta anos. Estes estavam encarregados da administração diária das terras da rainha e acertavam as contas com seu representante, um judeu chamado Mattanya, "o servo de Ea-bullissu, o empregado de Parisátide". Em sua viagem para casa depois de Cunaxa, em 401 a.e.c., Xenofonte percorreu as "aldeias de Parisátide, a mãe de Ciro, o Jovem, e do rei". Essas terras ficavam junto ao Tigre, nos arredores de Assur, no norte do Iraque, portanto ela também tinha propriedades por lá. A riqueza de Parisátide tornou-se notória em todo o império, prova da independência econômica e perspicácia dessa poderosa mulher.

A raiva do rei após o assassinato de Estatira não perdurou; depois de condenar Parisátide ao exílio, Ctésias observa que ele "se reconciliou com ela e mandou buscá-la, tendo certeza de que ela tinha sabedoria e coragem dignas do poder real". Com efeito, após a eliminação da nora, a influência política de Parisátide, que nunca fora desprezível, cresceu de maneira considerável. "Artaxerxes deu a ela grande poder e atendia a todos os seus pedidos", Ctésias observou, e Parisátide foi rápida em usar sua influência para conceder prerrogativas aos que demonstravam lealdade ao rei. E essa é a chave para entender a natureza de Parisátide: aceitando de bom grado as histórias lúgubres que giravam em torno dela, historiadores a retrataram como uma figura maligna que corrompeu o sangue real e acelerou a degeneração da casa real e o fracasso do império, mas entenderam mal o propósito da rainha-mãe, pois, a exemplo de outras matriarcas aquemênidas, o que movia Parisátide era o desejo de garantir a segurança da dinastia. Enquanto seu marido, Dario II, lutava para chegar ao trono, as alianças matrimoniais que ele forjou entre seu filho Arsaces (Artaxerxes II) e Estatira (do poderoso clã Hidarnes) e entre o irmão dela, Teritruchmes, e Améstris II, foram um cálculo pragmático para aumentar seu poder e prestígio. No entanto, uma vez instalado com segurança no trono de Grande Rei, Dario II teve menos incentivo para buscar (ou mesmo manter) casamentos interdinásticos. Afinal, tanto ele como Parisátide, como meios-irmãos cônjuges, carregavam nas veias o sangue de Artaxerxes I, o que lhes dava a autoridade necessária na hierarquia familiar. Expandir demais o conjunto de sucessores por meio do casamento com pessoas de outros clãs nobres poderia, em última análise, enfraquecer o domínio aquemênida sobre o império. É por isso que, nas últimas décadas de vida, Artaxerxes II se casou com duas de suas próprias filhas, Atossa II e Améstris III (ambas adequadamente nomeadas em homenagem a grandes figuras dinásticas). Os casamentos endogâmicos desse tipo não eram uma atroz perversão, como a maioria dos gregos considerava, mas uma precaução de motivação dinástica contra a diluição do sangue imperial.

Uma vez que seu irmão Tisafernes já estava morto, a morte de Estatira significou que todo o clã Hidarnes fora eliminado definitivamente. Com sua lâmina venenosa, Parisátide garantiu que o controle do império não corria o risco de ser desviado para as mãos de uma família rival. As poderosas mulheres aquemênidas – Atossa, Améstris e Parisátide – desempenharam o papel de cães de guarda dinásticos e, embora de fato mutilassem, ferissem e destruíssem quem atravancava seu caminho ou frustrava seus planos, era porque estavam protegendo a família do monarca, de cuja linhagem procuravam, cautelosamente, manter a pureza.

Não sabemos quando Parisátide morreu, mas ela desaparece dos registros logo após ter planejado o casamento do filho com suas próprias netas. Devia ter por volta de noventa anos de idade. Parisátide foi uma das grandes mulheres da história antiga que sobressaiu mesmo vivendo à sombra dos homens, pois esmerou-se em controlar todos eles. A rainha-mãe serviu ao império como um símbolo da esposa leal e mãe dedicada, mas nos bastidores da corte passou a maior parte de sua vida adulta planejando o futuro de Ciro como herdeiro do trono de Dario II, quer ele quisesse ou não, e, após a morte do príncipe Ciro em Cunaxa, trabalhou com tenacidade como ministra-chefe de Artaxerxes. A tragédia de Parisátide estava no fato de que o sistema imperial persa não oferecia espaço oficial às mulheres dotadas de tamanha capacidade e competência, como bem sabiam suas ancestrais. A frustração de Parisátide com os limites de seu poder era palpável. Ela dominou a vida na corte por mais de sessenta anos, e se nenhuma lágrima foi derramada abertamente por ocasião de seu falecimento, o império deve ter reconhecido que, com a morte de uma dama tão formidável, uma era chegara ao fim.

21
VIOLENTOS PRAZERES TÊM FINS VIOLENTOS

Os derradeiros anos de Artaxerxes II foram repletos de problemas, à medida que a família real começou a ceder sob seu próprio peso. Competição, rivalidade e rixas marcaram o final de seu reinado de 46 anos. Estatira havia dado a Artaxerxes três filhos, Dareius (ou Dario, o mais velho), Ariaspes e Oco (o mais novo), mas ele teve pelo menos outros 150 filhos homens de outras consortes e concubinas. Foi pai também de muitas filhas, duas das quais ele desposou – essas uniões conjugais simbólicas enfatizavam a "exclusividade" da dinastia.

As complicações começaram para Artaxerxes pouco antes da morte de Parisátide, por volta de 385 a.e.c., quando decidiu recompensar vários de seus nobres pelos leais serviços prestados à Coroa, aproximando-os da casa real por meio de alianças matrimoniais. A princesa Apama foi dada em casamento ao nobre Farnabazo; a princesa Rodoguna, ao cortesão Orontes (ou Orentes); e a princesa Améstris III havia sido prometida ao grande sátrapa Tiribazo (governante da Armênia ocidental e, mais tarde, da Lídia), homem que se destacava mais que qualquer outro em termos da predileção real. No entanto, pouco antes do casamento, Artaxerxes desistiu da promessa e se casou com Améstris. Sentindo-se humilhado e desprezado pelo rompimento do acordo, Tiribazo se enfureceu; para aplacá-lo, Artaxerxes providenciou que uma filha mais nova, Atossa II, se casasse com o sátrapa. Tiribazo ficou satisfeito, até que, mais uma vez, o rei descumpriu sua promessa e se casou com essa filha também. A segunda humilhação, mais dolorida que a primeira, fez de Tiribazo um inimigo implacável de Artaxerxes. Ele se manifestou inúmeras vezes contra o rei, cujo caráter criticou abertamente. Quando caiu em desgraça, não mostrou humildade e nem se aquietou, mas atacou de modo feroz e incessante o governo de Artaxerxes.

Dos seus três filhos com Estatira, Artaxerxes escolheu como herdeiro seu primogênito Dareius, então com cinquenta anos. Seu filho mais novo, Oco, conhecido pelo temperamento violento e pela impaciência, não se contentava com o papel de "carta fora do baralho" na disputa ao trono e, tendo muitos adeptos na corte, esperava conquistar o pai, convencendo-o a mudar de ideia, e ser nomeado príncipe herdeiro. Para isso, ele foi ajudado e incitado por sua irmã e madrasta Atossa II, depois de prometer torná-la sua consorte e dividir com ela o poder após a morte do rei (de fato, circulava na corte o rumor de que, mesmo enquanto Artaxerxes ainda estava vivo, Oco já era amante de Atossa). Ela usou sua influência junto a Artaxerxes para envenenar as ideias do rei contra Dareius e promover os interesses de Oco.

De acordo com o costume da realeza persa, aquele que fosse nomeado para a sucessão real tinha o direito de fazer um pedido ao rei, que por sua vez era obrigado a concedê-lo, desde que estivesse em seu poder. Assim, Dareius solicitou Aspásia, a ex-concubina de Ciro, o Jovem, que agora era a concubina favorita do próprio Artaxerxes II. Aspásia ainda era bela, mas já estava longe do esplendor da mocidade, e já tinha passado da idade de ter filhos, mas isso não incomodava Dareius. Gerar mais filhos não era o objetivo (ele já era pai de filhos e filhas adultos de suas esposas e concubinas). Aspásia personificava a transferência de poder; seu corpo era, havia muito, um símbolo eficaz da transmissão da autoridade imperial, tendo sido passada de um príncipe Aquemênida para outro, e ela própria se tornara um poderoso totem de poder – quem tivesse a posse de Aspásia teria também o poder de governar. Ao incorporá-la a seu próprio harém, Dareius demonstraria que ele seria, sem sombra de dúvida, o próximo rei da Pérsia. Pedir Aspásia era uma mensagem clara para seu irmão ambicioso, alertando-o de que ele deveria recuar.

A princípio, embora com relutância, Artaxerxes concordou em entregar a concubina ao seu herdeiro, mas depois – como era de praxe – mudou de ideia. Não muito tempo depois, Artaxerxes nomeou Aspásia sacerdotisa de Anahita em Ecbátana, afastando-a de Dareius de uma vez por todas. O ressentimento do príncipe em relação ao rei não teve limites, e Dareius começou a se aconselhar com Tiribazo, que o instigou a enfrentar Artaxerxes e afirmar sua autoridade como príncipe herdeiro, sobretudo agora que seu irmão Oco se insinuava em assuntos de Estado por intermédio do harém. Ademais, Artaxerxes vinha se mostrando inconstante e insincero. Dareius já havia sido declarado o próximo rei, Tiribazo reiterou, e, portanto, era seu direito subir ao trono sem impedimentos. Juntos, conspiraram para matar Artaxerxes na expectativa de que muitos cortesãos – entre os quais pelo menos cinquenta dos muitos filhos de Artaxerxes – os apoiassem.

Testemunhando a cisão entre o rei e o príncipe herdeiro, Oco se mostrava otimista e confiante acerca das esperanças para o futuro, embora Atossa o inspirasse a agir de forma rápida e decisiva. Oco alertou o pai sobre a conspiração que estava sendo tramada por Dareius e Tiribazo, embora tenha usado um eunuco como intermediário. Dareius, junto com seus filhos, foi levado diante de Artaxerxes. O rei instruiu os juízes reais a julgar Dareius e promulgar o veredicto final. Nenhum cortesão e nenhum dos filhos de Artaxerxes interveio para ajudar o príncipe quando, de maneira unânime, os juízes declararam Dareius culpado de alta traição e decretaram sua execução. Ao ouvir o veredicto, Artaxerxes ordenou que levassem Dareius à sua presença. O príncipe prostrou-se diante do pai, implorando humildemente o perdão real; em vez de conceder clemência, Artaxerxes agarrou Dareius pelos cabelos e, com uma das mãos, abaixou o rosto dele ao chão e lhe cortou o pescoço com uma faca. Depois de matar o filho, o Grande Rei saiu para a luz do sol de um dos pátios do palácio, ergueu em adoração as mãos manchadas de sangue e disse: "Ide em paz, persas, e declarai a vossos companheiros súditos que o poderoso Aúra-Masda se vingou dos maquinadores da Mentira sobre a Verdade". Todos os filhos homens de Dareius, exceto um, ainda pequeno, também foram executados. Mais uma vez, a Dinastia Aquemênida sentia na pele um fracasso de seus procedimentos. Artaxerxes II fora cuidadoso ao designar um herdeiro – nesse aspecto, seguiu o modelo de seus antecessores –, mas, em última análise, como já havia acontecido, o status e a instituição do príncipe herdeiro não eram robustos o suficiente para combater e resistir à oposição. A grande falha dos Aquemênidas era sua extrema incapacidade de lidar com a sucessão real e de se preparar para a transferência ordeira de poder de um governante ao outro.

Oco obteve uma vitória silenciosa sobre Dareius, mas ainda temia a influência de seu irmão mais velho Ariaspes sobre o rei. Ariaspes era quieto, despretensioso e nervoso, mas popular entre os persas, muitos dos quais o consideravam digno de ser seu rei. Artaxerxes também o tinha na mais alta conta, e muito provavelmente Ariaspes era o favorito entre seus muitos filhos. Outro filho do rei, Arsames,[1] filho de uma concubina, era tido como sábio e justo, e também muito próximo do pai, que valorizava seu intelecto – fato que não passou despercebido por Oco, que, assim, conspirou contra Ariaspes e Arsames. Apoiado por um grupo de eunucos, ele iniciou uma campanha para aterrorizar o pobre e paranoico Ariaspes, insinuando que Artaxerxes suspeitava de que ele fosse cúmplice no complô de Dareius e que era apenas uma questão de tempo até que o rei o prendesse, torturasse e matasse. Desesperado com o futuro, o nervoso e neurótico Ariaspes cometeu suicídio. Mas, em vez de deslocar suas afeições para Oco, o último filho sobrevivente de Estatira, Artaxerxes II declarou sua intenção de fazer de Arsames o príncipe herdeiro. Foi como assinar a sentença de morte de Arsames. Em poucos meses, Oco supervisionou o assassinato do príncipe. Por fim, após anos de conspiração, e depois de eliminar todos os seus principais rivais, Oco foi nomeado herdeiro de Artaxerxes, pouco antes de o velho rei morrer aos 86 anos. Era dezembro de 359 a.e.c. Artaxerxes II ficou conhecido por ser um governante gentil, "um amigo de seus súditos", na melancólica definição de Plutarco.

Oco assumiu o nome régio Artaxerxes III, expressando assim piedade filial. Durante a cerimônia de sua investidura em Pasárgada, os magos profetizaram que em seu reinado haveria colheitas abundantes e muito derramamento de sangue. Mal tinham anunciado seus presságios quando parte da profecia foi cumprida – para evitar novas conspirações, o novo Artaxerxes ordenou a execução de todos os seus parentes mais próximos. Em apenas um dia, oitenta de seus irmãos foram mortos. Em outro dia, mais de cem príncipes Aquemênidas – jovens e velhos – foram conduzidos a um pátio vazio e massacrados com uma saraivada de flechas. Atossa, a irmã calculista que tanto trabalhou para fazer com que

---

1 Não deve ser confundido com seu primo Arsames, filho de Ostanes (filho de Dario II e Parisátide e irmão do rei Artaxerxes II). [N.T.]

Oco caísse nas graças do falecido rei, não se tornou rainha. A mando do irmão, foi enterrada viva. Infelizmente, sabemos pouco da vida privada de Artaxerxes III, além do fato de que era casado com a filha de uma de suas irmãs (possivelmente da assassinada Atossa II), e com uma filha de Oxatres, filho de Arsames, o sátrapa de Susa (Oxatres era irmão do futuro Dario III). Ambas as consortes de Artaxerxes permanecem anônimas.

*

Artaxerxes III "superou a todos em crueldade e sede de sangue", Plutarco escreveu. Ao longo de 21 anos (359 a.e.c.-338 a.e.c.), esse homem de vontade férrea e inabalável governou o Império Persa com força bruta. Segurou com firmeza as rédeas do governo e devotou toda a sua energia para restaurar o império, consolidar um governo centralizado e devolver a Pérsia à sua antiga glória. Após ascender ao trono, o novo rei imediatamente esmagou rebeliões que explodiram na Síria e na Ásia Menor, e aniquilou a tribo dos cadúsios, que vinha realizando ataques-relâmpago no noroeste do Irã. Um homem chamado *Artashiyāta* ("feliz na *Arta*" – ou seja, "feliz na Verdade", em persa antigo, e conhecido pelos gregos como Codomano)[2] se destacou na campanha para esmagar os cadúsios, e por sua atuação Artaxerxes lhe concedeu o governo da satrapia da Armênia.

Para sufocar o poder dos sátrapas problemáticos da Ásia Menor, Artaxerxes ordenou a dissolução de todos os exércitos mercenários e, em seguida, proibiu os governadores de arregimentar forças militares. De modo geral, os sátrapas se curvaram ao édito imperial, mas Artabazo, que supervisionava a Frígia e comandava todas as tropas persas na Ásia Menor, se recusou a obedecer e encabeçou uma revolta contra Artaxerxes – investida em que contou com o apoio de Orontes, governador da Mísia. Derrotados em 352 a.e.c., ambos foram severamente espancados e punidos. No entanto, uma ameaça maior a Artaxerxes surgiu em 349 a.e.c., quando as cidades fenícias, apoiadas pelos egípcios, se revoltaram contra a Pérsia. Em Sídon, centro do motim, rebeldes atacaram e destruíram o palácio da satrapia e o belo jardim, muito amado pelo governador; cortaram árvores, queimaram os estoques de forragem destinada

---

2 De *Codomannus*, "inclinado à guerra". [N.T.]

à cavalaria persa e destruíram muralhas e portões. Em 346 a.e.c., o faraó egípcio Nectanebo II enviou 4 mil mercenários gregos a Sídon para ajudar na revolta. Derrotaram com sucesso dois ataques persas liderados por Belesys, o sátrapa da região de "Do outro lado do rio", e por Mazeu, o sátrapa da Cilícia. A insurgência rapidamente se espalhou para Judá e Síria e para a ilha do Chipre, onde nove reis cipriotas se uniram à Fenícia para acabar com a ocupação persa.

Para tudo há um limite. Artaxerxes III decidiu resolver o problema com as próprias mãos e, em 345 a.e.c., assumiu pessoalmente o comando das forças persas (cerca de 30 mil soldados de infantaria, 30 mil cavalarianos e trezentas trirremes) e marchou sobre Sídon. Os sidônios lutaram bravamente, mas acabaram traídos por seu líder, Tennes, que permitiu que os persas entrassem na cidade sem enfrentar resistência. Artaxerxes decidiu castigar Sídon da maneira mais brutal possível e fazer da cidade um exemplo para quem mais pensasse em abandonar o domínio persa. A população foi massacrada – cerca de 40 mil homens, mulheres e crianças –, a cidade foi completamente destruída pelo fogo e seus tesouros, saqueados. Os sobreviventes foram vendidos como escravos e transportados para a Babilônia e Elam.

Como era de se esperar, outras cidades fenícias capitularam para Artaxerxes e cessaram a resistência; assim, as cidades-Estados da Fenícia foram incorporadas à satrapia da Cilícia e colocadas sob o controle de Mazeu, que recebeu ordens de governar com brutalidade os fenícios rebeldes. Quanto aos judeus que se insurgiram contra o rei em Judá, foram deportados para a Hircânia, no mar Cáspio, onde ainda residiam no século V e.c. Já ao Chipre, sua busca pela independência sofreu um golpe fatal quando Artaxerxes encarregou Idrieus, príncipe da Cária, de reduzir a ilha a pó. Os governantes cipriotas pagaram um alto preço por seu momento de glória.

No inverno de 343 a.e.c., um Artaxerxes furioso, mas resoluto, marchou da Pérsia para o Egito, determinado a submeter o país novamente ao controle persa. O faraó Nectanebo, que havia reunido um exército de 60 mil egípcios e 20 mil mercenários gregos, foi ao encontro dos persas na cidade fronteiriça de Pelúsio, no extremo leste do Delta do Nilo. Ao se aproximar do Egito, Artaxerxes dividiu seu numeroso exército de 330 mil persas e 14 mil gregos em grupos separados, cada um sob o comando de um persa e um grego que, chegando a Pelúsio, rapidamente levaram a melhor sobre as forças egípcias, obrigando Nectanebo a fugir para Mênfis, onde se escondeu. Os persas avançaram sem demora pelo Delta, invadiram e destruíram inúmeras cidades e vilarejos em todo o Baixo Egito a caminho de Mênfis. Depois que Nectanebo fugiu às pressas do país e buscou refúgio na Etiópia, as tropas de Artaxerxes derrotaram de vez os egípcios e ocuparam todo o baixo Delta do Nilo. Os exércitos do Alto Egito se sujeitaram a Artaxerxes, mas nem eles nem seus vizinhos do Baixo Egito foram poupados da ira implacável do rei, que ordenou o terror: cidades e templos saqueados e destruídos; fortalezas reduzidas a escombros; colheitas arrasadas e queimadas. A *Crônica demótica* registrou as lamentações do povo egípcio:

> Nossos lagos e ilhas estão cheios de pranto; os egípcios serão despojados de suas casas; dir-se-á acerca deste tempo: "Os persas trouxeram a ruína; tomaram as casas dos egípcios para nelas habitar".

Um nobre egípcio deixou um relato curto, mas dinâmico, da invasão de Artaxerxes, em uma estela dedicada ao deus Herishef (ou Harsafés), a principal divindade de Heracleópolis, a quem o autor dá o crédito por ter salvado sua vida no momento em que as tropas persas e mercenários gregos entraram violentamente no Egito: "Eles mataram 1 milhão ao meu lado", declarou, acrescentando com incredulidade, "mas ninguém levantou o braço contra mim". Quanto às colônias judaicas no Egito, foram praticamente dissolvidas, e as populações, enviadas para a Babilônia ou para o mar Cáspio, mesmo local para onde os judeus da Fenícia já haviam sido enviados antes.

Diz-se que Artaxerxes continuou seu reinado de terror no Egito com atos de sacrilégio. Conta-se que matou o touro Ápis e se banqueteou com a carne assada do animal, executou sacerdotes egípcios e contaminou templos. Essas histórias são típicas de uma visão antipersa, é claro, e Cambises II foi enquadrado em um contexto semelhante por propagandistas egípcios. No entanto, embora seja improvável que o touro Ápis tenha sido morto (muito menos comido) por Artaxerxes III, é preciso admitir que a nova invasão e a subsequente *repersianização* do Egito foram realizadas com uma brutalidade mais intensa do que a testemunhada sob Cambises. Após sessenta anos de independência, o Egito estava de volta ao Império Persa e, portanto, o ano 342 a.e.c. marca o "Segundo Período Persa" no Egito e a fundação da Trigésima Primeira Dinastia. A submissão do Egito renegado foi a maior conquista de Artaxerxes, pois agora os ricos recursos da terra do Nilo estavam mais uma vez em posse dos persas, e as rotas comerciais do mar Vermelho voltaram a funcionar normalmente.

Antes de deixar o Egito, Artaxerxes III viu a velha estátua de Udjahorresnet, o alto-oficial egípcio que servira com grande lealdade a Cambises e a Dario I. Estava um pouco empoeirada e desgastada, e Artaxerxes ordenou sua restauração. Deixou uma inscrição na estátua, proclamando: "A todos vós, dignitários, todos vós, eruditos, eu fiz reviver o nome do médico-chefe Udjahorresnet, que completou 177 anos depois de seu tempo, porque encontrei sua estátua em um estado de decadência". O motivo pelo qual Artaxerxes empreendeu a restauração da estátua é incerto, mas sugere que ele desejava reviver as honrarias concedidas ao velho Udjahorresnet, um importante defensor dos persas no Egito, um colaborador eficaz e enérgico.

Em 344 a.e.c., Artaxerxes partiu de um Egito submisso, atordoado por sua reintegração forçada ao Império Persa e desamparado diante da perda do autogoverno, e retornou à Pérsia. Nomeou Ferendates como o novo sátrapa egípcio e atribuiu a Mentor de Rodes, general que se distinguira na Batalha de Pelúsio, o cargo de comandante-chefe das forças persas no Egito e na Ásia Menor ocidental. Mas o Egito não era um lugar feliz, e Ferendates foi incapaz de sufocar por completo a crescente agitação no país. Por volta de 340 a.e.c., um burocrata egípcio chamado Petosiris, sacerdote de Thoth em Hermópolis e a serviço dos deuses Sakhmet, Khnum, Amon-Rá e Hathor, gravou sua autobiografia em seu próprio túmulo na necrópole de Tuna el-Gebel. Ele se orgulhava de ter restaurado a sorte dos templos em que serviu, mas lamentou o estado geral do Egito, que ele via como um lugar sem lei e caótico:

> Sete anos passei como mordomo do templo de Thoth, embora um rei estrangeiro [i.e. Artaxerxes III] estivesse no controle total da terra. Travavam-se batalhas no centro do Egito. O sul estava em alvoroço; o norte, em revolta. O povo viajava com medo. [...] Nos

templos não se fazia nenhum trabalho, porque os estrangeiros vieram e invadiram o Egito.

Artaxerxes III cumpriu sua ambição de restaurar as antigas fronteiras da Pérsia e unir o império sob forte liderança militar. De fato, parecia que os velhos tempos haviam retornado e que o império voltava ao glorioso tempo de Dario, o Grande. Com efeito, Artaxerxes disseminou essa ideia numa série de inscrições propagandísticas em Persépolis, as quais – principalmente por meio do emprego de vocabulário e sintaxe arcaizantes – demonstraram seu uso consciente do passado imperial. Uma inscrição que ele mandou colocar numa escadaria de Persépolis, por exemplo, utilizou a mesma fraseologia que Dario I empregara na fachada de seu túmulo em Naqsh-i Rustam, embora o texto de Artaxerxes incorporasse o nome do deus Mitra, que desde o reinado de Artaxerxes I havia crescido em status e visibilidade:

> Um formidável deus é Aúra-Masda, que criou esta terra, que criou além do céu, que criou a felicidade para o homem, que fez de Artaxerxes rei. Um rei para muitos, um líder de muitos.
> O Grande Rei Artaxerxes, o Rei dos Reis, o Rei dos Países, o Rei desta Terra, diz: Sou filho do Rei Artaxerxes [II]. Artaxerxes era filho do rei Dario [II]. Dario era filho do rei Artaxerxes [I]. Artaxerxes era filho do rei Xerxes. Xerxes era filho do rei Dario [o Grande]. Dario era filho de um homem chamado Histaspes. Histaspes era filho de um homem chamado Arsames, o Aquemênida.
> Diz o Rei Artaxerxes: Esta escadaria de pedra foi construída por mim no meu reinado. Diz o Rei Artaxerxes: Que Aúra-Masda e o deus Mitra preservem a mim, o meu país, e o que foi construído por mim. (A^3Pa)

Mais relevante: a inscrição mostra que Artaxerxes se colocou, com confiança, na linhagem dos reis Aquemênidas, começando com Dario I, e vale a pena notar que cerca de 170 anos depois de Dario tomar o trono, a relação (falsa) da dinastia com os teíspidas, a casa de Ciro, o Grande, deixou completamente de ter importância.

*

Nem mesmo um líder forte como Artaxerxes III poderia evitar as armadilhas e arapucas da corte. À medida que envelhecia e parecia enfraquecer no corpo e na mente, o monarca gradualmente passou a ser considerado um alvo adequado para eliminação; era apenas uma questão de tempo para que os homens ávidos por poder o matassem. Uma tabuleta babilônica do eclipse solar datada de agosto/setembro de 338 a.e.c. é o atestado mais confiável que temos da morte de Artaxerxes, registrando que no "mês [de] Ululu, Umakush [i.e. Artaxerxes III] partiu para o seu destino; Arsës, seu filho, sentou-se no trono". No entanto, essa simples declaração atestando um fato encobre mais um episódio de ruptura dinástica catastrófica, pois na verdade Artaxerxes foi vítima de uma ousada trama arquitetada por um poderoso eunuco da corte chamado Bagoas, uma verdadeira criatura cortesã, nascida na corrupção da corte, e cujas ambições visavam ao mais alto cargo do Estado. Ele assassinou o rei.

Bagoas fez seu nome e caiu nas graças do rei durante a reconquista do Egito, ao comandar, ao lado de Mentor de Rodes, o corpo principal do exército persa e mercenários gregos na Batalha de Pelúsio. Mais tarde, no saque da cidade egípcia de Bubastis, Bagoas caiu prisioneiro, mas foi resgatado por Mentor e, mais tarde, enviado por Artaxerxes para colocar ordem nas "satrapias superiores" (como eram conhecidas) da parte oriental do Império Persa, e recebeu o poder supremo sobre essas terras. Graças à amizade com Artaxerxes, Bagoas tornou-se um homem fabulosamente rico, e sabe-se que possuía jardins famosos perto da Babilônia e um palácio próprio em Susa. No entanto, apesar da autoridade e da fortuna que gozava por causa da benevolência de Artaxerxes, ele ansiava por mais. Ele queria governar. Resolveu que Artaxerxes deveria morrer. A arma escolhida pelo eunuco foi despejar no vinho servido ao rei uma dose generosa e letal de veneno. O velho morreu de forma lenta e agonizante. Sua garganta se contraiu, depois se fechou, e em poucos minutos o "Conquistador do Egito" morreu asfixiado.

Reconhecendo que, por ser *castrato*, jamais poderia ser rei, Bagoas instalou no trono um dos filhos de Artaxerxes e passou a governar por meio dele. Com cerca de trinta anos de idade e seus próprios filhos, o príncipe Arsës (ou Arshu) tinha um caráter perfeitamente maleável, e ele não deu problemas a Bagoas, que assumiu o papel de administrador-chefe do império, realizando audiências reais, atendendo a petições e de maneira geral planejando a governança geral. Arsës desempenhava o lado cerimonial da realeza, ao assumir o nome régio de Artaxerxes IV, mas foi mantido isolado de qualquer poder efetivo. Dois anos depois do início de seu reinado, no entanto, Arsës ansiava por deveres régios mais substanciais, após se certificar de que o papel de rei tinha o potencial de lhe conferir autoridade genuína. Assim, começou a marginalizar Bagoas e alijá-lo do poder, limitando seu controle sobre o conselho real e tomando as rédeas das tarefas sob sua jurisdição. No final do segundo ano de seu reinado, no verão de 336 a.e.c., Arsës foi assassinado pelas mãos do descontente Bagoas. Por precaução, as esposas, filhos e filhas de Arsës também foram executados. A *Profecia dinástica babilônica*, texto cuneiforme em acádio fragmentado e repleto de lacunas que alega ser um oráculo predizendo o futuro (embora tenha sido escrito após os eventos que descreve), é a única evidência sobrevivente do Oriente Próximo para o assassinato de Artaxerxes IV. O texto registra:

[...] reis [...] que seu pai... [...]. Por três anos ele exercerá a realeza. Esse rei será assassinado por um eunuco.

Os preconceituosos autores gregos (a exemplo dos historiadores Eliano e Plutarco), que falaram da derrubada e assassinato de Arsës e outros reis Aquemênidas, empregaram o *tópos* do eunuco malvado para demonstrar as fraquezas dos últimos Aquemênidas. Mas o fato de que nas tabuletas cuneiformes babilônicas temos o reconhecimento imparcial e direto do assassinato de reis nos obriga a levar o assunto a sério. Em vez de continuar a satisfazer a fantasia orientalista dos eunucos como "mestres titereiros", é hora de admitir que as cortes dos monarcas absolutos operavam sob tensões e pressões que muitas vezes resultavam em rebelião e, vez por outra, em assassinato. Afinal, a proximidade física com os reis Aquemênidas dava aos eunucos oportunidades incomparáveis de agir como assassinos. A rivalidade era endêmica na corte aquemênida; apesar de toda a sua beleza, os palácios reais eram, como vimos, locais perigosos. Um "covil de leões" é como um texto cuneiforme assírio descreveu a corte povoada de habitantes antagônicos (às vezes cruéis), e um conjunto de antigos provérbios sumérios datados de pelo menos 2900 a.e.c. revela o quanto essa noção era antiga:

> Um palácio é um imenso rio; seu interior é um boi escornado, sangrando. [...] Um palácio é um lugar escorregadio onde se desliza. Se tu disseres: "Deixa-me ir para casa!", apenas toma cuidado, pois um palácio [...] é uma terra devastada. Assim como um homem nascido livre não pode se esquivar da obrigação de trabalho forçado, uma princesa não é capaz de escapar desse prostíbulo.

Centro da vida dinástica e política, a corte Aquemênida era um palco em que os jogos de intriga, facção e vingança se desenrolavam com surpreendente regularidade. A tensão da politicagem da corte permeava todos os aspectos da casa real, e pouquíssimos indivíduos saíam ilesos da intriga. A nobreza da corte era extremamente suscetível a maquinações políticas e rivalidades pessoais, o que é demonstrado com clareza no Livro de Ester, cuja base é uma história de intrigas destrutivas. Por certo, nada disso era exclusivo da Pérsia, pois as sociedades cortesãs de todos os períodos e em todas as partes sofreram com as tensões inerentes à imposição do poder e à sua posterior manutenção. Devemos estar dispostos a levar a sério as histórias de caprichos irracionais e da crueldade malévola dos reis, rainhas e cortesãos persas. Não existe um único relato acerca de Xerxes, Artaxerxes III, Bagoas ou Parisátide que não encontre paralelos em informações bem atestadas sobre Henrique VIII, Ivan IV (o Terrível), ou Wu Zetian, a única mulher na história da China a ocupar o trono imperial, e, guardadas certas diferenças de instituições, a corte persa estava sujeita ao mesmo tipo de pressões que afligiram as cortes dos monarcas absolutos até o tempo de Stálin ou Putin.

Tendo mencionado o assassinato de Artaxerxes IV, a *Profecia dinástica babilônica* registra:

> Um príncipe rebelde [...] atacará e [tomará] o trono. Por cinco anos ele exercerá a realeza.

Quem era esse "príncipe rebelde"? Só há um candidato – Artashiyāta (Artašata ou Artashata), o campeão militar recompensado por sua bravura com a satrapia da Armênia depois de vencer as guerras de Artaxerxes III contra os cadúsios. Mais tarde, foi nomeado governador de Pārs. Neto de Dario II, Artashiyāta era um príncipe Aquemênida de sangue – embora de um ramo colateral da família imperial –, e seu pai, Arsames, havia servido ao trono no papel de sátrapa de Susa, tendo como uma de suas esposas uma nobre de alta estirpe chamada Sisigambis, do clã aquemênida, talvez prima de Artaxerxes III. Depois da vitória contra os cadúsios, que o tornou famoso em todo o império por seu heroísmo guerreiro e sua disposição nos combates corpo a corpo, Artashiyāta foi encarregado da administração de Persépolis e Pārs, talvez o mesmo trabalho atribuído ao grande Parnakka nas tabuletas da Fortificação de Persépolis na época de Dario, o Grande. Por volta de 340 a.e.c., casou-se com a princesa real Estatira II, sua prima, que lhe deu um filho, Oco; ele também gerou três filhas em outras esposas ou concubinas.

Após a morte de Artaxerxes IV, Bagoas, que já havia assassinado dois reis, deu as boas-vindas ao príncipe Artashiyāta no trono, instalando-o como Grande Rei. Sem dúvida, Bagoas fez isso porque (segundo fontes gregas) a reputação de Artashiyāta de demonstrar coragem na batalha o tornava aceitável para os cãs e nobres persas, e sua conexão de sangue com a família real e a memória da boa vontade que Artaxerxes III mostrara em relação a ele também devem ter contribuído para sua aceitação. Bagoas provavelmente concluiu que, por ser um forasteiro que desconhecia os complexos meandros da sociedade real, Artashiyāta não teria outra opção a não ser contar com ele para aconselhamento e apoio, embora seja necessário dizer que parece não ter havido grande simpatia do príncipe pelo eunuco. Quando Artashiyāta começou a assumir o controle total de seu recém-descoberto status real – o que estava fadado a acontecer –, Bagoas entrou em pânico e tramou um audacioso plano para tirar a vida de Artashiyāta; seu método era o ardil testado e comprovado de envenenar sorrateiramente a taça real. Avisado do estratagema de Bagoas, o novo Grande Rei, num gesto magnânimo, ofereceu ao eunuco a "honra" de ser o primeiro a beber da taça real. Como afirma Diodoro, "o rei chamou Bagoas para brindar a ele e, entregando-lhe sua própria taça, o rei o obrigou a provar do próprio veneno".

A partir das fontes fragmentárias, tardias e suspeitas que usamos para compor de forma ordenada os eventos que cercam os regicídios de Artaxerxes III e de seu filho, salta aos olhos a constatação de que faltam evidências sólidas e confiáveis acerca do período, e de que as informações disponíveis são confusas, caóticas e frustrantes. O que se pode afirmar com certeza, porém, é que mais uma vez a casa real Aquemênida foi vítima de sua própria incapacidade de controlar a questão sucessória. Artaxerxes III foi um governante robusto, mas, à medida que envelheceu, seu poder foi minguando e ele não subjugou com o devido vigor as facções da corte que rapidamente surgiram. Não sabemos por qual razão ele mostrou tão pouco interesse pela sucessão; ao que tudo indica, em nenhum momento de seu reinado ele nomeou um príncipe herdeiro, e tampouco deu os primeiros passos para promover uma transferência pacífica de poder. Ainda assim, ler essas histórias de conspirações cortesãs e assassinatos como evidências da decadência do Império Persa, como tem sido feito reiteradamente por estudiosos acadêmicos, não apenas é um enfoque infrutífero, mas completamente equivocado. Às vésperas da ascensão de Artashiyāta ao trono de Grande Rei, a Pérsia era uma poderosa força mundial; não havia perdido um pingo de sua autoridade no cenário global, e, embora a violenta história da Dinastia Aquemênida, recheada de tramas e assassinatos, ainda se desenrolasse, a família jamais perdera o controle do império. A bem da verdade, Artaxerxes III restabeleceu e revitalizou a posição da Pérsia como superpotência mundial dominante, e, graças a ele, Artashiyāta herdou um reino abastado, estável e não apenas funcional, mas próspero. Assumindo o nome régio de Dario III, o novo Grande Rei aliou-se aos feitos e à memória do primeiro grande Dario, e por ser um guerreiro de grande renome, sua ligação com o antigo rei era mais que justificada. Determinado e obstinado, Dario III tinha a ambição e a capacidade de ampliar os domínios da Pérsia e enriquecer seu reino. Seu reinado estava predestinado à glória.

*

Desde que o rei macedônio Amintas I entregara seu país a Dario, o Grande, por volta de 512 a.e.c.-511 a.e.c., macedônios e persas mantiveram contato próximo. A subjugação da Macedônia ocorreu durante a campanha cita de Dario, quando o gigantesco exército aquemênida invadiu os Bálcãs. No caminho, os persas conquistaram a Trácia, rica em ouro, e as cidades gregas do litoral do mar Negro, bem como Perinto, no mar de Mármara, e enviaram emissários a Amintas I exigindo terras e água para Dario. O rei macedônio aceitou o domínio persa, e seus sucessores se tornaram vassalos do Grande Rei. De fato, os governantes da Macedônia ganharam muito com a ajuda persa e começaram a expandir seus territórios, tomando terras das tribos balcânicas e dos gregos. O historiador romano Justino observou que Alexandre I da Macedônia expandiu seus domínios "tanto por seu próprio valor quanto pela generosidade persa", e que os macedônios eram "solícitos e úteis aliados dos persas". Em 480 a.e.c., Xerxes recebera a hospitalidade de Alexandre I quando partiu para conquistar Atenas e Esparta, e soldados macedônios lutaram nas fileiras do seu exército na campanha que se seguiu.

A Macedônia era uma terra rica em recursos naturais: suas montanhas eram densas de florestas e a madeira era abundante. Atenienses compravam carvalho, abeto e pinheiro macedônios a granel para construir suas trirremes; o ouro jorrava aos borbotões para os cofres da Macedônia, cujos reis se tornaram muito ricos. Felizes em negociar com os macedônios, atenienses e outros gregos do continente consideravam a Macedônia um lugar perigoso, uma terra sem lei – para todos os efeitos, um país de bandidos. Os gregos enxergavam os macedônios como estrangeiros, bárbaros, não gregos, e, embora haja alguma verdade nisso, também é certo que os macedônios viam a si mesmos como pertencentes ao mundo helênico. A Dinastia Argéada, a casa governante da antiga Macedônia em 700 a.e.c., teve suas origens na cidade de Argos, no Peloponeso. A narrativa argéada transformou em mito as origens da dinastia ao proclamar que os reis descendiam da família de Héracles (ou Hércules), o supremo herói semideus do mundo grego, e que estavam integralmente interligados ao universo helênico.

Apesar do caráter helênico da realeza macedônia, ao longo das décadas a Macedônia tornou-se cada vez mais "persianizada", em especial a corte real, que se inspirava de perto em protótipos persas. Após ascender ao trono em 359 a.e.c., o rei Filipe II, o governante mais ilustre da Macedônia, construiu sua base de poder ao copiar à risca muitas instituições aquemênidas. De caso pensado, imitou práticas imperiais persas: criou uma secretaria e um arquivo reais e instituiu pajens e companheiros reais (*hetairoi*) com base nos "compatriotas" (*syngeneis*) aquemênidas.

Filipe sentava-se em um trono cuidadosamente fabricado a partir de um modelo persa e bebia em taças de prata de estilo aquemênida; seus cavalos eram equipados com arreios e selas persas. Sua família polígina imitava o modelo da realeza persa, e suas sete consortes estavam instaladas em apartamentos na corte interna de seus palácios em Égea e Pela; cada esposa havia levado para o casamento lucrativos laços econômicos e políticos firmados com chefes de clãs e nobres vizinhos. Em suma, um persa que visitasse a Macedônia teria se sentido muito à vontade na corte de Filipe. Para todos os efeitos, tratava-se de uma corte persa em miniatura, com um toque grego.

A apropriação por parte de Filipe de adornos e instituições cortesãos ao estilo aquemênida não passou despercebida pelos persas, tampouco seus crescentes ganhos territoriais. Notou-se também que, com regularidade cada vez maior, a corte de Filipe se tornava um porto seguro para persas descontentes que haviam dado as costas ao Grande Rei. Durante o reinado de Artaxerxes III, dois irmãos, Mentor e Mêmnon de Rodes, apoiaram o persa Artabazo II em sua campanha para suceder o pai Farnabazo como sátrapa da Frígia Helespontina. A fim de consolidar uma aliança com os irmãos, Artabazo se casou com a irmã deles e, por sua vez, entregou a filha Barsina (ou Barsine) em casamento a Mentor (após a morte de Mentor, Barsina se casaria com o outro irmão, Mêmnon). Artabazo se rebelou contra Artaxerxes III, mas a rebelião durou pouco; em 356 a.e.c. seu exército foi esmagado e ele e Mêmnon fugiram para a Macedônia, ao passo que Mentor escapou para o Egito e, numa reviravolta, voltou a cair nas graças de Artaxerxes. Artabazo, por sua vez, teve recepção calorosa na Macedônia e se refugiou na corte de Filipe II, que acolheu também sua família e harém; Barsina certamente estava entre os recém-chegados. Entre os emigrados incluíam-se Sisines e Amminapes, dois importantes cortesãos persas que escaparam da opressão do jugo de Artaxerxes para a atmosfera mais acolhedora de Pela. Eles e outros levaram à corte de Filipe o conhecimento das tradições, ideias e regras persas; vale destacar que também levaram consigo a língua persa. Como resultado, o mundo de Filipe II era um magnífico híbrido de valores, costumes e estilos de vida macedônios, gregos e persas.

A ambição primordial de Filipe era incrementar a força militar e política da Macedônia. Ele reorganizou por completo o exército macedônio, refinando métodos de treinamento, renovando armamentos e táticas, e substituindo a ultrapassada formação em falange por hoplitas armados com *sarissas* (lanças ou piques com cerca de quatro a seis metros de comprimento) e *xiphos* (espadas curtas de dois gumes, empunhadas numa das mãos). Depois de lidar com a turbulência interna do país, o passo seguinte foi a expansão. Com essa formidável nova força de combate, Filipe acrescentou ao seu reino as terras da Trácia, da Calcídica ao mar Egeu, e metodicamente erradicou as cidades costeiras dos Bálcãs, vencendo batalha após batalha e ampliando seu prestígio internacional.

O avanço militar de Filipe através da Trácia e depois pela Grécia continental foi acompanhado com muita atenção por Artaxerxes III, sobretudo quando, no início da década de 330 a.e.c., Filipe tentou ativamente conquistar os governantes locais da Ásia Menor, apoiando-os contra o Grande Rei ou incitando-os à rebelião. O primeiro confronto entre a Macedônia e a Pérsia eclodiu em 341-340 a.e.c., quando Filipe tentou dominar Perinto e Bizâncio, cidades da Trácia localizadas na extremidade da península, de frente para a Ásia, quase tocando-a. Ambas as cidades rapidamente receberam ajuda dos sátrapas frígios e cários, que receberam ordens de um ansioso Artaxerxes para fornecer total apoio às vítimas da agressão de Filipe, e foi por se interessar ativamente pelas ambições de Filipe que o Grande Rei conseguiu neutralizá-las antes que danificassem de forma irrevogável os territórios persas. Filipe decidiu que era necessária uma retirada completa e regressou com suas tropas para Pela.

No verão de 338 a.e.c., Filipe obteve sua grande vitória sobre Atenas e Tebas na Batalha de Queroneia, e o equilíbrio de poder na Grécia e nos Bálcãs se modificou da noite para o dia. Após submeter a Grécia a seu bel-prazer, Filipe fez saber que estava se preparando para invadir a Pérsia. Para esse fim, criou o que os estudiosos chamam de "Liga de Corinto" (ou "Liga Helênica"), a unificação de muitas *poleis* gregas sob a hegemonia da Macedônia, com o objetivo último de declarar guerra ao Império Persa. O momento era oportuno: Artaxerxes III foi assassinado na mesma época em que Filipe lutou em Queroneia e subjugou a Grécia. O caos reinava na corte real persa quando Bagoas, o eunuco regicida, instalou no poder seu rei fantoche, Artaxerxes IV. Os persas, completamente voltados para os eventos da corte, parecem ter ignorado a presença de cerca dos 10 mil soldados macedônios que Filipe havia enviado para a Ásia Menor no verão de 336 a.e.c., sob o comando de dois de seus generais mais capazes, Parmênio e Átalo. Foi somente graças aos esforços de um comandante persa chamado Mêmnon que as forças macedônias foram expulsas do território persa, embora seja possível que algumas poucas bases militares tenham sido mantidas pelos soldados de Filipe durante o tumulto – elas teriam importância inestimável ao longo dos meses seguintes. Imperturbável diante das derrotas sofridas na Trácia e na Ásia Menor, Filipe planejou uma invasão em grande escala da Pérsia.

Artaxerxes III estava apreensivo com a ascensão da Macedônia como potência; suas ações contra Filipe revelam que ele tinha muito mais medo de Filipe do que das fracas cidades-Estados gregas. Mas e o seu sucessor? O que Dario III pensava do governante macedônio e suas ambições de construção de um império? Seus agentes de inteligência lhe traziam notícias e o alertavam para o fato de que os macedônios e seus aliados estavam se armando para a guerra. Semana após semana novas notícias informavam que Filipe estava pronto para lutar. Então, em outubro de 336 a.e.c., Dario recebeu um comunicado de que Filipe II estava morto, assassinado por um de seus guarda-costas quando entrava no teatro em Aigai. No local, os nobres e o exército proclamaram como rei seu filho de vinte anos: Alexandre III, Alexandre da Macedônia. A mente de Dario deve ter ficado em polvorosa.

22
ALGUNS FALAM DE ALEXANDRE

Alexandre III (Alexandre, o Grande ou Alexandre Magno) ascendeu ao trono da Macedônia em 336 a.e.c., meses após a ascensão de Dario III na Pérsia. Quis o destino que os dois se aproximassem por meio de uma curiosa mistura de experiências compartilhadas. Ambos chegaram ao poder após longos períodos de revoltas sangrentas que resultaram na vergonha e no trauma do regicídio; ambos eram soldados experientes e excepcionais líderes no campo de batalha, capazes de imediatamente conquistar o respeito e a lealdade das tropas; e ambos os reis eram ambiciosos, carismáticos e autoconfiantes. Durante cinco curtos anos, mas cruciais, um mundo angustiado prendeu a respiração e esperou que o Destino declarasse quem sairia vitorioso como o Rei dos Reis, Alexandre ou Dario. Suas vidas estavam irrefutavelmente entrelaçadas, mas Dario tinha tudo a perder e Alexandre, tudo a ganhar. O destino assegurou que seus nomes permanecessem ligados por toda a eternidade, pois a história de Dario e Alexandre se tornou uma mitologia por si só.

De fato, a frustração de muitos historiadores que tentam escrever a biografia de Alexandre da Macedônia está no fato de que é quase impossível separar o homem da lenda. O processo de mitificação começou cedo, ainda durante a vida de Alexandre, e atingiu o apogeu nas obras dos cinco grandes "historiadores de Alexandre", todos eles com um aspecto em comum: escreveram relatos cerca de duzentos anos ou mais após a morte de Alexandre: a história universal de Diodoro Sículo do final do século I a.e.c.; Arriano, que escreveu a *Anábase de Alexandre*; a *História de Alexandre*, de Quinto Cúrcio Rufo; o relato da vida de

Alexandre por Pompeu Trogo, hoje perdido, mas conhecido mediante o epítome latino de Justino, datado do século II e.c.; e a *Vida de Alexandre*, de Plutarco, uma de suas *Vidas paralelas* (em que é equiparado a Júlio César). Esses textos tardios são muitas vezes contraditórios; Arriano e Diodoro, em especial, parecem discordar em todos os detalhes – os retratos que esboçam de Alexandre são completamente contrastantes. Infelizmente, as fontes escritas durante a vida de Alexandre, a exemplo das obras de Calístenes, Aristóbulo e Cleitarco de Alexandria (todos conheceram Alexandre ou seus veteranos), se perderam há muito tempo, o que significa que a única maneira de lidarmos com a vida de Alexandre é por intermédio de concepções posteriores e primorosamente adulteradas de sua vida e campanhas bélicas, cada uma com viés próprio, cada uma codificando sua própria pauta de interesses. Inocentes e confiáveis elas não são.

Em contraste, uma vez que os persas não tinham gosto por histórias escritas, não temos uma grande e abrangente narrativa para Dario III, e nenhum relato épico de suas campanhas. Infelizmente, mesmo no reino do próprio Dario, as fontes apenas muito raramente citam seu nome. E essas menções, quando aparecem, são apenas parte da datação em algum documento administrativo – estereotipadas e um tanto decepcionantes. As evidências materiais fornecidas pela arqueologia e pela numismática não são muito melhores, pois não oferecem nada substancial a respeito do homem Dario ou de suas políticas como governante. Nesse aspecto, o melhor que podemos fazer com o parco conhecimento sobre Dario que foi possível coligir das fontes aquemênidas é inseri-lo no corpo de evidências fornecidas pelas fontes clássicas muito posteriores. Documentos persas não esclarecem o reinado de Dario, apenas amplificam a história de Alexandre contada por autores gregos e romanos.

Assim, nos deparamos com alguns sérios problemas de fonte. Por um lado, há as histórias de aventuras gregas e latinas abundantemente mitificadas do Grande Alexandre – panegíricos convincentes, empolgantes, intrigantes – e, de outro, há um grupo fragmentado de fontes que se destinam a testemunhar a vida e os feitos de Dario III. É natural que a tentação seja preencher as lacunas e acrescentar detalhes, expandir e aprofundar o que sabemos sobre Dario por meio das ricas narrativas dos escritores clássicos, e com efeito, por séculos a fio, historiadores seguiram de forma resoluta esse caminho. Descuidados, glosam passagens dos autores clássicos que lhes permitem minimizar as habilidades de Dario como guerreiro e promover a ideia de sua inépcia e covardia. Mas é preciso resistir a tal abordagem. Este livro tentou apresentar a versão persa em vez dos textos gregos e latinos, e ainda que esse esforço se torne terrivelmente difícil quando se trata de Dario III, não é impossível conhecer e decifrar Dario de forma mais direta, com novo discernimento e lucidez. A percepção clássica de Dario como um covarde e um fraco não tem fundamento. No entanto, em virtude do lamentável estado das fontes persas, qualquer tentativa de trazer à luz novas evidências será inútil. O que podemos fazer, no entanto, é tentar enxergar com olhos persas a campanha de Alexandre e privilegiar, sempre que possível, um entendimento aquemênida dos eventos à medida que se desenrolaram.

*

Na radiante e quente primavera de 334 a.e.c., Alexandre, com um exército de aproximadamente 30 mil soldados de infantaria e 5 mil cavalarianos, cruzou o Helesponto e parou na Ásia. Espiões persas levaram a notícia a Dario: Alexandre estava em território persa. "Ao chegar ao continente, a primeira coisa que Alexandre fez foi cravar sua lança no solo", um olheiro da inteligência relatou a Dario, explicando que o jovem rei macedônio entrou em terras persas "qual um segundo Aquiles", com o intuito de levar a guerra para a Ásia e vingar os gregos que haviam perdido a vida e os meios de subsistência quando Xerxes marchou sobre a Grécia. "Aquiles"? O nome não significava nada para Dario. Xerxes na Grécia? Tinha uma vaga lembrança de alguma coisa a respeito desse episódio das histórias que lhe contavam quando criança. O Grande Rei Xerxes matara um rei grego, ele se lembrava, e desfrutara de uma bela vitória sobre os mentirosos e dissimulados que governavam aquelas costas longínquas e caóticas. Dario não se inquietou abertamente com a notícia do desembarque de Alexandre. Devia sentir alguma confiança no fato de que sua cavalaria persa tinha 20 mil homens e de que contava com uma força de infantaria de 20 mil mercenários pagos, contingente um pouco menor do que a infantaria de

Alexandre, mas nada motivo de grande preocupação, já que a cavalaria persa superava com folga a dos macedônios. Ademais, os recursos financeiros sob o comando de Dario eram ilimitados. Ele tinha à disposição os tesouros da Babilônia, Persépolis, Ecbátana e Susa, bem como os tesouros de todas as satrapias, incluindo a fabulosa riqueza de Sárdis e, claro, as casas da moeda das províncias ocidentais. Em suma, a balança do poder pendia a favor do persa.

Talvez tenha sido toda essa confiança que impediu Dario de agir com qualquer tipo de racionalidade perspicaz, pois, em retrospecto, o movimento sensato teria sido atacar o Helesponto com a força total da marinha e da infantaria aquemênidas, bloqueando o acesso dos macedônios à Ásia e empurrando Alexandre de volta ao mar, o que paralisaria a invasão antes mesmo de começar. Afinal, Dario não ignorava o fato de que os macedônios haviam arregimentado tropas e navios. Mas, em vez disso, as forças de Dario permaneceram em completa inércia. Em sua defesa, pode-se dizer que entre os aquemênidas não havia a tradição de mobilizar a totalidade das tropas, e é provável que, na primavera de 334 a.e.c., Dario e seus conselheiros considerassem os desembarques macedônios apenas mais uma tentativa de incitar uma pequena rebelião na Ásia Menor – e que certamente fracassaria. Estavam enganados. Pela primeira vez em sua história, o Império Persa se viu diante de um oponente determinado a travar a guerra total até onde fosse possível. Seria uma guerra de conquista.

Dario seguiu a prática-padrão dos persas para lidar com conflitos, e ordenou aos sátrapas locais que combatessem a ameaça macedônia. Arsites da Frígia foi incumbido de enfrentar Alexandre na batalha, e ele rapidamente formou um conselho de guerra composto por sátrapas locais. Mêmnon de Rodes, o mercenário grego leal a Dario, foi recebido como parte da equipe e defendeu uma tática de terra arrasada, destruindo plantações, fazendas e qualquer outro recurso que Alexandre pudesse utilizar para alimentar e dar água a seus soldados. Privar os macedônios de provisões seria uma maneira cara, mas eficaz, de acabar com o avanço na Ásia. Horrorizados diante da ideia de destruir suas lucrativas terras, os sátrapas rejeitaram a estratégia. Confiante na superioridade de suas tropas e táticas, o conselho de guerra decidiu colocar os macedônios na defensiva, reunindo suas forças combinadas em Zeleia, vila próxima ao rio Grânico, no noroeste da Ásia Menor, não muito longe do sítio de Troia. Lá esperariam por Alexandre e o enfrentariam na batalha – derrotariam e expulsariam os macedônios.

A Batalha do Grânico foi um combate de escala relativamente pequena, mas caótica, uma mixórdia de cavalo colidindo contra cavalo e homem contra homem, ambos os lados empenhados ao máximo em alcançar a vitória. Alexandre e sua cavalaria, equipados com lanças robustas muito mais eficazes que as lanças persas, tiveram vantagem na luta. A infantaria leve macedônia se deslocou entre os cavalos e criou pânico nas fileiras persas. Dois sátrapas persas, Rhosaces (ou Resaces) e Espitrídates, avistaram Alexandre no meio da ação e o atacaram. Com sua espada, Rhosaces atingiu Alexandre na cabeça, mas o elmo de Alexandre suportou o impacto do golpe e ele respondeu enfiando sua lança na caixa torácica de Rhosaces. Inesperadamente, Espitrídates apareceu atrás de Alexandre e ergueu a lança para matá-lo, mas Clito, um dos generais mais antigos do macedônio, galopou adiante e decepou o braço levantado de Espitrídates, com lança e tudo.

A cavalaria macedônia finalmente desferiu a investida decisiva contra as forças persas, e Alexandre obteve uma vitória fácil. Os persas que ainda tinham condições de fugir, fugiram. Enviou-se a Dario uma mensagem por meio da qual ele soube que havia perdido mais de mil cavalarianos e que muitos de seus sátrapas também haviam perecido. A flor da elite aquemênida jazia espalhada pelo campo de batalha. Dario foi informado de que Alexandre tinha capturado boa parte das falanges de mercenários gregos a serviço da Pérsia, a quem o macedônio chamou de traidores e mandou massacrá-los. Dario também foi informado de que Alexandre marchara para o sul através da Ásia Menor, "libertando" as cidades gregas, punindo qualquer um que resistisse e removendo dinastias locais que eram leais ao trono persa. Dario logo entendeu que a cidade de Sárdis abrira seus portões para Alexandre e o recebera de bom grado – mas, pensando bem, Sárdis sempre tinha sido um problema.

A maior parte do exército do Grande Rei que fugira do Grânico estava estacionada em Mileto, onde Mêmnon de Rodes assumiu o comando. Ele marchou com o exército para Halicarnasso, onde acampou para defender a cidade. A determinação das tropas persas fez com que travassem uma luta temível e, no inverno de 334 a.e.c., Alexandre partiu para a Lícia, sem ter capturado ou pacificado totalmente Halicarnasso. Em seguida, Dario soube que Alexandre havia tomado a costa da Lícia e da Panfília e marchado para o interior da Anatólia, onde, na Grande Frígia, instalou seu general Demétrio, "o sitiador de cidades", na capital da satrapia, Kelainai. A primavera de 333 a.e.c. encontrou Alexandre em Górdio, onde recebeu reforços da Grécia e da Macedônia, fato que levou Dario a ordenar que Mêmnon reconquistasse rapidamente a costa. Porém, embora tenha lançado um contra-ataque eficaz, Mêmnon morreu em julho de 333 a.e.c., fora das muralhas de Mitilene, na ilha de Lesbos. Alexandre seguiu em frente, sem enfrentar resistência, em direção à Cilícia, e contornou a Capadócia, que, por sua própria autoridade, transformou em satrapia. Dario ficou perplexo ao saber que Alexandre tinha a audácia de tentar reconfigurar o Império Persa, mas foi somente quando descobriu que Alexandre estava cunhando sua própria moeda em Tarso (na moderna fronteira marítima do sul da Turquia com a Síria) que Dario decidiu que ele mesmo lideraria suas tropas para a batalha, marcharia Síria adentro e daria um fim à cansativa incursão macedônia de uma vez por todas.

Dario partiu da Babilônia à frente de seu exército. Sua família o acompanhou na comitiva real. As grandes damas da corte viajaram com ele em luxuosas carroças cobertas: Sisigambis, a honrada mãe de Dario, estava lá, assim como a bela esposa do rei, Estatira II, sua filha Estatira III e a irmã mais nova desta última, Dripétis. O herdeiro do trono, Oco, de cinco anos, também viajou com as mulheres. Três das filhas de Artaxerxes III, bem como uma de suas viúvas, estavam na comitiva de Dario, assim como Barsina, a viúva de Mêmnon de Rodes. A procissão real contou também com uma multidão de parentes homens de Dario, incluindo os príncipes Aquemênidas: Bistanes, o único filho sobrevivente de Artaxerxes III, que parece ter ocupado uma posição especial na estima de Dario; Arbupales, neto de Artaxerxes II; o príncipe Besso, o sátrapa da Báctria; Madates, governador de Uxiana; e o príncipe Histaspes. Cada um dos príncipes foi incumbido de funções importantes no exército, e cavalgaram ao lado de Dario III como seus parentes. Arbupales, que já havia enfrentado Alexandre no rio Grânico, estava presente, assim como seu genro, Mitrádates, e Oxatres, o irmão muito amado do rei. Quando a gigantesca comitiva chegou a Damasco, o harém e o comboio de bagagens foram deixados na cidade por questões de segurança, enquanto o exército marchava em direção à frente de batalha.

Em 5 de novembro de 333 a.e.c., um dia frio e úmido, em um lugar chamado Isso, nos arredores de uma planície no golfo de Iskenderum, no atual sudeste da Turquia, os dois exércitos se encontraram. Estimativas cautelosas sugerem que Dario tinha 108 mil homens sob seu comando e que Alexandre não dispunha de mais de 40 mil lutando por ele. As margens do rio Pinaro (ou Pinarus) delimitaram o espaço da luta. Os detalhes exatos da Batalha de Isso são desconhecidos, pois os "historiadores de Alexandre" fornecem relatos extremamente divergentes. Estamos certos, porém, de que as coisas não correram bem para Dario. Para Alexandre, no entanto, a batalha saiu conforme o planejado: uma investida de brigadas falangistas, uma ruptura na linha inimiga e uma rápida carga de cavalaria no centro inimigo (manobra bastante rotineira para Alexandre) bastaram para alcançar a vitória. Embora ambos os comandantes tivessem elaborado planos sólidos, Alexandre vinha de experiências mais recentes no campo de batalha, e suas tropas eram mais tarimbadas, o que significa que foram capazes de executar suas manobras com maior eficiência e eficácia do que os persas, e, uma vez iniciada a batalha, Alexandre conseguiu aproveitar todas as oportunidades de que precisava, adaptando-se rapidamente aos movimentos de Dario e rechaçando cada um deles. A luta logo se tornou uma refrega corpo a corpo, cruenta e sangrenta. Espadas cortavam carne, flechas perfuravam peitos, pernas e pescoços, lanças eram cravadas. Em pouco tempo, os gritos dos feridos se misturaram aos urros de batalha e aos tinidos de metal. Mais uma vez, Alexandre comandou sua cavalaria e atacou a toda velocidade o flanco persa. Em meio a um tremendo tumulto, abrindo caminho entre os corpos de cavalos e de homens mortos e moribundos, Alexandre manteve seu potente avanço em direção à guarda real de Dario.

De seu carro de combate, Dario observou que as forças macedônias, com uma falange de infantaria no centro e cavalaria nas laterais, começaram a se deslocar rapidamente em direção ao seu exército, disposto em formação na margem do rio Pinaro, defronte a Alexandre. Boquiaberto, Dario viu Alexandre liderar um impetuoso ataque através do rio, destruindo o flanco esquerdo persa antes de se voltar contra os mercenários gregos no centro do exército inimigo. De súbito, Dario e Alexandre se entreolharam quando o macedônio, bochechas coradas e olhos reluzentes de determinação, galopou em direção ao rei persa, empunhando uma espada. Dario estava cercado por sua guarda de cavalaria real, liderada por seu irmão Oxatres, e, embora lutasse bravamente, essa cavalaria não foi páreo para os macedônios. Salpicados de flechas e enlouquecidos de dor, os cavalos do carro de Dario entraram em pânico, quase arrastando o relutante Dario diretamente para a linha grega. O Grande Rei pelejou para controlar os corcéis enquanto Alexandre continuava abrindo caminho na marra, brandindo a espada, ignorando todo perigo, mesmo quando sua coxa foi aberta por um golpe de punhal inimigo. Tendo perdido arco, escudo e lança, Dario testemunhou a morte de seus guarda-costas ao seu redor. Abandonando seu carro real, montou um cavalo e galopou para longe em busca de segurança. A manobra parece um gesto de covardia – a maioria dos historiadores clássicos apresentou dessa maneira a situação –, mas não se trata disso. Dario pensou apenas no futuro de seu império, que estava, é claro, incorporado em sua pessoa. Para que a causa aquemênida triunfasse, era essencial que o ocupante do trono não fosse capturado nem morresse. Dario partiu para Tapsaco, pequena cidade no Eufrates, e lá se refugiou.

Derrotado, o exército persa rapidamente seguiu seu rei, mas, durante a debandada em pânico, a cavalaria de Alexandre massacrou soldados persas aos milhares. Alguns homens da infantaria persa que escaparam foram dizimados por sua própria cavalaria. A batalha foi uma vitória retumbante para Alexandre. Ele havia perdido apenas 7 mil homens, em contraste com as 20 mil mortes do exército de Dario. Os cavalarianos persas sobreviventes se arrastaram para o norte, ao longo da Estrada Real, e acamparam na Capadócia e na Paflagônia, onde seus comandantes logo começaram a recrutar novos e numerosos contingentes com a intenção de reconquistar a Ásia Menor.

Nesse meio-tempo, alguns dos homens de Alexandre encontraram o acampamento-base de Dario, logo além do campo de batalha, e se refestelaram no butim. Ao saquear tendas persas, os macedônios apreenderam riquezas imensas: armaduras bem trabalhadas, móveis marchetados, suntuosas tapeçarias e roupas de linho e seda, além de inúmeros vasos de ouro e prata. Mas os pertences de Dario foram deixados em paz, pois passaram a pertencer ao próprio Alexandre. Quando um Alexandre cansado e encharcado de sangue apareceu na tenda de Dario, decidiu que se banharia e ordenou que uma banheira (encontrada entre os pertences do Grande Rei) fosse trazida a ele, dizendo (de acordo com o registro de Plutarco): "Agora vamos nos purificar das labutas da batalha na banheira de Dario". Um de seus seguidores respondeu: "Não é assim. Melhor dizer 'na banheira de Alexandre', pois os bens dos vencidos pertencem ao vencedor e devem ter o seu nome". Mergulhado na água quente e perfumada, respirando os deliciosos aromas das essências que pairavam no ar, Alexandre virou-se para os que o cercavam e gesticulou com a mão, dizendo: "Eis aqui, ao que parece, o que é ser rei".

Nas últimas semanas de 333 a.e.c., Dario soube que Alexandre havia entrado em Damasco e capturado o comboio de bagagens persa. Ele se apossara do harém real. Dario ficou atordoado. Sua mãe, esposa e filhos, incluindo seu jovem herdeiro, estavam agora nas mãos do inimigo. Várias damas da corte persa também foram levadas, incluindo Barsina, de quem Alexandre talvez se lembrasse de sua juventude em Pela, onde Filipe II lhe dera refúgio – logo após a captura, ela se tornou amante de Alexandre. A casa real persa estava em posse de Alexandre. Não se tratava de uma situação normal de reféns pós-batalha, mas uma substancial vantagem política, pois é importante não esquecer o valor simbólico da aquisição em massa do harém de Dario III por Alexandre, e certamente o golpe que significou para Dario a apropriação das damas reais. A posse do harém de um antecessor, e em particular das mulheres da casa real, garantia o domínio do trono pelo sucessor. O controle do harém dava ao novo governante o potencial de legitimar seu reinado através da posse física das mulheres de um ex-monarca – vale lembrar de como Dario I capitalizou com isso quando, em sua investida para adquirir o poder, se casou com todas as mulheres reais disponíveis da linhagem de Ciro, o Grande. Da mesma forma, para Dario III, a apreensão das mulheres do harém real pelo rei macedônio profetizou o fim do domínio aquemênida, uma vez que a apropriação por Alexandre das capacidades reprodutivas das mulheres do harém comprometia imediatamente a legitimidade do reinado de Dario.

Nas semanas e meses que se seguiram à Batalha de Isso, Dario esteve angustiado com a captura de sua família. Numa tentativa de garantir a liberdade de seus familiares, fez propostas diplomáticas a Alexandre nada menos que três vezes. Teria prometido a Alexandre a mão de uma de suas filhas e, como dote – segundo fontes clássicas –, se dispôs a ceder parte do Império Persa, até o Eufrates (em outras palavras, metade de seu reino). Dario realmente planejava abrir mão de metade do império? É muito duvidoso. Pode-se esperar que estivesse disposto a pagar um preço de resgate muito alto para garantir o retorno de seus familiares, que estavam, de fato, vivendo como prisioneiros de guerra privilegiados, mas a ideia de que simplesmente presentearia Alexandre com territórios persas não combina com as táticas militares de Dario, tampouco com seu estilo de governo. Até o momento de sua morte, Dario se mostrou determinado a lutar por seu império e mantê-lo unido, custe o que custasse, por isso é impossível que tenha tolerado renunciar a qualquer um de seus territórios colocando-os diretamente em mãos inimigas. Quando abandonou as tropas no campo da Batalha de Isso, pegou o cavalo e fugiu do combate, Dario estava plenamente ciente do risco que corria. Ao escapar, tomou a decisão ativa de abandonar seus familiares e reconheceu que a probabilidade de revê-los dependia de sua força como guerreiro e governante. Se conseguisse derrotar Alexandre em um conflito futuro, sua família estaria segura, mas até lá seus parentes precisariam permanecer nas mãos dos macedônios. A sobrevivência de todo o Império Persa estava em jogo, e para Dario isso significava que ele tinha que manter a Dinastia Aquemênida no poder – isso era mais importante que proteger qualquer um dos indivíduos que compunham a família. Poderia haver novas esposas e mais filhos no futuro. O que se impunha era a sobrevivência dinástica.

*

Quando a poeira finalmente assentou em Isso, Dario voltou para a cidade da Babilônia e, nos dois anos seguintes, seguiu os ritmos peripatéticos usuais da corte, enquanto reabastecia suas tropas, recrutava e treinava novos soldados e os instruía no uso de armamentos mais recentes – incluindo lanças de estilo macedônio. Os persas rapidamente aprenderam as novas técnicas de luta e estavam ansiosos para colocá-las em prática na primeira oportunidade. Mensageiros entregavam relatórios regulares dos movimentos de Alexandre: ele havia tomado as cidades-Estados fenícias; capturado Jafa e Gaza, e entrado no Egito, onde foi saudado como libertador e como um rei-deus vivo. Na primavera de 331 a.e.c., depois de reorganizar a administração do Egito, Alexandre estava novamente em movimento, reprimindo uma revolta em Samaria, marchando para o norte até Tiro e virando para o leste em direção ao rio Eufrates, via Damasco e Alepo. Antecipando-se à aproximação dos macedônios, Dario marchou com seu imenso exército (entre 53 mil e 100 mil homens) para o noroeste, Babilônia adentro, não muito longe da antiga cidade assíria de Nínive (atual Mossul). Lá montou acampamento e esperou a chegada dos macedônios. Dario escolheu para o local da batalha uma planície aberta situada sob uma colina em forma de corcova de camelo; a silhueta lhe dera o nome, derivado da palavra semítica para "camelo", *gammalu*. Os macedônios a chamavam de Gaugamela.

Na noite de 20 de setembro, imediatamente após o pôr do sol, Dario e seus homens observaram a lua se tornar vermelha como sangue e em seguida enegrecer. Os Diários Astronômicos Babilônicos capturaram esse sensacional momento e registraram um presságio que ele prenunciava:

> No décimo terceiro dia do mês de Ululu, no quinto ano de Dario, houve um eclipse da lua, que ficou totalmente escurecida quando Júpiter se pôs. Saturno estava a quatro dedos de distância. À medida que o eclipse se tornava total, soprava um vento de oeste; quando a lua voltou a ser visível, ergueu-se um vento leste. Durante o eclipse houve mortes e pragas.

Para os magos e astrólogos, o céu escuro e sem lua era anúncio de destruição e ruína. O moral no acampamento real desabou. E o desânimo aumentou ainda mais quando se avistou nos céus um novo presságio: nas primeiras horas de 23 de setembro, um meteoro brilhou no céu noturno. O que significava? Os adivinhos e sacerdotes não tinham a menor ideia, mas na manhã seguinte, Dario ouviu a notícia de que sua esposa, Estatira, havia morrido no parto. A mente de Dario deve ter sido assolada por dúvidas, angústia e perda.

Fontes clássicas lembram o tratamento cortês que Alexandre dispensou às mulheres da realeza persa, e de que ele se referia à mãe de

Dario, Sisigambis, como sua própria mãe, e que ela gostava de chamá-lo de "filho". Talvez a história seja verdadeira. Alexandre tinha todos os motivos para manter a rainha-mãe em boa saúde e conforto: ela poderia lhe render uma polpuda soma à guisa do pagamento de resgate. O relacionamento do macedônio com Estatira II, consorte de Dario, é uma questão mais relevante. Ela havia sido feita prisioneira, provavelmente no verão de 332 a.e.c., quando Alexandre tomou posse da comitiva real estacionada por Dario em Damasco. Ela morreu ao dar à luz por volta de 21 de setembro de 331 a.e.c., o que sugere que o bebê que ela deu à luz nas suas últimas horas de vida não era de Dario, mas de Alexandre. Arriano, em seu relato da campanha persa, tentou convencer os leitores de que o galhardo Alexandre jamais tocara na rainha de Dario, mas há todas as razões para acreditar que ela morreu ao dar à luz um filho de Alexandre.

Qual foi o pano de fundo desse evento? Estatira fora estuprada por Alexandre? Seduzida? Se apaixonara por ele? É impossível dizer, embora o motivo de Alexandre seja muito claro: qualquer que tenha sido a maneira como o macedônio conhecera fisicamente Estatira, teria direito a reivindicar o Império Persa através do corpo da esposa de Dario. Se ela lhe tivesse dado um filho homem vivo, então Alexandre poderia ter apresentado a criança como um herdeiro pronto, uma criança abençoada com o sangue misturado das realezas argéada e aquemênida. Mas não era para ser assim.

A notícia da morte de Estatira foi um golpe terrível para Dario. E as coisas rapidamente pioraram. Na manhã de 1º de outubro de 331 a.e.c., Alexandre e suas tropas (aproximadamente 47 mil homens) estavam reunidos e prontos para lutar. As posições de batalha foram ditadas por Dario, que ordenou a seus homens que aplainassem toda a vegetação ao longo da planície, a fim de criar uma passagem clara, de modo que suas carruagens pudessem causar estragos nas forças macedônias. Seguindo a costumeira prática persa, Dario se colocou no centro do exército, ao passo que Alexandre dividiu suas tropas em duas unidades – uma reprodução do posicionamento que ambos os lados adotaram na Batalha de Isso. Os macedônios atacaram primeiro, marchando em direção ao centro persa. De repente, em uma manobra surpresa, Alexandre reuniu sua cavalaria e cavalgou para a direita, atraindo a cavalaria persa para a sua esquerda para atacá-lo. Consequentemente abriu-se uma brecha na linha central persa. Exposto e vulnerável, Dario atacou as tropas de Alexandre e lançou seus carros de combate a toda velocidade, mas os macedônios empregaram suas *sarissas* para atacar e matar cavalos e cocheiros que passavam em disparada. De alguma forma os persas conseguiram se infiltrar nas linhas gregas, mas foi nesse momento que Alexandre desferiu um ataque estratégico maciço: cortando a retaguarda da linha persa, foi capaz de realizar um violento assalto ao centro das tropas de Dario. Assim como em Isso, mais uma vez Dario percebeu que Alexandre tinha a oportunidade de atacá-lo, então, virando habilmente seu carro de combate, fugiu do campo de batalha. Teria sido fácil para Alexandre perseguir e matar Dario ali mesmo, mas ele optou por permanecer na batalha para apoiar seu general Parmênio, cujo flanco esquerdo havia sofrido o impacto dos ataques persas e precisava de ajuda. Mesmo assim, a batalha terminou com uma formidável vitória para Alexandre.

Ao partir de Gaugamela, Dario fugiu para Arbela e de lá atravessou as montanhas de Zagros e chegou ao planalto iraniano. Ato contínuo, partiu para Ecbátana, onde imediatamente começou a arregimentar mais tropas – no que dependesse dele, a luta ainda não havia terminado. Alexandre, enquanto isso, foi para o sul, até a Babilônia, e logo assumiu o controle da cidade, que o recebeu com entusiasmo. De fato, os líderes da cidade, incluindo os comandantes aquemênidas e a aristocracia, saíram pelos portões da cidade para conduzi-lo muralha adentro. Assim como Ciro, o Grande, antes dele, Alexandre não mediu esforços para trabalhar em conjunto com os sacerdotes locais e se mostrar um adorador leal dos deuses da Babilônia. Ofereceu proteção aos babilônios contra saques e pilhagens e prestou respeitosa homenagem ao grande templo de Marduk. O apoio da cidade e de suas autoridades possibilitou a Alexandre impor seu domínio sobre a Babilônia. Ele encampou as antigas tradições da monarquia babilônica, adotando até mesmo seus títulos como "Rei de Todas as Terras", exatamente como os Grandes Reis Persas haviam feito.

A perda da Babilônia representou um momento devastador para o Estado Aquemênida, e Dario sentiu uma profunda vergonha. Mas as notícias seguintes pioraram ainda mais a situação: Alexandre tinha marchado sobre Susa, que caiu sem qualquer resistência, e lutado contra os uxianos – tribo de nômades que controlava a única rota entre Fahliyn e os Portões da Pérsia no sudoeste do Irã –, e agora havia posicionado suas tropas em Persépolis, a joia do Império Persa, e nos arredores da cidade. A capital nacional do Império Aquemênida estava nas mãos dos bárbaros. A captura da cidade era inimaginável, calamitosa, desonrosa. Dario deve ter chorado de tristeza.

 Alexandre se deslocou a toda velocidade pelas montanhas de Zagros, determinado a chegar a Persépolis antes que os persas tivessem tempo de enviar tropas para defender a cidade-palácio. Em meados de janeiro de 330 a.e.c., alcançou as muralhas de Persépolis, onde o tesoureiro, Tiridates, abriu os portões para as tropas macedônias. Não havia multidões para recebê-los, nenhum grito de "Sikander! Sikander!", e não houve entrada triunfal ao estilo babilônico. Apavorada, a população local se refugiou em suas casas, temendo que os bárbaros do outro lado do mar Amargo os matassem e devorassem seus cadáveres. Os soldados macedônios estavam inquietos, mas haviam mantido a disciplina, embora alegassem que era seu direito saquear qualquer lugar por onde passassem. Persépolis, certamente, ofereceria grandes recompensas, e Alexandre não havia prometido a eles as riquezas do local, chamando-a de a cidade mais odiada da Ásia? Tão logo o exército alcançou os portões da cidade, os homens embarcaram em um frenesi de ganância; queriam pegar tudo o que pudessem – tesouros, vinho, comida, mulheres – e se divertir vendo o resto arder em chamas.

 Alexandre tomou posse do terraço real, instalou-se em seus palácios e deu a seus homens liberdade para saquear a área circundante. Por mais de 24 horas, soldados macedônios se alvoroçaram pelos arredores de Persépolis, pilhando todas as habitações, roubando mercadorias, estuprando, torturando e matando homens, mulheres e crianças, e capturando cativos como escravos. Desvairados, queimaram casas e oficinas, mataram animais de fazenda aos milhares, roubaram cavalos e atearam fogo a colheitas. A violência que se abateu sobre Persépolis foi cruel, prolongada, indiscriminada e completamente desenfreada. Evidências arqueológicas descobertas em anos recentes comprovam que, apesar da declaração de Alexandre de que o terraço real estaria fora do alcance, não há dúvida de que o complexo de palácios foi atacado por suas tropas. Restos mortais de mais de uma dúzia de pessoas e animais foram desenterrados nos canais de água que corriam sob o terraço. No afã de evitar a morte, moradores locais se abrigaram nos túneis escuros, mas foram perseguidos e assassinados por soldados macedônios em uma orgia de matança. A evidência angustiante fala por si e nos diz que os homens de Alexandre mataram por lucro, decerto, mas também por prazer.

O terraço real também foi alvo de pilhagem, e os macedônios deixaram vestígios arqueológicos visíveis do saque. Datado de 1939, o relatório dos trabalhos de escavação arqueológica observa que os homens de Alexandre foram "minuciosos ao limpar a sala do Tesouro em Persépolis", levando tudo de valor: "Ao que parece, não deixaram nem sequer um único vaso de metal precioso; mas os pratos reais de pedra teriam sobrecarregado seu comboio de bagagens sem render muito lucro. Não temos dúvidas de que destruíram centenas de vasos que não quiseram levar consigo". Soldados macedônios quebraram mais de seiscentos vasos feitos de alabastro, mármore, lápis-lazúli e turquesa; despedaçaram e espalharam selos cilíndricos, joias e pedras preciosas; rasgaram e queimaram tapetes, roupas e cortinas; objetos rituais – altares e queimadores de incenso – foram furtados ou danificados. E os ataques não se limitaram a artefatos aquemênidas. Uma famosa escultura de mármore grega, conhecida como "Penélope de Persépolis" (uma imagem da engenhosa esposa de Ulisses ou Odisseu da mitologia homérica), provavelmente havia sido levada para Persépolis por Xerxes após o saque de Atenas e estava cuidadosamente armazenada na sala do Tesouro real. Arqueólogos a encontraram no mesmo lugar, mas esmagada e espalhada em meio às ruínas, outra vítima da violência desmedida. Em um ato de puro vandalismo, Penélope foi decapitada com um único golpe de uma pesada espada macedônia. Seus delicados braços também foram cortados, de modo que apenas o torso e as pernas sentadas da estátua permaneceram, pesados demais para serem transportados facilmente. Os braços e a cabeça de mármore foram levados como butim e jamais foram encontrados.

Por fim, após um dia e uma noite repletos de terror inimaginável para os persas locais, Alexandre ordenou que seus homens cessassem os saques e interrompessem a matança. Restava pouco para roubar, e poucas vidas para ceifar. Persépolis era uma cidade fantasma, repleta de cadáveres. Era uma cena de horror indescritível, um lugar de viúvas e órfãos, de chacais e raposas; um local de lamentação.

*

Durante quatro meses, Alexandre foi incapaz de decidir sobre quais seriam suas próximas ações. Ele sabia que Dario estava no norte, formando um exército, mas parecia não querer deixar Persépolis. É verdade que Alexandre visitou o túmulo de Ciro, o Grande, em Pasárgada, e ofereceu seus respeitos ao lendário rei, mas não foi bem-vindo em Pārs. Os persas do sudoeste do império se enfureceram sob o jugo de Alexandre e ameaçaram com rebelião e guerra aberta. Assim, numa campanha de um mês pelo planalto iraniano na primavera de 330 a.e.c., os macedônios puniram os habitantes locais destruindo campos de cultivo e reduzindo a cinzas os assentamentos. Em uma avaliação reveladora, Diodoro observou que Alexandre simplesmente "não confiava nos habitantes, e sentia por eles uma amarga inimizade". Foi para combater a crescente onda de patriotismo persa e sentimento antimacedônio que, em maio de 330 a.e.c., Alexandre incendiou Persépolis e ateou fogo em muitos palácios. Não foi um ato nobre de retaliação pela queima da Acrópole ateniense a mando de Xerxes, como alguns autores clássicos afirmaram mais tarde – afinal, Alexandre não tinha absolutamente nenhuma afinidade com Atenas. Nada disso; tratou-se de uma tentativa pragmática de conter a resistência militar persa no interior de Pārs e nas fortalezas da Pérsia central. A destruição de Persépolis enviou aos persas uma mensagem clara e inequívoca: seus tempos de bonança haviam acabado, seus dias de glória imperial tinham chegado ao fim, e eles agora eram súditos de Alexandre. Ainda assim, a destruição de Persépolis foi um alto preço a pagar. Parmênio, um dos conselheiros de Alexandre, advertiu o macedônio de que a perda da cidade seria catastrófica, e o próprio Alexandre mais tarde lamentou que o incêndio criminoso o tivesse privado de uma sede de poder no ancestral centro aquemênida. Mas no curto prazo a obliteração de Persépolis atendia a um propósito positivo: era uma declaração de intenções do rei da Macedônia. Ele seria o único senhor da Ásia. Para reforçar o fato, Alexandre partiu para caçar e derrotar o rei Dario, último símbolo remanescente do poder aquemênida e último obstáculo à conquista da Pérsia. O jogo teve início.

Dario passou o inverno de 331 a 330 a.e.c. em Ecbátana, na Média, cerca de seiscentos quilômetros ao norte de Persépolis, onde reuniu um impressionante exército de aproximadamente 10 mil homens, incluindo, mais uma vez, seus confiáveis mercenários gregos. Entretanto, tinha plena consciência de que não dispunha do número de homens necessário para enfrentar os macedônios numa batalha aberta. Seu plano era se deslocar com suas tropas para o leste, em direção às montanhas da Báctria, queimando campos e fazendas, na esperança de que esse rastro de devastação reduzisse as tropas de Alexandre em seu encalço a um bando de espectros famintos. Tão logo alcançasse a segurança dentro da Báctria, e com o apoio de seu poderoso sátrapa, Besso, daria meia-volta com seu exército, seguiria para o oeste e retomaria o império. O plano era bom. Assim que estivesse abrigado além das fronteiras da Báctria nas montanhas e vales do Hindu Kush, Dario poderia então conter os macedônios durante anos a fio, desgastando Alexandre, desviando sua atenção e diminuindo seus recursos, com ataques de outras partes de seu reino.

Alexandre tomou conhecimento da estratégia de terra arrasada de Dario (ele era abastecido de informações por meio de constantes relatórios de inteligência) e, temendo seu êxito, determinou que o rei persa tinha que morrer. O futuro do Império Persa dependia de impedir Dario de chegar à Báctria. No fundo de seu coração, Alexandre sabia que, enquanto Dario vivesse, aos olhos da nobreza e do exército persas ele nunca seria considerado o Grande Rei. Assim que as passagens cobertas de neve entre Persépolis e Ecbátana derreteram o suficiente para permitir viagem, Alexandre correu para o norte, subindo a cordilheira de Zagros, e deixando Persépolis nas mãos de uma forte guarnição macedônia.

O que se seguiu foi um épico jogo de gato e rato. Alexandre forçou seus homens a cobrir mais de trinta quilômetros por dia para alcançar Dario em Ecbátana e, depois de quase três semanas em ritmo alucinante, tendo percorrido aproximadamente 250 quilômetros, Alexandre soube que Dario havia recebido reforços da Cítia e do mar Cáspio e decidido enfrentar os macedônios às portas de Ecbátana. Alexandre ficou encantado; já esperava esse cenário, e, depois de ter instruído seu comboio de bagagens a ficar para trás, moveu o exército em ritmo vertiginoso em direção à Média. Porém, poucos dias depois, recebeu um relatório informando-o de que os reforços não apareceram e que Dario havia enviado seu próprio comboio de bagagens para o sul, em direção aos Portões do Cáspio, enquanto ele próprio cavalgava para as montanhas a leste de Ragã (Rhagae, ou Ray), cidadezinha que estava destinada a se tornar Teerã. De lá, tomou o caminho para a Báctria. A notícia da fuga de Dario foi dada a Alexandre pelo príncipe Bistanes, então um vira-casaca, pois já havia lutado ao lado do rei persa em Isso. Bistanes considerava Dario um arrivista arrogante sem direito legítimo ao trono e, de olho no futuro, decidiu ajudar Alexandre. Bistanes explicou a rota que Dario havia tomado e alertou Alexandre para o fato importante de que o comboio de bagagens do rei continha ouro suficiente para financiar seu exército e contratar mercenários por muitos anos.

Em pânico com essa perspectiva, Alexandre imediatamente partiu de Ecbátana com velozes regimentos de cavalaria e infantaria, resolutos em sua missão de alcançar Dario. Muitos homens de suas unidades de infantaria ficaram para trás, exaustos, e os cavalos eram conduzidos com tanto vigor que alguns morreram no caminho, mas mesmo assim chegaram a Ragã – a cerca de quatrocentos quilômetros de Ecbátana – em apenas onze dias. Foram informados de que Dario estava muito à frente deles e já havia passado pelos Portões do Cáspio. Acampado para pernoitar em Ragã, Alexandre recebeu uma inesperada visita. Dois persas de alto escalão, Bagistane e Antibelo, fugindo da comitiva de Dario, lhe trouxeram importantes informações sigilosas: em vez de vir em auxílio do Grande Rei, Besso, o poderoso sátrapa da Báctria, mantinha Dario prisioneiro, embora não tivesse feito nenhum movimento para depô-lo do trono.

Besso, um príncipe Aquemênida por direito próprio, e que havia lutado ao lado de Dario em Gaugamela, conspirou com o vizir real Nabarzanes e com Barsaentes, o sátrapa de Aracósia-Drangiana, para dar fim ao reinado de Dario. O outrora poderoso guerreiro, eles alegavam, provou ser um fracasso: suas constantes derrotas para os invasores macedônios significavam que ele tinha que ser removido do poder, para o bem do (que restava do) império. Assim, Besso foi nomeado *hegemon* (comandante supremo) de todas as forças aquemênidas. Soldados bactrianos (cuja obediência a Besso era total) agarraram o rei e, depois de maltratá-lo, o acorrentaram. Todo o respeito pelo poder divino do rei desapareceu quando Besso, Nabarzanes e Barsaentes disseram bruscamente a Dario que seu reinado havia acabado e que agora ele era pouco mais que uma moeda de barganha na guerra contra a Macedônia. Arrastando-o para dentro de uma harmamaxa, uma das carruagens fechadas usadas pelas mulheres do harém (provavelmente para mantê-lo escondido), os conspiradores o transportaram mais para o leste.

Alexandre partiu imediatamente dos Portões do Cáspio, sem nem mesmo esperar que novos suprimentos fossem carregados. Com uma equipe mínima de infantaria rápida e cavalaria veloz, viajou durante a noite inteira e o dia seguinte, percorrendo surpreendentes oitenta quilômetros em apenas dezoito horas. Quando chegou ao acampamento onde Dario havia sido capturado, soube que Besso, com o apoio da feroz cavalaria bactriana, havia assumido o nome de Artaxerxes V e decidido reivindicar o título de novo Grande Rei. Alexandre precisava então transformar seus esforços para matar Dario em uma missão para capturá-lo vivo, pois, se alguém parecia disposto a acabar com o reinado e com a vida de Dario, esse alguém era Besso. Portanto, Alexandre também precisava lidar com Besso. Alexandre e sua comitiva prosseguiram em busca de Dario, tomando uma rota alternativa à de Besso, através de um velho e seco uádi. Os macedônios desviaram quase oitenta quilômetros de seu caminho, mas isso os poupou de uma árdua jornada pelo deserto; com cavalos ágeis, percorreram as distâncias com facilidade, cavalgando noite adentro a pleno galope. Como era de se esperar, logo ao amanhecer Alexandre já foi capaz de avistar ao longe as tropas de Besso.

A cavalaria bactriana superava em muito a pequena tropa de Alexandre, mas muitos cavalarianos desapareceram em meio a uma nuvem de pânico ao ver a rápida aproximação de Alexandre, cujo nome e reputação certamente o precediam. Seguiu-se uma pequena escaramuça, enquanto Besso tentava puxar a carruagem dentro da qual estava Dario para longe do tropel de cavalos, carros de combate e soldados alarmados, mas o veículo era pesado e se movia muito lentamente. Alexandre se precipitou à frente. Rapidamente, Besso entrou na carruagem coberta empunhando uma lança. Dario estava sentado no chão, apoiado em almofadas. Seus olhos lacrimejavam e seu rosto estava manchado com linhas escorridas de *kohl*, agora ressecado depois de muito choro. Seus lábios estavam rachados e doloridos, suas bochechas afundadas e seus pulsos cortados e ensanguentados por causa das apertadas correntes que o prendiam. Besso se aproximou de Dario e enfiou a lâmina em seu estômago; a ponta penetrou profundamente. Dario sangrava, e Besso o deixou para morrer. Depois de matar os dois criados que acompanhavam o rei, bem como o condutor da carruagem, cortou os pescoços dos dois cavalos que puxavam o veículo. Em seguida, com sua cavalaria a reboque, Besso escapou para as montanhas do leste.

Alexandre cometeu o equívoco de acreditar que Dario estava com as tropas de Besso e imediatamente incumbiu um grupo de busca de se embrenhar nas montanhas, localizar Dario e trazê-lo de volta vivo. Enquanto isso, alguns dos homens de Alexandre se depararam com a surrada harmamaxa e seus cavalos mortos no chão, com os olhos arregalados. Um jovem soldado macedônio, um rapaz chamado Polistrato, completamente exausto, ofegante e sedento, veio buscar água em seu capacete, pois perto da carruagem abandonada havia um pequeno charco lamacento. Ele ouviu o som de gemidos suaves emanando da carruagem e, abrindo as cortinas, encontrou, caído bem à sua frente, o próprio Rei dos Reis coberto de sangue, quase morto, mas ainda respirando. Devemos suspeitar de que a verdade sobre a morte de Dario, até onde possa ser reconstituída, foi muito menos dramática, embora, de certa forma, mansamente trágica. Quando Polistrato entrou na carruagem coberta e se ajoelhou ao seu lado, Dario, incapaz de falar, gesticulou pedindo água. O jovem soldado o ajudou a sorver algumas gotas de seu elmo enquanto embalava no braço a cabeça do rei. Depois de umedecer os lábios ressecados, Dario III, o Grande Rei, o Rei dos Reis, o Rei de Muitas Terras, um Aquemênida, fechou os olhos e morreu em silêncio. Era junho ou julho de 330 a.e.c.; Dario tinha cerca de cinquenta anos de idade.

Os autores gregos e latinos deram grande importância à cena da morte de Dario, como era de se esperar, cada um acrescentando seu próprio toque pessoal às várias tradições que ao longo dos séculos surgiram em torno do evento histórico. Certos relatos colocaram Alexandre ao lado do moribundo Dario, o que dava ao rei macedônio a chance de chorar lágrimas do tipo homérico pela morte de um adversário tão nobre. Em outros, Dario falou com Polistrato (em grego pídgin, deve--se supor) e, por intermédio desse soldado, implorou a Alexandre para cuidar de sua mãe e do resto de sua família, antes de passar o império aos cuidados de Alexandre. Essas lendas foram criadas, claro está, para mostrar que Alexandre era o legítimo rei da Pérsia e que havia recebido nada menos que a bênção do último dos monarcas Aquemênidas, já que o próprio Alexandre tirou proveito do assassinato de Dario. Nos meses seguintes, com o intuito de se vincular ao clã aquemênida, Alexandre se casou com Estatira III, filha mais velha de Dario, e também tomou como consorte Parisátide II, filha de Artaxerxes III, uma das últimas *grandes dames* do império. Assim que se viu em condições de reivindicar uma união familiar com o assassinado Dario, Alexandre jurou exigir recompensa pela morte do rei. Quando Besso foi capturado, torturado e executado pouco tempo depois, na primavera de 329 a.e.c., Alexandre pôde se apresentar tanto como o vingador de Dario quanto como seu legítimo sucessor. Em uma demonstração pública de luto, organizou-se um funeral de Estado para Dario, e o cadáver real foi enviado de volta à Pérsia em um luxuoso cortejo funerário para o sepultamento (recentemente o túmulo inacabado de Dario III foi localizado 482 metros ao sul das muralhas fortificadas do terraço de Persépolis). Quando o corpo partiu em sua longa, lenta e majestosa jornada pelo planalto iraniano, certamente Alexandre chorou lágrimas silenciosas, mas nobres. E depois deve ter sorrido.

EPÍLOGO
PASSADO PERSA, PRESENTE IRANIANO

De que forma o Império Aquemênida, o momento mais brilhante e magnífico do passado do Irã, foi recebido e lembrado em épocas posteriores da história da Pérsia? Desapareceu na memória coletiva? Ou se manteve vivo na imaginação como um farol da civilização? Desempenha um papel relevante na consciência nacional contemporânea do Irã? Felizmente, há muito a ser dito sobre o assunto, uma vez que a concepção iraniana de seu passado pré-islâmico e o uso que os iranianos fizeram da Era Aquemênida têm sua própria história, por si só esplêndida. Desde o início da Idade Média até a República Islâmica, gerações de iranianos voltaram os olhos para a era de Ciro, o Grande, Dario e Xerxes, em busca de inspiração e de meios para comentar a política, a religião e a sociedade contemporâneas. Seria necessário outro livro para discutir a riqueza, a variedade e o impacto da concepção dos iranianos acerca do Império Aquemênida, que tem sido escrutinado por meio de folhetos políticos, peças de propaganda, obras de prosa, poesia, música, pintura, escultura, drama, arquitetura, fotografia, moda e cinema. Aqui, no entanto, examinaremos três momentos, três instantâneos, por assim dizer, na longa história da recepção do Irã ao seu primeiro grande império: o uso dos aquemênidas por parte de seus sucessores sassânidas, a última dinastia pré-islâmica de reis iranianos; a mitologia poética que se desenvolveu em torno dos antigos reis persas na narrativa épica iraniana; e a utilização do Período Aquemênida na política do Irã no século XX e na Revolução Islâmica, que pôs fim à longa tradição monárquica do país.

Desde a época dos gregos, a tendência dos principais e mais tradicionais historiadores ocidentais tem sido aceitar a história como um processo interpretativo que pode alcançar a verdade por meio do objetivismo. Em outras palavras, o imperativo histórico sempre foi este: entender direito a história. No entanto, no início deste livro, vimos que, no caso do Irã, na Antiguidade veio à tona uma concepção diferente acerca do passado, e que a ideia iraniana de "história" sempre foi e permanece um tanto nebulosa. Os iranianos tradicionalmente abordam seu passado de uma maneira diferente do método adotado no Ocidente. Na Antiguidade persa, lidava-se com o passado via transmissão oral, por meio de canções, poesias e narrativas épicas, e os iranianos nunca adquiriram a necessidade de formular sua concepção de história nas linhas do estudo forense ocidental, o estilo grego de *historíe* ou "investigação". Mais tarde, na Idade Média islâmica, historiadores iranianos como Al-Tabari, Bal'amē, Gardēzē e Beihaqē compuseram muitas "histórias" precisas e autênticas em busca de um passado persa pré-islâmico, e cada um deles deixou uma impressionante marca no estabelecimento de inovadores métodos de pesquisa histórica, mas esses homens cultos conviveram ombro a ombro com poetas-eruditos e sacerdotes instruídos, indivíduos que também preservaram sua própria versão do passado, muitas vezes na forma de versos ou hinos. Em vez de lutar pela "autenticidade" do passado, historiadores, poetas e sacerdotes permitiram que um fluxo sincrônico de ideias se entrelaçasse à medida que se desenvolvia uma nova forma amalgamada de historiografia poética. Daí surgiu o conceito aberto e irrestrito que os iranianos têm do "passado". Mais cedo ou mais tarde a forma ocidental de escrever a história acabou sendo adotada no Irã, mas levou muito tempo para ser reconhecida, e foi somente depois da Revolução Constitucional Iraniana (1905-1911) que os iranianos começaram a saber mais sobre as metodologias de pesquisa histórica europeias.

Todavia, habitualmente no Irã as histórias em prosa e as histórias em verso, registradas por escrito ou transmitidas via oral, eram muitas vezes baseadas nos mesmos materiais históricos (melhor não os chamar de "fatos") e elaboradas em diversas versões ou leituras do "passado"; uma versão não tinha supremacia sobre a outra, pois todas compartilhavam um lugar na transmissão que os iranianos faziam de sua "história". O que realmente aconteceu no passado, ou o que *se dizia* ter acontecido no passado, ou, de fato, o que *poderia* ter acontecido no passado, ou o que *nunca* aconteceu – para tudo isso havia espaço na compreensão persa da era pré-islâmica.

*

Para nós é difícil conceber o caráter de permanência que um dia o Império Persa pareceu ter. Para seus súditos, que viviam e labutavam no reinado de Dario III, o império era o mundo inteiro, mais antigo que a memória de qualquer um seria capaz de alcançar, imperecível, duradouro, poderoso. O império existia havia tanto tempo, resistira ileso a tantas tempestades, revigorara-se com tanta energia e se fixara de maneira tão definitiva e peremptória na paisagem do mundo que ninguém sonhava que um dia chegaria ao fim. No entanto, acabou.

Cento e cinquenta anos após a morte de Dario III, o historiador grego Políbio dirigiu-se a seus leitores com uma pergunta: "Eu vos pergunto: julgais que os persas e o monarca persa ou os macedônios e seu rei [...] poderiam ter acreditado que na época em que vivemos o próprio nome 'os persas' teria perecido por completo – aqueles que outrora haviam sido os senhores de todo o mundo?". Políbio se referia, naturalmente, aos aquemênidas e a seu império. A derrocada dessa superpotência extraordinária e longeva marcou uma mudança sísmica na história da Antiguidade. De maneira mais específica: para os iranianos, prenunciou um período de – se não exatamente declínio – redundância, pelo menos no que dizia respeito à política internacional. Os sucessores diretos de Alexandre da Macedônia, os selêucidas (cujo nome homenageava o brilhante general de Alexandre Magno, Seleuco), deram as costas ao planalto iraniano e, durante os séculos de seu domínio, seus reis foram atraídos cada vez mais para o oeste, para o Mediterrâneo. As antigas cidades imperiais do planalto iraniano, Susa e Ecbátana, tornaram-se lugares atrasados, politicamente extintos e quase esquecidos. Persépolis se reduzira em grande medida a ruínas, abandonada e sistematicamente despojada de suas obras de cantaria pelos soberanos das dinastias locais, os *fratarakas*, que usaram as pedras lavradas para construir seus próprios palacetes na região. A inércia se instalou. O coração da Pārs imperial definhou.

Justamente quando a Pérsia parecia estar sofrendo sua própria forma de degeneração e começou a se fragmentar novamente em unidades tribais, da estepe oriental do deserto chegaram os próximos "homens fortes" da história iraniana, os partos (ou partas, também conhecidos como arsácidas). Durante séculos, eles viveram a leste do mar Cáspio, e agora estavam prontos para revitalizar o poderio persa. Aos poucos foram se infiltrando no planalto iraniano, colonizando furtivamente cidades e assentamentos gregos dos selêucidas ao misturar a cultura helênica com um toque iraniano mais tradicional, e, na década de 140 a.e.c., os partos tinham se mudado para o sudoeste do Irá, o lugar preferido dos antigos aquemênidas, e também para grande parte da Mesopotâmia. Começaram a se mover gradualmente em direção às fronteiras do leste helenístico na Síria e Levante adentro. Em 53 a.e.c., Roma, a nova e arrogante potência no Ocidente, foi profundamente abalada pela acachapante derrota de suas legiões – cerca de 40 mil soldados – nas mãos dos pouco conhecidos partos. Na Batalha de Carras, no norte da Mesopotâmia, os partos, empunhando arcos, treinados no domínio dos cavalos nas estepes eurasianas, aniquilaram as forças romanas quando a presença de uma nova superpotência oriental enviava ondas de choque por toda a Europa. E, no entanto, os partos não desejavam se tornar construtores de impérios à maneira dos aquemênidas. A bem da verdade, não manifestavam interesse pelo passado aquemênida e nem tampouco afinidade com a antiga dinastia. Os partos eram um "tipo" diferente de iranianos, e seu foco estava no norte da Mesopotâmia (onde queriam controlar as rotas comerciais), no leste do Irá e na Ásia Central. Além disso, fiavam-se na lealdade da antiga nobreza iraniana e em seu sistema hereditário de governança, embora a lealdade dos cãs iranianos nunca fosse garantida. Nas áreas centrais do velho coração persa, os partos não eram muito estimados. Em 226 e.c., um persa do sudoeste do Irá de nome Artaxes[1] derrotou em batalha o último governante parto e estabeleceu a Dinastia Sassânida, tomando o nome de um sacerdote persa chamado Sasano, o reverenciado ancestral da família.

---

1 Artaxes I, Artaxares I ou Artaxer I, nome que deriva do persa médio Arđaxšēr, cuja grafia aportuguesada pode variar entre Ardacher, Ardaches, Ardashir, Ardeshir, Artaxias e Artashes. [N.T.]

Por aproximadamente quatrocentos anos, os sassânidas governaram o planalto iraniano, partes da Ásia Central, Cáucaso, Mesopotâmia e (por vezes) pedaços da Síria e da Anatólia, e, quando seus governantes olharam para o passado em busca de inspiração, foram atraídos pelos dias de glória do Império Aquemênida. Assim como os aquemênidas, a nova dinastia originou-se de Pārs e, para ampliar seu direito de governar, os sassânidas tiraram proveito, com orgulho, do fato de compartilharem uma pátria com as mais antigas e honradas dinastias iranianas, os elamitas e os aquemênidas. De caso pensado e com extrema destreza, os monarcas sassânidas (224 e.c.-650 e.c.) alardearam sua conexão com o Império Aquemênida e se projetaram como herdeiros dos Grandes Reis do passado. Quando o influente estudioso, historiador e teólogo iraniano Al-Tabari (839 e.c.-923 e.c.) escreveu sua famosa *História de profetas e reis*, que abrange os sassânidas e seus contemporâneos árabes, o relato se iniciou com o cuidadoso rastreamento da genealogia de Artaxes, cuja ascendência, confirmou-se, o aproximava do antigo rei Dara – ou seja, Dario III:

> Artaxes levantou-se em Persis fingindo buscar vingança pelo sangue de Dara [...] com quem Iskander [Alexandre] lutou e que foi assassinado por dois de seus próprios camareiros. Artaxes queria restaurar a realeza da família legítima e colocá-la de volta exatamente no lugar, como era durante o tempo de seus antepassados que viveram antes dos Reis Pequenos [i.e. os partos], e submeter o império novamente a uma única cabeça e a um único rei.

A chamada "Carta de Tansar", peça de propaganda sassânida originalmente composta na época do próprio Artaxes, retratava os partos como arrivistas heréticos e usava a memória dos aquemênidas para justificar a tomada do Irã pelos sassânidas, promovendo também a ambição de restabelecer a superioridade do Império Persa:

> Hoje o Rei dos Reis [Artaxes] lançou a sombra de sua majestade sobre todos os que reconheceram sua magnificência e lhe enviaram homenagens e tributos [...] Daí em diante ele devotaria seus pensamentos a travar guerra contra os romanos e a dar empenhado

prosseguimento a seu conflito contra esse povo; e ele não descansará até que tenha vingado Dara dos alexandritas ["ocidentais"] e tenha reabastecido seus cofres e o Tesouro do Estado, e que tenha restaurado – pela captura de descendentes de seus soldados – as cidades que Alexandre devastou no Irã. E ele lhes imporá tributos, como eles outrora já pagaram aos nossos reis, pelas terras do Egito e da Síria.

Por mais de trezentos anos, governantes sassânidas do Irã estiveram em desacordo com os imperadores de Roma, e a guerra assolou o Oriente e o Ocidente década após década, quando lutas pelo poder sobre as fronteiras imperiais irrompiam em combates em grande escala. A memória dos aquemênidas ainda perdurava na mente de Sapor II (309 e.c.-379 e.c.),[2] o monarca sassânida de reinado mais longevo na história iraniana, e talvez também o mais formidável de todos. Esse líder guerreiro se inspirava na supremacia territorial de seus ancestrais aquemênidas, e, quando escreveu uma carta ao imperador romano Constâncio, usou as vitórias dos Grandes Reis Aquemênidas para justificar suas próprias ambições territoriais. Metade do mundo já havia pertencido a seus ancestrais, enfatizou, e chegara a hora de recuperá-la:

> Eu, Sapor, Rei dos Reis, parceiro das Estrelas, irmão do Sol e da Lua, a meu irmão Constâncio César ofereço as mais amplas saudações. [...] Exporei minha proposta em breves termos, lembrando que o que estou prestes a dizer, já repeti muitas vezes. Que o império de meus antepassados chegava até o rio Struma e os limites da Macedônia, até mesmo teus próprios registros antigos dão testemunho; estas terras, é justo que eu as exija, pois (e que não pareça arrogância o que digo) supero os reis antigos em magnificência e variedade de virtudes notáveis.

Os sassânidas lançaram mão também do ambiente físico do Irã, sobretudo o de Pārs, para projetar seu apego ao passado aquemênida. Na

---

2 Também conhecido como Sapor, o Grande; as grafias aportuguesadas do nome variam também como Xapur ou Chapur. [N.T.]

parede de um harém em Persépolis, encontraram-se imagens entalhadas de Artaxes, seu irmão e pai, indicando a estreita conexão que sentiam com aquele local monumental, e elementos esculturais e arquitetônicos ao estilo de Persépolis foram incorporados aos palácios de Artaxes em Firuzabade e aos de seu filho Sapor I em Bishapur. Em uma inscrição em pálavi (ou persa médio) pertencente a Shapur Shakanshah, um irmão de Sapor II, localizada na parede norte do pórtico sul do palácio de Dario I em Persépolis, o príncipe sassânida orou pelas almas dos ancestrais falecidos que haviam construído "este palácio", o que ratifica ainda mais a noção de que os sassânidas evocavam a memória de seus ilustres antepassados aquemênidas. Entretanto, de longe, os monumentos sassânidas em que fica mais clara e impressionante a interação com a memória dos aquemênidas são as enormes esculturas em relevo erigidas nas sombras dos túmulos – escavados na face da rocha – dos Grandes Reis ancestrais em Naqsh-i Rustam. O local, que tem associações extremamente íntimas com o antigo passado elamita e aquemênida da Pérsia, tornou-se uma espécie de parque temático histórico para os sassânidas, um lugar onde eles podiam alegremente entrelaçar suas ambições imperiais com as façanhas e os êxitos dos impérios anteriores e maiores.

No romance *Guerra e paz*, Liev Tolstói observou que "os reis são os escravos da história", definição com a qual, podemos supor, ele quis dizer que os monarcas, talvez mais do que quaisquer outros humanos, tendem a se tornar sujeitos aos caprichos da memória; mais do que ocorre com outras figuras históricas, a vida dos reis, seus feitos e legados são mais suscetíveis ao abuso, adorno, distorção, manipulação, interpretação tendenciosa, mitologização, heroicização e vilanização. Sua fama os torna vulneráveis à memória. Já encontramos esse conceito quando investigamos as lendas que surgiram em torno do nascimento e da morte de Ciro, o Grande, e vimos como a conveniência política moldou as histórias para fins de propaganda. Ao longo da Era Aquemênida, o nome de Ciro foi utilizado como uma abreviação para "império", "glória" e "persianidade", e o impulso propiciado pelos relatos judaicos e gregos acerca de sua magnanimidade e brilho apenas incrementou sua reputação como o mais poderoso, justo e sábio governante sob os céus. Quem é que um dia seria capaz de esquecer o nome de Ciro? No entanto, ele foi esquecido. No período sassânida, seu nome estava perdido, e as especificidades de seu reinado tinham sido esquecidas havia muito tempo; sua lenda fora diluída, mal rememorada, ou simplesmente desaparecera. Nenhum texto sassânida fala de um "Ciro" ou de um "Xerxes". Na memória sassânida sobreviveu apenas o nome "Dario", e mesmo assim não se trata do Grande Dario, mas do último Dario, o rei persa que lutou contra o monstruoso Alexandre e tragicamente desistira de sua vida e de seu império.

Conforme a longa era do domínio sassânida chegava ao fim, as sombras dos reis Aquemênidas se tornavam cada vez mais fantasmagóricas, até que a distância histórica finalmente extinguiu por completo a sombra de sua lembrança. Em 651 e.c., o Império Sassânida caiu para os árabes do sul, e o Irã se tornou um Estado islâmico. A nova administração muçulmana derrubou o equivalente a milênios de instituições e tradições políticas, sociais e culturais iranianas, pois o acesso ao poder significava que os iranianos precisavam adotar o arabismo e o islamismo. A velha elite sassânida gradualmente abraçou o novo dogma e, ao fazê-lo, ganhou posições de autoridade. Promoveu-se o uso exclusivo do árabe, a língua do sagrado Alcorão, de modo que o persa escrito começou a entrar em decadência; a erradicação da língua continuou e, no início do século IX e.c., até mesmo o persa falado estava ameaçado de extinção – apenas uma forma pídgin do vernáculo ainda circulava. Levou duzentos anos para a população do antigo Império Sassânida se tornar muçulmana, e mais duzentos para que outra forma da língua persa se desenvolvesse no leste do Irã, longe do coração muçulmano: o novo persa, essencialmente a língua que agora reconhecemos como farsi.

Foi Abul-Qâsem Ferdowsi,[3] um homem de Tus, na província de Khorasan, no nordeste do Irã, quem pegou a nova forma da língua persa e a transformou em um triunfo do renascimento cultural. Foi graças a ele que uma nova classe de literatos se desenvolveu no Irã, e foi por meio de sua escrita que o novo persa atingiu o auge da sofisticação. Seu *Shahnameh* ("Livro dos Reis") é uma das maiores obras da literatura mundial e o épico nacional do Irã, um texto ainda muito amado (e citado amiúde) por milhões de pessoas em todo o mundo falante da

---

3 Abu'l-Qasim Firdowsi Tusi ou Ḥakīm Abu'l-Qāsim Firdowsī Ṭusī (c. 940-1020), ou Ferdowsi (também transliterado como Firdawsi, Firdusi, Firdosi, Firdausi). [N.T.]

língua persa. É o poema mais longo já escrito por um único autor de nome conhecido.

Após séculos de dominação árabe, Ferdowsi estava determinado a restaurar a língua e a cultura da Pérsia compondo uma crônica de seus reis. *Shahnameh* cobre os reinados de cerca de cinquenta monarcas, desde os primeiros governantes lendários, os Kiyumars, até a morte de Isdigerdes III, o último e malfadado sassânida, assassinado enquanto fugia dos invasores e saqueadores árabes. Os reis e heróis de Ferdowsi – Sam, Rustam, Siyavash – vivem envolvidos em constantes batalhas, caçadas e festividades da corte – *bazm va razm* ("banquetes e brigas") –, que eram absolutamente centrais para o código guerreiro e os passatempos da nobreza. Costuma-se dividir o épico em três seções: mitos, lendas e história. A parte histórica do poema começa com a queda da Dinastia Aquemênida e a conquista do Irã por Alexandre e termina com o colapso do Império Sassânida. Isso significa que, à primeira vista, Ferdowsi e seu público leitor não consideravam que os reis Aquemênidas formavam uma realeza, mas figuras míticas evocadas das profundezas do Irã. Governavam desde um lugar chamado *Takht-e Jamshid*, o "Trono de Jamshid", um magnífico palácio construído de rochas e pedras preciosas e trazido do céu pelo grande Jamshid, figura salomônica que regeu o mundo por mil anos. Na época de Ferdowsi, as antigas ruínas de Persépolis, que se projetavam das areias do deserto que as engoliram, eram interpretadas como esse grandioso monumento celestial, e ainda hoje os iranianos conhecem o sítio arqueológico de Persépolis como *Takht-e Jamshid*.

Para Ferdowsi, conceituar os aquemênidas significava que as fronteiras entre mito e história precisavam ser borradas; seus Grandes Reis pairavam de forma indistinta em algum lugar entre o passado registrado e o faz de conta da lenda. No entanto, eles estão lá, nos milhares de versos do *Shahnameh*, escondidos, por assim dizer, por trás dos nomes e façanhas dos reis de Ferdowsi. Caicosroes, por exemplo, era tão corajoso e sábio que não morreu como um mortal, mas foi inoculado no céu, para lá encontrar fama eterna. Sentado atrás dessa figura estava o próprio Ciro, o Grande, o supremo Rei dos Reis, que tampouco morreu, mas transcendeu o tempo. Por trás do Gushtap de Ferdowsi estava o velho Histaspes; Esfandiyar era um avatar de Xerxes; Bahman era Artaxerxes I; Darab era Dario II; e Dara era, claro, Dario III.

A história de Dara entra no ponto da narrativa de Ferdowsi em que o mito se transforma em história, a interseção onde o poeta substitui "o que aconteceu" por "o que é melhor". De acordo com Ferdowsi, Darab (Dario II) era casado com Nahid, filha de Filqis (Filipe II), rei de Rom (Roma, ou o Ocidente), mas logo após a cerimônia de casamento ele a rejeitou (a pobre menina tinha uma terrível halitose), e a mandou de volta para a casa do pai. Sem que Darab soubesse, ela estava grávida de seu filho, e, quando deu à luz, Filqis criou o menino como seu próprio filho e o chamou de Iskandar (Alexandre). Enquanto isso, Darab tomou uma esposa persa e ela lhe deu um filho, Dara. Após a morte de Filqis, quando Iskandar atingiu a maioridade, Dara, que se tornara rei da Pérsia, exigiu pagamento de tributo de Rom, mas Iskandar decidiu retê-lo para si. A guerra eclodiu entre os dois reinos; Iskandar derrotou Dara em três batalhas e capturou Istakhr (a área ao redor de Persépolis). Em uma quarta batalha, Dara foi assassinado por dois de seus próprios homens, a quem Ferdowsi chamou de Mahyar e Janusayar. Iskandar encontra o rei à beira da morte e chora com ele por seu infortúnio. Dara dá sua filha Rhoshanak (Roxana) a Iskandar em casamento, entrega o Império Persa nas mãos de Iskandar e morre. Ferdowsi retrata a cena assim:

Ele beijou a palma da mão e Iskandar e disse: "Oro
a Deus que te guarde e te guie em teu caminho.
A minha carne entrego ao pó, a Deus o meu espírito,
minha soberania é tua herança agora".

Esse é um momento-chave na narrativa do épico e na conceituação da história do Irã: Iskandar é premiado com o Império Persa graças à sua bravura militar e liderança carismática; no entanto, como Ferdowsi deixa claro ao leitor, o império era seu por direito hereditário e por sangue. Por ser o primogênito de Darab, Iskandar sempre esteve destinado a se sentar no trono persa e, por meio de sua morte, Dara, meio-irmão de Iskandar, corrige o erro dinástico e permite que o destino triunfe. Iskandar, o príncipe persa, toma seu lugar entre os Grandes Reis do passado.

Por que Ferdowsi sentiu a necessidade de reescrever a história da invasão macedônica, um momento verdadeiramente sangrento e catastrófico na longa história do Irã? E por que ele precisava reabilitar

Alexandre III, transformando-o em príncipe, herdeiro e rei Aquemênida? A resposta deve estar na invasão árabe do Irã, pois, para Ferdowsi, a conquista árabe foi um evento apocalíptico, o ponto mais baixo do longo e célebre passado persa. A fim de vilipendiar totalmente os árabes e sua ocupação cruel e total da Pérsia, era preciso descrever com todas as letras a sangrenta invasão do Irã pelos macedônios e transformá-la em algo positivo. O *Shahnameh* tinha espaço para apenas um vilão: os invasores árabes.

*

Em 12 de outubro de 1971, Mohammed Reza Xá Pahlavi (ou Pahlevi), o *Shahanshah* (Rei dos Reis) do Irã e *Aryamehr* (Luz dos Arianos), preparava-se para fazer o pronunciamento oficial mais importante de seu reinado de 27 anos. A mídia mundial reunida para registrar o evento viu um Reza Xá rígido, atrás de uma fileira de microfones, remexendo-se desconfortavelmente na frente de dezenas de câmeras de televisão. Os jornalistas viajaram muitos milhares de quilômetros até Pasárgada, a cidade de Ciro, para capturar um momento histórico: o xá lançou o "Ano de Ciro, o Grande", uma celebração do aniversário de 2.500 anos do estabelecimento do Império Persa.

Muhammed Reza Xá foi o segundo (e, no final das contas, o último) monarca da dinastia Pahlevi, que teve curta duração (1925-1979). Ele nutria um fascínio pela grandeza da Pérsia antiga, da qual tirou proveito em um nível obsessivo: escreveu extensivamente, por exemplo, sobre sonhos e visões em que conversou com grandes figuras do passado do Irã – incluindo Ciro e Dario, o Grande –, ocasiões em que, afirmou, eles guiaram sua mão e definiram a pauta de prioridades para a administração de seu reino. Desconcertantes de tão honestos, esses pronunciamentos corroboravam a visão do xá para a monarquia como a única força unificadora do povo iraniano. Em entrevista de 1971, ele disse tudo: "Nenhum estrangeiro pode realmente entender o que a monarquia significa para o Irã. É o nosso modo de vida. Sem ela não poderíamos ser uma nação".

Foi por essa razão que os jornalistas instalaram seus equipamentos de gravação em frente ao antigo túmulo de Ciro, no sítio arqueológico de Pasárgada. O objetivo do festival de aniversário era identificar o xá não apenas com o próprio Ciro, o Grande, mas associá-lo aos grandiosos monumentos históricos do passado pré-islâmico do Irã e celebrar tudo o que havia de glorioso na antiga herança do Irã, antes da vergonhosa conquista árabe e da tomada muçulmana da Pérsia. No Irã, o "Ano de Ciro, o Grande" seria marcado por programas especiais na televisão e no rádio e artigos na imprensa. Escolas, universidades, fábricas, sindicatos, grupos de mulheres e organizações juvenis foram incentivados a participar das festividades em nível local, ao passo que, em nível nacional, o xá e seus ministros prometeram criar um espetáculo de história que seria lembrado por toda a vida.

No dia de seu discurso, o Rei dos Reis, de 51 anos, estava paramentado com a parafernália completa de esplendor militar. O uniforme cortado sob medida pingava medalhas e brilhava com insígnias imperiais, faixas de tafetá azul, alamares e galões dourados e grossos bordados auricolores; dragonas acolchoadas acentuavam seus ombros quadrados, e um quepe de copa alta, firmemente posicionado na cabeça, dava-lhe a aparência de um líder militar sério. Era a mesma aparência "compartilhada" por outros autocratas da época: Juan Perón, da Argentina; Idi Amin, de Uganda; o general espanhol Francisco Franco; e o imperador etíope Haile Selassie, que por acaso era convidado de honra do xá em Pasárgada (ele prestou homenagem ao anfitrião vestindo um uniforme igualmente esplêndido, de um branco deslumbrante). De cabelos grisalhos, bonito e distinto, mas severo e irritadiço, o xá certamente tinha toda a pose de um homem no controle de seu país e destino. Ao seu lado, a *Xabanu*, sua bela e jovem esposa Farah, que brilhava em um vestido formal de cetim branco bordado em seda azul com motivos tradicionais persas, e cujo penteado impecável reluzia com uma pesada massa de diamantes Cartier. Para completar a tríade imperial, o pequeno príncipe Reza, de nove anos, o herdeiro da monarquia mais rica do mundo, vestia uma réplica em miniatura do estranho uniforme do pai – um minixá, a pequena esperança do Irã.

A área ao redor do túmulo de Ciro era normalmente um lugar tranquilo, visitado apenas por turistas estrangeiros ou resolutos acadêmicos e arqueólogos, mas nesse dia de outubro o lugar fervilhava de vida. Bandeiras iranianas com o brasão de armas da dinastia Pahlevi – um sol surgindo de trás de um leão que empunha uma espada – tremulavam por toda parte, contra um céu azul sem nuvens, e uma enorme arquibancada ao ar livre tinha sido erguida atrás do pódio do xá para que os convidados pudessem testemunhar o discurso do Rei dos Reis iraniano dirigindo-se ao grande fundador da nação, Ciro da Pérsia, para assim transpor os séculos que os separavam. Não foram poupadas despesas para trazer de avião convidados de todas as partes do mundo, e a arquibancada estava apinhada de príncipes e princesas, chefes de Estado, presidentes, primeiros-ministros e outros VIPs (Imelda Marcos, primeira-dama das Filipinas, foi convidada pessoal da *Xabanu*). Chegando a Shiraz, a lendária cidade das rosas e rouxinóis, os figurões e dignitários foram todos levados de ônibus, sem cerimônia, para Pasárgada (um percurso de uma hora e meia) e acomodados em fileiras escalonadas de apertados assentos de frente para o túmulo, olhando diretamente para o sol. E lá permaneceram sentados, espremendo os olhos, por mais de uma hora antes que o xá e sua comitiva chegassem.

Quando por fim abriu a boca para discursar, a despeito da fachada de confiança que o uniforme proporcionava, o xá estava visivelmente nervoso. Muhammed Reza Xá nasceu com uma estonteante falta de carisma; a maioria dos jornalistas que falavam com ele comentava o fato. Ele nunca foi um homem de cortejar a imprensa ou de se sentir à vontade diante das câmeras, e agora tinha plena e assustadora consciência de que os olhos do mundo inteiro estavam sobre ele. Com uma fala pausada, fria e insensível, suas palavras, desprovidas das emoções que ele simplesmente não era capaz de entender, deslizaram para dentro da câmara escura e vazia do túmulo, enquanto o xá se dirigia ao fantasma de seu formidável antepassado:

> Ciro, Grande Rei, *Shahanshah*, rei Aquemênida, rei da terra do Irã, de mim, *Shahanshah* do Irã e da minha nação, eu te saúdo. A ti, o eterno herói da história iraniana, o fundador da monarquia mais antiga do mundo, o grande libertador do mundo, o digno filho da humanidade, saudamos! Ciro, nos reunimos hoje aqui diante de teu túmulo eterno para te dizer: dorme em paz porque estamos acordados e sempre estaremos acordados para cuidar de nossa orgulhosa herança.

A cerimônia de Pasárgada foi concluída com um hino coral encomendado especialmente para a ocasião e intitulado "Nossa felicidade e prosperidade eternas derivam de tua Glória Real, ó, Xá". Era para ser uma emocionante canção de unidade nacional, e, embora o evento patriótico tivesse a intenção de invocar o orgulho do passado da nação e inspirar os iranianos a vislumbrar um futuro glorioso, o povo em si foi completamente omitido. A população iraniana em geral não teve permissão para participar da cerimônia, e em vez disso foi instruída a assisti-la pela TV. O governo do xá se gabou de que a cerimônia em Pasárgada foi televisionada e transmitida para todo o mundo pelo satélite Telstar, de modo a permitir que milhões de pessoas em todo o planeta a acompanhassem. Mais tarde, alegou-se que cerca de 2,4 bilhões de pessoas se juntaram ao Irã nas celebrações, mas a corte interna de ministros do xá e suas famílias foram os únicos iranianos que chegaram perto da ação ao vivo.

Depois que o xá deixou Pasárgada, os convidados VIPs foram levados ao sítio arqueológico de Persépolis, a mais romântica e magnífica das ruínas ancestrais do Irã. Lá, foram instalados ao lado do xá e sua família dentro da "Cidade Dourada", como era chamada, um jardim-oásis com árvores em plena floração – trazidas diretamente da França – e canteiros de flores trazidos de avião da Holanda para Shiraz. Cinquenta tendas amarelas e azuis (na verdade, apartamentos pré-fabricados) foram construídas em cinco ruas para formar uma estrela representando os cinco continentes, no meio da qual havia um enorme chafariz e a vasta "Tenda de Honra", onde aconteciam as recepções oficiais e de onde era possível chegar ao enorme Salão de Banquetes.

Banqueteiros franceses do restaurante parisiense Chez Maxim's (do qual o xá e a *Xabanu* eram clientes habituais) criaram o menu para a solene e aparatosa recepção de Estado, e a casa de alta costura francesa Lanvin desenhou novos uniformes de gala para os membros da Casa Imperial. Cortinas e reposteiros de seda de Lyon, candelabros de cristal da Boêmia, porcelanas de Limoges com o brasão dos Pahlevi gravado no centro, cristais Baccarat, dois cabeleireiros de Paris com equipes completas de assistentes, milhares de garrafas de vinho, champanhe e água com gás desembarcaram de Paris em Shiraz – tudo diretamente transportado para Persépolis. O comitê organizador do festival, encabeçado pela imperatriz Farah (uma francófila declarada), não conseguiu perceber que no fim das contas o grandioso espetáculo do xá fora ofuscado pela pompa e os requintes do Ocidente, a tal ponto que a essência persa da cultura anfitriã se perdeu. Em seus apartamentos em forma de tendas com ar-condicionado, os convidados do xá dormiram em lençóis Porthaut, lavaram-se com sabonetes comemorativos da Guerlain e trataram sua ressaca com comprimidos de Alka-Seltzer, embalados individualmente pela Fauchon de Paris. Apenas os tapetes persas sob os pés dos convidados tinham sido feitos no Irã; até mesmo o caviar fora trazido da Rússia.

A peça central da celebração do aniversário foi um desfile de 6 mil soldados vestidos com os uniformes de todas as dinastias persas, dos Aquemênidas aos Pahlevis. O desfile, um jornalista observou, "superou em termos de puro espetáculo as mais rebuscadas imaginações dos filmes épicos de Hollywood". O evento ocorreu na base do terraço de Persépolis e exigiu a construção de uma estrada sobre a delicada arqueologia local. O xá e seus convidados assistiram a uma encenação de três horas da história militar persa, que dissipou qualquer eventual dúvida dos visitantes acerca das ambições imperiais do anfitrião. Por fim, o xá proferiu uma oração que confirmou que Deus o havia designado para ser a indiscutível "Luz dos Arianos e o Guardião da Terra do Irã". A imprensa ocidental ficou impressionada em igual medida com o espetáculo e com a retórica. O jornal britânico *The Times* chegou a comentar que, "para o povo do Irã, a instituição da monarquia funcionou como um fio condutor, até mesmo como uma tábua de salvação, ao longo de 25 séculos de história agitada. Desde a fundação do Império Persa, a monarquia representa a nacionalidade, a independência e a unidade".

De seu exílio autoimposto em Najaf, no Iraque, o aiatolá Ruhollah Khomeini, o eloquente líder religioso que se opunha à crescente ocidentalização que o Irã vivia sob o governo do xá, tremeu em ira e, sem papas na língua, trovejou (pelo Serviço Persa da BBC): "Qualquer um que organize esses festivais ou deles participe é um traidor do islã e da nação iraniana". Afirmou ainda que o islã se opunha fundamentalmente à obsessão do xá pelo passado ancestral pagão do país, e fustigou o epíteto de "Rei dos Reis" como "o mais odioso de todos os títulos aos olhos de Deus". Como resultado da condenação de Khomeini às celebrações de Persépolis, mulás xiitas no Irã se reuniram em organizações clandestinas para arquitetar a destruição da monarquia; ao mesmo tempo, dentro de suas elegantes casas nos subúrbios ao norte de Teerã, intelectuais de esquerda, muitos dos quais eram cortesãos do xá, trabalhavam com o mesmo propósito de derrubar o atual mandatário de seu trono – ainda que não com o mesmo objetivo de instalar um governo islâmico. Juntos, os dois grupos faziam as mesmas perguntas: "Muhammad Reza Xá Pahlevi tem o carisma e a autoridade dos antigos Rei dos Reis? Como ele ousa comparar seu regime às glórias dos reinados de Ciro, Dario e Xerxes?". Quando, em 1976, o xá substituiu o calendário islâmico por um calendário "imperial persa", que se iniciava com a fundação do Império Persa no reinado Ciro, mais de 2.500 anos antes, suas ações foram vistas como anti-islâmicas e antidemocráticas, e resultaram no florescimento e expansão da hostilidade religiosa e secular.

As celebrações de Persépolis suscitaram a Revolução Islâmica de 1979 no Irã? Não, a derrubada do governo do xá Reza Pahlevi foi (entre outros fatores) mais o resultado de uma reação conservadora contrária à ocidentalização, modernização e secularização do regime do xá. Sem dúvida, porém, o "Ano de Ciro, o Grande" contribuiu para a queda do xá ao escancarar sua incapacidade de se comunicar efetivamente com seu próprio povo. No final, as extravagâncias em Pasárgada e Persépolis apenas distanciaram ainda mais o rei de seus súditos.

A monarquia da Pérsia morreu efetivamente em 16 de janeiro de 1979, quando o xá, diagnosticado com um câncer terminal, embarcou em um avião que o tirou do Irã pela última vez, rumo a um exílio incerto, que ele passaria sobretudo em enfermarias de hospitais. Em 27 de julho de 1980, quando Muhammed Reza Xá Pahlevi, aos sessenta anos de idade, deu seu último suspiro numa cama de hospital no Cairo, os mulás do Irã já trabalhavam para expurgar dos livros de história a memória da herança ancestral – e pagã – da Pérsia.

A formação da República Islâmica do Irã, sob a liderança do aiatolá Khomeini e do clero muçulmano, desencadeou um sistemático massacre do passado ancestral da Pérsia. Ao decretar o encerramento das escavações arqueológicas em todo o Irã, fechar os programas de história das universidades e isolar todos os monumentos históricos, o regime teocrático iniciou uma cruzada – sem derramamento de sangue – contra o próprio passado do país, tornando a conquista muçulmana da Pérsia pelos árabes a gênese de uma nova cronologia nacional. Os nomes de Ciro, Dario e Xerxes eram anátema e foram eliminados dos livros escolares. Antecipando uma catástrofe cultural, a Organização das Nações Unidas para a Educação, a Ciência e a Cultura (Unesco) nomeou Persépolis como Patrimônio da Humanidade em 1979, exatamente no momento em que a Guarda Revolucionária de Khomeini cercava o grande sítio arqueológico com tratores, pronta para arrasar o local. Por causa da estreita associação da cidade com o xá, Persépolis tornou-se um poderoso símbolo do ódio do regime à velha ordem, e a segurança do local ficou em estado periclitante até 1988, quando Khomeini fez sua primeira e única visita às ruínas. O pronunciamento de Khomeini sobre o que viu e sentiu nesse dia revelou que o líder estava dividido entre reconhecer que Persépolis "ainda continua sendo uma maravilha para a humanidade", embora construída sobre "mentiras, exploração e força bruta". O mais extraordinário monumento da rica herança da Pérsia Aquemênida foi salvo quando o aiatolá declarou: "Devemos reconhecer estes monumentos como um valioso tesouro, no qual podemos ver a história e a humanidade, o Irã e os iranianos, junto com seu legado. Devemos preservá-los".

É aí que reside a luta entre o iranismo e o islamismo, que continua a assolar o Irã há mais de quatro décadas. A revolução de 1979 substituiu uma tradição de 2.500 anos de monarquia secular por uma teocracia que considera a glorificação dessa tradição imperial hostil aos ensinamentos fundamentais da Revolução Islâmica.

*

Em 29 de outubro de 2016, multidões de 15 mil a 30 mil pessoas (números exatos são difíceis de encontrar) se amontoaram ao redor do túmulo de Ciro, o Grande, no destino turístico geralmente tranquilo de Pasárgada. Perambularam em torno de sua plataforma retangular da mesma maneira como os peregrinos circum-navegam a sagrada Caaba em Meca. E as massas gritaram: "O Irã é nosso país!"; "Ciro é nosso pai!"; "O governo clerical é tirania!". Palavras perigosas na República Islâmica do Irã, mas bastante sintomáticas dos tempos.

Cerca de 70% da população iraniana tem menos de quarenta anos de idade. Na verdade, o Irã tem a população mais jovem do mundo, resultado de um impulso de fertilidade estimulado pelo governo após a prolongada e devastadora guerra Irã-Iraque da década de 1980, na qual milhões de soldados e civis morreram. Grande parte da juventude iraniana se sente cada vez mais distante dessa guerra e da Revolução Islâmica que seus avós ajudaram a provocar e que mudou drasticamente a face do Irã. Os mulás que governam o país já não representam a vitalidade da juventude iraniana, e o islã exerce pouco ou nenhum apelo para a maioria dos jovens que vivem em cidades e vilas. Para uma teocracia, o Irã tem uma população predominantemente secular. De fato, a devoção ao islã está sendo substituída por uma revitalização da identidade pré-islâmica do Irã. Isso é demonstrado de várias maneiras: entre a população em geral há, por exemplo, uma crescente tendência a manifestações de nacionalismo, o que pode ser atestado pelo aumento nos registros de nomes persas pré-islâmicos (Ciro, Dario, Anahita) para os novos bebês (no lugar de nomes muçulmanos como Hussain, Ali e Fatemeh), e pelo uso do sempre presente símbolo *farvahar*, o signo zoroastrista de Aúra-Masda, que é exibido em joias, camisetas, tatuagens e adesivos de para-choques. O passado persa pré-islâmico foi despertado na consciência iraniana contemporânea, e seu efeito é galvanizar os iranianos para criticar o regime dominante.

Durante séculos, Ciro, o Grande, e outros reis Aquemênidas foram considerados figuras heroicas pelos iranianos, homens que criaram um império construído (na opinião dos iranianos) com base na tolerância e no respeito por todos. Essa pseudo-história (pois é disso que certamente se trata) fornece um abundante arsenal de contos heroicos sobre Grandes Reis e xás, matéria-prima na qual se assenta o orgulho nacional. Ciro está acima de todos os outros reis no que diz respeito à criação de mitos nacionais, e seu (inventado) "retrato" (a Antiguidade não nos legou nenhuma imagem dele) tem aparecido de forma cada vez mais constante em todo o Irã, em cartazes, pôsteres, capas de celular, adesivos nas janelas e camisetas. No entanto, apesar de sua presença popular na sociedade iraniana, e levando-se em consideração que a história persa pré-islâmica é ensinada de maneira apenas superficial nas escolas do país, os iranianos são relativamente ingênuos acerca das realidades da construção do império de Ciro (derramamento de sangue e tudo o mais). Todavia, mesmo privados dos fatos, é claro que continuam profundamente orgulhosos de sua antiga herança e do papel de destaque que Ciro teve nela. Para muitos iranianos, Ciro era um defensor da liberdade e um ativista dos direitos humanos. Foi nesses termos que o último xá elogiou Ciro com palavras entusiásticas, alegando que ele criara a primeira "Carta de Direitos Humanos". Isso surgiu do mal-entendido de longa data do xá com relação ao texto do Cilindro de Ciro, em que uma única linha mencionava o tratamento do invasor aos habitantes da Babilônia: "Eu aliviei seu cansaço e os libertei de sua servidão". Uma declaração que estava longe de significar "acabei com o sofrimento humano". O fato de que mais tarde Ciro libertou os judeus do cativeiro babilônico (e ganhou o título de "messias"), permitindo que alguns deles (mas não todos) retornassem à sua terra natal, ampliou a reputação de paladino dos direitos humanos. O xá usou o Cilindro de Ciro como ícone oficial de suas celebrações de 1971 e o colocou em notas e moedas. Para dizer ao mundo que ele era Ciro renascido, deu de presente um fac-símile do Cilindro à Organização das Nações Unidas, onde permanece até hoje numa caixa de vidro no saguão da sede da ONU em Nova York.

Mais recentemente, na esteira da disputada eleição presidencial de 2009, o controverso presidente do Irã, Mahmoud Ahmadinejad, na esperança de recuperar um pouco de legitimidade, começou a reformular a própria imagem como um nacionalista que lidera uma luta contra inimigos estrangeiros. Alcançou uma espécie de triunfo diplomático quando o Museu Britânico concordou em emprestar ao Museu Nacional do Irã o legítimo Cilindro de Ciro para uma exposição especial sobre Ciro e seu legado. Milhares de iranianos se reuniram em Teerã para a chance única de ver um artefato-documento feito na Babilônia, escrito em acadiano e direcionado a um público mesopotâmico, que eles, no entanto, saudaram como um ícone da "iranidade". Ao colocar uma medalha de honra no peito de um ator vestido com um pitoresco traje de Ciro, o Grande, durante uma cerimônia em Teerã, o presidente Ahmadinejad afirmou que "Falar sobre o Irã não é o mesmo que falar sobre uma entidade geográfica ou raça; falar sobre o Irã equivale a falar de cultura, valores humanos, justiça, amor e sacrifício".

Os iranianos podem ser relativamente ingênuos quanto às realidades da construção do antigo Império Persa e do conteúdo do texto do Cilindro de Ciro, mas isso não impediu que a "Ciromania" crescesse de forma exponencial. Azadeh Moaveni, jornalista e escritor iraniano-americano, ecoa os sentimentos de muita gente: "Ciro e os reis Aquemênidas, que construíram sua majestosa capital em Persépolis, foram excepcionalmente generosos para seu tempo. Escreveram a primeira declaração de direitos humanos registrada no mundo e se opuseram à escravidão". Em grande medida, esse entendimento equivocado do documento surge de uma infinidade de traduções espúrias que há décadas pululam na internet. Uma das vítimas mais conhecidas do "golpe do Cilindro" foi Shirin Ebadi, que, ao aceitar o Prêmio Nobel da Paz em 2003, citou o que ela acreditava ser as palavras genuínas de Ciro:

> Anuncio que respeitarei as tradições, costumes e religiões das nações do meu império e, enquanto eu viver, jamais permitirei que qualquer um de meus governantes e subordinados os menospreze ou insulte. Doravante [...] não imporei minha monarquia a nenhuma nação. Cada um é livre para aceitá-la, e se algum deles a rejeitar, nunca escolherei a guerra para reinar.

Supostamente, Ebadi ficou mortificada quando descobriu a gafe.

O mais recente desdobramento da história foi a ativação em massa da imagem de Ciro, que chegou ao auge em seu túmulo em 2016. Hoje, em 29 de outubro, os iranianos comemoram anualmente um feriado não oficial, o "Dia de Ciro, o Grande". O governo islâmico não reconhece a existência da data. Na verdade, o regime está confuso, desnorteado e irritado com a popularidade de Ciro. O aiatolá Nouri-Hamedani, um venerável mulá já octogenário, se enfureceu contra os eventos em Pasárgada e, vociferando, desencavou o equivocado amor que o velho xá sentia pela Antiguidade:

> O xá costumava dizer: "Ó, Ciro, dorme em paz porque estamos acordados". Agora, um grupo de pessoas se reúne em torno do túmulo de Ciro; elas perambulam, dão voltas, tiram seus lenços e gritam [como fazem pelo imã xiita Hussein] [...] Essas [pessoas] são contrarrevolucionárias. Estou surpreso que essa gente se reúna ao redor do túmulo de Ciro. Que autoridades foram tão negligentes a ponto de permitir que essas pessoas se reunissem? Estamos em um

país revolucionário e islâmico, e a revolução é a continuação das ações do Profeta e dos Imãs.

Para onde vai esse movimento? Quem sabe... Nos últimos sessenta anos, Ciro, o Grande, foi usado por dois regimes para fortalecer seu poder sobre o Irã e seu povo. O xá endossou o governo Pahlevi como uma continuação natural da política de tolerância de Ciro, mas o governo Pahlevi era tudo, menos tolerante. Ahmadinejad estava disposto a ignorar o fato de que Ciro era pagão a fim de acionar um nacionalismo muito necessário para tirar o foco de sua acirrada eleição; na verdade, fez de Ciro uma espécie de santo xiita. Agora, jovens do Irã reivindicaram Ciro como seu – separando-o de xás e mulás, eles o estão levando para as ruas em seus iPhones e iPads. O mito de Ciro está crescendo, seu culto se intensificando. Os fatos são substituídos pela necessidade de lançar Ciro como um novo libertador, e esse é um uso muito poderoso da história. A Antiguidade não está morta – ela é viva e vital. No Irã, o uso atual que se faz do passado persa aquemênida pelos jovens e inquietos pode ser o catalisador que levará o Irã a uma nova era.

*

Por que na história do mundo alguns impérios duraram séculos, ao passo que outros desmoronaram em algumas gerações? Em última análise, o que podemos pensar acerca do Império Persa e dos Grandes Reis Aquemênidas que o governaram? Não pode mais haver dúvidas de que se trata de um dos impérios mais significativos do mundo, pois, apesar de ter passado por algumas sérias convulsões como consequência da rapidez de seu crescimento, ainda assim sobreviveu por mais de dois séculos. Dario I e Xerxes não obtiveram sucesso em suas tentativas de incorporar territórios europeus ao reino, mas, apesar do fracasso na tentativa de impor um controle direto e duradouro à Grécia, ao longo de sua história o Império Persa não sofreu nenhuma perda territorial substancial. O Egito rompeu com o domínio persa, mas foi reconquistado e reintroduzido na estrutura imperial. No que diz respeito à manutenção do império, os persas foram extraordinariamente avançados e inovadores e permitiram que as diferentes áreas continuassem com práticas tradicionais de governo, aquelas que mais lhes convinham. Os persas não mudaram os métodos de governo testados e comprovados, não impuseram nada de si aos povos conquistados e foram sensíveis às culturas que subjugaram. Não houve adoção forçada da língua persa, ou dos deuses persas, ou de um "sistema" persa. Os reis Aquemênidas se contentavam em receber os pagamentos de tributos das províncias e, embora a riqueza do império fluísse para a administração central, permaneceram sendo senhores plácidos. Variações nas formas de governo aquemênida não devem ser tomadas como sinais de fraqueza imperial. Pelo contrário, as variedades de interação política implementadas pelos persas e a elástica postura de governança que praticavam é um aspecto positivo. Uma prova de que havia outro modelo de império. É ainda mais trágico, então, que o modo de império adotado pelas civilizações posteriores do Ocidente – sobretudo os romanos, os britânicos e outras potências imperiais do mundo industrializado – tenha optado por ignorar a versão persa. O império nunca é um estado de felicidade, não é uma coisa boa para os povos subjugados, mas um império esclarecido implementado em linhas persas seria preferível à brutalidade do domínio romano e sua agressiva adesão a uma política de romanização. A ideologia da supremacia branca que foi aplicada aos povos conquistados da África, Índia, Oriente Médio e Sul da Ásia por poderosos imperialistas europeus industriais foi a antítese da mentalidade do Império Persa. Se a versão persa da história tivesse sido ensinada nas escolas da elite britânica, com menos ênfase em Roma como modelo de império, quem sabe a experiência de milhões de pessoas ao redor do mundo pudesse ter sido mais digna.

Os reis da Dinastia Aquemênida governaram de forma absoluta. Não enfrentaram o questionamento ou a resistência de forças externas, e mantiveram seu domínio exclusivo sobre o trono. O que os enfraqueceu não foram demonstrações externas de força, mas conflitos familiares internos. Sua incapacidade de colocar em prática um sistema organizado de primogenitura significou que as fraquezas da dinastia eram expostas a cada morte de um monarca e a cada crise sucessória que – de maneira quase inevitável – se seguia. As relações entre pais e filhos homens eram muitas vezes repletas de tensões, ao passo que as relações entre irmãos e irmãs podiam ser cruéis, amargas e, muitas vezes, sangrentas. Se os aquemênidas tivessem conseguido estancar as disputas internas e trabalhar como uma unidade harmoniosa, o império poderia ter sobrevivido ao ataque de Alexandre, pois, apesar das provações e tribulações da própria família, o Império Aquemênida era forte e, no momento de sua conquista pela Macedônia, funcionava bem. O tradicional cenário de "ascensão e queda" não corresponde ao que aconteceu com a Pérsia. Vigoroso e vital até o fim, o Império Persa foi tomado de assalto por Alexandre, que por um curto período o manteve refém enquanto brincava com ele, debatendo se queria ser um Grande Rei ou um senhor da guerra macedônio. Por fim, Alexandre o matou com um rápido e cortante golpe na garganta. Enquanto o Império Persa sangrava, Alexandre se convenceu de que ele era o homem capaz não apenas de restaurar a grandeza do antigo reino de Dario, o Grande, mas também de ampliá-lo e torná-lo um reino de fama eterna. No entanto, apenas sete anos depois de reduzir Persépolis a escombros e cinzas, em 323 a.e.c., Alexandre jazia morto na Babilônia. Em seus últimos anos de vida, se voltou para a bebedeira, a boa vida de prazeres e uma liderança muito ruim. Seus sonhos de império morreram com ele e, ao fim e ao cabo, Alexandre fracassou em sua missão de superar as longevas glórias de Ciro, Dario e Xerxes.

*

Abul-Qâsem Ferdowsi era um homem muito sábio. Ele conhecia o valor de evocar o passado ancestral do Irã, e se orgulhava muito de seu legado. Em seu *Shahnameh*, escreveu que:

> Os antigos reis que aqui vieram primeiro
> recebiam todo ano tributo estrangeiro.
> Outrora éramos poderosos, e em coisas diversas
> o reino grego se curvava diante dos reis persas.

Ferdowsi era também realista. Sabia que o Irã sofreria mais guerras e incursões. Era um país rico, propício a ser alvo de invasões. Ele estava certo. Numerosas potências mundiais, em suas próprias jornadas de construção de impérios, tentaram controlar o Irã, tentaram esmagar sua cultura e destruir sua identidade. No entanto, as potências estrangeiras que invadiram o Irã ao longo de muitos séculos sucessivos – árabes, mongóis e turcos – acabaram mais cedo ou mais tarde sendo conquistadas pela cultura que pretendiam destruir. A pura força da civilização persa, seu profundo legado histórico, subjugou os invasores à medida que eles se tornaram completamente "persianizados". Quem sabe quais novas ameaças o Irã enfrentará daqui por diante, ou como sua história antiga será reativada. Mesmo em meio às ameaças internacionais à liberdade do Irã, ao alarmismo tão amado pela mídia ocidental e às dificuldades que os iranianos enfrentam em sua vida cotidiana, não há perigo de que o passado persa seja novamente esquecido. Ciro e os antigos Grandes Reis são figuras de enorme orgulho, e talvez até de ambição, porque hoje representam o que significa ser iraniano, ser persa. Que os Grandes Reis reinem por muito tempo.

DRAMATIS PERSONAE: OS PERSONAGENS PRINCIPAIS DOS ACONTECIMENTOS

> *"Os nomes persas, derivados dos atributos do corpo e das qualidades mentais do indivíduo, terminam pela mesma letra – a que os dórios denominam* san *e os jônios,* sigma, *e, se prestardes atenção, vereis que os nomes persas, sem exceção, terminam com essa letra."*
>
> Heródoto, *História*, 1.139

O persa antigo é uma língua de declinação; assim, tal qual o grego jônico que Heródoto falava, o sufixo – ou seja, a parte no final de uma palavra – muda dependendo do caso (cada uma das diferentes formas de uma palavra flexionável que indicam sua função sintática), produzindo formas derivadas. O que Heródoto observou foi muito provavelmente a forma nominativa dos nomes persas, que, em persa antigo, podem terminar em *-sh*, que é próximo, mas não idêntico, ao *-s* denotado pelo *san* dórico ou o *sigma* jônico. Esse é apenas um exemplo dos muitos erros observáveis nas traduções gregas de nomes persas. Além disso, na maioria das vezes, esses nomes passaram por inúmeras mutações até chegarem a nós. Aqui você encontrará os nomes pertencentes às principais personagens deste livro, alguns dos quais aparecem em persa antigo, ou foram reconstruídos em seu idioma original a partir de suas traduções para o grego e línguas estrangeiras.

Grandes Reis

Aquêmenes (em grego, *Achaiménēs*; em persa antigo, *Haxāmanish*; c. final do século VIII a.e.c. ao início do século VII a.e.c.): o lendário fundador da Dinastia Aquemênida.

Artaxerxes I (em grego, *Artaxérxēs* ou *Makrókheir* – "Braço-longo" "de mão comprida"; em persa antigo, *Artaxshaça* – "aquele cujo governo é através da verdade deificada"; reinado: 465 a.e.c.-424 a.e.c.): filho de Xerxes I.

Artaxerxes II (nome de nascimento em grego, *Arsicas, Arsës*; nome régio em persa antigo, *Artaxshaça* – "aquele cujo governo é através da verdade deificada"; reinado: 404 a.e.c.-58 a.e.c.): filho de Dario II e da influente Parisátide; o reinado de Artaxerxes foi inicialmente contestado por meio de uma sangrenta guerra civil contra seu irmão mais novo, Ciro, o Jovem.

Artaxerxes III (nome de nascimento em grego, *Ôchos*; nome de nascimento em babilônico, *Úmakush*; nome régio em persa antigo, *Artaxshaça* – "aquele cujo governo é através da verdade deificada"; reinado: 358 a.e.c.-338 a.e.c.): ascendeu ao trono após uma série de execuções e conspirações contra seus irmãos mais velhos; o reinado de Artaxerxes foi marcado por um período turbulento na história da Pérsia.

Artaxerxes IV (em grego, *Arsës*; nome de nascimento em persa antigo, *Arshaka* – "macho, viril"; nome régio em persa antigo, *Artaxshaça* – "aquele cujo governo é através da verdade deificada"; reinado: 338 a.e.c.-336 a.e.c.): filho de Artaxerxes III, Arsës ascendeu ao trono persa após o assassinato de seu pai – mas, tal pai tal filho, logo foi envenenado.

Bardiya[1] (em grego, *Smerdis*; em persa antigo, *Bardīya* – "Elevado" ou *Gaumata*; reinado: 522 a.e.c.): filho mais novo de Ciro, o Grande, Bardiya ascendeu ao trono persa após a morte de seu meio-irmão

---

1 Há divergências entre os historiadores quanto ao nome: Ctésias chama-o de Tanyoxarces (Tanaoxares); Xenofonte usa Tanaoxares; Justino adota Mergis; Ésquilo, Mardo (ou Mardos); Helânico adota Merfis. Devido ao relato de Heródoto, prevaleceu o nome Esmérdis. [N.T.]

Cambises II. Dario I, no entanto, encenou um golpe de Estado no mesmo ano, alegando que Bardiya não era outro senão um mago chamado Gaumata, que havia assassinado e usurpado o trono do verdadeiro Bardiya.

Cambises I[2] (em persa antigo, *Kambūjiya*; em acádio, *Kambuziya*; reinado: *c.* 600 a.e.c.-559 a.e.c.): rei de Anshan e filho de Ciro I; pai de Ciro, o Grande.

Cambises II (em persa antigo, *Kambūjiya*; em acádio, *Kambuziya*; reinado: 530 a.e.c.-522 a.e.c.): herdou o trono do pai, Ciro, o Grande, e é mais conhecido pela anexação persa do Egito.

Ciro I (em grego, *Kūros*; em persa antigo, *Kūrush* – "aquele que humilha o inimigo"; reinado: *c.* 600 a.e.c.-580 a.e.c): filho de Teíspes, Ciro herdou o trono de Anshan e gerou Cambises I.

Ciro II (Ciro, o Grande) (em grego, *Kūros*; em persa antigo, *Kūrush* – "aquele que humilha o inimigo"; *c.* 590 a.e.c.-530 a.e.c.): Rei dos Reis, Rei do Mundo, o Grande Rei, Ciro, o Grande, iniciou uma série de campanhas militares que fundaram o Império Persa.

Dario I (Dario, o Grande) (em grego, *Dareîos*; em persa antigo, *Dārayavaush* – "aquele que preserva com firmeza o Bem"; reinado: setembro de 522 a.e.c.-outubro de 486 a.e.c.): filho mais velho de Histaspes e Irdabama, Dario chegou ao poder por meio de um golpe de Estado contra Bardiya.

Dario II (em grego, *Nothos* – "bastardo"; nome de nascimento em grego, *Ōchos* [Oco]; nome de nascimento em persa antigo, *Vauka* ou *Vaush*; nome régio em persa antigo, *Dārayavaush* – "aquele que preserva com firmeza o Bem"; reinado: fevereiro de 423 a.e.c.-março de 403 a.e.c.): filho de Artaxerxes I e uma concubina babilônica, Dario ascendeu ao trono persa em disputa com seu meio-irmão, Sogdiano.

Dario III (em latim, *Codomannus*; nome de nascimento em persa antigo, *Artashiyāta* – "feliz na *Arta*", ou seja, "feliz na Verdade"; nome régio em persa antigo, *Dārayavaush* – "aquele que preserva com firmeza o Bem"; reinado: 336 a.e.c.-330 a.e.c.): o último dos

---

2 É também conhecido como Cambises, o Velho, para distingui-lo do neto Cambises II. [N.T.]

reis Aquemênidas, Dario ascendeu ao trono persa após o assassinato de seu antecessor, Artaxerxes IV, e seus herdeiros.

Sogdiano[3] (em persa antigo, *Sughudash* – "o sogdiano" [habitante da Sogdiana, antiga região da Pérsia]; reinado: 424 a.e.c.-423 a.e.c.): filho de Artaxerxes I, reinou por um curto período.

Teíspes/Tishpish (em grego, *Teispes*; em persa antigo, *Cishpish*; em babilônico, *Shîshpîsh*; reinado: 675 a.e.c.-640 a.e.c.): rei da Dinastia Teíspida de Anshan na Pérsia.

Xerxes I (em persa antigo, *Xshayarashā* – "governar heróis", "governante de heróis" ou "herói entre os governantes"; reinado: 486 a.e.c.-465 a.e.c.): sucedendo ao pai Dario I no trono persa, e tendo passado os primeiros anos de seu reinado suprimindo revoltas no Egito e na Babilônia, Xerxes realizou sucessivas campanhas bélicas em todo o continente grego.

Nobreza persa

Aquêmenes (em grego, *Achaiménēs*; em persa antigo, *Haxāmanish* – "amistoso por natureza", "aquele que tem a mente amigável"); morte: 460 a.e.c.-450 a.e.c.): filho de Dario I, sátrapa no Egito na época da revolta de Inaro.

Arsames (em persa antigo, *Arshāma* – "aquele que tem a força de um herói"; c. 520 a.e.c.): filho de Ariarâmenes; pai de Histaspes e leal seguidor de Ciro, o Grande.

Arshama (em persa antigo, *Arshāma* – "aquele que tem a força de um herói"; em grego, *Arsámēs*; governo: c. 454 a.e.c.-407 a.e.c.): sátrapa do Egito, Arshama era um seguidor leal de Dario II, ajudando-o a derrubar seu irmão, Sogdiano, em 423 a.e.c.

Artábano (em persa antigo, *Artasūra* – "poderoso [através da] verdade deificada"; em elamita, *Irdashura*; meados do século VI a.e.c. ao início do século V a.e.c.): irmão de Dario I e tio de Xerxes I.

---

3 Também chamado de Soguediano ou Secidiano; Ctésias o chama de *Sekyndianós*; "sogdiano" se refere ao natural ou habitante de Sogdiana, antiga região da Pérsia. [N.T.]

Artábano da Pérsia (ou Artabanes da Hircânia) (em persa antigo, *Artabānush* – "a glória da verdade"): comandante da guarda real persa que, com a ajuda do eunuco Aspamitres, assassinou Xerxes I.

Artabazo II (em elamita, *Irdumasda*; em iraniano antigo, *Artavazdā* – "perseverante [através da] verdade"; *c*. 390 a.e.c.-325 a.e.c.): sátrapa da Frígia durante o reinado de Dario III.

Artobazanes (em persa antigo, *Artabarzana* – "aquele que exalta a Verdade"; *c*. 530 a.e.c.-470 a.e.c.): na condição de filho primogênito de Dario I, reivindicou o trono persa até que a pressão crescente de seu irmão, Xerxes I, o forçou a abandonar suas aspirações.

Aspatino (em persa antigo, *Aspačanā* – "aquele que se deleita com cavalos"; *c*. meados do século VI a.e.c. a meados do século V a.e.c.): membro da Gangue dos Sete e portador do arco de Dario I.

Besso (nome de nascimento em grego, *Bessos*; nome régio em persa antigo, *Artaxshaça* – "aquele cujo governo é através da verdade deificada"; "aquele cujo reinado é através da *Arta* [a verdade]"; reinado: 330 a.e.c.-329 a.e.c.): destacado sátrapa da Báctria, que se proclamou às pressas como Grande Rei em um golpe contra Dario III.

Ciro, o Jovem (em grego, *Kūros*; em persa antigo, *Kūrush* – "aquele que humilha o inimigo"; *c*. 423 a.e.c.-401 a.e.c.): segundo filho de Dario II e irmão de Artaxerxes II; liderou uma revolta malsucedida contra seu irmão recém-coroado em 404 a.e.c.

Dariaios (em grego, *Dareîos*; em persa antigo, *Dārayavaush* – "aquele que preserva com firmeza o Bem"; morte: 465 a.e.c.): filho e príncipe herdeiro de Xerxes I, Dariaios manteve uma relação bastante precária com sua família. Sua esposa, Artiante, era amante de seu pai.

Farnabazo (em grego, *Pharnábazos*; em persa antigo, *Parnavazdā*; *c*. 422 a.e.c.-387 a.e.c.): sátrapa da Frígia até as conquistas de Alexandre.

Góbrias (em grego, *Gobryas*; em persa antigo, *Gaubaruva* – "barão do gado"; *c*. século VI a.e.c.): líder da tribo patischoriana de Pārs, e um dos sete conspiradores que mataram Gaumata.

Hárpago (em grego, *Arpagos*; em babilônico, *Arbaku*; *c*. século VI a.e.c.): general médio que teria ajudado Ciro, o Grande, a subir ao trono.

Hidarnes I (em persa antigo, *Vidarna* – "aquele que sabe"; governo *c*. 521 a.e.c.-480 a.e.c.): membro da Gangue dos Sete; sátrapa da Média.

Histaspes (em grego, *Histáspēs*; em persa antigo, *Vishtāspa* – "aquele cujos cavalos estão à solta"; *c*. 550 a.e.c.): sátrapa da Báctria e depois na Pérsia; pai de Dario I.

Intafernes (em persa antigo, *Vindafarnā* – "aquele que encontra *Farr*"; *c*. meados para o final do século VI a.e.c.): um dos cortesãos membros da Gangue dos Sete; condenado à morte por Dario I.

Mardônio (em grego, *Mardonios*; em persa antigo, *Marduniya* – "aquele que é suave"; morte: 479 a.e.c.): filho de Góbrias; principal general do exército persa durante as Guerras Greco-Persas (ou Guerras Médicas); morto na Batalha de Plateias.

Masistes (em grego, *Masistēs*; em iraniano antigo, *Masishta*; em persa antigo, *Mathishta* – "o maior de todos"; morte: 478 a.e.c.): filho de Dario I e irmão de Xerxes I, foi o sátrapa da Báctria durante o reinado de seu irmão.

Megabizo I (o Velho) (em persa antigo, *Bagabuxsha* – "salvo por Deus"; *c*. meados do século VI a.e.c. ao início do século V a.e.c.): um dos membros da Gangue dos Sete.

Megabizo II (em persa antigo, *Bagabuxsha* – "salvo por Deus"; 485 a.e.c.-440 a.e.c.): neto de Megabizo I, filho de Zópiro; general persa que participou de várias campanhas militares na Grécia e no Egito.

Orontes (em persa antigo, *Arvanta* – "veloz"; *c*. 401 a.e.c.-344 a.e.c.): sátrapa armênio de origens bactrianas.

Otanes (em persa Antigo, *Utāna* – "aquele que tem bons descendentes"; *c*. final do século VI a.e.c.): um dos membros da Gangue dos Sete.

Pissutnes (em persa antigo, *Pishishyaothna*; final do século V a.e.c.): sátrapa lídio que instigou uma malsucedida revolta em Sárdis com a ajuda do general grego Lícon.

Sataspes (em persa antigo, *Satāspa* – "aquele que tem centenas de cavalos"; em babilônico, *Shatashpa*; início a meados do século V a.e.c.): depois de estuprar a filha de Zópiro, Sataspes escapou da execução ao receber o perdão de Xerxes I. Por fim foi levado à justiça e condenado à pena de morte.

Terituchmes (final do século V a.e.c.): descendente de Hidarnes; marido de Améstris II; sátrapa da Armênia.
Tiribazo (em persa antigo, *Tīrivazdā* – "o que persevera [através do deus] Tir"; *c*. 440 a.e.c.-370 a.e.c.): sátrapa da Armênia e, mais tarde, da Lídia; executado.
Tisafernes (em persa antigo, *Čiçrafarnah* – "com brilhante *Farr*"; 445 a.e.c.-395 a.e.c.): neto de Hidarnes I; sátrapa de Sárdis.
Ugbrau (em persa antigo, *Gaubaruva* – "barão do gado"; em grego, *Gobryas*; *c*. século VI a.e.c.): nobre que ajudou Ciro, o Grande, a derrubar o rei neobabilônico Nabonido.

Mulheres persas

Améstris (em persa antigo, *Amāstrī* – "força"; em grego, *Ámēstris*; morte: *c*. 424 a.e.c.): esposa de Xerxes I e mãe de Artaxerxes I.
Amitis I (em persa antigo, *Umati* – "aquela que tem bons pensamentos"; *c*. 630 a.e.c.-565 a.e.c.): filha do rei medo e esposa de Nabucodonosor II da Babilônia.
Amitis II (em persa antigo, *Umati* – "aquela que tem bons pensamentos"; início do século V a.e.c.): filha de Xerxes I e esposa de Megabizo I.
Artainte (ou Artainta) (meados do século V a.e.c.): filha de Masistes e esposa do príncipe herdeiro, Dariaios.
Artazostra (em avéstico, *Ashazaothra* – "oferenda à verdade deificada"; final do século VI a.e.c. ao início do século V a.e.c.): filha de Dario I e esposa de Mardônio, seu primo.
Artistone (em elamita, *Irtashduna*; em persa antigo, *Artastūnā* – "pilar da verdade deificada"; *c*. século VI a.e.c.): filha de Ciro, o Grande, irmã de Bardiya e esposa do usurpador de seu irmão, Dario I.
Atossa (em persa Antigo, *Utautha* – "bem concedida"; em avéstico, *Hutaosā*; em elamita, *Udusana*; *c*. 550 a.e.c.-475 a.e.c.): filha de Ciro, o Grande e esposa-irmã de Cambises II. Após a morte de seu marido, ela se casou com Dario I e lhe deu o herdeiro real Xerxes I.
Cassandana (em grego, *Kassandanē*; *c*. século VI a.e.c.): filha de Farnaspes; mãe de Cambises II e Bardiya; esposa de Ciro, o Grande.

Damáspia (em persa antigo, *Jāmāspī*; em grego, *Damáspiā*; morte: *c.* 424 a.e.c.): esposa de Artaxerxes I e mãe de seu herdeiro Xerxes II.

Estatira I (*c.* 370 a.e.c.-332 a.e.c.): filha do influente cá Hidarnes III e irmã de Terituchmes; esposa de Artaxerxes II; assassinada por Parisátide.

Estatira II (morte *c.* 332 a.e.c.): esposa de Dario III; capturada por Alexandre, o Grande; morreu no parto dando à luz o filho de Alexandre.

Estatira III (morte *c.* 323 a.e.c.): filha de Dario III e Estatira II; esposa de Alexandre, o Grande.

Fedímia (em persa antigo, *Upandush*; em grego, *Phaidymē*; *c.* final do século VI a.e.c.): filha de Otanes e esposa de Cambises II e Bardiya.

Fratagunes (início do século V a.e.c.): filha de Artanes e esposa de Dario I.

Gigis (morte *c.* 332 a.e.c.): serva de Parisátide; executada por conspiração para cometer assassinato.

Irdabama (início do século V a.e.c.): mãe de Dario I; proprietária de terras.

Mandane (iraniano antigo, *Mandanā* – "encantadora", "alegre"): filha de Astíages da Média e esposa de Cambises I de Anshan; mãe de Ciro, o Grande.

Mania (em grego, *Manía* – "furiosa"; *c.* 440 a.e.c.-399 a.e.c.): viúva de Zenis, um rei cliente de Dardânia, na Ásia Menor; governadora durante o governo do sátrapa persa Farnabazo.

Parisátide (em persa antigo, *Parushyātish*; *c.* século V a.e.c.): filha de Artaxerxes I que se casou com seu meio-irmão Dario II; mãe de Artaxerxes II e Ciro, o Jovem.

Pármis (em persa antigo, *Uparmiya* – "aquela que permanece"; *c.* final do século VI a.e.c. a meados do século V a.e.c.): filha de Bardiya e esposa de seu usurpador, Dario I.

Rodoguna (início do século IV a.e.c.): filha de Artaxerxes II e Estatira I; esposa de Orontes.

Roxana (em persa antigo, *Rhauxshnā* – "a iluminada"; em grego, *Rôxánê*; *c.* início a meados do século VI a.e.c.): irmã-esposa de Cambises II.

Cortesãos e administradores

Apolônides de Cós (em grego, *Apollōnidēs* – "filho de Apolo"; início do século IV a.e.c.): médico grego na corte de Artaxerxes I.

Artasiras (em persa antigo, *Artasūra* – "poderoso através da verdade deificada"; em elamita, *Irdashura*; século VI a.e.c.): cortesão hircano durante o reinado de Cambises II, Artasiras ajudou Dario I a derrubar Bardiya e tomar o trono.

Artoxares (em persa antigo, *Artaxshara*; século V a.e.c.): eunuco paflagônio que, tendo retornado do exílio na Armênia, teria conspirado contra o rei recém-empossado Dario II, e consequentemente foi executado.

Aspamitres (em persa antigo, *Aspamitra* – "que por contrato recebeu cavalos"; século V a.e.c.): eunuco que ajudou a tramar o assassinato de Xerxes I.

Bagapates (em persa antigo, *Bagapāta* – "protegido pelos deuses"; *c.* século VI a.e.c. a início do século V a.e.c.): mordomo-chefe do rei e eunuco que traiu Bardiya.

Bagoas (em persa antigo, *Bagui*; em grego, *Bagōas*; morte: 336 a.e.c.): destacado eunuco e cortesão da corte aquemênida que envenenou dois reis consecutivos, Artaxerxes III e IV, antes de ser ele próprio ludibriado por Dario II para beber do seu próprio veneno.

Parnakka (em grego, *Pharnákēs*; em elamita, *Parnakka*; *c.* 565 a.e.c.-497 a.e.c.): diretor do serviço civil de Persépolis; filho de Arsames e irmão de Histaspes, era tio de Dario I.

Rashda (início do século V a.e.c.): chefe de gabinete da mãe de Dario I, Irdabama.

Tiridates (em persa antigo, *Tīridāta* – "dado pelo [deus] Tir; início do século IV a.e.c.): eunuco favorito de Artaxerxes III.

Zishshawish (em elamita, *Zishshawish*; em persa antigo, *Ciçavahu* – "de boa linhagem"; *c.* 504-496 a.e.c.): adjunto de Parnakka; encarregado de registrar os pedidos de ração em Persépolis.

Não persas

Alexandre I (em grego, *Aléxandros* – "protetor do homem", "defensor da humanidade"; reinado: *c.* 498 a.e.c.-454 a.e.c.): vassalo macedônio dos reis Aquemênidas.

Alexandre III da Macedônia (Alexandre, o Grande; Alexandre Magno) (em grego, *Aléxandros* – "protetor do homem", "defensor da humanidade"; reinado: 336 a.e.c.-323 a.e.c.): ascendendo ao trono da Macedônia após o assassinato do pai, Filipe II, Alexandre lançou uma série de infames campanhas militares em todo o Império Persa.

Artemísia II (em grego, *Artemīsīā* – "erva artemísia"; reinado: 353 a.e.c.-351 a.e.c.): membro da dinastia Hecatomnida, que governava a Cária.

Aspásia da Fócida (em grego, *Aspasia* – "o bem-vindo abraço", "o acolhedor abraço"; *c.* 450 a.e.c.-380 a.e.c.): concubina grega de Ciro, o Jovem.

Astíages (em babilônico, *Ishtumegu*; em iraniano antigo, Rishti Vaiga – "o que balança o dardo e arremessa a lança"; reinado: *c.* 585 a.e.c.-550 a.e.c.): o último rei da Média, derrotado por Ciro, o Grande.

Ciaxares (em acádio, *Umakishtar*; em iraniano antigo, *Uvaxshtra* – "bom governante"; reinado: 625 a.e.c.-585 a.e.c.): rei da Média e pai de Astíages.

Filipe II (em grego, *Philippos* – "amigo dos cavalos"; reinado: 359 a.e.c.-336 a.e.c.): rei da Macedônia até ser assassinado em 336 a.e.c.

Gimillu (em babilônico, *Gimillu* – "o que busca favores"; *c.* 540 a.e.c.-520 a.e.c.): criminoso, ladrão de pequenos delitos, vigarista e bandido.

Inaro (morte: *c.* 454 a.e.c.): nobre líbio que liderou uma revolta egípcia contra os persas em 460 a.e.c.

Nectanebo II (em egípcio, *Nahkt-hor-hebit* – "Forte é Hórus [o deus] de Hebit"; reinado: 360 a.e.c.-342 a.e.c.): terceiro faraó da Trigésima Dinastia; o último governante nativo do Egito antes da reocupação por Artaxerxes III.

Temístocles (em grego, *Themistoklēs* – "glória da lei"; "célebre por sua retidão, pela justiça"; *c.* 524 a.e.c.-459 a.e.c.): político e general ateniense.

Tómiris (em cita, *Tahmirih* – "corajosa"; *c.* meados ao final do século VI a.e.c.): rainha dos masságetas que derrotou Ciro, o Grande, em batalha.

Udjahorresnet [4] (*c.* final do século VI a.e.c.): cortesão egípcio que serviu a Cambises II e a seu sucessor, Dario I.

---

4 Também chamado de Wedjahor-Resne. [N.T.]

LEITURAS COMPLEMENTARES

A bibliografia a seguir é bastante seletiva e reflete principalmente os estudos especializados em língua inglesa nos quais me baseei diretamente. Tentei tornar esta seleção útil para os leitores que desejem aprofundar suas investigações, e de uma forma mais acadêmica. Para esse fim, anotei cada indicação com um comentário sobre por que considero a obra útil.

Um livro merece atenção especial:
Kuhrt, Amélie. *The Persian Empire. A Corpus of Sources from the Achaemenid Period.* Londres, 2007. Trata-se de uma coleção indispensável de materiais de origem – inscrições aquemênidas, textos aramaicos, demóticos, gregos e latinos, bem como arte e arqueologia. Kuhrt, uma das maiores especialistas na área de estudos do Oriente Próximo, corrobora seus materiais traduzidos com bons comentários. Para quem deseja se aprofundar no estudo da história aquemênida, este livro é obrigatório.
Allen, Lindsay. *The Persian Empire.* Londres, 2005. Um panorama geral bem ilustrado e bem construído sobre a história aquemênida.
____. "*Le Roi Imaginaire.* An Audience with the Achaemenid King", in O. Hekster e R. Fowler (org.), *Imaginary Kings. Royal Images in the Ancient Near East, Greece and Rome.* Munique, 2005, pp. 39-62.
Um excelente estudo sobre a percepção e os protocolos da realeza.
Álvarez-Mon, Javier. *The Art of Elam.* Londres, 2020. Estudo atualizado da cultura material elamita.

Asheri, David, Alan Lloyd e Aldo Corcella. *A Commentary on Herodotus Books I-IV*. Oxford, 2007. Um excelente comentário sobre os primeiros livros da *História* de Heródoto. Inclui ponderações de grande valor acerca das opiniões de Heródoto sobre a Pérsia, Ciro II, Cambises II e Dario I.

Balcer, J. M. *Herodotus and Bisitun. Problems in Ancient Persian Historiography*. Stuttgart, 1987. Infelizmente, há muito tempo esgotado, mas vale a pena procurar um exemplar.

Boardman, John. *Persia and the West. An Archaeological Investigation of the Genesis of Achaemenid Art*. Londres, 2000. Uma visão geral bem ilustrada da arte do Irã aquemênida.

Briant, Pierre. *From Cyrus to Alexander. A History of the Persian Empire*. Winona Lake, 2002. A obra-prima sobre a história do Império Aquemênida; às vezes pesado e um tanto barroco, mas sempre erudito.

Briant, Pierre, Wouter Henkleman e Matt Stolper (org.). *L'Archive des fortifications de Persépolis*. Paris, 2008. Repleto de análises atualizadas dos documentos cuneiformes de Persépolis; muitos capítulos estão em inglês.

Brosius, Maria. *Women in Ancient Persia (559-331 BC)*. Oxford, 1996. A única monografia disponível sobre as mulheres aquemênidas e, nesse aspecto, é útil; infelizmente, peca pelo enfoque limitado e parcial, e está se tornando muito datado.

Bullough, Vern L. "Eunuchs in History and Society", in S. Tougher (org.). *Eunuchs in Antiquity and Beyond*. Swansea e Londres, 2002, pp. 1-17. Relato muito envolvente, perspicaz (e surpreendente) do processo de se tornar um eunuco.

Canepa, Matthew. *The Iranian Expanse. Transforming Royal Identity through Architecture, Landscape, and the Built Environment, 550 BCE-642 CE*. Berkeley, 2018. Um empolgante estudo da longa duração de sítios arqueológicos no Irã; simplesmente excelente.

Colburn, Henry. *The Archaeology of Empire in Achaemenid Egypt*. Edimburgo, 2019. Um belo e novo relato do Egito sob controle persa, examinando a arte e a arqueologia.

Collon, Dominique. *First Impressions. Cylinder Seals in the Ancient Near East*. Londres, 1987. Um excelente estudo do uso de imagens de selos no antigo Oriente Próximo.

Cook, John M. *The Persian Empire*. Londres, 1983. Uma ótima narrativa da história do Império Persa, escrita por um classicista curioso numa época em que os clássicos estavam sendo apartados da história persa.

Curtis, John. *The Cyrus Cylinder and Ancient Persia*. Londres, 2013. Uma síntese útil dos pensamentos atuais sobre essa importante peça de propaganda persa.

Curtis, John e St. John Simpson (org.). *The World of Achaemenid Persia*. Londres, 2010. Uma coletânea muito boa de artigos acadêmicos extraídos do simpósio "Império Esquecido" do Museu Britânico.

Curtis, John e Nigel Tallis (org.). *Forgotten Empire. The World of Ancient Persia*. Londres, 2005. Catálogo da exposição, repleto de ótimas fotografias.

Curtis, Vesta Sarkhosh. *Persian Myths*. Londres, 1993. Um livro para iniciantes, útil e interessante.

Daryaee, Touraj (org.). *King of the Seven Climes. A History of the Ancient Iranian World (3000 BCE-651 CE)*. Irvine, 2017. Uma série de ensaios acadêmicos agradáveis de ler, cobrindo a história pré-islâmica do Irã.

Davis, Dick. *Shahnameh. The Persian Book of Kings*. Nova York e Londres, 2006. Uma tradução magistral (abreviada) do grande poema épico de Ferdowsi. Leitura obrigatória.

Dusinberre, Elspeth R. M. *Aspects of Empire in Achaemenid Sardis*. Cambridge, 2003. Uma investigação fascinante da presença persa na Ásia Menor.

Edelman, Diana, Anne Fizpatrick-McKinley e Philippe Guillaume (org.). *Religion in the Achaemenid Persian Empire*. Stuttgart, 2016. Uma compilação excelente e atualizada de ensaios instigantes.

Finkel, Irving L. *The Cyrus Cylinder. The Great Persian Edict from Babylon*. Londres, 2013. Um excelente estudo, que inclui uma nova tradução do texto babilônico.

Finkel, Irving L. e Michael J. Seymour (org.). *Babylon*. Londres, 2008. Um bem ilustrado catálogo de exposições do Museu Britânico.

Frye, Richard N. *The Heritage of Persia*. Londres, 1962. Uma linda carta de amor à Pérsia, escrita por um estudioso de alma iraniana.

Garland, Robert. *Athens Burning. The Persian Invasion of Greece and the Evacuation of Attica*. Baltimore, 2017. Um fascinante relato da conquista de Atenas por Xerxes.

Hallock, Richard T. *Persepolis Fortification Tablets*. Chicago, 1969. Ainda a melhor coleção de tabuletas cuneiformes de Persépolis disponível. Há várias traduções em inglês.

Harper, Prudence O., Joan Aruz e Françoise Tallon (org.). *The Royal City of Susa. Ancient Near Eastern Treasures in the Louvre*. Nova York, 1992. Um bom estudo da longa história de Susa, com fartas ilustrações.

Harrison, Thomas. *Writing Ancient Persia*. Londres, 2010. Uma crítica intrigante e ponderada da moderna historiografia aquemênida.

Head, Duncan. *The Achaemenid Persian Army*. Stockport, 1992. Um robusto estudo da natureza do exército persa, com atenção especial para os equipamentos. Vale a pena ler.

Heckel, Waldemar. *In the Path of Conquest. Resistance to Alexander the Great*. Oxford, 2020. Um relato abrangente das campanhas de Alexandre, por um dos melhores historiadores do personagem histórico.

Henkelman, Wouter F. M. *The Other Gods Who Are. Studies in Elamite-Iranian Acculturation Based on the Persepolis Fortification Texts*. Achaemenid History XIV. Leiden, 2008. Um estudo inovador da religião do Período Aquemênida.

Jacobs, Bruno e Robert Rollinger (org.). *Blackwell Companion to the Achaemenid Persian Empire*. Oxford, 2021. Um compêndio em dois volumes de ensaios escritos pelos principais estudiosos sobre todos os aspectos dos Aquemênidas e seu império.

Kaptan, Denize. *The Daskyleion Bullae. Seal Images from the Western Achaemenid Empire*. 2 volumes. Leiden, 2002. Um estudo revelador de como as imagens de selos podem ser usadas para se entender o Império Persa.

Khatchadourian, Lori. *Imperial Matter. Ancient Persia and the Archaeology of Empires*. Irvine, 2016. Um enfoque questionador e ousado sobre as evidências arqueológicas do Império Persa.

Lincoln, Bruce. *Religion, Empire and Torture. The Case of Achaemenid Persia, with a Postscript on Abu Ghraib*. Chicago, 2007. Um olhar instigante e polêmico sobre o Império Persa.

Llewellyn-Jones, Lloyd. "The Great Kings of the Fourth Century and the Greek Memory of the Persian Past", in J. Marincola, L. Llewellyn-Jones e C. Maciver (org.). *Greek Notions of the Past in the Archaic and Classical Eras. History Without Historians*. Edimburgo, 2012, pp. 317-46. Uma investigação sobre o que os gregos pensavam acerca dos persas no final do período clássico.

Llewellyn-Jones, Lloyd e James Robson. *Ctesias' History of Persia. Tales of the Orient*. Londres, 2010. Tradução para o inglês da história persa de Ctésias, com uma introdução histórica.

Manning, Sean. *Armed Force in the Teispid-Achaemenid Empire. Past Approaches, Future Prospects*. Stuttgart, 2020. Uma nova e muito necessária análise dos militares aquemênidas. Recomendadíssimo.

Morgan, Janett. *Greek Perspectives on the Achaemenid Empire. Persia through the Looking Glass*. Edimburgo, 2016. Uma visão imaginativa e inovadora das interações greco-persas. Leitura muito agradável.

Mousavi, Ali. *Persepolis. Discovery and Afterlife of a World Wonder*. Berlim, 2012. O melhor estudo sobre a arqueologia de Persépolis.

Olmstead, A. T. *History of the Persian Empire*. Chicago, 1948. Compêndio histórico datado, mas ainda muito agradável de ler, da autoria de um dos grandes estudiosos da história persa.

Perrot, Jean. *The Palace of Darius at Susa. The Great Royal Residence of Achaemenid Persia*. Londres, 2013. Repleto de fotografias em cores, é uma obra magistral sobre a arqueologia de Susa.

Potts, Daniel T. *The Archaeology of Elam. Formation and Transformation of an Ancient Iranian State*. Cambridge, 1999. Um relato sólido da arqueologia dos elamitas.

____. (org.). *The Oxford Handbook of Ancient Iran*. Oxford e Nova York, 2013. Uma excelente coletânea de trabalhos acadêmicos sobre tudo o que é iraniano no período pré-islâmico.

Root, Margaret Cool. *The King and Kingship in Achaemenid Art. Essays on the Creation of an Iconography of Empire*. Leiden, 1979. Obra-prima dos estudos persas.

Shayegan, M. Rahim. *Aspects of History and Epic in Ancient Iran. From Gaumāta to Wahnām.* Cambridge, Massachusetts, 2008. Reinterpretação intrigante da inscrição de Behistun de Dario.

Stoneman, Richard. *Xerxes. A Persian Life.* New Haven, 2015. Um perfil biográfico de fácil leitura do mais notório Grande Rei da Pérsia.

Strassler, Robert B. (org.). *The Landmark Herodotus.* Nova York, 2007. Não apenas uma formidável tradução da *História* de Heródoto, mas também repleta de materiais introdutórios e comentários.

Stronach, David. *Pasargadae.* Oxford, 1978. O melhor estudo sobre o palácio e jardim de Ciro, o Grande.

Waters, Matt. *Ancient Persia. A Concise History of the Achaemenid Empire, 550-330 BC.* Cambridge, 2014. Um manual muito útil e de fácil compreensão.

Wiesehöfer, Josef. *Ancient Persia from 550 BC to 650 AD.* Londres e Nova York, 1996. Uma excelente introdução aos persas aquemênidas, partos e sassânidas.

Wilber, Donald N. *Persepolis. The Archaeology of Parsa, Seat of the Persian Kings.* Princeton, 1969. Um guia bem ilustrado para a história e arqueologia de Persépolis.

Zaghamee, Reza. *Discovering Cyrus. The Persian Conqueror astride the Ancient World.* Los Angeles, 2018. Um estudo delicioso e vigoroso sobre Ciro, o Grande.

Recursos da internet

Os sites a seguir fornecem links para uma ampla gama de recursos relacionados aos aquemênidas, e vale a pena visitá-los e explorá-los:

Portais
http://www.achemenet.com/
http://www.iranicaonline.org/
http://www.cais-soas.com/index.htm
http://www.livius.org/persia.html

Uma excelente seleção de livros e materiais relacionados aos persas para download (em inglês) está disponível em:
http://oi.uchicago.edu/research/pubs/catalog/persia.html

Para saber mais sobre a história e a cultura persas, visite o site do Instituto Britânico de Estudos Persas (em inglês) – vale muito a pena pagar a pequena anuidade para aproveitar os benefícios a que os associados têm acesso; disponível em:
British Institute of Persian Studies (Instituto Britânico de Estudos Persas) (bips.ac.uk).

Inscrições Reais e Língua Persa Antiga (em inglês)
http://www.livius.org/aa-ac/achaemenians/inscriptions.html
http://www.fas.harvard.edu/~iranian/OldPersian/index.html

Aramaico Aquemênida e o Dossiê Arshama (em inglês)
http://arshama.classics.ox.ac.uk/

Persépolis (em inglês)
http://www.persepolis3d.com/

NOTAS SOBRE AS ABREVIAÇÕES

Para tentar ajudar o leitor que talvez não esteja familiarizado com abreviações acadêmicas padronizadas, citei referências a autores antigos (quando conhecidos) e os títulos completos de suas obras. Isso se aplica a textos clássicos e do Oriente Próximo. No entanto, existem sistemas de abreviaturas de referências que podem ser úteis para o leitor que procura um estudo mais aprofundado:

Para as inscrições reais aquemênidas:
A^1 – Artaxerxes I
A^2 – Artaxerxes II
A^3 – Artaxerxes III
C – Ciro
D – Dario I
D^2 – Dario II
X – Xerxes
B – Babilônia (para o Cilindro de Ciro)
B – Behistun (para a inscrição de Dario I)
E – Élfico
H – Hamadá
M – Pasárgada
N – Naqsh-i Rustam
P – Persépolis
S – Susa
V – Van (lago Van, Armênia)

Z – Suez
SC – Selo
VS – Vaso
W – Peso

A³Pa, portanto, é: Inscrição a de Artaxerxes III em Persépolis.
D²Sb significa: Inscrição b de Dario II em Susa.

Textos de Persépolis:
PFT – Tabuletas da Fortificação de Persépolis.
PF – abreviatura convencional para tabuletas da Fortificação de Persépolis publicadas por Hallock 1969.
PFa – novas tabuletas da Fortificação de Persépolis publicadas por Hallock 1978.
PF-NN – abreviatura convencional para as tabuletas da Fortificação de Persépolis transliteradas por Hallock, mas ainda inéditas.
PFS – Selo da Fortificação de Persépolis (selo de cilindro).
PFS* – Selo da Fortificação de Persépolis com inscrição (selo do cilindro).
PFs – Selo com carimbo da Fortificação de Persépolis.
PFS-N – Selo da Fortificação de Persépolis comprovado somente em tabuletas PFa.

AGRADECIMENTOS

Nos últimos trinta anos, aproximadamente, os estudos sobre a Pérsia antiga tornaram-se uma disciplina acadêmica rigorosa e passaram a ser um aspecto essencial da pesquisa nas áreas de história antiga e arqueologia. O entusiasmo por saber mais sobre a Pérsia e os persas vem crescendo de maneira constante em meio ao público. Existe um apetite pela história persa. Espero que este livro ajude a alimentar o interesse e a promover mais investigações.

Escrevi este livro movido pela paixão que tenho pelo estudo e a divulgação da história persa. Também o escrevi como uma declaração de amor ao povo do Irã, pois estou profundamente apaixonado pelo Irã e pelos iranianos. No entanto, a impressão é que não se passa uma semana sem que o Irã seja notícia – sempre, ao que parece, por razões negativas. O Irã é vilipendiado pela mídia ocidental como arauto do terrorismo, berço do fundamentalismo, da intolerância e do ódio, e, por extensão, o centro da ameaça à paz mundial. Não posso negar as dificuldades que o Ocidente enfrenta para interagir com o regime islâmico que governa o Irã, e que foi alçado ao poder por uma onda de populismo na Revolução Islâmica de 1979. Mas a imagem jingoísta que o Ocidente criou do Irã subestima o fato de que, para muitos iranianos, a vida no Irã é difícil – restritiva, claustrofóbica, frustrante e até mesmo assustadora. A "iranofobia" ocidental significa que olhamos para o Irã com olhos cegos. Significa que negligenciamos a rica herança cultural do país, sua longa e orgulhosa história e a diversidade de suas instituições sociais. A mídia ocidental também comete uma injustiça em relação ao povo do

Irã, que, na minha experiência de viajar para esse país há muitos anos, é o mais caloroso, acolhedor e culto do mundo. Os iranianos têm uma intensa consciência de sua herança ancestral, e dela sentem profundo orgulho. É um fato que aprendi em minhas inúmeras visitas a Hamadá, Persépolis, Shiraz, Susa, Isfahan, Yazd, Kashan, Teerã e muitas outras cidades, aldeias e vilarejos por todo esse belo país. A acolhida, gentileza e cortesia que encontrei em minhas visitas foram impressionantes, e quero retribuir o calor que vivenciei durante o tempo que passei entre os persas. Assim, agradeço aos meus amigos e colegas iranianos por tudo o que eles trazem para mim. Em particular, quero expressar meus sinceros votos a Farnaz, Forough, Mahmoud, Armin, Moji, Leily, Nacim, Kourosh, Kami e Parvaneh.

Durante a preparação deste livro, conheci pessoas que foram maravilhosamente solícitas, lendo rascunhos, oferecendo conselhos e me fazendo pensar melhor, com mais afinco e mais clareza. Obrigado a Eve MacDonald, Rhian Morgan e Clare Parry. Desejo expressar sobretudo minha gratidão ao meu fantástico e dedicado aluno de doutorado Jack Neighbour, que leu com minúcia cada versão do manuscrito e ofereceu conselhos inestimáveis e bom senso. Ele também montou a seção "*Dramatis Personae*" – um verdadeiro trabalho de amor. Sou grato a Sabir Amiri Parian, Keivan Mahmoudi, Pejman Abarzareh e Laurent Galbrun por me darem permissão para usar suas belas fotografias, e ao maravilhoso Farnaz Mohsenpour por criar a impressionante peça de caligrafia *nastaliq* do verso de Hafez que abre este livro. Meus colegas do departamento de História Antiga da Universidade de Cardiff me deram folga quando eu mais precisei, e sou grato pela camaradagem. Alex Clarke, da Wildfire Books, e Brian Distelberg, da Basic Books, me apoiaram e me incentivaram durante todo o tempo de escrita deste livro. Seus comentários e recomendações foram sempre de uma precisão absoluta e vieram sempre a calhar; lhes agradeço calorosa e sinceramente por tudo o que fizeram para tornar este trabalho realidade. Registro aqui a enorme dívida de gratidão que tenho para com meu agente literário, o visionário Adam Gauntlett.

Meus maiores agradecimentos vão para meus familiares e amigos: David Pineau, meu incrível marido; para meu pai e minha mãe, sempre tão afetuosos, Gillian e William. Obrigado também a Jean-Yves e

Dominique Pineau por me trazerem para sua família (e me levarem tantas vezes a Versalhes). E, por fim, a Rhian, Aled, Ifan e Mabon, por serem minha amorosa segunda família: *diolch o galon am bopeth*.

Lloyd Llewellyn-Jones
Cardiff, maio de 2021

SOBRE O AUTOR

Nascido em Cefn Cribwr, País de Gales, Lloyd Llewellyn-Jones é professor de História Antiga na Universidade de Cardiff e diretor do Programa do Irã Antigo para o Instituto Britânico de Estudos Persas.

Anteriormente, lecionou na Universidade de Edimburgo, onde foi professor de História do Irã e da Grécia Antiga. Passou bastante tempo no Irã, e é especialista em história e cultura da Pérsia, Oriente Próximo e Grécia.

Já participou de programas nos canais BBC e Channel 4, contribuiu com textos para o jornal *The Times* e outros veículos de imprensa. Entre seus livros anteriores incluem-se *King and Court in Ancient Persia*, *Ctesias' History of Persia*, *The Culture of Animals in Antiquity* e *Designs on the Past: How Hollywood Created the Ancient World*.

ÍNDICE REMISSIVO

Os números *em negrito* referem-se às páginas com ilustrações.

Absolutismo, 228
Acre, 110
Administração
    central, 339, 428
    dos escalões superiores, 158
    Ésquilo, *Os persas,* 27, 258, 288
    provincial, 160
Administração judicial, 149
Administração provincial
Alcibíades, 328
Alepo, 395
Alexandre I, rei da Macedônia, 283
Alexandre III da Macedônia
Alianças por meio de casamentos, 206-207, 364, 367
Alimentos, distribuição de, 154
Alogina, **13**, 307
Al-Tabari, 408, 411
Altares, 231
Amesha Spentas, 235
Améstris Améstris II, 322, 364
Améstris III, 365
Amintas I, rei da Macedônia, 380, 381
Amitis (filha de Xerxes I), **13**, 73, 266, 271, 301
Amitis I, 73, 77
Amorges, 328
Amósis II, faraó, 109
Anahita, 245, 246, 338, 356
Ândria, **13**, 307
Angra Mainyu (espírito maligno), 235, 236
Anshan, **11**, 47, 59
Antibelo, 402
Apama, **13**, 367
Ápis (Touro), 115-116, 134, 373
Apkallu (guardião), 95, **96**
Apolônides de Cós, 316
Aquemêndias, tribo, 24
Aquêmenes (fundador da Dinastia Aquemênida), **13**, 21, 22, 74
Aquêmenes, sátrapa do Egito
aquemênida, tribo, 271, 309
Aquemênidas, nome, 15, 36
Árabe, 414-415
Arábia, 290
Aracósia, 180, 290
Aracósios, 17
Aramaico, 20, 36, 37

Arbupales, 390
Areianos, 54
Arianos
    língua, 50
    migração, 49
    povoamento do planalto iraniano, 50 significado do nome, 49
Ariaspes, 367, 370
Aristes, **13**, 307, 324
Aristófanes, *As vespas,* 289
Aristóteles de Estagira, 168
Arkha, insurreição, 521 a.e.c., 131
Armênia, 131, 160
Arqueologia, 38, 43, 231
Arquitetura, 96
    colunas, 96
    Ecbátana, 94-95
    Elam, 47
    materiais, 180-181
    motivação, 181
    palácio cerimonial de Babilônia, 178
    palácio de Pasárgada, 177
    Persépolis, 181-182
    Susa 178-179
    Tijolos vitrificados, 84, 99, 174
Arriano, 385, 386
Arsaces, **13**, 322, 331, 334, 335
Arte, 26-27, 29, 33, 39, 41, 97, 109, 124, 172, 178, 187
Arsames (filho de Artaxerxes II), 370
Arsames, 370
Arshama, sátrapa do Egito, 167, 269, 311, 327
Arsites da Frígia, 388
Arta (Verdade), 233
Artábano (eunuco; Artábano da Pérsia ou Artabanes da Hircânia), 274, 302, 303
Artabazo II, 382
Artabazo, **13**, 301, 371, 382

Artainte, 295
    aquisição do manto real, 297
    casamento com Dariaios, 295
    caso amoroso com Xerxes I, 296, 300
    mutilação de, 299
Artápano, 266
Artashiyāta, sátrapa da Armênia, 371, 378, 379
Artasiras, 266, 342
Artaxerxes I, 356
    apelido "Braço-longo" ("de mão comprida"), 307
    assassinato de Xerxes I, 302
    concubinas, 215
    e Megabizo, 314
    filhos e filhas, 307-308
    harém, 307
    inscrições, 306
    médico da corte, 316-317
    morte de, 321
    política grega, 319
    projetos de construção, 182-183
    propaganda da corte, 306-307
    rebelião de Histaspes, 308
    reconhecido como Grande Rei, 356
    restauração de Jerusalém, 311
    revolta egípcia, 460 a.e.c., 311
    ruptura com o reinado de Xerxes, 304
    sátrapas e satrapias, 160
    selos, 37
    sucessão, 321
Artaxerxes II (Arsaces), 337, 356
    aprisionamento de Clearco de Esparta, 353-354
    ascensão ao trono, 337-338
    assassinato de Dareius, 370
    Batalha de Cunaxa, 343
    casamento com Estatira, 334
    casamentos, 365

concubinas, 215
devoção a Anahita, 245, 246
e a execução de Masabates por
  Parisátide, 349
e a morte de Tiridates, o eunuco,
  358
e o assassinato de Estatira, 364
execução de Clearco de Esparta,
  354-355
execução de Mitrídates, 347
ferido por Ciro, o Jovem, 341-342
filhos e filhas, 367
insurreições na Ásia Menor, 356
morte de, 370
nomeado príncipe herdeiro, 331
perda do Egito, 356
projetos de construção, 356
rescaldo de Cunaxa, 344
sucessão, 367
temperamento, 337-338
tentativa de Ciro, o Jovem, de
  destronar o irmão, 337-338
últimos anos, 367
Artaxerxes III (Oco), 367
abate o touro Ápis, 373
Artaxerxes IV, 377, 378, 388
ascensão ao trono, 369
assassinato de, 376
caminho até o trono, 369
campanha egípcia, 371
casamentos, 370
conquistas e realizações, 375
crueldade e sede de sangue, 370
destruição de Sídon, 371
inscrição de Persépolis, 256
matança de parentes, 369
não nomeia um príncipe herdeiro,
  380
restauração da estátua de
  Udjahorresnet, 374, 375
restauração de fronteiras, 375
revolta fenícia, 371
Artaxes, 410, 411
Artazostra, **13**, 295
Ártemis, Templo, Éfeso, 78
Artemísia de Halicarnasso, 288
Artemísio, Batalha de, 285
Artistone, **13**, 207
Artoxares, sátrapa da Armênia, 314
Āryāvarta, **49**
As viagens dos Grandes Reis, 170
  a tenda real, 77, 173
  animais, 172
  harmamaxas, 172
  comida, 174
  logística, 170
  o acampamento, 173
  ordem na marcha, 171
  tendas, 168, 186, 344
Ashur (deus), 233
Ásia Central, origens dos persas na, 47
Aspásia da Fócida, 332-334, 340, 344,
  358-359, 368-369
Aspatino, 121 Assírios, 35, 39
Assuã, 110, 114
Assur (cidade), 364
Assurbanipal (rei assírio, 55, 60, 86)
Astíages da Média, 58, 62
  campanha de Ciro II
  contra, 553 a.e.c.-551 a.e.c.,
    76
  invasão da Pérsia, 71-72
  invasão em terras persas, 72
  últimos anos, 77
Atenas, **11**
  Acrópole, 34, 286, 400
  apoio à revolta egípcia, 460 a.e.c.,
    27
  apoio à Revolta Jônica, 27
  construção do império, 319
  criação da Liga de Delos, 319
  marinha, 319

relações com Dario II, 275
saque de, 286
sentimento de orgulho inflado, 319
Atos, canal da península, 281
Atossa I, **13**, 18
   casamento com Bardiya, 119
   casamento com Cambises II, 101, 116
   casamento com Dario I, 207
   e Xerxes I, 254
Atossa II, **13**, 365
Atraso de pensamento, 24
Audiências reais, 358
Aúra-Masda (deus), 235
   Amesha Spentas, 235
   como criador, 235
   como o deus régio e o mal, 236
   iconografia de disco alado, 233
   inscrições régias, 236
   profeta, 236
   referência mais antiga a, 234
   relacionamento com os reis, 236
   sacerdócio, 241, **243**
Autocracia, 168
Autoimolação, 80
Autoridade divina, 89, 90, 132
Autoridade imperial, atitude *laissez-faire* em relação à, 20
Avesta, 0, 50
Avéstico antigo, 50
Avéstico, 50

Babilônia (cidade)
   a narrativa do Cilindro de Ciro, 86
   desfile cerimonial, 85
   entrada de Ciro II em, 81
   esplendor, 83
   Jardins Suspensos, 83
   morte de Alexandre, 385
   muralhas, 83, 86
   palácio cerimonial, 178

Portal de Ishtar, 84, 99
   reconstrução de, 86
   Templo de Marduk, 83, 91, 397
   Via Processional, 84
Babilônia e babilônios, 81-82
   Babilônia, 75, 83, 84
Bactrianos, 54, 174, 190, 277
Bagapaeu, **13**
Bagapates, 122, 259
Bagistane, 402
Bagoas
   ascensão de, 379
   assassinato de Artaxerxes III, 383
   assassinato de Artaxerxes IV, 377-378
   morte, 379
   rei fantoche, 383
Bal'amē, 408
Banqueiros, 324
Banquetes reais, 145
Baquílides, 80
Bardiya, **13**, 74
   eliminação, 110
   usurpação e ascensão, 121
Bardos, 57
Batalha de Termópilas, 33, 284
Beihaqē, 408
Belesys, sátrapa da província de
Belsazar, 78, 81, 82
Bel-shimanni, 271
Bengston, Hermann, 33
Besso, sátrapa da Báctria, 390, 401-405
Bíblia Hebraica
Bíblia, 25, 88, 105
   Livro de Ester, 212, 214, 225, 262, 270, 378
Bishapur, 413
Bistanes, **13**, 390, 402
Burocracia *ver também* administração, 38, 155, 158
Burocratas, 147

Caçadas, 26, 57, 67, 187, 225-227, 315-316, 358, 415
Calças, 70-71, 265, 289
Cálias, Paz de, 320
Cambises I de Anshan, rei, 61-63, 65
Cambises II, 74
   avanço Nilo acima, 114
   campanha egípcia, 113
   casamentos, 101
   como um rei bem-sucedido
   coroado faraó do Egito, 113
   culpado pela morte de Bardiya, 124
   culto funerário, 257
   e Dario I, 117
   entrada na Babilônia, 82
   exército perdido, 107
   Heródoto sobre, 107
   história do touro Ápis, 115
   incompetências como governante, 107
   investidura como rei da Babilônia, 91
   morte de, 120, 125
   nomeado como sucessor de Ciro II, 100
   reinado egípcio, 113
   reputação retorno à Pérsia, 48
   sucessão, 119
   túmulo, 257
Camelos, 16, 26, 52, 129, 172-173
Campanha contra os masságetas, 100
Campanha de difamação historiográfica, 34
Campanha persa, de Alexandre, 396
Canal Nilo-mar Vermelho, 136
Câncer, 316-318
Cantores de culto, 247
Cáriton de Afrodísias, 227
Carras, Batalha de, 410
"Carta de Tansar", 411
Cartas de Fundação de Susa, 180
Casas da moeda, 163, 388
Casos judiciais, 149
Cassandana, **13**, 74, 86
Cassitas, 54, 202
Cavalos, 52-54, 69, 171, 172, 227
Cerimônia de Pasárgada, 1971, 420
Chehrabad, múmia da mina de sal, 71
China, 378
Chipre, 133, 162, 372
Chogha Zanbil, zigurate de, 55
Churchill, Winston, 32
Ciaxares, rei, 48
Cilindro de Ciro, o, 92, 425
Ciro I de Anshan, Rei, 60
   Ciro II, o Grande, 24, 65, 267
   a narrativa no Ciro de Cilindro, 425
   aparência física, 69
   apoio dos Aquemênidas, 74
   aristocratas médios se aliam a, 340
   Batalha de Pasárgada, 76
   campanha contra os masságetas, 100
   campanha na Média 553 a.e.c.-551 a.e.c. , 76
   cargos na corte, 267
   casamento com Cassandana, 74
   como adorador de Marduk, 87
   conquista da Babilônia, 99
   conquista de Lídia, 163
   desfile cerimonial babilônico, 85
   e Persépolis, 100
   entrada na Babilônia, 86
   execução de Nabonido, 85-86
   figura histórica, 9
   1funeral
   galos, 93-94
   histórias de natividade, 103-104
   história familiar, 65

infância nas tendas das mulheres, 66
junta-se ao convívio taciturno dos homens, 67
mausoléu, 97
morte de Cassandana, 86
negociações babilônicas, 320
políticas de casamento, 78
reconstrução de Babilônia, 86
reivindicação da Média, 73
roupas, 70, 91
sátrapas e satrapias, 131, 158, 159
saudado como rei dos medos e dos persas, 77
treinamento para a realeza, 82
túmulo, 97
união das tribos persas, 73
Ciro, o Jovem, **13**, 329, 331, 337
Batalha de Cunaxa, 343, 351
comportamento sociopata, 331
mercenários hoplitas, 339
morte derelacionamento com a Aspásia, 368
relacionamento com a mãe, 331
Citas, 58
Cízico (ou Kyzikos), 163
Clearco de Esparta, 339
clichês, 24
Colaboração, 112
Concubinas e concubinato, 161, 211
aquisição, 211
e continuidade dinástica, 216
fantasia de, 216
filhas, filhos, 211, 215, 321
função, 215
números, 216
origem do termo, 212
relato do Livro de Ester, 212
status, 216
Confederação saca, 73
Conhecimento sagrado, 243

Conquista islâmica, 414
Conquista militar, violência de, 55
Consortes reais, 172, 206
Constâncio, imperador de Roma, 412
Controle reprodutivo, 201
Copeiro real, 312-313, 360
Cordilheira Elburz, 54, 66
Corredor expresso" (*pirradazish*), 166
Cortes provinciais, 159
Cortesãos, 173
Cosmartidena, **13**, 307
Creso, rei da Lídia, 78-80
Crônica Demótica, 148
Ctésias de Cnido, 172
Cultos funerários, 256-258
Cultura helênica, como fonte de superioridade europeia, 31, 410
Cultura oral, 35
Cunaxa, Batalha de, 343
Curzon, George Nathaniel, 31
Cuxe, 114

Dahae, 290
Dahan-i Ghulaman, **11**, 231
Damasco, 156, 160
Damáspia, **13**, 307, 321
Dareius, 367-370
Dariaios, **13**, 266, 295
Dario I, o Grande
A Mentira, 369
admiração de Xerxes I por, 264
ascensão ao trono, 13, 36
autocracia, 168
autoridade divina para governar, 132
caçada ao leão, 227
campanha citacanal Nilo-mar Vermelho, 136
cargos na corte, 267
casamento com Artistone, 127
casamento com Atossa, 127

casamentos, 127, 266
códigos legais, 148
como defensor da verdade, 137
concubinas, 212
condena a Mentira, 236
construção de Persépolis, 16
culto funerário, 258
documentos administrativos, 153
e morte de Cambises II, 123
espiões, 168
estabelece a legitimidade, 134
estátuas de Heliópolis, 135
fachada do túmulo, 15
Festival Noruz, 488 a.e.c., 18, 183
filhos, 254
função de juiz, 18
Heródoto sobre, 26
História de Gaumata, 125
iconografia do túmulo, 233
imagem, 18
Inscrição de Behistun, 36, 125, 128, 131-132, 160 , 230, 241
inscrição do túmulo, 138
insurreições, 522 a.e.c.-519 a.e.c., 129
mãe, 257
morte, 271
motivaçãonome régio egípcio, 134
o caso Intafernes, 142
Palácio de Susa, 140
posição na corte de Cambises II, 107
posse do Egito, 135
projetos de construção, 177
protetor divino, 16-17
reivindicar o trono, 127
reputação, 149
Revolta Jônica, 598 a.e.c., 26-27, 134
sátrapas e satrapias, 160
sepultamento, 254, 405
subjugação da Macedônia, 380
temperamento, 329
tomada do trono
túmulo, 17, 405
Dario II
alianças por meio de casamentos, 120, 364
apoio a Esparta, 329
ascensão ao trono, 328
casamento com Parisátide, 323
conselheiros, 388
execução de Sogdiano, 323
extermínio da casa de Hidarnes, 335-336
morte de, 327
pressões econômicas, 326
rebelião de Artoxares contra, 326
revoltas contra, 326
Dario III, **13**, 42, 175, 415
ascensão ao trono, 380
Batalha de Gaugamela, 395
Batalha de Isso, 391, 393-394
Besso é capturado, 405
campanha de Alexandre na Pérsia, 385-386
comparação com Alexandre, 400
e a ascensão de Alexandre ao trono da Macedônia, 384
fica sabendo da invasão de Alexandre, 387
fica sabendo da morte de Estatira, 396
foge de Isso, 396-397
funeral, 405
morte, 403-403
narrativa de Ferdowsi sobre, 416
percepção clássica de, 387
perda de Babilônia, 365
problema de origem, 378-379
projetos de construção, 182-183
reconstrói suas forças, 396

reorganiza suas forças, 384-385
túmulo, 405
Dascílio, 38, 160
Davi, rei, 202
Decadência, 251
Declínio, 251
Decretos reais (régios), 160
Degeneração, 251
Delfos, oráculo de Apolo, 78, 270
Demarato de Esparta, 276
Demétrio, "o sitiador de cidades", 390
Demócedes de Crotona, 315-316
Democracia, 34, 280
Desfiladeiro de Tessália, 283
Dia de Ciro, o Grande, 426
Diários Astronômicos Babilônicos, 395
Dinastia Sassânida, 410
Dinon, 215
Diodoro Sículo, 302, 341, 385
Direitos humanos, 90, 425-426
"Do outro lado do rio", (*Eber-Nāri*), província, 159
"Do outro lado do rio", 159, 271-271, 372
Dorisco, 277
Drangianos, 54
Drauga (Mentira), 124, 137, **139**
Dripétis, **13**, 390
Dualismo, 235

Ebadi, Shirin, 426
Ecbátana, 36, 38, 57, 76-77, 80, 94, 131, 158, 164, 166, 388, 401, 409
Éfeso, Templo de Ártemis, 78
Egito, 48
    canal Nilo-mar Vermelho, 136
    Dinastia Saíta, 109, 308
    iconografia do disco alado, 232
    revolta, 460 a.e.c., 380
    sátrapas e satrapias, 160
    Segundo Período Persa, 374

Elam e os elamitas, 47, 55, 59, 125, 290
    insurreição, 522 a.e.c., 129
    relações com os colonos persas, 59
    renascimento cultural, 414
Elamitas, 229, 230, 241-242, 246
Enlil-nadin-shum, 324-325
Erétria, 133
Escabelos reais, 221, 222
Escravos, 16, 110, 189, 195, 217, 268-269, 413
Escribas, 37
Escrita cuneiforme, 36-37, 150
Esdras, 31-312
Espargapises, príncipe, 102
Esparta, 275-276, 320
Espiões, 387
Espitamas, 73, 77
Estações de passagem, 165, 189
Estatira I, **13**, 335, 352, 396
Estatira II, 379, 390
Estatira III, 390
Estátua de Penélope de Persépolis, 399
Estradas, 26, 40, 164-165
Estratagemas de Polieno, 362
Estrutura da corte, 269
Estrutura tribal, 120
Estruturas religiosas, 232
Etiópia, 21, 114
Etiqueta e cerimônia de corte, 219-228
    Alexandre da Macedônia conspurca, 222
    audiências reais, 219, 267
    banquetes reais, 222
    caçada, 225
    gestos de saudação, 223
    hábitos do rei à mesa, 224
    leis do protocolo, 220
    o escabelo real, 221-222
    o trono, 221
    propósito, 219-221
    relato do Livro de Ester, 225

reverência, 222
teatro da, 219
Eunucos, 222
Eurimedonte, batalha do rio, 29
Eurípides, 328

Fanes de Halicarnasso, 108
Farnabazo II, 328
Farnabazo, sátrapa da Frígia, 161
Farnacias, 321
Farnaspes, "o Vermelho", 73
Fenícia, 81, 85, 159, 280, 372
Ferendates, sátrapa do Egito, 374
Filelenismo, 31
Filipe II, rei da Macedônia, 381
Firuzabade, 413
Fontes, 77, 103, 111, 115, 173, 267, 273, 279, 304
Força de trabalho, 190-192
    códigos legais, 148
    escravos, 191
    Liga de Corinto, 383
    mestres artesãos, 190
    mulheres, 194
    programa de procriação, 194
    rações, 294
    remuneração, 267
    sistema de trabalhos forçados, 194
    trabalhadores estrangeiros, 192
    tradições legais, 148
Fortificação de Persépolis e tabuletas do Tesouro, 379
Fraortes, insurreição, 521 a.e.c., 130
Freud, Sigmund, 359
Frígia, 160, 329
Fronteiras, vulnerabilidade das
Funcionários estrangeiros da corte, 315

Galos, 93-94
Gangue dos Sete, 121, 122
Gardēzē, 408

Gathas, 237-239, 293
Gaugamela, Batalha de, 395
Gaumata, rebelião de segregação de gênero, 125, **133**
Geórgia, 38
Gigis, 363
Gillies, John, 31
Gimillu, registros judiciais, 149-150
Góbrias, sátrapa da Babilônia, 150
Górdio, 165
Grande Irã, 25
Grânico, Batalha do, 389
Graves, Robert, 19, 43
Gregos, 287, 290
    arte, 26
    era de ouro, 322
    persianismos, 26
    gútios, 54
Guerra do Peloponeso, 320, 328
Guerras Greco-Persas (Guerras Médicas), 34, 261
    avanço persa, 110, 279, 283
    Batalha de Artemísio, 285
    Batalha de Plateias, 289
    Batalha de Salamina, 288
    Batalha de Termópilas, 33, 284,
    caricatura de Xerxes, 261
    forças persas, 29, 81
    mitologização, 413
    saque de Atenas, 399
    travessia do Helesponto, 282

Halicarnasso, 28, 389
Hamurábi da Babilônia, 148
Harã, 62-63, 75
Haréns, 26, 201, 211, 212
Hárpago, 72, 76, 81
Helesponto, travessia do, 282
Heliópolis, estátuas de Dario, 135
Hermótimo de Pedasa, 269

Heródoto
  caricatura de Xerxes, 261
  História, 26
  insuficientemente polido em suas referências à Pérsia, 28
  na Cítia, 27
  nascido como súdito dos persas, 28
  pauta de prioridades, 28
  relato da Batalha de Salamina, 287, 288
  relato da Batalha de Termópilas, 284-285
  relato da execução de Intafernes, 142
  relato da morte de Ciro II, 102
  relato da travessia do Helesponto, 281-282
  relato sobre as forças persas, 23
  sobre a campanha de Dario I, 26
  sobre a comida, 362
  sobre a religião persa, 229-231
  sobre Artistone, 208
  sobre as roupas persas, 173
  sobre as tribos persas, 60-61
  sobre Creso, 79
  sobre gestos de saudação, 223
  sobre o sistema postal, 166
  sobre os Imortais, 278-279
  sobre ritos funerários, 259
  sobre Xerxes I, 261
Herzfeld, Ernest, 182
Hibis, 134
Hidarnes III, 334
Hidarnes, 121, 130, 327, 334, 335, 365
Hipomancia, 123
Histaspes (filho de Xerxes), 266
Histaspes, **13**, 77, 121, 237, 256-257
História como processo interpretativo, 408
Historiadores de Alexandre, 182
Historiografia poética, 408

"Homem do sal", 71
Honra familiar, 301
Hoplitas, 29, **30**, 276, 279, 289, 340
Humban (deus), 246
Hurritas (ou hurrianos), 54

Iconografia de disco alado, 234
Iconografia dos tronos, 218
Iconografia, 291
Idade Média Islâmica, 408
Identidade helênica, 29
Identidade pré-islâmica, revitalização da, 424
Iluminismo, 241
Imortais, os, 171, 278-279
Imperialismo, 23, 40, 48, 201, 252, 272
Império Britânico, 273, 428
Império Persa
  comemoração dos 2.500 anos
    criação do, 417
  declínio, 31
  diversidade, 357-458
  entrada na consciência história ocidental, 25
Império, sucesso, 43
Império, versão persa de construção do, 428
Inaro, 308-311, 313
Índia, 16, 21, 50, 134, 136, 428
Infraestrutura, 164-165
Inscrição Daivã, 294
Inscrição de Behistun, 25
  ambiguidades, 125
  escultura em relevo, 138
  idiossincrasias, discrepâncias e línguas, 131
  relato sobre a ascensão, 124
  tradução, 25, 131
Inscrições cuneiformes, 179, 182
Inscrições imperiais, 21
Instituto Britânico de Estudos Persas, 294

Instituto Oriental de Chicago, 229
Insurreição em Sagartia, 521 a.e.c., 131
Intafernes, execução de, 142
Intrigas na corte, 303, 305
Invisibilidade e prestígio, 199
Irã, 23
    atual, 22
    deslocamento dos medos Irã adentro, 52
"Iraniedade", 425
Iranismo, 423
Irdabama (mãe de Dario I), **13**, 203-204, 205, 208, 211, 257
Isdigerdes III, imperador sassânida, 415
Isfahan, 122, 458
Islamismo, 414, 423
Israel, 81, 85, 159
Isso, Batalha de, 391, 393-394

Jardim do Éden, 98
Jardins, 93, 97, 98, 363, 376
Jeremias (o profeta), 63
Jerônimo de Cárdia, 68
Jerusalém, 25, 312
Jesus de Nazaré, 37
Joaquim, rei de Judá, 84
Jônia, 280
Judá, 81, 85, 159, 160, 272
Judeia, 37
Judeus
    Ciro II e, 89
    exílio babilônico, 25
    Livro de Ester, 212, 214, 225, 262, 270
    restauração de Jerusalém, 311-312
Justino, 302, 381, 385-386

Ka'ba-ye Zardosht, 232
Khomeini, aiatolá Ruhollah, 421-423
Khvarenah, 233-234
Kirta, rei de Ugarit, 211, 212

Kitto, Humphrey Davy Findley, 32
Knatchbull-Hugessen, Sir Hughe Montgomery, 23
Kūh-e Qal'eh, estação de passagem, 165
Kurtash ("trabalhadores"), 158, 268
    mulheres, 76
    política de deportação, 191
    programa de procriação, 194
    rações, 294

Leônidas, rei de Esparta, 276, 284
Leotíquides, rei de Esparta, 276
Levante, 410
Levi, Primo, 112
Líbia, 16, 21, 326
Lídia, 78-80, 90, 163, 290
Liga de Delos, 319-320
Língua grega, 269, 308
Língua persa, 382
Livro de Ester, 212, 214, 225, 262, 270, 370
Lulubianos, 54
Luto, 63, 68

Macedônia, 41, 301
    apoio a Xerxes I, 381
    ascensão da, 384
    casa governante, 381
    corte "persianizada", 381
    exército, 382
    fortuna, 381
    invasão da Pérsia, 85, 262
    subjugação da, 380
Madates, 390
Mãe do rei, 172, 199, 203-205, 307
Magos, 241, 242, 243, 395
Mal e bem, 236
Malaquias (profeta), 311
Mandane, **13**, 63-67, 73, 78, 101, 104
Maneus, 54
Maratona, Batalha de, 36, 133-134
Mardônio, o Velho, 266

Marduk (ou Merodaque) (deus), 82, 87
Marduk (ou Merodaque), templo de,
Mari (Síria), 202
Masabates, 343, 349-350
Masistes, **13**, 268, 295, 297-298, 299
Masistes, sátrapa da Báctria, 299
Mazeu, 372
Média, tributação, 325-326
Médicos egípcios, 117, 315-316
Médicos gregos, 315, 317
Médicos, 117, 203, 315-319
Medos (ou Medas), 47, 49
    anexação de territórios assírios, 48
    campanha de Ciro II contra, 553-551 a.e.c., 76
    cavalos, 165
    estilo de vida nômade, 170, 237
    insurreição, 521 a.e.c., 130-131
Megabizo II, 271
Megabizo, 301-302
Megácreon de Abdera, 176
Mêmnon de Rodes, 382
Mênfis, 110, 158, 160
Meninos, educação, 65-91
Menostanes, 321
Mensageiros reais, 155
Mentira, A, 110, 124, 137, **139**, 149
Mentor de Rodes, 374, 376
Mercenários hoplitas, 339
Mesopotâmia, 16, 61, 63, 70, 97, 148, 150, 159, 204, 411
Mileto, 389
Mill, John Stuart, 32
Missão Arqueológica Italiana-Iraniana, 99
Mitos, 35
Mitra (deus), 246
Mitra (deus), 246, 375
Mitrádates, 390
Mitrídates, 342, 346

execução, 346
Moaveni, Azadeh, 426
Moedas e cunhagem, 160, 163, 357, 390
Monogamia, 206
Montanhas de Zagros, 47
Montesquieu, Charles-Louis de, *Cartas persas*, 31
Mudanças climáticas, 51
Mulheres, 24, 191, 193
    a mãe do rei, 199, 203-204, 307
    autonomia, 199
    castidade, 198-199
    cena de audiência, **200**, 204
    como "fazedoras de reis"
    concubinas e concubinato, 211
    consortes reais, 172, 199
    controle reprodutivo de, 201
    e continuidade dinástica, 199
    estrutura hierárquica, 212, 269
    haréns, 26, 201, 211
    honra, 161
    importância política, 199
    liberdade, 199
    poder, 254
    prestígio, 203
    separação do olhar público, 199
Multicultural, 20
Murashu, Arquivo de, 325
Museu Britânico, 425
    Galeria Rahim Irvani do Irã Antigo, 190, 300
Museu Nacional do Irã, 425
Mut (deus), 134
Mutilação, 41

Nabarzanes, 402
Nabonido, rei da Babilônia, 74, 75, 78, 81, 85-86
Nabopolassar, rei da Babilônia, 83
Nabu-ahhe-bullit, 85

Nabucodonosor III, rei da Babilônia, 129
Nabucodonosor, rei da Babilônia, 63, 72, 83, 84, 88
Naqsh-i Rustam, 39, 140, 232, 259, 375
Narezzash, 257
Narrativa histórica, ausência dos persas, 35
Natacas (eunuco), 270
Nectanebo II, faraó, 372-373
Neemias, 160, 312-313, 360
Nidintu-Bēl (ou Naditabira), insurreição, 522 a.e.c., 129-130
Nietzsche, Friedrich, *Assim falou Zaratustra* (*Also sprach Zarathustra*), 241
Nilo, 114
Nippur, 160, 324-325
Nomes e aribuições do nome, 22
Noruz, celebrações, 1935, 23
Noruz, Festival 488 a.e.c., 18
Noruz, Festival, 15
Nouri-Hamedani, aiatolá, 426
Núbia, 114, 180

O bem e o mal, 236
Oásis de Kharga, 308
Obrigação, 137, 162, 296, 327
Oco, 307
Oebaras, 73, 77, 82, 86
Olhos e ouvidos do rei", 168
Ópis, queda de, 81
Orientalismo, 24
Orontes (ou Orentes), 367, 371
Otanes, **13**, 120, 121
Oxatres, **13**, 323, 371

Páctias, revolta contra Ciro II, 81
Pahlavi (ou Pahlevi), dinastia, 23-24
Pahlavi (ou Pahlevi), Mohammed Reza Xá, 417

Palácio real, Persépolis
Papremis, Batalha de, 309
Paraíso, 98
Parisátide II, 405
Parisátide, 307, 322-323
    assassinato de Estatira, 364
    desaparecimento dos registros e a, 365
    morte de Tisafernes, 365
    e Clearco de Esparta, 339
    execução de Masabates, 350
    execução de Mitrídates, 347
    exílio, 364
    fica sabendo da morte de Ciro, o Jovem, 344
Parnakka (diretor do serviço civil de Persépolis), 152-156, 208-209, 257
Partos (ou partas), 54, 62, 76, 410-411
Pasárgada, Batalha de, 76
Pasárgada, palácio de
    esquema decorativo, 96-97
    Inscrição Daivā, 294, 305
    mausoléu de Ciro, 97
    Palácio S, 96
    sítio, 417
    Tall-e Takht, 95
    torres gêmeas, 232
Passaportes, 155, 167
Passar as tropas em revista, 277
Pausânias, 289
Pax Persica, 294
Pelúsio, Batalha de, 343 a.e.c., 372
Pelúsio, Batalha de, 525 a.e.c., 110
Persa antigo, 17, 20, 22, 25, 36-37
Persépolis
    Portão de todas as nações", 184, 300
    Relevo do Tesouro", **220**, 222
    Salão das cem colunas", **139**
    abandonada, 409
    alvoroço burocrático, 500 a.e.c., 152

Apadana, 16, 178-180, 184, 220, 277, 305
comemorações, 1971
Designação de Patrimônio da Humanidade, 423
Festival Noruz, 488 a.e.c., 15
força de trabalho, 192-194, 196, 206
inscrição Daivā, 294
relevos esculpidos em pedra, 259
tesouros, 372

Pérsia, 398
    invasão de Astíages da Média, 63
Persianismos, 26
Petosiris, sacerdote de Thoth Fedímia, 375
Pissutnes, sátrapa da Lídia, 327
Planalto iraniano, 24, 43
    migração e povoamento dos arianos, 48
Platão, 34, 251
Plateias, Batalha de, 289
Plutarco, 175, 203, 258, 370, 377, 393
Pobreza, 40
Políbio, 409
Poliginia de defesa, 201
Poliginia, 201
Polistrato, 404
Política de deportação, 191
Pompeu Trogo, 386
Portal de Ishtar, Babilônia, 84, 99
Prata, 151, 154, 160, 163, 180, 207, 312, 326
Prestígio e invisibilidade, 199
Primogenitura, rejeição da, 253
Prisioneiros de guerra, 110, 191-192
Prisioneiros, tratamento dos, 41
Processo histórico, compreensão persa do, 35
Proeza militar e potencial reprodutivo, 202

Profecia dinástica babilônica, 377-378
Programa de procriação real, 42
Projetos de construção, 177-187
    força de trabalho, 177
    materiais, 178
    motivação, 179
    mudança de topografia, 178
    palácio cerimonial da Babilônia, 178
    Persépolis, 177
    Susa, 178
Prosópitis, 310
Prostração, atos de, 223-224
Protocolo, leis de, 220
Protoiranianos, migração, 51
Provador real de comida, 361-362
Província de Fārs, 21, 58, 154
Ferdowsi, Abul-Qâsem, *Shahnameh*
Psamético III, faraó, 109-110
Pseudo-Aristóteles, 267
Pseudo-história, 424
Ptéria, Batalha de, 79
Punições, 148, 168

Queroneia, Batalha de, 383
Quinto Cúrcio Rufo, 222, 385-386

"Ração de viagem", textos sobre, 167
Ragã, 402
Ramsés II, faraó, 202
Rashda, 204
Rawlinson, Henry, 25
Realeza, 21, 72, 201-202, 222, 232
    armadilhas de, 476
    cerimônia de investidura, 69
"Reis Mentirosos", 132
Relevo do Tesouro", Persépolis, **220**, 222, 223
República Islâmica do Irã, 422-423
Revolta Jônica, 598 a.e.c., 26, 134, 212, 270

Revolução Constitucional Iraniana, 408
Revolução Islâmica, 422, 424, 457
Reza Xá, 417, 422
Rig-Veda, 51
Rio Oxus, 54, 100
Ritos de luto, 68, 255
Rituais de sacrifício, 243
Rituais do cavalo, 123
Rodoguna, 266, 367
Roma e o Império Romano, 194-195
Roupas, 70-71, 91, 277, 311, 358, 399
Roxana, 101, 334

Sacerdócio, 241
Sacrifício humano, 307-308
Said, Edward, 24
Sais, 109
Salmanasar III, rei da Assíria, 58
Salamina, Batalha de, 288
Salomão, rei, 25
Samaria, 159, 160
Sânscrito, 50
Santuários 20, 41, 55, 63, 100, 109, 230, 232
Sapor I, Grande Rei sassânida, 413
Sapor II, Grande Rei sassânida, 412, 413
Saques, 83, 397, 399
Sataspes, 301
Sátrapas e satrapias, 160
Secretários, 186
Selêucidas, 400, 410
Selos, 156
Semtutefnakht, 315
Sepultamentos, 259
Sepulturas, 259
Shahnameh (Ferdowsi), 414-415
Shak-shah-banush, 153
Shalamana, 209, **210**
Shamash (deus), 207

Sídon, 85, 159, 162, 191, 372
Sikayauvatish, Batalha de, 122
Sîn (deus-lua), 75, 78
Sinai, deserto, 108, 110
Sippar, queda de, 82
Sisigambis, 379, 390
Siuá (ou Siwa), oásis, 107
Sistema de honra, 161
Sistema de transporte, 165
Sistema postal, 166
Skunkha, insurreição, 519 a.e.c., 132
Sogdianos, 54
Sparamizes, 346-347
Sucessão, 41, 100, 123, 126, 201, 215, 233, 253, 271, 321
Sucesso reprodutivo, 201
Superioridade europeia, noção de, 30
Superioridade ocidental, mito da, 33
"Suplício dos botes", 348
Susa, 38, 40, 55, 93, 164, 167, 178, 204

Tabuleta de fundação, 180
Takht-e Jamshid, 415
Takht-i Gohar, 257
Tal-e Malyan, 59
Tapsaco, 340, 392
Tarso, 163, 340
Tash-Kirman Tepe, complexo de templos, 231
Teatro da corte, 219-220
Tebas, 279
Teíspes, 47, 59, 69, 126, 127
Temístocles, 285-287, 300
Templos, 20, 25, 55, 75, 230-231
Tendas, 159, 344, 420
Teocracia, 423, 324
Teopompo, 258
Termópilas, 33, 275
Territórios, 394, 327
Textos (escritos) sagrados, 237
Textos de ração de viagem, 167

Timóteo, *Os persas*, 292
Tiribazo, 367, 369
Tiridates, o eunuco, 358-359
Tisafernes, 327-329, 334, 338, 345, 352, 357-358
Títulos da corte, 267
Tol-e Ãjori, portão, 99
Tômiris, rainha, 102
Tortura, 26, 41, 299, 329, 360
Tribos, 159-160, 312, 381
Tributação, 38
Tributos, 16, 26, 62, 81, 158, 162, 312, 319
Troca de presentes, 15
Tucídides, 301, 328
Túmulo de Arjan, 59

Uádi Hammamate, 309
Ucrânia, 25
Udjahorresnet, 135, 161, 315, 374
Ugbrau, 81-82,
Unesco, 423
Uruk, 61, 108, 149, 150
Uxianos, 298

"Vaso de Eurimedonte", 29, **30**
Veneno e envenenadores, ameaça de, 360
Verdade, 119
Versão persa, 19
    do império, 428
    manipulação histórica, 39
    materiais de origem, 37
Via Processional, Babilônia, 84
Viagens da corte, 169
    a tenda real, 173
    animais harmamaxas, 172
    comida, 166
    equipe de funcionários, 170
    logística, 170
    o acampamento, 172
    ordem na marcha, 171
    tendas, 173
Vida após a morte Ahmadinejad, Mahmoud, 425
Violência, 40, 55-56
Voltaire, 241

Wenen-Nefer, 315

Xenofonte, 311, 334
    Anábase, 341
    Batalha de Cunaxa
    Ciropédia, 340
    relato da morte de Ciro II, 102
    serviços a Ciro, o Jovem, 340, 364
    sobre caçadas, 226
    sobre eunucos, 269
Xerxes I, 136
    admiração pelo pai, 254
    aliados gregosambição de conquistar a, 273
    apoio da Macedônia, 283
    ascensão ao trono, 18
    assassinato, 302
    autoridade divina para governar, 294
    banquetes reais, 225
    Batalha de Salamina, 287, 288
    Batalha de Termópilas, 33, 284
    caso amoroso com Artainte, 295
    círculo de obrigações, 266
    como herdeiro eleito, 18
    conselheiros, 266
    consorte principal, 200
    consortes, 18, 199, 211, 266
    culto da árvore, 261, 262
    em campanha, 274, 275
    Festival Noruz, 488 a.e.c., 18
    filhos e filhas, 18, 266, 295, 301
    Grécia anos derradeirosaparência física, 263

Guerras Greco-Persas (Guerras Médicas), 34, 261
Heródoto sobre imagem, 27, 263
Inscrição Daivā, 294
invasão da Grécia, 173
mitologização, 413
natureza obsessiva, 296
nome, 22
nomeado como herdeiro de Dario, 18
parentes de sangue, 18
projetos de construção, 300
reformas religiosas, 294
retirada depois de Salamina, 288
retratado no Livro de Ester, 262
retratado por Ésquilo, 288
revolta babilônicarevolta egípcia, 311
roupas, 265
saque de Atenas, 399
sátrapas e satrapias, 301
sepultamento, 305
Temístocles junta-se a, 276
travessia do Helesponto, 282
Xerxes II, 295

Yasmah-Addu, 202

Zaratustra, 172
Zazana, Batalha de, 129
Zimri-Lim, 202
Zishshawish (funcionário público), 154
Zópiro, 271
Zoroastrismo, 239

IMPÉRIO PERSA

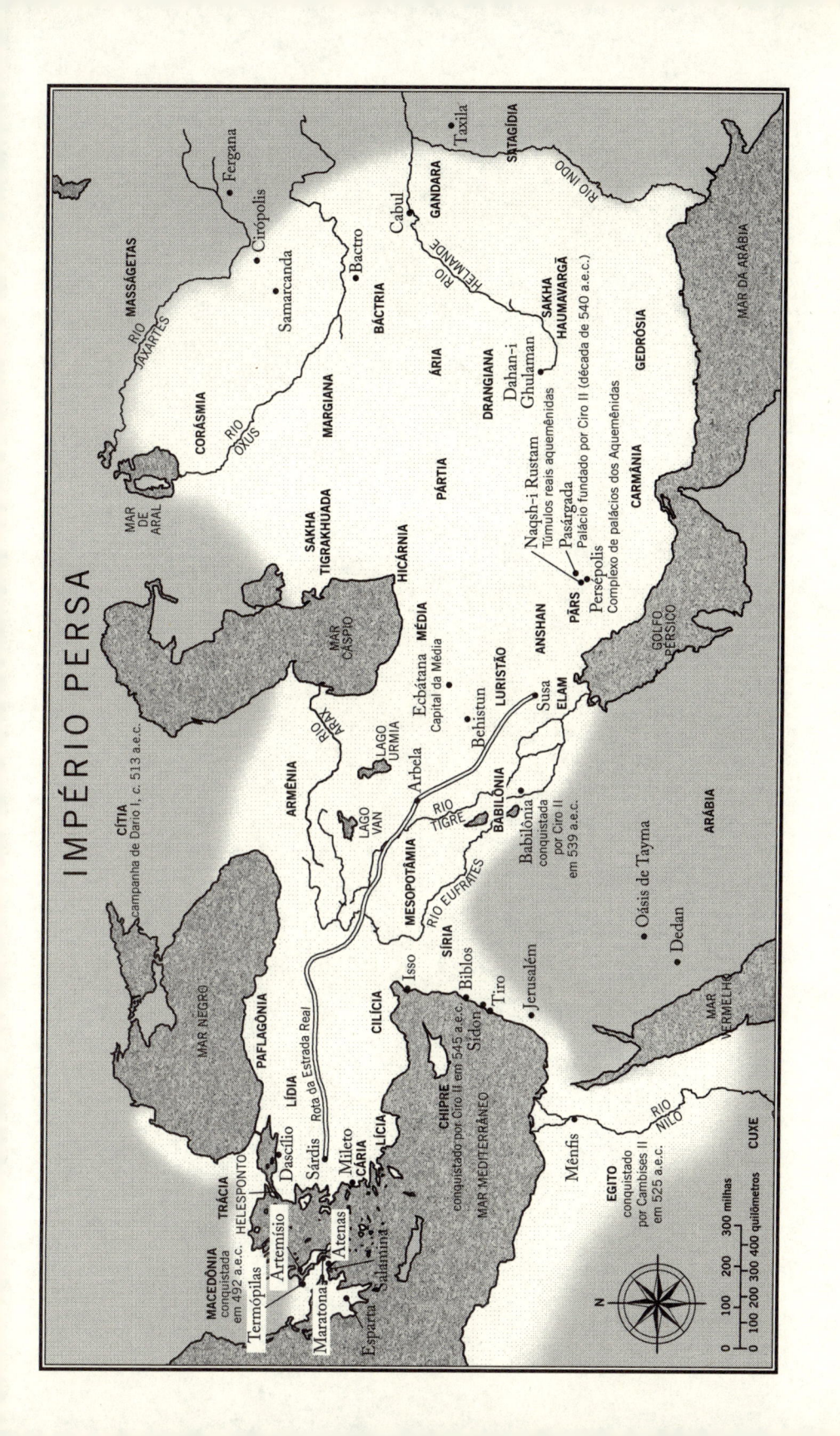

CÍTIA
campanha de Dario I, c. 513 a.e.c.

- Fergana
- Cirópolis
- Samarcanda
- Bactro
- Cabul
- Taxila

MASSÁGETAS

CORÁSMIA

BÁCTRIA

MARGIANA

ARIA

GANDARA

SATAGÍDIA

RIO JAXARTES

RIO OXUS

RIO HELMANDE

RIO INDO

MAR DE ARAL

SAKHA TIGRAKHAUDA

HICÂRNIA

PÁRTIA

DRANGIANA
- Dahan-i Ghulaman

SAKHA HAUMAVARGĀ

GEDRÓSIA

MAR CÁSPIO

ARMÊNIA

MÉDIA
- Ecbátana
  Capital da Média

Naqsh-i Rustam
Túmulos reais aquemênidas
Pasárgada
Palácio fundado por Ciro II (década de 540 a.e.c.)
Persépolis
Complexo de palácios dos Aquemênidas

PĀRS

CARMÂNIA

GOLFO PÉRSICO

MAR DA ARÁBIA

LAGO URMIA
- Arbela
- Behistun

LURISTÃO

- Susa

ELAM

ANSHAN

LAGO VAN

RIO ARAX

RIO TIGRE

RIO EUFRATES

MESOPOTÂMIA

SÍRIA

BABILÔNIA
- Babilônia
  conquistada
  por Ciro II
  em 539 a.e.c.

- Isso
- Biblos
- Tiro
- Sidon
- Jerusalém

- Oásis de Tayma
- Dedan

ARÁBIA

MAR NEGRO

PAFLAGÔNIA

LÍDIA
Rota da Estrada Real

- Sárdis
- Dascílio
- Mileto

CARIA

LÍCIA

CILÍCIA

CHIPRE
conquistado por Ciro II em 545 a.e.c.

MAR MEDITERRÂNEO

- Mênfis

EGITO
conquistado
por Cambises II
em 525 a.e.c.

RIO NILO

MAR VERMELHO

CUXE

MACEDÔNIA
conquistada
em 492 a.e.c.

TRÁCIA

HELESPONTO

- Artemísio
- Termópilas
- Atenas
- Maratona
- Salamina
- Esparta

0 100 200 300 milhas
0 100 200 300 400 quilômetros

Editora Planeta Brasil | 20 ANOS

Acreditamos nos livros

Este livro foi composto em Adobe Garamond Pro e impresso pela Geográfica para a Editora Planeta do Brasil em setembro de 2023.